2016年の週刊文春

柳澤健

光文社未来ライブラリー

0019

序章　編集長への処分

「はい、校了しました。お疲れさま」

新谷学編集長が、最後まで待機していた記者と担当デスクに声をかけた。

『週刊文春』二〇一五年一〇月一五日号の編集作業が完了したのだ。

校了とは、ゲラと呼ばれる校正刷りが編集部の手を離れて印刷所に回ることを意味する。

記者が書いた原稿に、担当デスクが手を入れてゲラにする。ゲラを校閲部に回し、文字の間違いや事実関係の誤りがないかをチェックする。訴訟沙汰になりそうな記事は、法務部を通じて顧問弁護士に確認してもらう。

すべてのチェックが終わったゲラを最終的に編集長が読み、校了の判断をする。

株式会社文藝春秋が発行する『週刊文春』の発行部数は約六七万部（二〇一五年下半期。日本ＡＢＣ協会調べ）。一般誌ではトップの数字である。

一八〇ページ前後の雑誌を七〇万部近く印刷するから、校了は数回に分かれる。発売日は木曜日で、最終校了は火曜日の夜八時から九時の間。直後から、凸版印刷は夜を徹して印刷と製本を行う。水曜日昼前に編集部に見本が届く頃には、すでに雑誌を満載した何台ものトラックが印刷所を出発している。

このようなプロセスを経て、書店やコンビニエンスストア、駅の売店での全国一斉発売が初めて可能となるのだ（北海道と九州は金曜日発売）。

週刊誌づくりには巨額の経費がかかる。紙代、印刷代、デザイン費、輸送費、取次（雑誌・書籍の問屋にあたる）や書店への支払い、宣伝広告費、原稿料、編集部および校閲部、営業部、広告部など社員の人件費、取材経費、交通費、残業時の食事代まで、すべてひっくるめて一号あたり約一億円といわれる。『週刊文春』編集長の仕事とは、毎週毎週、億のカネを使って大バクチを打つことなのだ。

編集部員は六〇名弱。三つの班に分かれる。

連載読物を担当するのはセクション班。〝セクション〟の由来は誰も知らない。林真理子のエッセイ、阿川佐和子の対談、伊集院静の人生相談、村山由佳の小説、東海林さだおのマンガ、世評の高い書評欄など、充実した読物が並ぶ。和田誠が描く表紙イラストは四〇年以上も続き、『週刊文春』の顔となっている。

セクション班九名の編集者の仕事は筆者に寄り添い、励まし、褒め称え、ネタを提供し、時に疑問点や修正点を指摘することだ。親密になったほうがいいが、友人であってはならない。編集者は筆者の〝才能〟とつきあう。雑誌には新陳代謝が必要だ。連載はいつか終わる。永遠に続く連載などない。

密かな人気企画〈淑女の雑誌から〉は、第一〇代編集長村田耕二の発案。新人男性社員が担当する決まりだ。女性週刊誌や女子中高生が読むティーン誌など数十冊を購入し、エロチックな記事を血眼で探して数行で抜粋し、一行の笑えるオチを徹夜で考える。私が担当していた八〇年代半ばのある日、別の部署にいた先輩社員の佐藤敏雄さんがわざわざやってきてこう言った。

「柳澤くんの〝淑女〟はおもしろいよ。淑女をおもしろく作れないヤツは何をやらせてもダメだ。僕は歴代の淑女担当者を毎週採点して通信簿を作っているんだ」

褒められてうれしいよりも恐ろしくなった。周囲は新入社員のごく小さな仕事をちゃんと見ていて、こいつはどのくらいできるヤツなのかを値踏みしているのだ。

カラーとモノクロ、両方のグラビアを担当するのがグラビア班。

巻頭の〈原色美女図鑑〉は、一流カメラマンが撮影することもあって多くの女優やタレント、モデルが登場を切望するページだ。

年末年始の合併号に掲載される〈顔面相似形〉は似たもの同士の写真を大量に並べた大人気企画。一一月になると、担当者は『週刊文春』誌上や社内メールでプランを募集し、雑誌や図鑑、画集、最近ではインターネットでそっくりさんを探し回る。初代担当者は私だった。

写真に添えられる短文は、すべてグラビア班員八名が一晩で書く。

「おもしろい文章を書くセンスはかけっこの速さのように生まれつきのもので、努力ではどうにもならない」と、原色美女図鑑と顔面相似形を命名したかつての名デスク西川清史（のちに文藝春秋副社長）は語る。

一九八九年夏、西川デスクは全国各地に誕生したウォータースライダーにカメラマンを派遣し、滑り落ちる水着女性の写真を見開きページにいくつも並べ、〈真夏の風物詩、流しウーメン〉というタイトルをつけて顰蹙（ひんしゅく）を買った。ソウルで起きた暴動事件のタイトルは〈コリア大変！〉だったから、韓国大使館からふざけるなと猛抗議がきた。

だが、週刊誌の花形はなんといっても特集記事だ。

電車の中吊り広告に大きな活字で掲げられるのは、ほぼ特集記事のタイトルである。

一九八四年の〈疑惑の銃弾〉はあまりにも有名だ。ロサンゼルスで起こった日本人女性銃撃事件は、じつは保険金殺人ではないかという『週刊文春』（白石勝編集長）の報道は大きな反響を呼び、テレビや新聞は首謀者と名指しされた被害者の夫、三浦和義を大挙して追い回した。

一九八九年の〈女子高生惨殺事件　第2弾　加害者の名前も公表せよ！〉は、少年数名が女子高生を監禁して繰り返し強姦、暴行の末に殺害し、あげくの果てには遺体をドラム缶に入れてコンクリートで固めて遺棄するという常軌を逸した事件であったから、『週刊文春』は加害者の少年たちの実名報道にあえて踏み切った。「野獣に人権はない」という花田紀凱(かずよし)編集長の発言は大きな論議を呼んだ。

編集部員の六割近くを占める三六名が所属する特集班は、右のような大スクープを狙って情報を収集し、地を這う取材を続けている。

毎週のように事件を追い、スクープを狙う特集班の仕事はつらい。プラン会議では毎週五本の独自ネタの提出を求められ、取材が始まれば夜を徹した張り込みや直撃取材が続き、最後には徹夜の原稿書きが待っているからだ。

花田紀凱は『週刊文春』を野球にたとえる。特集は攻撃だ。誰もが驚くようなスクープで新しい読者を呼び込む。グラビアやセクションは守備だ。見て楽しい写真記事やおもしろく役に立つ読物を並べて『週刊文春』を好きになってもらい、定期購読につなげる。

編集長は監督である。編集部員ひとりひとりの個性や適性、得手不得手を把握し、最大限の能力を引き出すためにセクション、グラビア、特集の各班に正しく配置して、最強のチームを作り上げる。

花田編集長体制の『週刊文春』にいた頃の私は、多少気の利いた文章が書けるだけで、取材力はまるでなかったから、花田編集長は私をグラビア班に置いた。打てないヤツは代走や守備固めで使えばいい、ということだ。

話を二〇一五年に戻そう。

新谷学編集長率いる『週刊文春』編集部の士気は一様に高い、と文藝春秋総務局長の内田博人は評する。

「年に一度、異動の希望を社員全員にとりますが、週刊文春編集部から出してほしいという声はまったく聞かない。激務にもかかわらず、誰もが仕事に張り合いを感じてくれている。若い部員に聞くと、決してラクではないけれど、精神を病むような職場ではないと言います。編集長がうまく雰囲気を作っているんでしょう。二カ月に一度は、まとまった休みも順番でとっています。新谷くん自身は出ずっぱりで、全然休んでいませんけどね（笑）」

『週刊文春』のデスクは八名。各記事の現場監督の役割だ。

特集班デスクの渡邉庸三は「新谷さんには隠しごとや私利私欲がないから、すっきりした気持ちで働ける」と証言する。

「新谷さんは指揮命令系統という言葉をよく使う。『週刊文春』の編集部員はたかだか六〇名弱ですけど、ウチの会社では一番大きい組織。それだけの人数を動かすためには指揮命令系統が重要なんです。軍隊みたいに聞こえたらイヤなんですけど。編集長がデスクを飛び越えて現場に指示することはないし、現場がデスクを飛び越えて編集長に相談することもない。デスクの知らないところで、現場と編集長が直接つながることがないから、すべてが明快で、誰もがすっきりした気持ちで働けるんです」

株式会社文藝春秋は家族的で明るい会社だ。ライバルの新潮社と比べても圧倒的に明るい。受付の雰囲気からして違う。新潮社の受付嬢は制服を着た若い女性だが、文春は元編集者や元業務のベテラン女性社員が私服でニコニコしながら応対する。評判は極めていい。

以前あった電話交換も声よし、感じよし、対応よしと三拍子揃っていたから、合理化でダイヤルインになった時は誰もが惜しんだ。

社員持株会社である文藝春秋には、新潮社の佐藤一族や講談社の野間一族、小学館の相賀（おおが）一族のようなオーナーはいない。

二〇一五年当時の社長は松井清人（きよんど）だが、新入社員さえ「社長」とは呼ばず、「松井さん」と呼ぶ。同様に、新谷学が社内で「編集長」と呼ばれることも決してない。

トップから新入社員に至るまで、誰もが自分の会社だと思っているから、夜遅くまでワイワイガヤガヤやっている。一年三六五日、ずっと学園祭をやっているようなノリが文春にはある。

新谷学は、そんな明るい空気を胸いっぱいに吸い込んで育った。

一九六四年九月一日群馬生まれの八王子育ち。早稲田大学政経学部卒。中学、高校では野球部、大学ではヨット部に所属していたからだろう、浅黒い肌と引きしまった身体は、書斎派の多い文春の中では異色だ。

入社は一九八九（平成元）年四月。履歴書の「よく読む雑誌」の欄に〝週間文春〟と書いて面接官から呆れられたが、百倍以上の倍率を見事に突破した。

最初に配属された『スポーツ・グラフィック　ナンバー』編集部の冷蔵庫には大量のビールが入っていて、午後五時を過ぎれば飲みながら仕事をしても構わないという不文律があったから驚いた。

二年後に私が『ナンバー』に異動してきた頃、新谷はすでに編集部でやりたい放題だった。「四歳下の後輩に負けたら生きていけないからがんばろう」と思ったことを覚えている。

『週刊文春』に初めて新谷が配属されたのは三〇歳と遅かったが、すぐに右トップ（その週でもっとも重要な記事）の書き手をまかされ、二年も経たないうちにエース記者となった。

中心メンバーとして創刊準備から関わったビジュアル雑誌『Ｔｉｔｌｅ』ではわずか一年で異動を命じられるという挫折を経験したが、三六歳で復帰した『週刊文春』ではデスクとなり、凄腕の特派記者たちを率いて暴れ回った。

現職総理大臣の小泉純一郎が歴史小説家の池宮彰一郎のファンであることを聞きつけると、旧知の飯島勲内閣総理大臣秘書官に頼み込んで、ふたりの対談を実現させた。

「編集者に求められる最大の能力は企画力。いま、週刊文春は何を扱えばいいのかをプランとして出す。プランの元となるのは人脈です。新谷くんは若いうちから人脈形成を心がけ、深い人間関係を築き上げてきた」（花田紀凱）

だがその一方で、小泉内閣の大島理森（ただもり）農水大臣を秘書の金銭授受疑惑で、福田康夫官房長官を年金未納問題で、いずれも辞任に追い込んだ。

当然のように官邸との太いパイプは切れてしまったが、新谷は意に介さなかった。

「親しき仲にもスキャンダル」が新谷のモットーだ。人間関係があろうがなかろうが、書くべきことは書く。壊れた関係は、いずれ修復すればいい。閣僚を次々に辞職させる新谷班は〝殺しの軍団〟の異名をとった。

『週刊文春』が総合週刊誌の発行部数トップに立ったのは同じ頃、二〇〇四年のことだ。

数年前から報道される側の人権がより重く、報道の自由がより軽く扱われるようになり、メディアが敗訴した場合には、以前では考えられないほど高額の賠償金の支払いが命じられた。

二〇〇四年三月に『週刊文春』が田中眞紀子長女の離婚を報じた際に、東京地裁が販売差し止め仮処分申請を認めたことは出版関係者に大きなショックを与えた（のちに東京高裁によって取り消された）。

手間とヒマとカネをかけてようやく手に入れたスクープの代償が高額の賠償金では割に合わない。『週刊ポスト』と『週刊現代』は訴訟リスクを避け、スクープを狙う戦場から撤退していった。

一九九〇年代に一世を風靡したヘアヌードもすでに飽きられていたから、両誌の発行部数は急落した。読者は正直だ。

一方、女性読者に配慮してヘアヌードを掲載せず、訴訟を恐れずにスクープを狙い続けた『週刊文春』の部数は踏みとどまった。花田編集長時代のような七〇万部を超える部数には遠く及ばなかったが、他誌の急落によってトップに立ったのだ。

新谷デスクは、週刊誌受難の時代に最前線で戦っていた。

文春社員が〝本誌〟と呼ぶ月刊『文藝春秋』に異動すると政治担当となり、安倍晋三からは内閣総理大臣になる直前、在職中、辞職直後と計三回も手記をとっている。

ずっと雑誌の世界で生きてきたから、単行本を作る出版部への異動を命じられた時にはショックを受けたが、売り上げや重版率がすぐに数字で出てくる個人プレーのおもしろさに気づいて俄然やる気を出し、一年に一六冊も本を作った。

出町譲『清貧と復興 土光敏夫100の言葉』（八万部）や白澤卓二『100歳までボケない101の方法』（三五万部）は大いに話題を呼び、『ヤクザと原発 福島第一潜入記』を書いた鈴木智彦や『父・金正日と私 金正男独占告白』を書いた五味洋治は外国特派員協会に呼ばれて講演を行った。本は売れなくてはおもしろくないと、新聞やテレビや雑誌の知人に頼み、著者と一緒にプロモーション活動に精を出した。担当した文春新書が合計一〇〇万部以上を売り上げたから、印刷する理想社が大いに喜んで祝宴を開いてくれた。

仕事も遊びも徹底的にやるから、酒の失敗は枚挙にいとまがない。

酔っ払って階段から転がり落ちて頭蓋底骨折と髄液漏で死にかけたことも、転んで足を骨折して全治六カ月の診断を受けて一二本のボルトで骨を固定したこともある。

二〇〇九年夏、湘南の海で友人とバーベキューをして急性アルコール中毒になった時には、七歳の息子に「これ以上飲んだら、父ちゃん死んじゃうよ！」と泣かれて、以後酒はきっぱりと断った。

仕事でも遊びでも嵐を呼ぶ男が『週刊文春』の編集長に就任したのは二〇一二年四月のこと。

休みは一日もない。校了と会議の合間を見つけては各分野のキーマンに会いに出かけ、編集長自ら情報収集に励む。

特集記事のタイトルには編集部員六〇名弱、いや文藝春秋三五〇名の社員たちの生活がかかっているから、編集長は一日中、時には夜を徹して必死に考え続ける。「週刊誌の編集長は命を削る仕事」とは経験者の言葉だ。

新谷が編集長に就任した直後の『週刊文春』は、〈小沢一郎　妻からの「離縁状」〉（二〇一二年六月二一日号）と〈巨人原監督が元暴力団員に一億円払っていた！〉（同年六月二八日号）の大スクープのお蔭で二号続けて完売（実売八〇％超）を記録した。

だが、スマートフォンの普及と紙媒体の衰退は急速に進んだ。通勤電車で新聞や雑誌を広げる乗客は激減し、中学生までもがスマホの画面をフリックしてＬＩＮＥの返信に精を出していた。

大きな話題を呼び、以前ならば当然完売したであろうＡＳＫＡ（チャゲ＆飛鳥）の覚醒剤疑惑独占告白（二〇一三年一〇月一七日号）も、〈全聾の作曲家　佐村河内守はペテン師だった！〉（二〇一四年二月一三日号）も、清原和博の薬物疑惑報道（二〇一四年三月一三日号）も完売には至らなかった。

多忙を極める中、新谷学は二〇一四年四月にさらに新しい仕事を増やした。

『週刊文春デジタル』である。

「編集長になる以前から、紙のメディアがキツくなることはわかっていました。ネットニュース、事故現場の映像、ゲームやドラマ、スポーツ、あらゆる情報がフラット化され、スマートフォンで得られるようになってしまった。世界中で新聞や雑誌の売り上げが落ちている。書店も減り、コンビニの雑誌スペースもどんどん小さくなっている。この先、どれほどがんばっても、紙の雑誌を伸ばしていくことは難しい。そんな中で『週刊文春』が生き残るためにはどうするか。

デジタルというフォーマットで戦っていくしかないんです。

いま、まさに情報の流通革命が進行している。ダーウィンの進化論ではないけれど、変化に適応できたものだけが生き残る。紙で戦えているうちに、会社にまだ体力が残っているうちにデジタルで勝負できる道筋を作る。それが俺の仕事だと思っています。インターネットに無料の情報が無数に溢れる中、カネを払ってまでデジタルの雑誌記事なんか読まないよ、と言われてしまえばそれでおしまい。俺たちは、デジタルでも紙でも、何でもいいから読みたくなるようなコンテンツを作り続けなければならない。困難だけど、だからこそやり甲斐のあるチャレンジなんです」（新谷学）

『週刊文春デジタル』は日本最大級のインターネット動画配信サービス『ｎｉｃｏｎｉｃｏ』の「ニコニコチャンネル」と組んで『週刊文春』の特集記事を配信するというものだ。月額八六四円を支払えば過去五週分を購読できる。『週刊文春』は一部四二〇円だからかなり割安だ。その上、無料で閲覧できるスクープ速報や会員限定の動画も見られる。

配信日は紙の雑誌の発売日と同じ木曜日朝五時だ。

『週刊文春デジタル』は、少しずつ会員数を伸ばしていったが、会社上層部の反応は決していいものではなかった。

「問題とされたのは訴訟リスク。インターネットの世界は閲覧者数が多い分、非常に高額な訴訟もあり得るのではないか。そんな恐ろしいものはやめておこう、という声は常に聞こえてきました」（『週刊文春デジタル』を担当する渡邉庸三デスク）

新谷編集長はただひとり「リスクはゼロではないが、可能性も大きい」と、未知の領域に踏み込むべきだと主張した。

紙媒体の衰退は明らかだ。『週刊文春』が生き残る道はデジタルしかない。『週刊文春デジタル』をやめろというのなら、業績を伸ばすための代案を出せ。

若い編集部員たちはもちろん、新谷編集長と『週刊文春デジタル』を強く支持した。尊敬するボスが、俺たちは前人未踏の道を歩もうと言うのだ。ならば自分たちはついていく以外にはない。

しかし、二〇一五年の『週刊文春』は苦しかった。スクープがなかなかとれず、返本率がジリジリと上がっていたからだ。

事件が起こったのは、一〇月五日月曜日夜のことだった。

祝日の関係で一〇月一五日号は通常より一日早い水曜日発売となり、通常火曜日の最終校了は月曜日に繰り上がっていた。

「はい、校了しました。お疲れさま」

新谷学編集長が、最後まで待機していた記者と担当デスクに声をかけた。

直後に、編集局長の鈴木洋嗣（ようじ）が新谷に向かって言った。

「新谷くん、松井さんが待っているから、社長室に行って下さい」

校了直後で疲労困憊している編集長を、社長が待ち構えているというのだ。いい話であるはずがない。

胸騒ぎがした。

最近は部数も苦戦している。もしかしたら、自分は更迭されるのではないか？

文藝春秋本館四階にある社長室には、応接室と会議室を兼ねた部屋が隣接されている。広いテーブルの角の椅子に座った新谷の前に、松井清人社長が先週号の『週刊文春』のグラビアページを開いて置いた。

「新谷、これをどう思うんだ？」

「はあ、春画ですね」

細川護熙元首相が理事長をつとめる美術館「永青文庫」（東京・文京区）が開催した「ＳＨＵＮＧＡ　春画展」が話題を集めていた。ちょうど文春新書から車浮代『春画入門』が発売されることもあって、新谷は大きく扱うことにした。

細川護熙と車浮代から談話をとり、作家の高橋克彦と永井義男、国際日本文化研究センター特任助教の石上阿希が、春画の鑑賞術や江戸時代の人々が春画をどのように見ていたかを解説した。林真理子には連載エッセイの中で春画展を取り上げてもらい、まんが家の伊藤理佐にも探訪ルポを描いてもらった。

カラーグラビアでも大きく扱った。二匹の蛸が女陰と口を吸う葛飾北斎の「喜能会之故真通」と、男女の性交を陰部まで克明に描いた歌川国貞の「艶紫娯拾余帖」である。

セクション班とグラビア班を横断した充実した企画に仕上がった、と新谷は満足していた。

だが、松井社長の見解は大きく異なっていた。

「読物は何の問題もない。よくできています。ただ、春画をカラーグラビアで掲載し、しかも局部をトリミングして拡大するのは、『週刊文春』のやるべきことではないと思った。一九九〇年代前後、花田紀凱編集長体制の『週刊文春』は黄金時代を迎え、一九五九年の創刊以来、初めて『週刊新潮』を抜いた。快挙でした。でも、発行部数で総合週刊誌トップになった時期は短かった。どれほどスクープを連発し、柔軟で素晴らしい目次を作っても、『週刊ポスト』や『週刊現代』のヘアヌードや袋とじにはどうしても勝てなかったんです。

もちろん営業からは『ウチもヘアヌードをやりましょう！』と何度も言われたけど、花田さんは頑として受け入れなかった。理由は三つありました。ひとつは、女性読者を大切にしたから。ふたつめは、上質なクライアント（広告主）が逃げてしまうから。三つめは、一流の作家やコラムニストが書いてくれなくなるから。これは、花田さんからずっと教えられてきたことです。『週刊文春』創刊二〇〇〇号（一九九八年十月一五日号）の編集長は僕だった。新聞広告は全面を使わせてくれたんだけど、甲賀瑞穂さんにヌードになってもらって、胸から腰のところまでをボードで隠して、目次の上に『ノーヘアヌード』というキャッチコピーをつけた。『週刊文春』はヘアヌードはやらない、と改めて宣言したんです。

僕は新谷に、『週刊文春』は家に持って帰れる雑誌じゃないといけない。春画のグラビアはふさわしくないと言いました」（松井清人）

新谷は訝（いぶか）しんだ。

春画をトリミングして性交シーンをアップにしたことは、確かに少々品がなかったかもしれない。だが、春画は大英博物館でも展覧会が開かれ、九万人の観客を集めた芸術作品だ。永青文庫の春画展にも女性客が大挙して訪れている。ヘアヌード写真とは根本的に異なるものだ。

『週刊文春』の伝統は尊重するし、社長の意見も理解できる。だが、さほど重大な問題とも思えない。もしかしたら春画はただの口実で、何か裏があるのではないか？

新谷が考えを巡らせていた時に、松井社長が突然言った。

「お前、ちょっと休め。三カ月くらいだ」

新谷は驚愕した。編集長更迭ならよくある話だが、期間限定の休養処分など聞いたことがなかったからだ。

冗談ではない。必死に戦っている部下を残して、自分ひとりが厳しい戦場を去るなどあり得ない。『週刊文春』はいま、厳しい状況下にある。『週刊文春デジタル』もまだ軌道に乗っていない。船が沈没するのであれば、船長はマストに身体を縛りつけ、船と一緒に海の藻屑と消えるに決まっている。

少々古風なところのある編集長は、社長に必死に訴えかけた。

「松井さん、ちょっと待って下さい。いまは部数的にはきついけど、かなり楽しみな、いい手応えのあるネタを仕込んでいるところなんです。ぜひ俺にそれをやらせて下さい」

だが、松井清人社長が考えを改めることはなかった。

「春画ばかりでなく、最近のいくつかの記事には、明らかにブレーキが利いていなかった。部数が落ちて新谷は焦っている。このまま機関車みたいに突っ走っていくと危ない。純粋にそう感じたんです。新谷は極めて優秀な編集長。これからも長く続けてもらいたい。だからこそ、ここで休ませた方がいいと思った。新谷には一度頭をからっぽにしてくれ、焦ることは何もないんだからと言いました。それが俺の、嘘偽り明日から三カ月間は会社に出なくていい。編集長不在の間は、常務取締役の木俣正剛と編集局長の鈴木洋嗣が代行する。

新谷は、社長の指示に従うほかなかった。

部屋の外で待っていた元編集長のふたりに最低限の引き継ぎを行い、デスクたちには「三カ月間の休養を命じられた、迷惑をかけて申し訳ない」とメールで伝えた。彼らも突然の休養処分の理由がのみ込めないようだった。すべての編集部員に直接、休養処分の経緯を説明して謝罪したかったが、明日から会社に出るなと命じられた以上は不可能だ。

これから自分はどうすればいいのだろう？

誰かに話を聞いてほしかった。

少しでもヒントをもらいたかった。

だが、社内に相談できる人間はほとんどいなかった。

では、社外にいるのか？

週刊誌編集長の孤独を知る人間が。

周囲から批判され、処分を受けて苦しんだ経験を持つ人間が。

そんな人間を、新谷はひとりしか知らなかった。
新谷学は、花田紀凱に電話を入れた。

2016年の週刊文春　目次

第一章　会えば元気になる男

1

七〇歳を過ぎてなお仕事を続ける作家は多い。

二〇一二年下半期の芥川賞を受賞した黒田夏子は当時七五歳九カ月で最年長記録を更新したし、九九歳の野上弥生子(やえこ)は死の間際まで書き続けた。著作を愛する読者が一定数存在する限り、出版社は本を出し続け、作家は作家であり続ける。

だが、七〇歳を過ぎた雑誌編集長はまずいない。

雑誌は生き物であり、時代の子だ。

編集者はいま人々が何を求めているのかを知るために、可能な限り多くの人間に会わなくてはならない。大量の本、新聞、雑誌を読む必要もある。映画も演劇もテレビも、何でも観ておいた方がいい。頭が悪くてはつとまらない仕事だが、ずば抜けた秀才も向かない。一般読者が理解できない記事を作っても意味がないからだ。「筆記試験で一番の学生は採らない」という噂が文藝春秋には長く伝わるが、真偽のほどは誰も知らない。

雑誌は編集部で、すなわち集団で作られる。

原稿の多くは〆切の夜遅くにやってくる。印刷所は基本的に朝から動くから、編集部の入稿作業は夜を徹して行われることになる。

編集長は雑誌にかかわるすべてのことに責任を持ち、部員を気持ちよく働かせ、やる気を出させ、自分の雑誌をより良いものにするのが仕事だ。誰よりも優秀で、誰よりも多くの情報を持ち、誰よりも働かなくてはならない。会社に属するサラリーマンでありながら、一癖も二癖もある人間の集団を率い、夜も昼もなく、世間という得体の知れないものの動向を探り続ける。間違いなくおもしろい仕事だが、恐るべき体力と気力の充実を求められる。

一九二三（大正一二）年に『文藝春秋』を創刊した菊池寛は編集者三五歳定年説を唱え、戦後まもなく『文藝春秋』の名編集長として名を馳せた池島信平は「編集長の任期は三年が妥当」と書いた。

私の見るところ、どれほど体力と気力があっても、編集長として活躍できるのは五〇代半ばまでだろう。

ところが花田紀凱は八〇歳を過ぎてもなお、三五年以上の長きにわたって編集長を続けている。睡眠時間はずっと四時間だったが、最近になってようやく六時間に増えた。化け物である。

「いや、俺なんかまだまだ。コラムニストの山本夏彦さんは『室内』の編集長を八四歳まで続けたから、俺は冗談で『めざせ、山本夏彦!』と言ってきた。ところが、『日本古書通信』という古書業界誌編集長の八木福次郎さんは、なんと九六歳までやったというんだから(笑)」(花田紀凱)

インテリア雑誌や古書の専門誌と、時に訴訟も抱える総合誌では、編集長にかかる重圧が違うだろうと私は思うが、本人は思わない。いつも楽しそうだ。

私が花田紀凱と初めて話したのは一九八四年一一月のこと。翌年六月に創刊された隔週刊の写真雑誌『Ｅｍｍａ』編集部はあまりにも忙しく、体力と根性のない二年目の若手社員は、花田デスクに弱音を吐いた。

「花田さん、この三週間一日も休んでないんですけど、これって労働基準法違反じゃないんですか?」

「バカだなあ、雑誌に労働基準法はないんだ(笑)」

それから五年ほどが過ぎた一九九〇年前後の冬の夜、『週刊文春』編集長になっていた花田紀凱とグラビア班員の私は、知りあいのカメラマンの個展に行くために銀座の並木通りをふたりで歩いていた。

「柳澤、雑誌はおもしろいなあ」

「あ、はい」

「なんだお前、おもしろくないか？」

「いや、おもしろいですけど、花田さんほどじゃないです」

「そうか、俺は生まれかわったらもう一度雑誌編集者をやるよ」

「マジですか。俺は女になってみたいですね。凄い美人に生まれかわってブイブイ言わせたいです」

「バカだなあ、女より編集者の方がおもしろいに決まってるよ」

この人には一生敵わない、と思った。

「僕が唯一、ほかの人を上回る点があるとすれば、雑誌が好きなことね。いま自分がやっている雑誌に全力投球する。そういう人は、じつはあんまりいない。家庭もへったくれもなく、雑誌をおもしろくすることだけを考えるという姿勢は、読者にもちょっとは伝わるんじゃないかな」（花田紀凱）

〈アグネス論争、私はこう考える〉〈社会党パチンコ疑惑〉〈貴花田・宮沢りえ「婚約解消」の重大危機〉〈山崎浩子独占手記「統一教会も私の結婚も誤りでした」〉など、大きなスクープを次々に飛ばして『週刊文春』の黄金時代を築き上げた名編集長の根本にあるものは、雑誌への限りない愛情なのだ。

だが、一九九三年頃になると『週刊ポスト』『週刊現代』のヘアヌードに押されて部数に陰りが出た。

『週刊文春』が皇室批判キャンペーンを行ったのはそんな時だった。初めのうちは賛同する声も多かったが、美智子皇后自身が「事実でない報道には、大きな悲しみと戸惑いを覚えます」と発言し、さらに失声症になったことで世間の風向きは一変、『週刊文春』を糾弾する方向に動いた。作家の司馬遼太郎も『これが文春のやることか』と強く批判し、ついには田中健五社長の自宅に右翼が銃弾を撃ち込むという騒動にまで発展してしまった。

花田が再建を託された月刊ビジュアル総合誌『マルコポーロ』でも大事件が起こった。一九九五年二月号の記事〈戦後世界史最大のタブー。ナチ「ガス室」はなかった。〉が駐日イスラエル大使館から強い抗議を受けたのだ。さらにホロコースト（ユダヤ人大量虐殺）および反ユダヤ主義の監視を行うサイモン・ウィーゼンタール・センターは、文藝春秋が発行する雑誌への広告出稿のボイコットをフォルクスワーゲンをはじめとする多くのグローバル企業に呼びかけた。

このままでは日本の海外駐在員がテロに遭いかねないと判断した文春上層部は全面的な謝罪を行うとともに『マルコポーロ』廃刊と花田紀凱編集長の解任を決定。田中健五社長も引責辞任を余儀なくされた。

〝戦後史企画室〟という実体のない閑職に追いやられた花田紀凱は、新雑誌の企画書を複数書いたが、安藤満新社長は一顧だにせず、結局、花田は働き場所を求めて文藝春秋を去った。

その後、『ｕｎｏ!』(朝日新聞社)、『メンズウォーカー』(角川書店)、『編集会議』『映画館へ!』(宣伝会議)などの編集長を歴任したものの、『週刊文春』のような大成功を収めることはついになかった。文藝春秋のように自由で風通しがよく、優秀な編集者が揃い、充分な予算を使える出版社はほかになく、さらにビジュアル女性誌や情報誌では花田の才能は生かされなかった。

ところが二〇〇四年一一月、わずか四人の部下とともに創刊した『ＷｉＬＬ』(ワック)は月刊『文藝春秋』やかつての『諸君!』に近い総合誌であり、花田は水を得た魚となった。韓国や中国、朝日新聞などを徹底的に批判して保守層の心をガッチリとつかんだ。病気で退任した安倍晋三の再登板を繰り返し求め、ついに首相に返り咲いて誌面に登場すると、『ＷｉＬＬ』の売り上げはさらに伸びた。連載をまとめた単行本も多数刊行し、版元に多大なる利益をもたらした。

二〇一五年一〇月、春画グラビアをとがめられて三カ月の休養を社長から言い渡された『週刊文春』編集長の新谷学は、かつての上司に電話を入れた。

「花田さんの『週刊文春』は、世の中を大いに騒がせて、話題を提供していた。同じフロアの『ナンバー』にいた俺は、毎週水曜日に『週刊文春』が配られるのが楽しみで、今週は何をやっているんだろう、何が飛び出してくるんだろうとワクワクしていた。多くの読者が同じ気持ちだったはず。大げさにいえば『週刊文春』を中心に世の中が回っているような感じ。雑誌にはこんなことができるんだ！　と心に強く刻みつけられました。あの頃の『週刊文春』は俺にとって理想の雑誌で、花田さんは理想の編集長。〝花田週刊〟を編集部員として経験できなかったのは心残りです。

『マルコポーロ』事件の時の花田さんを、俺は同じ編集部で間近に見ています。花田さんは俺たちに苦悩を一切見せず、愚痴ひとつこぼさなかった。スターだからファンも多かったけど、その分、社内の人間からの嫉妬も凄かったと、あとになって先輩社員から聞きました。何かあったら足を引っ張ってやろう、水に落ちたら思い切り叩いてやろうという人たちがたくさんいたそうです。

春画事件が起こった時に俺が焦っていたことは事実。雑誌の調子が悪いと、編集長はなんとかしなければと悪戦苦闘するもの。アクセルを強く踏みすぎるというか、リスクを取りすぎるようになるんです。

結局、俺は三カ月の休養処分を食らった。俺は基本、人に悩みを相談したり、愚痴をこぼすのは好きじゃない。相談に乗る分には全然構わないんですけど。でも、前例のない処分を食らった俺は、誰かに自分の現状と気持ちを伝えて、アドバイスをもらった上で自分の考えを整理しないといけないと思った。そんな時、まっさきに思い浮かんだのが花田さんだったんです」

かつての部下からの突然の電話に花田紀凱は驚いた。

「至急、会って話がしたいと新谷が言うから、ヤバいな、俺、何か握られたかな？と（笑）。悪いことは何もしてないんだけど」

花田は新谷を大いに買っていた。

編集者はあらゆる種類の人間と広く深い信頼関係をつくり上げなくてはならない。作家、政治家、財界人、芸能人はもちろん、時には暴力団関係者や総会屋とも、深入りしないように注意しながらつきあう。人間関係はギブアンドテイク、というのが花田の持論だ。こちらから情報を出し、食事代も酒代も持つ。先にギブするからこそテイクすることができる。
新谷学は人間関係の要諦を知る素晴らしい編集者であり、『週刊文春』の編集長になってからもいい仕事を続けている。いまの文藝春秋ではピカイチだ、と花田は感じていた。

「新谷は優秀ですよ。人柄もいい。『マルコポーロ』では、長嶋茂雄のお母さんが亡くなったときに、後見人の宮本卓さんに頼んで長嶋が自分で書いた追悼文を掲載させてもらったことがあった（一九九四年一二月号）。早稲田のヨット部出身で陽性なところもいい。やっぱり編集者は明るくないとダメ。人が寄ってこないから」（花田紀凱）

直接会って話がしたいという新谷に、だったら明日の昼にメシを食おうと、花田はホテルニューオータニのガーデンラウンジを指定した。

こみ入った話にはならなかった。春画のグラビアで三カ月の休養処分を食らった。これから自分はどうすべきかと新谷が相談し、花田は堂々と休めと言っただけだ。

「問題とされた『週刊文春』の記事は、なんてことない記事。春画がブームになっていて、永青文庫がやった展覧会にも女性がたくさん来ている。林真理子さんもエッセイで書いていたし、文春新書から春画の本も出ていた。話題の春画がどういう絵なのかをグラビアで二カット使っただけ。『週刊文春』のグラビアとしてふさわしいかどうかはともかく、編集長が処分されるほどのものではない。

ただ、休養を命じられた以上は仕方がない。クビになったわけじゃないんだから堂々と休め、と僕は新谷に言った。充電期間だと思えばいい。辞める理由はひとつもない。はっきりいって、文藝春秋くらい好き勝手にやらせてくれる会社はどこにもないから」（花田紀凱）

花田と話をするうちに、新谷は改めて気づいたことがあった。花田はどこまでも明るくてポジティブだ。

「俺が、やっぱり出る杭は打たれますね、と言ったら、花田さんは、いや、出過ぎれば打たれないぞって（笑）。さすが花田さんだと思った。元気をもらえるから会いたくなる。会えば喜ばせたくなる。そこが花田さんの一番いいところ。編集者として最高の資質です。自分も少しでも近づきたいと思いました」（新谷学）

新谷学には、降って湧いたような三カ月の休養期間をムダにするつもりなど毛頭なかった。

俺は必ず『週刊文春』に戻る。

戻って、これまで以上に凄い雑誌を作ってみせる。

そのためには、花田紀凱の『週刊文春』について、そして文藝春秋という会社について、もう一度深く考えてみる必要がある——。

2

花田紀凱は一九四二（昭和一七）年九月一三日、東京生まれ。二歳下の弟と、八歳下の妹がいる。

福岡県宗像郡津屋崎町出身の父・花田吉次は大学卒業後、アメリカ西海岸のパサディナで植木屋を営み大成功した兄を頼って南カリフォルニア大学の大学院で学び、戦後は三菱造船（のちに三菱重工と合併）の社員となった。

当時は造船ブームで、三菱造船は大量の船を外国に輸出していたから、駒澤大学に隣接する世田谷区深沢の社宅で暮らす花田家に生活の心配はなかった。毎年、正月には社宅の十数世帯が集まって百人一首大会が開かれ、子供たちはトランプやかるた、ダイヤモンドゲームに興じた。

しかし、充分な食糧はなかなか手に入らなかった。終戦まもない頃の小学校の給食はコッペパンとカワイの肝油ドロップ、まずい脱脂粉乳だった。アメリカの援助物資である。

テレビのない時代、子供の娯楽といえば雑誌とラジオだけだ。『少年』(光文社)、『おもしろブック』(集英社)、『少年画報』(少年画報社)などの月刊誌や、山川惣治の絵物語『少年王者』(集英社)は特に好きだった。

小学校三年の終わりに父親が課長に昇進して、一家は世田谷区松原の社宅に移った。一九五〇年代前半の日本は貧しかったが、子供たちは大いに遊んだ。

小学校高学年になると、紀凱少年は夏休みのたびに父の郷里の福岡に行って、弟と一緒に昆虫採集に励んだ。長い竹の棒に細く割った竹を丸めて差し、蜘蛛の巣をからめて網の代わりにした。兄弟の面倒を見てくれた叔母はとても優しく、帰る時はいつも「もう少し泊まっていきんしゃい」と名残を惜しんでくれた。

校庭で行われた映画上映会にもよく通った。校庭に二本の棒を立て、大きな白い布を張ってスクリーンにする。初めて観たのは『日本戦歿学生の手記 きけ、わだつみの声』(関川秀雄監督)。学徒動員で徴兵された若者を下士官が虐待するシーンには衝撃を受けた。美空ひばりが出演した『悲しき口笛』や『リンゴ園の少女』も、東千代之介主演の『鞍馬天狗角兵衛獅子』も好きだった。

アメリカの伯父は月に一度、小包を送ってくれた。中身はハーシーのチョコレートやキャンベルのヌードルスープ。梱包材代わりに英字新聞やグラフ誌の『LIFE』が入っていた。もちろん英語は読めないが、豊かなアメリカの匂いに憧れた。ロサンゼルスで学生生活を送った父親の許には、毎年、大量のクリスマスカードが届けられた。父は英語力を落とすまいと英字新聞を定期購読していたし、ハリウッド映画もよく観た。紀凱少年も父に連れられて、渋谷の映画館で西部劇を観ている。

一九五四（昭和二九）年、小学校六年生になっていた花田紀凱は、金田一京助編『明解國語辭典』（三省堂）を母親の慶子（よしこ）にねだった。薄く軽く強く、かつ文字の透けないインディアンペーパーと革の装幀がかっこよかったからだ。すでに学校指定の中型辞書を購入していたから母は渋ったが、結局息子の願いを聞き入れて、新しい辞書に「花田」と大きく名前を書いてくれた。わずか三八〇円の辞書を買うのに散々悩むほど、つましい暮らしだったのだと花田は今になって思う。

自己主張をしない大人しい女性だったが、物識（し）りで字のきれいな母親を、紀凱少年は深く愛した。

ところが、その年の暮れに母親が急死してしまう。まだ三三歳という若さ。幼い子供たち三人を残して逝くのは、さぞかし心残りだったろう。冷たくなった母と最後のお別れをする時、紀凱少年は弟と一緒に、庭に咲いていた小菊を腕いっぱいにつんで棺に入れた。

翌春の卒業式にはひとりで出席した。

「中学時代の花田はおしゃれな優等生だった」と『週刊文春』の特派記者を長くつとめた内田武樹は回想する。もともとは小沢昭一の芸能座に参加した根っからの演劇人で、花田とは中学時代の同級生だ。

「生真面目で、秀才を絵に描いたようなヤツでしたね。背も高くて、スタイルも顔もいい。髪は七三分け、ワイシャツにはキチッとアイロンをかけていたし、黒いスラックスは寝押ししたからいつもピシッと折り目が入っていた。ソフトボール大会では低めのボールをすくい上げてよくホームランを打ったから、女の子の人気もナンバーワンでした。

俺は勉強なんか一度もしたことのない劣等生で、当然女の子は洟も引っかけてくれなかったけど、花田とはなぜか気が合った。修学旅行に行く前夜には、家に泊めてもらったこともあります。お互い、本が好きだったからでしょう。当時、図書室で一番本を借りていたのは俺たちだった。本の読みっこもしました。五味川純平の『人間の条件』や大江健三郎の『飼育』『死者の奢り』とかね。図書館にはなかったけど、花田は石原慎太郎の『太陽の季節』も読んでいました」(内田武樹)

父親が定期購読していた月刊『文藝春秋』を、中学生の花田紀凱はわからないところを飛ばしつつ読んだ。太平洋戦争を回顧する隔月刊の『特集文藝春秋』も愛読した。一九五五年下半期の芥川賞を受賞した石原慎太郎『太陽の季節』は、翌五六年三月号の『文藝春秋』に全文掲載された。夏の海辺で享楽的に生きる無軌道な若者たちを描いた小説には性描写が含まれていたから、思春期の息子には読ませるべきではないと父親は隠したが、中学二年生の息子はあっさりと発見した。

角川書店から刊行された戦後初の文学全集『昭和文学全集』を父親が購入し、毎月送られてきたから、三段組の細かい活字で組まれた全六〇巻をたちまち読破してしまった。

英語が得意な読書家は、学校の壁新聞コンクールで大活躍した。

「コンクールはクラス対抗だったけど、俺はいつもひとりで作った。『流星』という紙名をつけて、デザインも文章も全部俺がやって、毎回優勝した。クラスの卒業文集も、表紙から何からひとりで作った。最後のページでは『将来は何になりたいか』というアンケートをクラス全員に書いてもらった。みんなはプロ野球選手とか、映画スターとか書いてたけど、俺は雑誌編集者。仕事の内容を細かく知ってたわけじゃないのに、なぜか憧れたんだよね。英語も読めないまま『LIFE』の写真をずっと見ていた影響かもしれないけど」(花田紀凱)

父が再婚したのはこの頃だった。亡くなった母を忘れられない花田家の長男は、新しい母親を嫌った。

まもなく都立千歳高校(現・都立芦花高校)に進学した。当時の千歳高校は男子が圧倒的に多く、一年と三年の時は男子ばかりのクラスに入った。英語と国語は学年で五番以内、時にはトップだったこともあるが、理数系、特に数学が苦手で、国数英の三教科を合計すると学年で二〇番くらいに落ち着いた。勉強が忙しくなり、通学にも時間がかかったからクラブにも入らなかった。暗い学生生活だった、と花田は振り返る。

義母と一緒にいたくない花田は、休日のたびに都電で神田に出かけた。古書店街をあてどなく歩き、神田日活で石原裕次郎の映画を観た。下北沢のグリーン座やオデヲン座、経堂の南風座、明大前の正栄館にも出かけた。孤独な若者の友は、映画と本だったのだ。

尾崎士郎の『人生劇場』に感激して、早稲田大学政経学部新聞学科への進学を目指したが、受験に失敗した。

「早稲田と東京外語大学の英語学科をふたつ受けて、両方落ちた。外語を受けた理由は理数系の科目がなかったから。ところが、一年浪人したら翌年から外語の受験科目に数学が入ると聞いて困った（笑）。仕方がないから数学もやったけど、最高で五〇点しかとれない。幾何は極端な話、覚えちゃえば何とかなるんだけど、代数が全然できないんだよ。一年浪人して、翌年は両方受かった。先に早稲田に合格してひと安心したけど、国立二期校の外語は試験が遅く、しかも二次試験まであるから、発表は四月に入ってから。俺は早稲田に行きたいんだから、外語の試験なんか白紙で出せばよかったのに、バカだから一生懸命やって合格しちゃった。早稲田の学費は年間五万円、国立の外語は年間九〇〇〇円。サラリーマン家庭だし、しかたなく外語に行きましたよ」（花田紀凱）

ところが、当時北区西ケ原にあった東京外国語大学外国語学部英米語学科に入学した途端に学校が嫌いになった。

「大学に行くと、高校の時にアメリカに留学してたヤツがいて、教室で聞こえよがしに英語でしゃべったりしているわけ。イヤな雰囲気だと思って一気に気力が萎えた」（花田紀凱）

朝、家を出る時点では授業を受けるつもりだったが、渋谷や新宿でつい途中下車してしまう。渋谷で沈没すれば「らんぶる」のコーヒー。新宿なら日活名画座で映画を見たあと、新宿中村屋でカレーライスを食べるのが定番だった。

真面目に出た授業は、詩人にして英文学者の安藤一郎教授が教壇に立つシェークスピア講読くらい。「Thy（汝）」が出てくるような古い英語を、長い白髪の教授が朗々と読んだから感激した。

空手部に入部するも一年で挫折。その後はアルバイトに励んだ。道路の測量を手伝ったことも、ネクタイの集金をしたことも、製本会社で単行本のスピン（しおり）を手作業でつけたこともあった。最も効率が良かったのはデパートの配送で、お中元やお歳暮の季節は大忙しだった。

肉体労働で稼いで日本中を旅した。特に北海道はリュックを背負って隅から隅まで歩いた。

本も大量に読んだ。シェークスピア全集、ドストエフスキー全集、ツヴァイク全集、ヘンリー・ミラー全集。

大学四年の夏に花田紀凱が出版社への就職を目指したのは当然だろう。本が好きで、しかも出版社は大学の成績を見ないからだ。入社試験の願書を出したのは筑摩書房、旺文社、集英社、そして文藝春秋新社の四社。新潮社は受験できなかった。当時の新潮社には東大、早稲田、慶應の学校指定があり、東京外語の花田には受験資格がなかったからだ。

「集英社は一次の作文で落ちた。いまもやっている三題噺。桃太郎とベトコンと、もうひとつ何かを入れて八〇〇字の作文を書く。二番目に受けたのが文春だった。月刊『文藝春秋』はずっと読んでいたから親しみはあったけど、どうしても文春じゃないと、というわけでもなかった。『週刊文春』も読んでなかったし」

総務部に残されている記録によれば、一九六五年夏に行われた入社試験の応募者は五九〇名（編集志望）。筆記試験は七月一〇日土曜日午後一時半から、三田の慶應義塾大学第一校舎の三つの教室を借りて行われている。筆記試験の合格者数十名は、中央区銀座西八丁目の文藝春秋新社で行われた面接試験に臨んだ。一次が八月一〇日、二次が八月一七日。

「最終（二次）面接では、役員の前に学生二人ずつが呼ばれた。最後に何か言っておきたいことはあるかと聞かれたから『もし入れていただけたら、最初の一年間は給料は要りません』と言った。図々しい、よく言えたもんだと自分でも思うけど、文春に入りたい一心だったんだろうね（笑）」（花田紀凱）

編集部門の合格者はわずか三名。花田紀凱はおよそ二〇〇倍の倍率を突破したことになる。

この頃、長らく銀座にあった文藝春秋新社は、千代田区紀尾井町に新社屋を建設中だった。戦前にこの地で借家住まいをしていた佐佐木茂索社長の注文は細部にまで及び、設計を担当した伴野三千良以下、竹中工務店の首脳陣がたじろぐほどだったといわれる。

地上九階、地下二階。二階まで両翼が張りだした黒色の堂々たる近代ビルが完成したのは一九六六（昭和四一）年三月七日のこと。新社屋竣工とともに、文藝春秋新社は社名を株式会社文藝春秋と改めた。二月末から始まった移転準備は三月に入ってから本格化し、三月一三日には、銀座の旧社屋から紀尾井町の新社屋への携行物品の搬出と搬入が行われた。

当時の文藝春秋は順調そのもの。雑誌の発行部数は『文藝春秋』四月号が六四万部、『週刊文春』四月四日号が九〇万部、『オール讀物』五月号が三五万五〇〇〇部。現在では考えられない数字だ。

単行本も好調な売れ行きを示し、司馬遼太郎『竜馬がゆく』全五巻が、まもなく完結の時を迎えようとしていた。各巻ともベストセラーの一位となったことは言うまでもなかろう。

一九六六年四月、社屋も社名もすべてが一新された株式会社文藝春秋に、花田紀凱がやってきた。

3

自宅近くの東松原駅から井の頭線と地下鉄銀座線を乗り継いで赤坂見附で下車。外堀通りを渡り、ボート乗り場のある弁慶橋を左に見て、赤坂プリンスホテルのプールの角を左折する。名門・麴町中学校とホテル旧館に挟まれた通りを数分歩けば、左手に広い前庭と竣工したばかりの黒い文藝春秋ビルが現れる。受付には和服姿の女性とスーツ姿の女性ふたりが並び、四階に行くようにと告げられた。

花田ら新入社員一九名（男性編集三名、男性業務七名、女性九名）は、社長室に隣接する役員会議室に集合して、佐佐木茂索社長と池島信平専務取締役、上林吾郎（かんばやしごろう）出版局長らの役員に迎えられた。

まもなく、新人歓迎会が開かれた。

「昔の文藝春秋の新人歓迎会はひどいものだった」と半藤一利は笑う。『週刊文春』『文藝春秋』などの編集長を歴任し、『日本のいちばん長い日』『ノモンハンの夏』『昭和史』など多数の著作を持つ。文藝春秋を代表する名編集者は、昭和史研究の第一人者でもある。

「私が昭和二八（一九五三）年に入社した時には、『お前たち、新人歓迎会では裸踊りをさせられるから覚悟しておけよ』と言われました。会社の公式なものではなく、『無冠クラブ』という役職のない連中が主催する飲み会です。男だけなのは、女性社員があまり入社してこない時代だから。先に先輩が真っ裸になって踊ってみせる。お前たちも一緒にやれ、というわけです。これはおもしろいと私、田中健五、金子勝昭の同期三人がつられて裸踊りをやるようになった（笑）」

新人歓迎会の伝説は、文春社内に長く伝えられている。

曰く。男子の新入社員は真っ裸にされ、懐中電灯だけが点灯する中、酒席の真ん中を踊り歩かされる。某新人が局部に伸びる箸を避けようと身をよじったところ食卓の上に倒れ込み、割れた皿で裸の尻を切って流血の惨事に至った。某新人が嫌がって柱にしがみつくと、無理矢理に剝がされてこの野郎と殴られた云々。

「東銀座の出雲橋に〝はせ川〟という小料理屋があって、文春社員のたまり場になっていたから、新人歓迎会も二階でやった。当時『オール讀物』の副編集長で、文春三大酒豪のひとりだった池田吉之助さんが新人のおちんちんを箸でつまんで、『おお、今年の松茸は出来がいいのお』とやっていたって（笑）。

三年先輩のMさんが『絶対にイヤだ！』と二階から飛び降りて両足を骨折して以来、裸踊りが禁止になったのは有名な話。俺たちが裸にならなくて済んだのは、Mさんのお蔭なんだよ。

池田吉之助さんはハンサムな快男児だったけど、ある日、酔っ払って仮眠室で目を覚ますと、素っ裸の上にシーツを身にまとって『白鳥の湖』を踊ったことがあった。真っ昼間の編集部で、俺たちが仕事をしている目の前で『ラーラララーラー〜♪』って歌いながら踊るんだ。ホントにとんでもない会社だと思った（笑）」（花田紀凱）

「自分が出会った中で、最も優秀な編集者」と花田が尊敬する元『文藝春秋』編集長の堤堯も、回顧録の中で次のように書いている。

《酔うとすぐ裸になりたがる男が少なくないのに驚く。なにかと酒盛りが始まる。ひそかにビールに小便をまぜて飲ませる悪戯などはまだ序の口。樽酒に酔い痴れた三人の中年社員、いずれも東大卒が素っ裸になり、肩を組んで「白鳥の湖」を怒鳴りながら毛脛を振り上げて踊る。彼等の妻子は、まさか「お父さん」が会社でフリチンをやっているとは夢にも思うまい。》（『編集会議』二〇〇一年四月号・堤堯〈ある編集者のオデッセイ〉）

新人歓迎会も無事に終わり、晴れて文藝春秋の社員となった花田は『オール讀物』に配属された。「生意気そうなヤツはまず『オール』に行かせて、作家の相手をさせて、世の中のことや礼儀作法を学ばせたそうだよ」（花田紀凱）

一般企業と同じく、編集部には部員の出先を示す大きな黒板があり、若い花田の名札は一番下に掲げられたが、見れば「桐島」という名札が脇によけられていた。

前年に退社した桐島洋子である。

社内句会で「あてもなく殺意抱きて汗の街」と詠んで絶賛された才女は、ダイビングで知り合ったアメリカ人の退役海軍中佐（既婚者）と恋仲になって妊娠した。当時の文春には「女性社員は結婚したら退社」という不文律があり、未婚の母などとんでもない時代だったから、桐島洋子は出産まで隠し通すことを決めた。腹の膨らみが目立つようになるとスカートに針金を入れて隠した。出産直前に二カ月の病欠をとって二七歳で長女・かれんを産むと、わずか一週間で職場に復帰した。

周囲は誰も気づかなかった。

翌年、二人目（次女・ノエル）を身ごもり、しかたなく退社した。

アメリカに移住して書いた『淋しいアメリカ人』は第三回大宅壮一ノンフィクション賞を受賞。さらに『聡明な女は料理がうまい』もベストセラーとなって、いずれも文春文庫に入ったから、桐島洋子は優秀な編集者としてばかりでなく、得がたい書き手としても古巣に貢献したことになる。

《「淋しいアメリカ人」を書き上げてから一年後の春、私は第三回大宅壮一ノンフィクション賞受賞の知らせを聞いた。

私にとってこれほど嬉しい賞は、他に考えられない。大宅壮一氏こそは、その著書によって若い日の私を触発し、ノンフィクションの道へ導いて下さったわがゴッド・ファーザー的な存在である。また主催の文藝春秋は、私のなつかしい古巣であり、どの学校よりも学ぶことの多かった〝母校〟である。

授賞式の席上で故・池島信平社長が「桐島クンはもとわが社の不良社員でありまして……」と、〝放蕩娘〟の帰宅を暖く祝福して下さるのを聞きながら、私は十数年前文藝春秋の新入社員として、販売部の窓口で当時のベスト・セラーだった大宅氏の『世界の裏街道を行く』をせっせと売りまくっていた自分の姿を思い返していた。》

（桐島洋子『淋しいアメリカ人』文春文庫版あとがき）

文藝春秋新社は一五年の長きにわたって銀座にあった。

「地下にはバーがあり、河上徹太郎さんと吉田健一さんがいつも夕方の五時にやってきて、一杯飲んでから銀座に繰り出していった。吉田さんはケッケッケと怪鳥のように笑うから、会社にくればすぐにわかった。大宅壮一さんや開高健さんもしょっちゅうきた」（『スポーツ・グラフィック ナンバー』創刊編集長の岡崎満義）

編集者たちも銀座を愛し、自分の庭のように歩いた。昼食夕食のヴァリエーションには事欠かず、遅くまで開いている飲み屋があり、近くには銭湯まであった。

川端康成や吉行淳之介、河上徹太郎らの作家、評論家を担当した岡富久子が小冊子

『銀座百点』に寄せたエッセイは、一九六〇年前後の銀座で働く女性編集者の気分を伝えてくれる。

《私は、仕事の手が小一時間すくな、と思うと、チョロリと雑誌用の封筒を抱えて、「では、ちょっと仕事の出先に行って参ります」という恰好をつくろい、すっすっとこんぱるさん（引用者注・東銀座に現存する金春湯のこと）に出かけて行く。封筒のなかには、ビニールに包んだタオル、小さい石鹼箱、コンパクト、口紅、化粧品の小びん、櫛が入っている。ふろ賃は、きっちり小ゼニで手に握る。

これらの入浴用の小道具一式は、常に私の事務机の引き出しにしのばせてある。もっともこの小道具は、そのまま旅行用の最低必需品でもあって、ふいに遠方に出張を命じられても、すぐそのまま飛び出して行ける用意でもある。（中略）

数年前までは、ひるさがりの金春湯には、芸者さんらしい人の姿がちらほら見えた。頭もウェーブのかかった短い髪をまとめている――そういうごく普通の風俗なのに、からだのこなしに何処となくうるおいがある。しっとりしている。それで、ああ芸者衆だな、と私には分かるのであった。

で、私はビルの中の浴槽にのびのびとつかる。まさか、手ぬぐいを頭にのっけて浪花節をうなりはしないけれど、仕事の時間をつまんでおふろに入っているという快感は、学生時代のエスケープにも似て、なかなかおつなものである。この「時間のつまみ具合」のさじ加減を上手にするということが、多忙で時間の振り巾の大きい編集者生活の中の一つの醍醐味のように、私は思っている。》（『銀座百点』一九六三年一一月号）

文藝春秋が紀尾井町に移転すると、社員たちは銀座を懐かしんだ。職場は確かに広く、きれいになったが、住宅や倉庫ばかりが立ち並ぶ紀尾井町は、編集者にとって不便なことばかりだったからだ。

会社近くに昼食を食べるところがない。深夜遅くまで働いて、何か少し食べようと思えば、四谷まで一〇分近く歩かなくてはならない。一番近い飲み屋は日本テレビやイスラエル大使館のある二番町にあるから、都電の走る新宿通りを渡らなくてはいけない。半蔵門線や有楽町線は、まだ影も形もない。

だが、銀座時代を知らない花田にとっては関係なかった。

「地下の社員食堂の調理師も社員だったから、食材も良くて結構うまかったよ。お焦げができると、おにぎりを作ってカウンターの横に並べてくれた。自由に食べて下さいって。若くてすぐに腹が減ったからありがたかった。

サロンの横にはバーもあった。かたつむりみたいな形をしていたから名前は『エスカルゴ』。バーテンは兄弟ふたりで、やっぱり社員だった。でも、当時の紀尾井町や麴町界隈は辺鄙なところで、作家は用事がなければこないから、たちまち社内の酒飲みのたまり場になっちゃった。池田吉之助さん、進藤隆さん、岡富久子さん、高松繁子さん。岡さんは若い頃は美人で、吉行淳之介さんたち〝第三の新人〟のアイドルだったそうだけど、僕らが入った頃には、もう酒飲みのおばちゃんにしか見えなかった（笑）。そんな事情もあって、すぐにバーは閉めちゃったんだ」（花田紀凱）

新入社員の花田紀凱が『オール讀物』に配属された頃、文藝春秋は古き良き銀座時代に別れを告げ、紀尾井町で新たなる歴史を始めようとしていた。

「戦後、『小説新潮』が創刊されて（一九四七年）、中間小説ブームが起こった。純文学と大衆文学の間だから中間小説。戦前からあった『オール讀物』も中間小説雑誌になり、一九六三年には『小説現代』（講談社）も創刊されて、三誌が四〇万部前後で競っていた。『小説現代』は後発だから、部数はちょっと少なかったかもしれないけど」（花田紀凱）

当時の『オール讀物』編集長は杉村友一。花田は池田吉之助副編集長から仕事を教えられた。池田は親切な男で、右も左もわからない新人に、五味康祐（やすすけ）、藤原審爾（しんじ）、瀬戸内晴美といった自分の担当作家をどんどん回してくれた。『今度、山本周五郎さんのところに連れて行ってやるからな』と池田から聞いて花田は楽しみにしていたが、残念ながら急逝してしまった。

都立千歳高校時代の花田は、国語の小沢俊郎先生が勧めてくれた尾崎一雄『虫のいろいろ』を手始めに『暢気（のんき）眼鏡』（同名小説集で第五回芥川賞を受賞）や『懶（ものう）い春』『末っ子物語』などを愛読していたから、「尾崎一雄先生に原稿をお願いしたいのですが」と池田に申し出た。

そもそも花田が早稲田大学を志望した理由は、尾崎一雄と尾崎士郎という〝二人の尾崎（﨑）〃が早大出身だったからだ。尾崎士郎はすでに亡くなっていたから、尾崎一雄にはどうしても会っておきたかった。

当時の尾崎一雄は老大家で、『オール讀物』のような中間小説誌が求める売れっ子作家ではなかったが、池田副編集長は『まあ、お願いしてごらん』と花田の希望を容れてくれた。業界のルールや読者のニーズを何ひとつ知らない若者の提案を無下に否定することなく、まずやらせてみる。人を育てるためには、このような器量が大切なのだと、花田は今になってしみじみと思う。

池田副編集長の許しを得て、花田は勇躍、小田原の下曽我に居を構える尾崎一雄を訪ねた。三島由紀夫が〝着流しの志賀直哉〟と称した私小説作家は、東海道線と御殿場線を乗り継ぎ、三時間以上かけてはるばる東京からやってきた若い編集者を温かく迎えてくれた。

のちの文化勲章受章者から、花田は『梅干爺さん』など三度原稿を受け取った。お手製の梅干しをお土産にいただき、有名な料理旅館「国府津館」でご馳走になった。編集者とは、愛読書の作者に会って執筆の際の貴重なエピソードや興味深い昔話を聞き、その上、食事まで奢ってもらえる仕事なのだ。

遅筆で有名な五味康祐の担当を命じられた時は少し緊張した。剣豪小説ブームはすでにピークを過ぎていたとはいえ、超売れっ子作家であることに変わりはなかった。『オール讀物』の〆切は毎月一五日、一六日で『小説新潮』『小説現代』とまったく同じ。音楽好きの五味康祐は『ステレオサウンド』に連載を持ち、さらに週刊誌にも小説を連載していた。

いつまでも入らない原稿に業を煮やした池田副編集長は、五味康祐をホテルニューオータニに軟禁するように、と花田に命じた。他誌よりも早く『オール讀物』の原稿を書いてもらうための最終手段であり、業界用語で〝缶詰め〟と呼ぶ。原稿用紙と筆記具、急須とお茶のセットを入れた布袋と、資料の入った風呂敷包みを持って文藝春秋に近いホテルの一室に五味康祐を缶詰めにして、傍らの椅子に座って執筆を見守る。これが花田に与えられた任務だった。

だが、百戦錬磨の流行作家が新人編集者の思い通りに動くはずもない。花田がまだ一枚も原稿を受け取らないうちに事件は起こった。

《小一時間経った頃、部屋のチャイムが鳴った。開けると妙齢の美女が立っている。華やかな女性で、要するに銀座関係らしい。そうか、さっき五味さんが電話をかけたのは彼女だったのか。せっかく原稿にとりかかったところだったのに。しかし、ここは気を利かせなくてはいけないんだろうな。

「先生、ちょっと池田と打ち合わせがあるので社に行ってきます。すぐに戻りますので……」

社に戻ったとたん、池田さんに怒鳴られた。

「バカ、密着してなきゃダメじゃないか。すぐオータニに戻れ！」

慌ててホテルに戻り、部屋のベルを何度、押しても応答がない。その夜、五味さんはとうとうホテルに戻ってこなかった。》（『リベラルタイム』二〇〇五年一月号・花田紀凱〈血風録〉）

そんな五味康祐が、花田が敬愛する堤堯の新人時代を描写したエッセイは一読に値する。

《これは『週刊文春』の連載に担当となった、新入社員のころの堤堯くんであるが、彼の風貌は喜劇俳優の八波(はっぱ)むとしに酷似している。それでも東大の独法を出ているそうで、東大出も変わったなあと、家内と話していた。さてこの堤クンが、およそ、編集者らしくない。原稿を約束の時間に取りに来て、私のことだから、まだ書けていないと言うと、

「まだ？　困るなあまったく。しょうがねえ人だなあ」

玄関で、当の私を前に一くさりボヤいてから、とにかく上がらせてくれという。応

接間へあげると、電話をかりるとも断らずに、そこにあるダイアルを回す。編集部へまだ原稿ができていないと報告するのかと思ったら、様子が違うのである。当時、拙宅の電話は盗聴できるようにしてあった。私は書斎にさがって盗聴用へ耳をあてると、「五味康祐がよう、約束しといて原稿書かねえんだよ。しようのねえ奴だ、まったく……弱ったよ。だからさあ、今日はあきらめてくれよ」

デートの約束をしてあった相手に、ことわりの電話なのである。相手の女性が、同じ東大の学生で、資産家のお嬢さんで、やがて結婚することになっていることをじつは週刊の先輩編集者某君に聞いて私は知っていたから、ははあん、これかと思い聴いていると、

「しかたがございませんわ、お仕事でございますものね」

およそ八波むとしとは不つりあいな山手風の、お上品な「ざあます」口調である。まことに良妻賢母とはこのようなタイプの女性を言うのかと思い、それにしても八波むとしとは珍重な組合せなのに、可笑しくなって盗聴を止めたのを覚えている。》(月刊『噂』一九七一年一二月号・五味康祐〈作家と、挿絵画家と、編集者と〉)

武闘派として知られる堤だが、まさか人気作家にかくも傍若無人な態度はとれまい。かなりの誇張があるはずだが、デートのキャンセル話を盗聴されていたことは間違い

ない。

脚本家の大石静は一九九〇年代初頭に花田編集長体制の『週刊文春』で〈わたしってブスだったの？〉を連載していた。養母は旅館経営者である。御茶ノ水のアテネフランセの並びにある「駿台荘」は交通の便がいいこともあって文藝春秋、中央公論、筑摩書房、岩波書店などの出版社が作家をよく缶詰めにしたから、小学生の大石静は多くの作家や編集者たちを目の当たりにしている。

「五味川純平先生や開高健先生はよくお見かけしました。当時の旅館としては珍しく、徹夜で仕事をされる先生方がお好きな時間に食事を召し上がれるようにしていたから便利だったんでしょうね。檀一雄先生は、山の上ホテルとうちを行ったり来たりしていらっしゃった。原稿はうちで書くけど、女性と会うときには、鍵のかかる山の上ホテルに行く（笑）」（大石静）

田舎から中卒で出てきて駿台荘に入った仲居たちを、養母はお嫁に出すまで面倒を見た。お茶や英会話の稽古の費用も全部負担した。昔ながらのやり方が残っていた最後の時代だった。

「お客さまは作家の先生や超一流の出版社の男性社員で、もちろん高学歴。フロントにいた女性が、京都大学を卒業して中央公論に入った男性に見初められて結婚したことがあった。もうみんな色めき立っちゃって困ったと養母がこぼしていました。うちは、お客さまと必要以上のことを話してはいけない。先生の部屋にも呼ばれなければ入ってはいけないという教育をしてきたのに、みんなが若い男性編集者にアピールし始めちゃったから。

みどりちゃんという女の子が、五味康祐先生の担当だった花田さんに猛アピールしたことは、とてもよく覚えています。スラッとしたきれいな子で、どうやら花田さんもランチをご馳走したことがあったらしい（笑）。

しばらくすると、みどりちゃんが私がいる前で養母に直訴したんです。『私は文藝春秋の花田さんとつき合っています。でも、会社に電話してもすぐに切られてしまう。結婚できるように仲を取り持って下さい』って。養母は私を『ちょっとあっちに行ってなさい』って追い払ったけど、男と女の話だと直感した私は、襖越しに耳をダンボにして聞いていました。まだ小学校低学年だったのに（笑）。ただならぬ雰囲気を感じたんでしょうね。

養母がみどりちゃんに『あちらにその気はないからあきらめなさい』と言うと、みどりちゃんは『私たちは接吻してるんです！』って。聞いていて『うわあ』と興奮しましたね。接吻という言葉は子供心には刺激的でした。実際にはしてないだろうとは思いますけど（笑）。養母が『接吻していようが何だろうが、絶対ダメ』と言うと、みどりちゃんはオイオイ泣いて、それきりすぐ辞めちゃったんです」

一九五二年に『罪な女』ほかで第二七回直木賞を受賞した藤原審爾は、女優の藤真利子の父だ。代表作『秋津温泉』は岡田茉莉子主演で映画化され、一九六二年度のキネマ旬報ベストテンに入った。「藤原組」というチームのオーナーになったほどの野球狂で、試合をする以上は勝ちたいとかつての高校球児をスカウト。東京都代表となって都市対抗野球に出場したことさえあった。

五味康祐同様の遅筆で、編集者たちを大いに泣かせた。

メールはもちろんFAXさえない時代には、編集者は作家の自宅に待機して直筆の原稿を受け取った。コピー機もなかったから、受け取った原稿にカーボン紙を重ねて写しを作ったが、時間がなければ生原稿をそのまま印刷所に入稿した。

文春の歴代担当者たちは、藤原審爾がペラ（二〇〇字詰め原稿用紙）二枚か三枚を書くと、ひったくるようにして阿佐谷の自宅から板橋にある凸版印刷までタクシーを飛ばして届け、とって返して再び原稿を待った。少しでも油断すれば他社の原稿を書かれてしまう。そばにいない編集者の原稿は後回しにするのが作家の習性なのだ。

余談だが、戦後最大の悪筆が元東京都知事の石原慎太郎であることは出版界の共通認識だ。各出版社および印刷所はそれぞれ原稿判読の専門家を用意したが、どうしても読めなかったので、本人に原稿を読んでもらい、録音テープを添付して入稿した。当の石原慎太郎も、つい先ほど自分が書いた原稿が読めず、しばしば録音が中断したといわれる。

編集者は幾多の困難を乗り越えてようやく入稿にたどり着くのだが、受け取った原稿がおもしろければ、全部忘れて性懲りもなく依頼してしまう。人格も遅筆も悪筆も結局はどうでもいい。内容がすべてなのだ。

月半ばの〆切が近づき、編集者たちが藤原審爾邸の応接間に集まると、応接間の掘りごたつでは異形（いぎょう）の男が居眠りをしていた。色川武大（たけひろ）。のちに『麻雀放浪記』で一世を風靡（ふうび）する阿佐田哲也である。もともとは編集者として藤原審爾と知り合い、作家に転じて一九六一年に『黒い布』で中央公論新人賞を受賞したが、その後はパッとせず藤原邸に居候していた。

編集者が三人揃うと、それまでうつらうつらしていた色川武大が別人のようにシャキッとして、「いきますか」と言う。花田紀凱は最初のうち、色川が何を言っているのかわからなかったが、どうやら麻雀卓を囲もうということらしい。

何しろ阿佐田哲也である。素人がかなうはずがない。原稿を取りにやってきて、給料のかなりの割合をむしられるのは理不尽だったが、敵もさるもので、花田の負けが続くと、ちゃんと満貫で上がれるように積み込んでくれた。それほどの達人なのだ。

小説誌の編集者は有望な新人を鵜の目鷹の目で探す。花田は当時無名だった森村誠一の作品に注目して一〇〇枚の原稿を預かったが、大家ひしめく『オール讀物』に長編を掲載するチャンスはなかなか訪れず、ついに講談社に持っていかれてしまった。のちに江戸川乱歩賞を受賞した『高層の死角』である。

次に花田は、『壮士再び帰らず』で第七回オール讀物新人賞を受賞したものの、その後はパッとせず、ポルノ小説を書きまくっていた清水正二郎に目をつけたが、池田副編集長ににべもなくはねつけられた。

「シミショー？　ありゃダメだ。エロ小説ばっかり書いてるから筆が荒れちゃって、オールじゃ使えねえよ」

ポルノを捨てた清水正二郎が胡桃沢耕史と改名して『黒パン俘虜記』で第八九回直木賞を獲得したのは一九八三年。花田が注目してから一六年後のことだった。

瀬戸内晴美、のちの瀬戸内寂聴を花田が担当した頃、四〇代半ばの女流作家は既婚者を含む多くの男性遍歴を重ねていた。花田がしばしば訪ねたマンションで自殺未遂をしたこともあった、とのちに自伝で知って驚いたが、当時は人気作家の胸中の葛藤にまったく気づかなかった。

二〇代半ばの新米編集者にとってはすべてが新鮮で、楽しい思い出ばかりだったが、最大の事件は池波正太郎との出会いだった。

当時の池波正太郎は一九六〇年に『錯乱』で第四三回直木賞を受賞したものの、まだ新国劇の座付き作家もやっていて『オール讀物』には年に数回、短編を発表する程度。だが、『オール讀物』一九六七年一二月号に掲載された短篇「浅草・御厩河岸」が、くすぶっていた四四歳の作家の運命を変えた。

火付盗賊改方の密偵となっていた男が久しぶりに盗みの仕事を依頼されて、眠っていた盗賊の血が騒いだものの、結局は未遂に終わったという物語は、確かに好読物に仕上がってはいるものの、池波正太郎畢生の傑作とまでは呼べまい。

だが、ゲラを一読した杉村友一編集長の感想は違った。

「こいつはおもしろい。この長谷川平蔵を主人公にして、池波さんに新年号から連載をお願いしよう」

物語の終盤に登場する火付盗賊改方長官を主人公に立て、改めて連載をスタートさせようというのだ。しかも次号から。花田は編集長の決断に驚愕した。当時の『オール讀物』には大家が交替で執筆するのが通例で、連載は一年以上前から決まっていたからだ。異例の抜擢だった。

かつて『オール讀物』には野村胡堂の『銭形平次捕物控』という人気連載が巻末に置かれていた。のちにわかったことだが、杉村編集長は最初から、池波の新連載を第二の銭形平次にするつもりだったのである。本物の文芸編集者とは凄いものだ。

こうして花田紀凱は急遽、年の瀬の慌ただしい時期にスタートする新連載のタイトルを考えることになった。

『鬼平捕物帖』『本所鬼屋敷』『本所の鬼平』『火付盗賊改方始末記』『鬼平が往く』など、どこかで聞いたことのあるようなタイトルばかりが頭に浮かんだが、どれもしっくりこない。

そんなある日、新聞下段の新刊広告に『犯科帳　長崎奉行の記録』（森永種夫著岩波新書）を見つけた。江戸時代に実在した長崎奉行所の裁判記録を紹介した本だが、内容よりもタイトルが気に入った。

『鬼平犯科帳』はどうか？

花田がつけたタイトルを杉村編集長も池波正太郎も気に入り、新年号の連載第一回は『鬼平犯科帳　唖の十蔵』と決まった。その後の快進撃は言うまでもなかろう。『鬼平犯科帳』の連載は二十数年、一九九〇年五月に池波正太郎が亡くなるまで続き、単行本も文庫もベストセラー。さらに八代目松本幸四郎や中村吉右衛門主演でテレビドラマ化されて、大きな人気を得た。

作家として大成するきっかけとなった『鬼平犯科帳』の初代担当者に、池波正太郎は優しかった。

《池波さんは原稿も早い。必ず締切前に出来上がり、電話がかかってくる。「ハナダくん、原稿、上がっているから、いつに取りに来てくれ」原稿をいただきに行くと、豊子夫人手作りの昼食が用意してあって、「ま、食事をしよう」となる。

こうして毎回、「鬼平犯科帳」の原稿を頂戴した。食事を終え、お茶をいただきながら原稿を拝見する。拝見すれば、何か感想を言わなければならない。いつもいつも「おもしろかったです」では通用しない。読みながらどういおうかと考えるのだが、「鬼平犯科帳」はおもしろくてスラスラ読んでしまうから、考えるヒマもない。いつも弱ったものである。》（『リベラルタイム』二〇〇一年一二月号・花田紀凱〈血風録〉）

美食家として知られる池波正太郎は、その日に食べたものを三年連用日記に書き記していた。『鬼平犯科帳』連載開始まもない一九六八年一月には次のような記述がある。

《一月四日（木曜）晴　暖　賀状十八枚
［昼］ワンタン、コーヒー
オール、花田君来、原稿渡し（引用者注・『鬼平犯科帳』第三回「血頭の丹兵衛」のことか）。
［夕］ウィスキー、煮〆、焼豚、マカロニサラダ、その他、天津飯、グレープフルーツ》（池波正太郎『食べ物日記』文春文庫）

自宅でもてなすばかりでなく、池波は花田を取材と称して本所や浅草など、東京のあちこちに連れていってくれた。銀座和光裏にあった煉瓦亭の大カツ（カツレツを叩いて大きく延ばしたもの）や資生堂パーラーのコロッケ、浅草では軍鶏（しゃも）やすき焼きをご馳走になった。現在のように、取材経費だから編集者が支払いを持つという発想はない。作家が、自分を補佐してくれる編集者に奢るのだ。それだけの原稿料を受け取っていたということでもある。

「刺身を食べるときに、山葵（わさび）を醤油に溶いてはいけない」と池波は花田に教えた。醤油がにごる。山葵は舌先の感覚を変えるためにあるのだ。以来、花田は池波の流儀を固く守っている。

律儀な作家は、約束の時間に遅れることができない。だから花田は早く来る池波よりもさらに早く、三〇分前に待ち合わせ場所に到着するように心がけた。

一九六八年六月に花田紀凱の父が白血病で亡くなると、池波正太郎は香典をくれた。縁談を持ってきてくれたのは、それからまもない頃だった。

小料理屋『花ぶさ』は、一九六四年に神田花房町（現在の外神田四丁目）で開業。ふと立ち寄った池波正太郎が気に入り、馴染み客となった店だ。名物の千代田膳は池波が命名した。板長に年頃の娘がいるという話を聞いて、池波は二六歳の担当編集者を思い浮かべた。

「結婚しないか、相手はアパートつきだぞ」という池波の言葉を、花田はありがたく聞いたが丁重に断った。すでに心に決めた人がいたからだ。大学時代に日本中を旅した時に、富士五湖のユースホステルで知り合った女性だった。父親が亡くなったばかりで、多忙にまぎれて式も挙げないまま入籍した。妻には気の毒なことをした、と花田は振り返る。

4

花田紀凱が『オール讀物』の新米編集者として会社と作家と印刷所の間を走り回っていた一九六六年暮れに、株式会社文藝春秋社長の佐佐木茂索が亡くなった。すでに戦前から、文藝春秋社の実質的な経営者が佐佐木茂索であったことを知る者は少ない。

月刊『文藝春秋』は、大正一二（一九二三）年一月に創刊された。発行部数わずか三〇〇〇。定価一〇銭は当時としても破格の安さだった。発行所である文藝春秋社の住所は小石川区林町。作家・菊池寛の自宅である。

戯曲『父帰る』、小説『忠直卿行状記』と『恩讐の彼方に』は当時の読書人に広く知られ、東京日日新聞に連載された『真珠夫人』も大ヒット。計三回映画化され、テレビドラマにも二度なっている。

『文藝春秋』創刊当時には、『菊池寛全集』（春陽堂）の刊行も始まり、芥川龍之介とともに東京日日新聞の客員にもなっていた。

生活に不自由しない三四歳の超人気作家が、小遣いの範囲内で雑誌を発行する。売れなければすぐに撤退すればいい。『文藝春秋』はそんな軽い気持ちから始まったのだ。

創刊号の本文はわずか二八ページと極めて薄く、内容は作家の随筆ばかり。現在の月刊『文藝春秋』の巻頭随筆だけが雑誌になったもの、と言えば想像しやすいだろう。ほぼ完売したが、定価の安さもあって黒字には至らなかった。

だが、随筆ばかりのささやかな小冊子に創作欄が新設されると部数はみるみる伸び、さらに政治、経済、社会、文化を論じる総合誌へと変貌すると、恐ろしい勢いで巨大化していった。

理由は簡単で、菊池寛の編集者としてのセンスが抜群だったからだ。今日の評価は小説よりも高い。高松市立図書館の蔵書二万冊のめぼしいものはすべて読みきったといわれる恐るべき読書量と学生時代の経済的困窮に起因する現実感覚は「背景に学問を持った馬鹿」（菊池寛）を嫌い、知的好奇心と健全な常識を持つ人々のための雑誌を生み出した。超人気作家は最高の編集者でもあったのだ。

『文藝春秋』の新しさは主に四点にまとめられる。

ひとつめは、作家や評論家ばかりでなく、学者や科学者、実業家、政治家、軍人など、あらゆる人々に随筆を書かせたことだ。おもしろい話を持っていても文章を書くのが苦手な人間はいくらでもいるから、時には編集者に聞き書きをさせて手記にまとめた。その結果、誰もが気軽に自由に、自分の考えを発表することが可能になった。

ふたつめは、座談会という形式を作り出したことだ。

《多くの権威を一堂に集めて、短時間に意見なり思想なりを発表してもらう便法は、座談会の功績で、恐らく新聞雑誌の続く限り、座談会という形式は永久に続くであろうと思う。》（『文藝春秋』一九三七年一月号・菊池寛〈十五周年に際して〉）

菊池寛に反論できる編集者はひとりもいない。

三つめは、四段組を始めたことだ。菊池寛は雑誌の内容ばかりでなく、デザインにも気を配った。企画内容によって活字の大きさを変えて読みやすくする。

最後は、芥川賞と直木賞をつくったことだ。

貧しい幼少期を送った現実主義者である菊池寛のモットーは「生活第一、芸術第二」。だが、一方では恐ろしく親切な男で、周囲の貧乏な文士たちの面倒をよく見た。菊池寛から経済的な援助を受けた作家は数知れない。川端康成はその代表だろう。『文藝春秋』の発刊自体が、作家や評論家に発言の機会を与え、いくばくかの原稿料を支払うことで生活に多少の余裕を与えようという発想から始まっている。

『文藝春秋』の巻頭に「侏儒の言葉」を自死の間際まで連載してくれた一高同窓の芥川龍之介、そして、初期の『文藝春秋』で無署名のゴシップ記事を大量に書きまくり、売り上げに大きく貢献してくれた直木三十五が亡くなると、菊池寛は「芥川龍之介賞」「直木三十五賞」を制定し、受賞者に賞金五〇〇円を贈った。金額は、作家が一年くらいは生活できる程度に設定された。

両賞の発表時期は二月と八月。「二八」と呼ばれ、売り上げの落ちる時期だ。雑誌が売りにくい時期の話題づくりでもある。さすがは菊池寛だ。ちゃっかりしている。

『文藝春秋』が創刊された大正末期は、日本が軽工業から重工業に移行した頃だ。農村から都市へと大量の人口が流入し、サラリーマンという新しい階層が誕生した。

大衆は雑誌に教養と娯楽を同時に求めた。

『中央公論』や『改造』は学生やインテリを対象としたが、『文藝春秋』は誰もが理解でき、興味を持てる記事を掲載したから、両誌とは比較にならないほど多くの読者を獲得することに成功した。

雑誌が大きくなれば、人を増やさなくてはならない。菊池寛は知り合いに声をかけて社員を集めたが、人が増えれば、作家を本業とする社長には目の行き届かないところが出てくる。文藝春秋社の実質的な経営者として、菊池寛が白羽の矢を立てたのが佐佐木茂索だった。

『文藝春秋七十年史』を執筆した半藤一利は「佐佐木茂索なくして、文藝春秋の繁栄はなかった」と語る。

「佐佐木茂索は小説家になるつもりだったから、本来なら文春に入るわけがない。じゃあどうして入社したか。当時菊池寛の周囲にいた作家連中、たとえば芥川龍之介とかが、佐佐木の奥さんのささきふさ(作家。本名・佐佐木房子)に惚れていたんです。茂索の小説じゃあ食っていけない。奥さんに貧乏生活させたらかわいそうだ、と茂索を半ば強引に文春に入社させた(笑)。当時の文藝春秋社は非常にだらしない会社で、広告や経理の人間たちが会社のカネを懐に入れていた。佐佐木は広告部経理部があまりにも杜撰(ずさん)だったので、先頭に立って引き締めにかかったんです」

〝剛才人〟と芥川龍之介から称された有能な男は、社長がピンポンや将棋をやりたくなると仕事中の社員を呼び出して相手をさせる、という常軌を逸した社風に呆れつつ、文藝春秋社の改革に取り組んでいく。破綻寸前だった財政を立て直すために、全社員の給与半減を三カ月間断行する一方で、返本冊数の詳細な調査を行い、古紙や使用済みの凸版銅版の売却など、細かな点もゆるがせにはしなかった。

執筆者への原稿料の未払いが三カ月も続いていると聞いて精査した結果、経理の乱脈が判明すると、佐佐木はただちに不正に関わった経理担当者三人を馘首した。昭和六（一九三一）年九月のことだ。

まもなく、クビを切られて逆恨みした元経理担当者が、当時文藝春秋社が入っていた内幸町の大阪ビル四階に白昼堂々乗り込んできた。顔は酒と興奮で紅潮し、手には猟銃があった。

編集室のガラスが割れる音がした。

『こころの王国　菊池寛と文藝春秋の誕生』は、菊池寛の秘書兼愛人だった佐藤碧子に猪瀬直樹がインタビューを行い、独白形式でまとめたノンフィクション作品だ。かつての美人秘書は、前代未聞の大事件を次のように振り返っている。

《入り口の応接室の脇に十坪ほどの、床に茶色のリノリウムがはられた社長室があります。あの日の夕刻、猟銃を手にしたその男が編集室を横切ってつかつかと入って来た。わたしが異変に気づいたのは二、三人が会議用の大きなテーブルの下に逃げ込んだからです。

菊池を出せ、大声でわめいている男。先生はややたじろぎ、あわてて煙草に火をつけました。キャメルです、いつもの。落ち着こうとしたのかしら。煙草を挟んだ右手を突き出して仁王立ちになり……。わたし、その先生の軀をうしろから抱きかかえもろともすぐに伏せようとしたのです。

そのいとまもなく猟銃男は先生にむかって真っ直ぐに進んで来ました。ようやくわたしは男が見覚えのある人物とわかりました。クビにした使い込みの元社員。先生は少し音程の高い声でなにか言いました。なにをおっしゃられたのか、わたしの頭は真っ白でわかりません。男は急にくじけたように銃をおろしてうなだれました。そのときになってわたしは先生をひきとめようとそのふっくらとしたパンのような手を背後から引っ張った記憶がよみがえり、同時に痛いッと感じました。先生の吸いかけのキャメルを、そのまるい手といっしょに握ったせいで私の掌に小さな桃色の火傷が残ったのです。》

社長は菊池寛だが、実質的な経営者は専務の佐佐木茂索。文藝春秋社の二重構造は、ホンダの本田宗一郎（社長）と藤沢武夫（副社長）の関係に似ている。佐佐木の回想によれば、菊池寛は会社の実務にはほとんど関わらなかった。そのために社長の給料を専務である自分の給料よりも安く設定したが、菊池寛が文句をつけることはなかったという。

文藝春秋社が抱える大きな問題は、菊池寛が縁故や情実で誰彼構わず入社させてしまうことにあると感じた佐佐木茂索は、採用試験を行うことを決めた。

入社試験の第一次筆記問題は菊池寛に考えてもらった。人名や用語を一〇〇個並べ、二時間以内で短く説明せよという常識問題である。「雑誌には古今東西のあらゆる記事が出るのだから、諸事百科について、ちょっとした心得は望ましいのである」と、菊池寛は月刊『文藝春秋』の名物コラム〈話の屑籠〉に書いている。

参考のために、いくつかを紹介しよう。

島左近、河井継之助、宮城道雄、高山右近、ジェイムズ・ジョイス、E・A・P、エレキテル、リリーフ・ピッチャー、ゴスペル、婦系図、静かなドン、クロイツェル・ソナタ、コニイ・アイランド、ルビ、白骨の御文章、濁り江、横線小切手、中条流、寒山拾得、腰越状、シテ・ワキ・アド、など。

三〇〇人の応募者のうち、半分以上書けたのが一四、五人。七割以上できたのが二、三人という難問だった。

文藝春秋社初の入社試験を見事に突破した一期生の中に、のちに戦後の躍進の原動力となった名編集長の池島信平がいた。東京帝国大学文学部西洋史学科卒の秀才は、不況で就職できずに大学院に進み、「菊池寛の顔が一度見てみたい」と入社試験を受けた。

池島ら新入社員たちに菊池寛は告げた。

「専務は佐佐木くんひとりで充分だ。君たちはいつまで文春にいても専務にはなれない。だから文春を踏み台にしてほかへ行ってくれ」

入社早々辞めろとはおかしな会社だと池島は苦笑した。

作家の司馬遼太郎は、池島信平について次のように書いている。

《昭和四十年ごろ、三重県を一緒に旅行したことがある。伊勢松阪の宿で早く眼がさめたため朝風呂に入りに行った。大きな湯ぶねの真中に信平さんの笑顔がうかんでいた。

当時さほど親しくなかったので、共通の話題などはなく、ごくお座なりの話柄として、雑誌社の経営者としての菊池寛の偉さについてきいてみた。

「大きな袋をつくっておいてくれたことですね」

この表現がおもしろかった。

国語解釈していうと、『中央公論』や『世界』に健康法のはなしやプロ野球における管理の限界といった企画は入りにくいのである。菊池さんがつくった袋は、政治・経済だけでなく、およそ人間の現象にして印刷するに足る内容ならすべて入る。ふつう雑誌というものは性格規定から出発しており〝おもしろくて有意義な企画ではあるが、うちの雑誌にはむかない〟という選択の規制がたえず働いており、わるくすると そのために内容が衰弱するものなのである。

大きな袋という表現は、このひとが上司だった菊池寛に対するみごとな対応からうまれたもので、しつこくいえば、菊池寛をひとことでとらえているとともに、信平さん自身をもあらわしている。天賦のカンのよさや人懐っこさ、あるいは正直さといった資質が、みじかい菊池寛評のなかにすべて出ているのである。

信平さんは、菊池寛が好きだった。若いころ歴史読物の代作をしたようであり、それだけ愛され、認められもしていた。

「一生のしごととして、菊池寛伝を書こうと思っています」

と、この朝風呂の湯気のなかでいった。げんに、私どもと別れたあと、信平さんは菊池寛が好きだった蒲郡(がまごおり)に寄ったはずだったが、伝記のほうはついに書かずじまいだった。伝記を書くなどという陰気なしごとをやるには、このひとはあかるすぎた。》

(塩澤実信(みのぶ)『雑誌記者　池島信平』所収のエッセイ「信平さん記」)

池島信平が入社した昭和八(一九三三)年五月の時点で、文藝春秋社は『文藝春秋』『オール讀物』、そして『話』の三誌を発行していた。以前には『モダン日本』『映画時代』『文藝通信』『婦人サロン』なども出していたが、休刊もしくは人手に渡してしまった。

池島信平を含む新人六名は、全員が創刊されたばかりの『話』編集部に配属された。世の中には、おもしろい話を持っているにもかかわらず、自分では書かない、もしくは書けない人がたくさんいる。そんな人たちのところに出かけていって記者が話を聞き、原稿をまとめればおもしろい雑誌ができる。そんな菊池寛のアイディアから生まれた談話記事中心の雑誌である。

表紙は煙が立ち上るタバコのイラストだが、じつはカラクリがあった。なんと大蔵省専売局から広告料をとっていたのだ。雑誌の顔である表紙を広告に使うという発想は普通の人間からは出てこない。菊池寛の天才がここに示されている。

創刊号は好調な売れ行きを示したものの、菊池寛の手を離れて若い編集部員たちにまかされると、たちまち部数が急落した。一年後、菊池寛は『話』を立て直すために自ら編集長をやると宣言した。池島信平にとっては、菊池寛の編集者としての実力を間近で見る絶好のチャンスだった。

初めての編集会議の日、午後三時頃に出社した菊池寛は「これからプランを出すから見ていたまえ」と言って、巻紙にプランを書き始めた。十数本の企画のタイトルが全貌を現すまでに、わずか五分しかかからなかった。

「野依秀市（のよりひでいち）はどんな男か」「講談社はどんなところか」「朝日毎日争覇戦」「銀座の女給をメンタルテストする」。

怪物ジャーナリストの人間像からメディアの興亡、果てはバーのホステスの知的レベル調査に至るまで、読者の興味と関心を集めるに足る硬軟取り混ぜたプランを、菊池寛は一行のタイトルで表現した。

『週刊文春』編集長時代の花田紀凱は、「編集者に一番必要なのは企画力だ」「プランとは、つまりはタイトルのことだ」と私を含む編集部員に繰り返し言った。菊池寛は優れたプランを大量に出すことで、編集者としての実力を証明したのだ。

優秀なプランがあれば、雑誌は必ず伸びる。六割近い返本で大赤字に陥っていた『話』の返本率は、菊池寛が編集長に就任した直後に二割に減って、たちまち黒字に転じた。

池島信平は感嘆した。

《編集者としての菊池氏を見る時、私はまれに見る大編集者だと思う。企画力といい、行動力といい、全体をまとめることといい、わたくしには彼が、考え得られる限りの最上の編集長に思える。》（池島信平『雑誌記者』）

だが同じ頃、日本は戦争に向かって一直線に進んでいた。新聞や雑誌は用紙の配給統制を受け、情報局による事前の検閲を余儀なくされた。

「文藝春秋は左傾でも右傾でもない。もっと自由な知識階級的な立場をいつまでも続けていくつもりである」

「近頃、言論がヘンな風に圧迫されているような気がするのは、甚だ不愉快である。大新聞紙の論説までが、自由独立の風がなくなっているのは、困ったものである」

コラム〈話の屑籠〉でこのように書いた菊池寛だったが、社員が次々と赤紙を受け取って応召していくと、「僕は国家から頼まれることは何でもやる」と公言するようになった。

当時の『文藝春秋』編集長で、戦後、作家に転じて文化勲章を受章した永井龍男は、この頃の社内の様子を次のように回想している。

《一部の社員間に右翼思想を奉じて徒党を組む者あり、同時に、右翼万能の機を利用して、重立った椅子を自分らで占めようとする、功利的な策謀も含まれていた。私は編集者を、選ばれた読者の一人と称していた。読者を代表して、何を読み何を知りたいかをいち早く察し、それをより完全に読者に提供するのが、編集者の職能と信じていたが、『文藝春秋』の責任者であった時には、かれらの急先鋒の一人に、辞職を勧告されたことがある。編集者は指導者でなければならぬというのが、彼らの主張で

あった。》（『文學界』昭和二七年四月号）

池島信平もまた、底抜けに明るかった文藝春秋社の空気がすっかり変わってしまったことを憂えた。

《朝、社へ出勤してみると、この人達の或る人は声高らかに自分の机で古事記を朗誦している。或いは日本書紀を朗誦している。

そして私の顔を見て、これ見よがしに、日本精神のないヤツがやって来た、というような顔をする。ものに憑かれたようなこの人達の姿を見ることは私には苦痛であった。》（池島信平『雑誌記者』）

リベラリストを自任していた菊池寛自身が《対米対英開戦を迎えて、超非常時に際会した以上、僕以下社員一同はあらゆる私心私情を捨てて、本誌を国防思想陣の一大戦車として、国家目的具現のため、直往邁進する決心である》（『文藝春秋』昭和一七年一月号）と書き、陸海軍に一機ずつ飛行機を献納したのだから、社内の右翼グループの声が大きくなるのは当然だった。

昭和一八（一九四三）年一〇月、池島信平は永井龍男とともに満洲文藝春秋を立ち上げるようにと命じられた。〝日本精神のないヤツ〟が満州に追い出されたということだ。

一年後、戦局の悪化によって生命の危機を感じた池島は「帰国を許されないのであれば退社する」と強い帰国希望を出し、ようやく認められて月刊『文藝春秋』の編集長に就任した。

だが、わずか八カ月後に召集令状が届いた。三六歳の『文藝春秋』編集長が二等水兵として北海道で土木工事をさせられた裏には、何らかの策謀があったと考えるのが自然だろう。

佐佐木茂索も専務から副社長に棚上げされて実権を奪われてしまった。佐佐木の存在を邪魔だと感じた連中がいたということだ。右翼グループの専横を黙認する菊池寛に失望した佐佐木は「東條（英機）が腹を切ったら帰ってくる」と言い残して、さっさと伊東に隠棲してしまった。

そして、昭和二〇（一九四五）年八月一五日がやってくる。

北海道で年下の上官から散々殴られながら、厳しい肉体労働に必死に耐えていた池島信平にとって、終戦は福音だった。これで思う存分雑誌が作れる。軍部から検閲を受けることもなく、神がかり的な右翼思想の連中に邪魔されることもあるまい。

ところが、菊池寛は文藝春秋社の解散をさっさと決めてしまった。紙が手に入らない。左翼が跳梁跋扈（ちょうりょうばっこ）している。『文藝春秋』が求められる時代は終わったというのが表向きの理由だが、軍部に協力した自分はＧＨＱから戦犯と見なされるのではないか、という恐怖もあったに違いない。

自分は手を引く。文藝春秋はもう終わりだという菊池寛に、池島信平は反発した。戦争が終わり、時代が大きく動く中、人々は新たなる指針を求めて活字に飢えている。菊池寛が文藝春秋を放り出すのであれば、俺たちでやる。そもそも雑誌を作る以外に、俺たちに何ができるというのか。

だが、雑誌編集者に商売の才覚があるはずもない。会社の再建など、若い編集者たちには到底不可能だった。池島は六人の仲間とともに、伊東に引っ込んでいた佐佐木茂索のもとを訪ね、月刊『文藝春秋』の復刊と社の復興を懇願した。

佐佐木はいったん返事を保留したが、熟慮の末に引き受けた。

菊池寛から文藝春秋の看板を譲り受け、文藝春秋新社の社長となってからの佐佐木の動きはすばやかった。

のちにホテルオークラを設立する大倉財閥の大倉喜七郎に当座の資金二〇万円を借りた。極度に紙の乏しい戦後の混乱期に、凸版印刷の井上源之丞（げんのじょう）社長に紙持ちで印刷を引き受けてもらった。会社のあった大阪ビルがＧＨＱに接収されたから、阪急電鉄、宝塚歌劇団および東宝社長の小林一三（いちぞう）に頼んで新しい事務所を探してもらった。

優秀な経営者に支えられ、取締役兼編集局長兼月刊『文藝春秋』編集長となった池島信平の才能が開花する時がようやくやってきた。

戦後の混乱期を乗り越え、月刊『文藝春秋』が躍進するきっかけとなったのは、ひとつの座談会だった。

昭和二四（一九四九）年三月、佐佐木茂索社長は前年に亡くなった菊池寛の一周忌に縁のある人々を集め、バスを仕立てて多磨霊園へと向かった。車中で、画家の宮田重雄が「この前、ハッちゃん（サトウハチロー）と（徳川）夢声くんと辰野（隆）大先生が天皇さんの前でバカ話をして、陛下は生まれて初めてお笑いになったそうだ」という話をしたところ、池島信平は目を輝かせて「それ、いただきます！」と叫んだ。

サトウ、夢声、辰野の三氏をさっそく集め、皇居に呼ばれた時の思い出話を思う存分語ってもらった。

『文藝春秋』昭和二四年六月号に掲載された座談会〈天皇陛下大いに笑ふ〉は大評判を呼んだ。戦争中に大きな顔をしていた右翼が退潮し、左翼が我が世の春を謳歌する中、右にも左にも偏せず、常に中道を歩もうとする文藝春秋本来の姿勢を示すものだったからだ。

「池島信平さんが戦後まもない昭和二四年に〈天皇陛下大いに笑ふ〉というのをやっ

たことがよくクローズアップされるけど、『文藝春秋』が大きく伸びた理由はそれだけじゃない。その頃から戦記物をやり始めたんです。この座談会の載った六月号に二・二六事件の秘話が載っています。まだ戦争の記憶が生々しく、戦争は二度とイヤだ、という気分が濃厚に漂う中、歴史家である池島さんの考えは、戦争も日本の歴史の一部だ。悲惨だからといって排除するのは間違いだ。記録として、歴史として残そうじゃないかというものだった。ミッドウェー海戦について草鹿龍之介に聞いたりと、当事者や責任者に次々にインタビューした。そこは池島さんの本当に偉いところだったと思います」（半藤一利）

戦前、戦中という時代を東京裁判史観や左翼イデオロギーによって断罪するのではなく、私たちの歴史の一部として当事者に語らしめようとする『文藝春秋』の姿勢は一般大衆に大きな支持を得た。わずか七万部程度から再スタートした戦後の『文藝春秋』は、数年を経ずして五〇万部を超え、国民雑誌と呼ばれた。

『オール讀物』も好調に部数を伸ばし、『文學界』も堅調。文藝春秋新社は日本を代表する雑誌社、出版社となっていく。

一九五九年四月に創刊された『週刊文春』は大きな賭けだった。三年前に創刊された『週刊新潮』の大成功を見た佐佐木茂索が、社内の反対を押し切って創刊を決めたのだ。

創刊から数カ月は苦しかったものの、その後は採算ラインを大きく超えた。ライバルであり目標である『週刊新潮』の部数には遠く及ばなかったが、国民雑誌となった月刊『文藝春秋』の存在もあって広告収入は『週刊新潮』よりもむしろ多かったから、全体の収益はさほど変わらなかった。佐佐木社長の決断は吉と出たのだ。

多くの社員にとって、佐佐木茂索社長は近寄りがたい怖さがあり、時に冷徹な印象を人に与えた。だがその一方で、社員に細やかな心配りを忘れない優しさの持ち主だった。

「佐佐木さんに出会ったことは、私の人生で最大の幸運でした」

と、元『文藝春秋』編集長の岡崎満義は振り返る。

「社員が結婚する時には、必ず佐佐木さんに直接報告するんです。一週間後に社長室に呼ばれて行くと、『壽　佐佐木』と書いた桐の箱を渡される。箱の中身は英国製の背広の生地とお仕立て券。女子社員には電化製品だったと記憶しています。

結婚式が終わり、ご自宅にふたりで挨拶にうかがうと、佐佐木さんは女房にこう言いました。『あなたは早く、収入の一年分を貯金しなさい。男というのは、いつ会社とケンカをするかわからない。こんな会社にいられるか、と飛び出すこともあるだろう。逆に何らかのミスをして、クビになるかもしれない。そうなった時に蓄えがあれば、自分を安売りすることなく、新しい道を探せる。だから、給料の一年分を貯金するんです』と。そんなことを若造に言える社長なんか、日本中どこを探してもいませんよ。ほとほと感心しました」

花田紀凱が初出社した時に受付にいた和服の女性は、当時四六歳の江原通子だった。池島信平と同期の夫・江原謙三は、昭和一八（一九四三）年に報道班員としてフィリピンに派遣されて戦死している。佐佐木茂索は、忘れ形見の男児とともに懸命に生きる戦争未亡人を文藝春秋に迎え入れたのだ。

戦後、公職追放されて零落し、失意のうちに亡くなった菊池寛の葬儀を大々的に行い、毎年の命日には新橋と新宿にバスを呼び、縁故の者を多磨霊園まで運んだ。

年頭の挨拶では、会社が苦しい時に手を差し伸べてくれた大倉喜七郎と小林一三と凸版印刷への恩義を決して忘れるな、と繰り返し述べた。

紀尾井町の文藝春秋ビルの建設は、佐佐木茂索にとって生涯の、そして最後の大仕事となった。引っ越しが終わった数日後の夜、佐佐木は社に近いホテルニューオータニに宿泊し、雪洞（ぼんぼり）のように光り輝く文藝春秋ビルを飽くことなく眺め続けたといわれる。

そろそろ社長から身を引き、再び筆を執ろうと考えていた。毎日新聞に『大正・昭和文壇記』を連載することが決まり、李白の漢詩から採った〝且楽軒〟という号の入った原稿用紙も作った。

だが、連載が始まることはついになかった。佐佐木茂索は一九六六年一二月一日に心不全で急逝したからだ。享年七二。新社長となったのは池島信平だった。

『週刊文春』の創刊、銀座から紀尾井町への移転、そして偉大なる経営者の死去。文藝春秋は変革の時を迎えていた。

だが、明るい社風は変わってはいなかった。

一九六八年一一月、『週刊文春』編集部に異動してきた花田紀凱に、小林米紀編集長はこう言った。

「将来、自分の人生を振り返った時に、ああ、『週刊文春』で仕事をしていた時は楽しかったな、と思えるような仕事をしなさい。そういう環境を作るのが、俺の仕事なんだ」

第二章　週刊誌記者

1

『週刊文春』特集班では、社員も年間契約の特派記者も関係なく、全員が木曜日の午前中に開かれる編集会議に参加するのが通例だ。出されたプランは直後のデスク会議で検討されて可否が決まる。採用されたプランを三人か四人のチームを組んで取材するが、取材が思うように進まなければ途中で他のプランに切り替えることもよくある。ひとりが記事を執筆し、他のメンバーは取材の成果をデータ原稿にまとめて執筆者に渡す。この役割分担を「書き」と「アシ」と呼ぶ。アシの由来はアシスタントか手足か。もはや誰にもわからない。

通常の場合、新人は半年から一年はアシを経験して取材のイロハを学ぶが、『オール讀物』から『週刊文春』にやってきた花田紀凱がアシとなったことは一度だけ。翌週からは「書き」に回された。花田は期待の若手だったのだ。

花田紀凱が初めて書いた記事は〈「葬式はマッピラ」32人の誓い〉（一九六八年一二

月二日号)。ワイド特集の中の一本だ。四〇〇字詰め原稿用紙換算で一〇枚弱。新米記者のデビューには手頃な長さだろう。

〝葬式無用論〟を提唱する「葬式を改革する会」は朝日新聞の「声」欄で紹介された投書がきっかけとなって結成された。

「私が死んでも葬式は不要だ。死亡通知を出すだけに決めた」という京都大学名誉教授で医学博士の稲田務の主張に賛同したのは、一橋大学教授の植松正、京都大学教授の猪木正道、テレビタレントの西条凡児など。

「葬式なんてものは、残ったもののマスターベーションちゃいますやろか。〝死人オモチャにすな〟いいたいんです」(西条凡児)

「仏教のエライ人にきいたらね、葬式なんてなくたって、別にどうってことないだろうっていってました。坊主が食うに困ったって、べつに私はいいけどね」(植松正)

花田は、名前が出てくるだけでも一一名から話を聞いている。

もちろん仏教関係者の反論も載せたが、中でも今東光のコメントがおもしろい。戦前は作家として菊池寛の文藝春秋と深い繋がりを持ち、出家して天台宗の僧侶となったが、戦後は作家活動を再開。『お吟さま』で第三六回直木賞を受賞したばかりか、参議院議員にまでなった異色の経歴の持ち主である。

「その教授ってのはアカか？　賛成だナ。葬式に金かけるなんてバカだよ。いい葬式なんてのは金になるってんで、各宗派のセールスマンがおしかけてくるんだ。ひでェもんだョ。まあオレにやらせりゃ、いたってベンキョーしとくがね」

花田は記事の終わりを次のように結んだ。

《とにかくこの運動、ご本人が死んでみなけりゃ、終りをマットウできないというんだから、なにやら自縄自縛のような気がせぬでもナイ。》

カタカナが多用された文章は時代を感じさせるが、記事は軽妙かつ手堅くまとめられている。

文藝春秋は〝文藝〟と〝春秋〟がくっついた会社だとよくいわれるが、花田紀凱は文芸よりもむしろ春秋、すなわち日々の事件を追いかけるジャーナリストの適性を持っていたのだ。

「記事を書いた経験は全然なかったけど、ジャーナリズム的なことにどこかで憧れていたんだろうね。『オール讀物』から『週刊文春』に異動すると聞いた時もうれしかったから。

記事の書き方なんて誰も教えてくれないから、とにかく関係者に片っ端から話を聞いた。おもしろかったよ。当時は『週刊文春』と『週刊新潮』の違いもよくわからな

かったけど、とにかくウチは新潮に負け続けているんだから、『週刊新潮』の記事を真似しようと思った」(花田紀凱)

一九五六(昭和三一)年二月に『週刊新潮』が創刊された時、マスコミ関係者の見方は一様に懐疑的だった。

「出版社が週刊誌をやったって、どうせうまくいかないよ、と私たちは思っていた。当時あった週刊誌は『週刊朝日』『サンデー毎日』、そして『週刊読売』。要するに、週刊誌は新聞社が発行するものだったんです。新聞社には地方支局があるから、事件が起これぱすぐに記者を現場に派遣して取材できるけど、出版社には支局なんてない。当時はまだ新幹線もないから、東京から地方に行くのも一日がかり。記者の数も新聞社に比べて圧倒的に少ない『週刊新潮』が、新聞社系の週刊誌に勝てるはずがないと思ったんです」(半藤一利)

新聞社は自前の輪転機を所有し、独自の販売網を持つが、出版社にはいずれもない。短時間で大量に印刷し、全国に配本できなければ週刊誌の意味がない。広告が入る見込みも薄かった。その上、記者の経験がある人間がひとりもいないから、取材のノウハウもない。ないないづくしである。

だが、『週刊新潮』は右のすべての困難を乗り越えていく。

《まあ、政治、経済のかたい記事は出来っこないから、文学的なっていうか、人間的興味っていうか、そういう方面に力をいれたこと、それから出版社が出すんだから、当然、小説に重点を置く。それで、全頁残らず読めるものを、っていうのがまあ方針といえば方針でしたね。》（月刊『噂』一九七二年八月号・『週刊新潮』初代編集長の佐藤亮一のインタビュー）

『週刊新潮』を成功に導いたのがひとりの天才であることは、衆目の一致するところだろう。齋藤十一（じゅういち）。当時四二歳にして、すでに新潮社の取締役だった。

終戦後間もなく文芸誌『新潮』の編集長となって多くの新人作家を育て、戦後は『芸術新潮』『週刊新潮』を次々に成功させ、一九八〇年代には写真週刊誌『FOCUS』を大ヒットさせて世間を驚かせた怪物編集者について、ノンフィクション作家の佐野眞一は次のように書いている。

《「人間は誰でも一皮むけば、金と女と名誉が好きな俗物です。僕も狂的な俗物です。実際にはもうダメだけど、いまでも女は大好きです。食い意地も汚い。『週刊新潮』ではそれをやりたかったし、いまでもやりたい」

齋藤のなかには文学や音楽をこよなく愛する教養人の顔と、そんな自分は俗物性を隠すためのポーズに過ぎないと感じてしまう編集者の冷静な目と悲しい性（さが）が同居している。

自己矛盾で磨き抜かれたその内面の鏡こそ、齋藤が天才編集者と呼ばれる所以だった。それは作家たちの内面を曇りなく映し出し、眠れる才能をひき出す編集者の最大の資質だった。》（『別冊週刊新潮「創刊号」完全復刻版』二〇〇六年二月一九日号・佐野眞一〈私がみた「怪物編集者」の素顔〉）

齋藤十一は『週刊新潮』の陰の天皇であり独裁者だった。特集記事の生命線であるタイトルは全部ひとりで決めた。『週刊新潮』の表紙に第一回文春漫画賞受賞直後の谷内六郎を起用したのも、もちろん齋藤十一だった。

『ＦＯＣＵＳ』の創刊コンセプトを聞かれた時に「君たちは人殺しの顔が見たくないか？」と答え、パリ人肉事件の佐川一政が精神科病院を退院した時の記事（『週刊新潮』一九八五年一一月七日号）に〈気をつけろ「佐川君」が歩いている〉という背筋が寒くなるようなタイトルをつけたことは、あまりにも有名だ。

『週刊新潮』創刊時に草柳大蔵（のちに評論家）と井上光晴（のちに作家）を引き入れたのは、のちに二代目編集長となる野平健一だった。

グループで取材したデータ原稿を社外のライターがまとめるアンカーシステムは、草柳大蔵が『週刊新潮』で初めて試みたことだ。

《特集担当の記者たちは締め切りの日になると、印刷所の校正室に集まり、取材原稿を書いていました。夕方になると草柳さんが現れて、一晩で原稿を書き上げる、というのがわがグループの一週間でした。草柳さんはある時期、四つの雑誌の週刊誌のトップ記事を書いていたことがありましたね。一週間は七日なので物理的には可能ですが、今考えても大変な量の原稿だったと思います。》（『別冊週刊新潮「創刊号」完全復刻版』・編集部員だった赤塚一の回想）

金と女と名誉、すなわち人間の欲望を中心テーマに据え、新聞記者を遥かに凌駕する圧倒的な取材力と巧みな文章力によって『週刊新潮』は読者の心をつかみ、『週刊朝日』ら新聞社系週刊誌をたちまち抜き去ってしまった。

一九七〇年代前半に出版業界誌である月刊『噂』の編集長をつとめ、『週刊誌風雲録』の著書もある高橋呉郎は、齋藤十一がライバル視していたのは文藝春秋の池島信平ただひとりだったと語る。

「『週刊朝日』は人間の上っ面をなでているだけでつまらない、と文学や芸術に造詣の深い齋藤十一は思っていた。齋藤十一からすれば、週刊誌の読者なんて町人やお百姓さん。だから『週刊新潮』にはインテリ向けの記事はまずない。むしろ齋藤十一には池島信平への強い対抗意識があった。池島さんはジャーナリズムの世界にいながらも東京帝大卒の学者肌の人ですからね。齋藤十一の俗物性は、アカデミズム・コンプレックスの裏返しだと僕は見ています」

『週刊新潮』の大成功を見た佐佐木茂索社長が「週刊誌を我が社でも出そうと思っている。君たちの率直な意見を聞きたい」と言って主だった社員を集めたのは、一九五八年秋のことだった。

会議の席では編集局長の池島信平以下、大半の人間が週刊誌創刊に反対した、と半藤一利は記憶している。

「池島さんは『物理的に無理でしょう』と言いました。当時、文藝春秋の社員は業務も含めて一〇〇人もいなかった。そんな小さな会社で週刊誌を出せるわけがない。新潮社は『週刊新潮』を出しているじゃないかと言われても、新潮社の雑誌は『新潮』『小説新潮』『芸術新潮』くらい。一方、文藝春秋は月刊『文藝春秋』『オール讀物』『文學界』『漫画讀本』『別冊文藝春秋』とたくさん出していた。もう手いっぱいで、週刊誌を出すのは戦力的に無理です、と池島さんは言うわけです。週刊誌のような野蛮なものを出せば文藝春秋のいい社風が壊れる、という意見もありましたね。

当時の私は入社六年目でしたが、意見を聞かれた時には『ウチも週刊誌を出すべきだ』と言いました。『週刊新潮』が成功している。新潮にできることが、文藝春秋にできないはずがない。雑誌社である我々が、出版社のあいつらに負けるはずがないじゃないか、と」

佐佐木社長は多くの社員の意見をじっくりと聞いて熟考し、年明け早々に断を下した。『週刊文春』を創刊する。すべての責任は私が取る。

『週刊文春』という誌名の商標が出願されたのは『週刊新潮』創刊直後の一九五六年二月二二日（登録は翌五七年二月八日）。佐佐木茂索はすでに三年前に週刊誌創刊の可能性を考えて商標登録を済ませておいたのだ。この先見の明。経営者はかくあらねばならない。

そして、ついに佐佐木が自らの構想を実現する時がやってきた。

「役員たちの反対を押し切って『週刊文春』創刊を決めた佐佐木さんは、広告主になってくれそうな人たちを全員料亭に招いて、自分は一番下座に座り、手をついて『よろしくお願いしたい』と頭を下げたそうです。ずいぶん後になってから聞いた話ですけど。佐佐木さんは相当な覚悟だったんです」（半藤一利）

一九五九年が明けて、一月一四日には大きな人事異動があった。

『週刊文春』の創刊編集長には上林吾郎が指名された。

デスクには小林米紀と阿部亥太郎。編集部員は各編集部から引き抜かれた。『オール讀物』は一〇人から八人に、『文學界』は五人から四人に減らされた。当時六人いた出版部員は半数の三人が『週刊文春』に異動になった。単行本など当分出さなくていい、ということだ。

「人事異動のあと、じつは社内は大荒れに荒れました。『週刊文春』に引き抜かれたヤツがエリートで、残った方がカスだというような。あり得ない話ですが、なんとなくそんな空気になってしまった」（半藤一利）

まもなく、佐佐木社長は『週刊文春』の編集部員全員の家族に直筆の手紙を送った。妻帯者は妻に、独身者は父母に宛てた。「ご主人もしくはご子息は、これから忙しい仕事の連続となる。社で徹夜することも頻繁になるはずだが、よろしくお願いする」という内容は家族を感激させた。

四月に入社予定の新入社員たちも、予定を早めて次々に出社してきた。

創刊当時の『週刊文春』編集部は二五、六名。そこにフリーランスの梶山季之（としゆき）率いる梶山軍団の特派記者五名が応援にきてくれて、総勢三一、二名で創刊を目指すことになった、と半藤一利は記憶している。

梶山季之は、草柳大蔵と同様に〝マスコミの帝王〟大宅壮一が主宰するノンフィクション・クラブのメンバーだった。

東大法学部卒のエリートである草柳大蔵とは異なり、広島高等師範学校卒の梶山季之はいわば雑草。だが、天性のストーリーテラーで、その上超人的なスピードで原稿を書いた。

「四〇〇字詰めの原稿用紙で一時間に五枚が通常運転。二時間で一五枚もごく普通。すごい時には徹夜して八〇枚から九〇枚を書いたこともありました。

少しあとの話ですが、『黒の試走車』という小説を書く時に、梶山さんは知り合いと一緒に特製の原稿用紙を作った。一万枚を頼んだつもりが、相手が八万枚と聞き間違えて、大量の原稿用紙がオート三輪で家まで運ばれてきた。いい原稿用紙だと一〇〇枚で一センチちょっと。八万枚を積み重ねれば八メートルになる。梶山さん夫婦は呆然となったけど、仕方がないから全部引き取った。ところが九年後、梶山さんは八万枚の原稿用紙をすべて使い切り、また新しく作った（笑）」（高橋呉郎）

『週刊明星』でアンカーを経験し、月刊『文藝春秋』でもいくつかの記事を書いていた腕利きライターが連れてくるフリーランスの記者たち（岩川隆、恩田貢、加藤憲作、有馬将嗣、中田建夫）はいずれも精鋭揃い、と編集部員は聞いていたが、実際に記者経験があるのは恩田だけで、他のメンバーは「鉛筆一本、メモ帳一冊持ったことのないような連中」（高橋呉郎）だった。だが、彼らは梶山に鍛えられて『週刊文春』の大きな戦力になっていく。

のちにノンフィクション作家に転じた岩川隆は、当時の梶山軍団について次のように書いている。

《私自身、私も含めてこんな連中で大丈夫だろうかと思ったが、梶山さんは、少なくとも私どもが見るかぎり、平然としていた。

〈人間、必死になれば何でもできる〉

と言いたそうであった。文藝春秋新社側も最初にこのスタッフを見たときは、かなり不安を覚えたらしい。私どもが受け入れてもらえたのはひとえに梶山季之という人物と才能にたいする信頼によるものだったろう。

「社員（編集部員）にできないことをやれ。同じことしかできないなら、われわれの存在価値はない」

「少しでも暇があったら人に会え、人の網をつくれ。いつかきっと役に立つ」

「一日に五人、初対面の人に会って取材するかインタビューしろ。雑談でもいい」

「いかにも記者らしい恰好をするな。そんな記者にろくな記者はいない。ペンや万年筆は内ポケットにかくせ」

と、挙げれば限りがないほど、梶山さんから教わったものはたくさんある。》（梶山

季之『トップ屋戦士の記録』解説）

『週刊文春』創刊号の発売日は一九五九年四月九日木曜日。皇太子ご成婚（四月一〇日）に合わせたのは佐佐木茂索社長であり、表紙は当然、美智子妃の写真でなければならない。イラストという選択肢は最初からなかった。『週刊新潮』の谷内六郎に対抗できる絵描きはひとりもいなかったからだ。編集部員は必死に美智子妃の写真を探し、幸いにも着物姿の素晴らしい写真が見つかった。

記事もグラビアも皇太子ご成婚一色。『週刊文春』は皇室に寄り添ってスタートしたのである。

文藝春秋は出版社というよりもむしろ雑誌社であり、単行本の出版をメインとする新潮社とは本質的に異なる。

菊池寛が創刊した『話』は、おもしろい話を持っている人のところに編集者が出かけていき、話を聞いてまとめるという雑誌だった。戦後の月刊『文藝春秋』や『特集文藝春秋』では、戦時中の事件の内幕を当事者に語ってもらい、編集者が原稿にまとめた〝手記〟が売り物で、対談や座談会も頻繁に行われた。

つまり文藝春秋の編集者たちは、人の話を聞いて文章化する訓練を受けていた。〝書ける記者〟が最初からいたということだ。半藤一利はその代表だろう。

『週刊文春』で最初に話題になった記事は〈大朝日に君臨する女傑――マスコミ・レディ村山藤子〉（一九五九年五月二九日号）だった。担当は半藤一利と、同期の田中健五の若いふたりである。

「朝日新聞を牛耳っているのは、村山於藤（藤子の本名）という女性だから、それをやろうということになった。田中健五が大阪に行って於藤さんと会い、私が東京で朝日のOBに悪口を山ほど聞いて、そのまま載せた（笑）。裁判で負けて、かなりの額を取られたんじゃなかったかな。『於藤は（婿養子の）村山長挙をスリッパで殴った、俺はこの目で見た』という証言が半分くらい嘘だったんです。

『週刊文春』は最初から、金と女と名誉の『週刊新潮』とは違う路線をやろうとした。つまり社会ダネを追ったんです。発売日は同じ木曜日だから、私たちは『週刊新潮』に追いつき追い越そうとした。でも、同じネタを扱っても、向こうの方が明らかに取材が深く、こちらは浅いということが何度もあったから、ノイローゼになるヤツもいました。

すべての記事が均質な新潮とは違って、文春の記事にはバラツキもあったし、あと、連載小説も弱かった。『週刊文春』の創刊当時は石川達三と曽野綾子と五味康祐だったかな。そう言っちゃ悪いけど、当時の週刊誌的には二流です。松本清張さんは週刊

誌連載を三本も抱えていたから、とても頼めなかった」(半藤一利)

新潮社の社員は礼儀正しく、人事異動も少ないから、文芸編集者は作家と長く深い関係を築き、熱心にサービスする。極めてプロフェッショナルな出版社なのだ。だが、社内の空気はどこか陰鬱だ。社屋に窓は少なく、社内はシーンとしている。別館にある『週刊新潮』編集部でさえ、話し声はごく小さい。スーツとネクタイは必須である。

『週刊新潮』編集部に配属された新人は「俺は週刊誌で文学をやっている」「俺は頭なんだ。君たちは足なんだ」と豪語する〝天皇〟齋藤十一が思いついたプランを実現するために、取材対象を地の果てまで追い、しつこく話を聞く。何年もデータ原稿ばかりを書かされ、優秀な人間だけが選抜されてデスクと呼ばれる書き手となり、井上光晴や草柳大蔵、野平健一らが築き上げた「古典落語のような」あるいは「死体を鋭いメスで解剖するような」と称される『週刊新潮』スタイルの原稿を、十年、十五年にわたって書き継いでいく。

一方、文藝春秋の社員は、心のどこかで作家を仲間だと思っている。社長の菊池寛や佐佐木茂索が作家だからだろう。人事異動も頻繁にあるから、作家と濃密につきあうことも少ない。社内の空気は明るく、服装や髪型をとやかく言われることもない。原稿を待つ間に将棋を指したり、花札をやるのも日常の光景だ。仕事と遊びの境界線が曖昧で、アマチュアっぽさ、素人っぽさを色濃く残す。『週刊文春』スタイルの原稿など存在しない。トレーニングもなく、書き方を指示されることもほとんどない。たとえ配属されたばかりの新人であっても、こいつは書けるとみなされれば、花田紀凱のようにすぐに特集記事の執筆をまかされる。

編集局長の池島信平は、雲上人である新潮社の齋藤十一とは対照的に、時折編集部に下りてきて、若い編集者たちと話をした。

「入社したばかりの僕が編集部で本を読んでいるのを見つけると、池島さんはこう言った。お前、昼間から本なんか読んでちゃダメだ。外へ出ろよ。映画を観てもいいし、芝居でもいい。観たいものがなかったら百貨店でも回ってこい。本は夜に読めばいいんだって」（岡崎満義）

「池島さんはよく言っていた。週刊誌だから、時には相手の嫌がることも書かないといけないだろう。だけど、書かれた本人が読んで、ああ、文春に書かれちゃったらしょうがない、と苦笑いして許してくれるくらいのところで止めておけって。俺はいろんな人に会って、古い人からもたくさん話を聞いたけど、池島信平を嫌いだという人にはひとりも会ったことがない。池島信平はけしからんという記事を一度も読んだことがない。稀有の人格ですよ。池島信平の明るいヒューマニズムと齋藤十一の陰湿

なニヒリズムが、文春と新潮の違いじゃないかな」（花田紀凱）

銀座八丁目の文藝春秋ビルは狭く、編集部にいれば電話もかかってくるから、『週刊文春』の特集担当記者たちは応接間や役員会議室に集まって原稿を書いた。

堤堯の回顧録〈ある編集者のオデッセイ〉には、一九六〇年代前半の編集部の様子が、いきいきと描かれている。

《書き部屋は役員会議室。大きな楕円型のテーブルに、五～六人が車座になって書く。ビルは部分空調ができない。ために夏は空調がストップする。パンツ一つ、汗止めのタオルをオデコや首に巻いての執筆となる。

先輩のXは困った存在だった。凄い筆圧で鉛筆がキツツキのようにテーブルを叩く。それがやけに響く。

（うるせぇな、この野郎。紙を重ねて書けばいいじゃないか）

と思うが、叩く音が彼のリズムをなしているらしい。ヘンリー・ミラーがいっていたっけ。

「タイプライターを叩く音が私の文章のリズムをつくる」

それを思えば文句もいえない。それより困るのはこれまた先輩のYで、一節書き上げるたびに、「オイ、堤、ちょっくら読んでくれよ」と原稿を手渡される。

（こっちだって、それどころじゃないんだよ）

腹立ちをこらえて読み上げ、「まあ、こんなところでいいんじゃないですか」と答えるしかない。

「なぁ、いいだろう？　いいよな」

念を押してくるのがさらにうるさい。配属されたおり、編集部の誰彼に訊いてみた。

「『週刊文春』で一番文章がうまいのは誰ですか？」

「うーん、まあZかな」

という答えが多い。手本にするつもりだったところ、そのZが書けない。深夜、呻吟苦吟のあげく、ウィスキーを呷る。

「週刊誌の文章なんて、酒でも食らって良心を麻痺させなきゃ書けませんや」

いいつつグラスを重ね、ついには酔い潰れてしまう。翌朝、タクシーに押し込んで凸版（印刷）送りとなる。

呻吟苦吟はZに限らない。締め切り時間は刻一刻、情け容赦なく迫ってくる。突然、

「ウァーッ」咆哮して立ち上がり、

「書けないよぅ」

髪かきむしり、廊下に飛び出して走り回る者もいる。印刷工場に行ってなお書けな

い。凸版印刷の担当者が訊く。

「××さん、さっき廊下を泣きながらウロウロしてましたけど、編集長さんに怒られでもしたんですか?」

怒るどころか、ハラハラしながら原稿の上がりを待っているのだ。予定通りに印刷機が回り始めるかどうか、待機させた数十台のトラックが雑誌を積んで時間通りに発進できるかどうか、すべては彼の筆先にかかっている。編集長に限らず、全員が彼の作業の進行をヨコ目でうかがうことになる。》(『編集会議』二〇〇二年六月号)

『週刊文春』の編集部員たちはよく働き、部数は順調に伸び、一九六二年新年合併号の発行部数は、ついに一〇〇万部の大台に乗った。

それでも『週刊新潮』には発行部数でも取材力でも文章力でも、あらゆる面で敵わなかった。

『週刊文春』編集部に配属されて三年目の花田紀凱が初めて大事件にぶち当たったのは、一九七〇年夏のことだ。

富士銀行雷門支店の貸付係副長だった菅沼正男が、清涼飲料販売会社トムソンの有馬哲社長に一九億円を不正に融資するという事件が発覚した。

有馬社長は架空の貿易会社を作り、あたかも外国と取引があるかのように偽装工作して為替手形を乱発、富士銀行の菅沼副長に買い取らせていた。総額一九億四〇〇万円の不正融資は、現在ではごく小さな金額に聞こえるが、実際には雷門支店の総預金額の三分の一に及ぶ大事件だった。

花田は、新聞記者の紹介で初川三郎という金融関係に詳しいルポライターに会い、毎晩のように自宅に通って親しくなった。逃亡した菅沼副長が香港に潜伏しているという情報を初川から得ると、花田は中野修編集長にかけあって初川を香港に送り出した。

蛇の道は蛇とはよく言ったもので、初川は香港で菅沼副長とトムソンの関係者をあっさりとつかまえて、二時間のインタビューに成功する。「日本コカ・コーラとの取引をとる狙いもあって、不正融資は富士銀行本店の幹部も了承していた」など、菅沼副長の証言は驚くべきものだった。

「初川さんは『夕刊フクニチ』の佐賀支局長だった人で、東京に出てきてブラックジャーナリストみたいなことをやっていたから、のちに恐喝で二回逮捕されたこともあった。だけど、指名手配されて海外に逃亡している男にインタビューしたんだからすごいよね。『週刊文春』に出し抜かれてメンツを潰された警察は、こっちを調べにきた。中野編集長は相当神経質になっていたね。ヘタしたら犯人隠避の罪に問われる

可能性もあったわけだから」（花田紀凱）

〈19億円を〝融資〟した富士銀行の責任〉（一九七〇年九月七日号）から始まる一連の記事で、花田紀凱は池島信平社長から社長賞一〇万円をもらった。

この時、花田はスクープの快感を味わう。

誰も知らない話を、自分だけが知っているという快感。

デスクを、編集長を、社長を、そして読者を驚かせる快感である。

2

花田紀凱が『週刊文春』に異動してきた一九六八年一一月は、七〇年安保闘争および学生運動がもっとも激しかった頃だ。

若者たちは怒りに満ちていた。

太平洋戦争における日本の戦没者は三一〇万人に及ぶ。日本は莫大な犠牲を払い、基本的人権の尊重と国民主権、平和主義という新憲法の理念の下で再出発したはずではなかったか。

ところが、終戦から二〇年少々が経過した現状はどうか。日本国民を軍国主義から解放した正義の味方を自称するアメリカは、列島の要衝に米軍基地を置き、そこから多くの兵士たちを飛行機でわずか五時間のベトナムへと送り出している。平和憲法を掲げるわが日本国政府は、不甲斐なくもベトナム戦争の後方支援をさせられているのだ。これが戦後民主主義のなれの果てか？　我々は日米安保条約を破棄して、アメリカの飼い犬から脱却しなくてはならない。

怒れる若者たちが愛読した雑誌は、朝日新聞が発行する『朝日ジャーナル』であり、岩波書店が発行する『世界』であった。

戦後まもなく、日本のほとんどのメディアは、戦前戦中の皇国思想から左翼思想に転じた。アメリカを批判し、政府および自民党を批判するばかりでなく、毛沢東が主導する大躍進政策および文化大革命を賛美し、金日成（キムイルソン）独裁下の北朝鮮を「地上の楽園」と形容した。

二一世紀の現在では、大躍進政策および文化大革命が数千万人の死者を出し、独裁下にある北朝鮮が世界最貧国のひとつであることが明らかになっている。ソビエト連邦もとっくに崩壊してしまった。共産主義は敗北したのだ。地上の楽園などどこにも存在しない。

だが、左翼思想を信奉する六〇年代末の若者たちは非武装中立を主張し、自衛隊を憲法違反と否定していた。

一方、日々の現実を生きる大人たちの大半は自民党支持だった。

さらに、刻々と変化する国際情勢の中で極東の島国を維持するための現実的な道を、イデオロギーからではなく、自分の頭で探ろうとする人々も少数ながら存在した。

数年後に月刊『文藝春秋』巻頭随筆欄のトップを担当することになる哲学者にして京都大学名誉教授の田中美知太郎、戦前から文藝春秋とは縁の深い文芸評論家の小林秀雄、東京大学文学部教授（のちに総長）の林健太郎、評論家にして劇作家の福田恆存らは日本文化会議を結成し、左翼が支配する大多数のメディアと言論で戦おうとした。

日本文化会議とは何か？

田中美知太郎が『日本は国家か』（日本文化会議編）に寄せたまえがきには、次のような一節がある。

《日本文化会議は――わたしの全く個人的な見方であるが――ノン・ポリ集団という一面をもっている。一部の政治団体や一部ジャーナリストが押しつけてくるような政治的選択にたいして、むしろ積極的無関心の立場に立つこと、めいめいが自分の仕事を第一にすることによって、それだけで一つの政治的デモンストレーションになり得ること、そんなことをわたしは考えている。

政治的ということが、たとえば民青と三派のいずれをとるという仕方で狭く限定されるとき、われわれの立場はノン・ポリとなるわけであるが、しかしそもそものような狭い選択を強いられるというのが、現代日本の病的現象の一つなのであって、本来的にはノン・ポリの立場こそ、政治の常道に属するのではないか。》

日本文化会議とは、当時主流の左翼思想から離れて自分たちの国のあり方を自身の頭で考えようとする人々の緩やかな集合体なのだ。

一九六八年七月、文藝春秋社長の池島信平は、日本文化会議の機関誌を文藝春秋から出すと社内で発表した。池島もまた、左翼の跳梁に危機感を抱いていたからだ。

そもそも戦後の月刊『文藝春秋』は、左右のイデオロギーと一線を画するところからスタートしている。

《戦後、怒濤のように押し寄せた民主化運動、その多くのものは階級闘争と社会革新のスローガンを掲げて、一挙に古い日本を粉砕しようとした。(中略)きのうまで神州不滅とか、天皇帰一とか、夢のようなことをいっていた連中が、一夜にして日本を四等国と罵り、天皇をヒロヒトと呼びすてにしている。にがにがしいと思った。よろしい、みなさんがその料簡なら、こちらは反動ではないが、これからは、保守派でゆきましょうと思った。》（池島信平『雑誌記者』）

月刊『文藝春秋』は戦時中は日本軍部から、戦後数年間はＧＨＱから検閲を受けた。池島信平はその過程をつぶさに見てきた。右翼にも左翼にも偏さず、現実に生きる人々の実感を誌面に反映させようとする池島信平の編集方針が、戦後の月刊『文藝春秋』を四〇万部以上の国民雑誌へと押し上げた。

司馬遼太郎は、池島信平について次のように述べている。

《玲瓏（れいろう）玉のごとき人だとか器量人だとか、リベラリストだというと池島さん御当人は首をひねるかもしれませんが、大きな意味でリベラリストである、寛容の人である、つまり忠恕（ちゅうじょ）の人である池島さんが、左翼というものには非常に過剰に反発感情を持たれたということは一つの歴史でした。

それによって、我々も左翼とは何かということを池島ジャーナリズムによってしることができた。これは非常に大きなことでした。（中略）ですから、池島さんも怒る。旦那が怒るときもあるんです。その怒るときというのは、人間が勝手に傾斜している。この場合は左翼ということですが、これは迷惑しごくだ、と。「おまえは勝手にいい気持ちになって傾斜しているけれども、われわれ人民はどうするんだ、おまえみたいなやつに世の中をむちゃくちゃにされてはたまらない」というようにね。江戸時代の町奴のような、よくはねるゴムまりのような、反応の速い、すばやい精神を持ってい てくれた。ということは、日本が平衡を失わなくてすんだ。単なるお人好しの大甘の人ならばこうはいかなかったと思いますが。》(『文藝春秋社内報』一九九四年八月号・社員向けの講演より)

だが、「日本文化会議の機関誌を文春から発行する」という池島社長の発表は、文春社内から猛反対を浴びた。思想の如何を問わず、特定外部団体の機関誌を出すことは、編集の自由と独立を自ら放棄することだという、じつにもっともな理由からだった。

反対運動の中心にいたのは、半藤一利だった。

「七〇年安保闘争を非常に恐れ、警戒し、この国のためには由々しきことであると思った人たち、小林秀雄や田中美知太郎のような人たちが日本文化会議を作った。池島さんは小林秀雄から『日本文化会議の機関誌を作りたい。文春で発行してくれないか?』と頼まれて引き受けてきた。

『それはおかしいんじゃないですか?』と最初に発言したのが私だったから、なんだかリーダーのようになってしまった。

ずっとあとになってからわかったんですが、池島さんは気楽に考えていた。戦前に『文學界』という雑誌を小林秀雄と河上徹太郎がやっていて、菊池寛が『いいよ、うちから出そう』と版元を引き受けたことがあった。『文學界』の人間が文藝春秋にやってきて、社の一室を使って『文學界』を作っていたけれど、まもなく文藝春秋の社員が手伝うようになり、結局、『文學界』は編集も発行もすべて文春がやることになった。日本文化会議の機関誌もいずれは『文學界』のようになるだろう。池島さんはそう思っていたんじゃないか、といまは思うんです。

ところが、当時の池島さんの説明はそうではなかった。あくまでも日本文化会議の編集者が社に来て作り、文春は発行するだけ。だったら本物の機関誌じゃないか。文春が発行することにどんな意味があるんですか、と聞いたところ、池島さんは『多くの著者を文藝春秋が抱え込めるじゃないか、これは大変な文藝春秋の利点になる』と言うんです。

私は反論しました。池島さんは昔、我々に散々教えてくれましたよね。ひとりの著者を抱えたって、いいとこ三本か四本書けば終わり。それよりも何万といる、いい話、いいエピソードを持っている人間を探してくるのが俺たちの仕事なんだって。

作家を抱え込むという発想は、文藝春秋にはそもそもない。池島さんが少部数のオピニオン雑誌を作りたいのなら、文藝春秋で作ればいい。それくらいの金はあるでしょう。なぜ、外部団体の機関誌を作る必要があるんですか、ヒモつきの雑誌を作って、外部の人間と社員がギクシャクするなんてつまらないじゃないですかと私が言って、それで揉めちゃったんですよ」

社内は機関誌賛成派と反対派に分かれて、連日のように会議が開かれた。結局、池島は日本文化会議の機関誌を文藝春秋で出すことを諦めて、新雑誌『諸君！』を創刊することを決めた。

「編集権が文春にあるのであれば反対する理由はありません。ただ、池島さんには気の毒なことをしました。小林秀雄さんに面罵されたそうですから」（半藤一利）

日本文化会議の機関誌反対運動をきっかけに、社員会が労働組合に移行したことも池島にさらなるショックを与えた。一九六八年一二月のことだ。

のちに四〇歳の若さで『諸君！』編集長に就任することになる斎藤禎が、入社二年目の若手時代に起こった大騒動を振り返ってくれた。

「社員会は単なる親睦会。野球大会を開催したりとか。年に一回の総会があったはずだけど、組合とは全然違う。

組合設立のときの社員総会の議長が半藤さん。当時の俺はまだ二年生で、左翼でも何でもないのに副議長にさせられて、半藤さんの隣に座らされた（笑）。

よく覚えているんだけど、岡崎満義さんが『日本文化会議のような右翼の機関誌を文春で出すなんてとんでもない。権力の手先になるなんて文春の伝統に反する。最近、池島さんのモラルが落ちてるんじゃないか』と言ったら、池田吉之助さんが立ち上がって『岡崎くん、なんて恥ずかしいことを言うんだ！』と言って、ハラハラと泣いちゃったんだ。

連日、夕方の六時頃から夜の一〇時頃まで延々と会議をやってたから、守衛室に女子社員の父親が怒鳴り込んできた。『うちの娘が帰ってこない。まだ文春にいるというのは本当か？』って（笑）」

社員は再び組合賛成派と反対派に分かれ、それぞれが会合を持ち、作戦を練った。数度の臨時総会の結果、労働組合の設立が決議された。

組合への加入は社員の自由意志であること、上部団体には属さないことが約束され、組合活動は給料、ボーナスなどの交渉と福利厚生、女性の労働環境改善などに限られることになった。

「出版労連には入らない企業内組合ということ。女性社員も含め、下の方の給料を押し上げていこうという方針だった。賃上げには多少貢献したかもしれない。その頃は景気がよかったから、たぶん出版社では一番になったと思う」（初代組合委員長の岡崎満義）

株式会社文藝春秋にオーナーはいない。社員は給料とボーナスの一部で自社株を買い、配当を受ける。勤務年数が増えれば持ち株も増え、配当も増える仕組みだ。

戦後、文藝春秋新社立ち上げの際に、佐佐木茂索社長が大倉喜七郎（ホテルオークラ創業者）から二〇万円を借り受けたことはすでに触れた。数年後、社の経営が安定したこともあって、佐佐木は大倉に利息をつけて返そうとしたが、大倉は「返してもらおうと思って金を貸したことは一度もない」と笑って受け取らなかった。

しかたなく佐佐木はその二〇万円で自社株を買い、社員に分配した。

佐佐木は社長を引き受けた際に株の五〇パーセントを要求している。カネのためではない。経営方針に口を挟まれたくなかったからだ。社の発展とともに少しずつ社員に譲り、死去したときには三十数パーセントになっていた。遺言には「佐佐木家には充分な財産があるはずだ。株はすべて社に無償で戻すように」とあった。文藝春秋の社員は、社を去る時にすべての持ち株を無償で置いていくが、この美風は佐佐木の遺言から始まっている。

株主である社員が、同時に労働組合の一員でもあるというのはいかにも奇妙だが、一九六〇年代後半に日本全国で吹き荒れた新左翼運動は、司馬遼太郎が〝共和国〟と呼んで愛した文藝春秋にも影響を及ぼしたということだろう。

揺れ動く文藝春秋を、花田紀凱は冷ややかに見ていた。

「俺は組合には入らなかった。委員長になった岡崎満義さんからは散々誘われたけど、群れるのが好きじゃないから断った。六〇年安保が高校二年の時で、周囲にはつるんでデモに行くヤツらもいたけど、俺は『ケッ！』って感じだった。文春の社員は組合員と非組合員に分かれたけど、仕事には何の差し支えもなかった。右派と左派に分かれたとも、社内の空気が悪くなったとも思わない。しょせん小さな会社だし、みんな池島さんのことは好きだったから」

日本文化会議のメンバーでもあった三島由紀夫が、陸上自衛隊市ヶ谷駐屯地で割腹自殺を遂げてから一カ月も経たない一九七〇年一二月一八日、京浜安保共闘の三人が志村署上赤塚交番を襲撃するという事件が起こった。警察官ふたりに反撃されて犯人のひとりは射殺され、他のふたりも拳銃で撃たれて重傷を負い、逮捕された。

学生運動は一九六九年一月の東大安田講堂攻防戦を境に急速に衰退し、安保闘争は翌七〇年六月の日米安保条約の自動延長によって存在理由を失った。多くの若者たちが革命を目指した熱い季節が終わり、孤立して先鋭化したセクトの暴走が始まる。京浜安保共闘は、まもなく赤軍派と合流して連合赤軍を結成した。

『週刊文春』の若手記者だった花田紀凱は、上赤塚交番襲撃事件、真岡の銃砲店襲撃事件、あさま山荘銃撃戦、山岳ベース事件へと続く一連の事件の取材を続けた。

《京浜安保共闘の主要メンバー、水産大の坂口弘、横浜国大の吉野雅邦、大槻節子、共立薬大の永田洋子らを追跡するのがぼくの仕事だった。毎週の仕事をこなしながら、若かったのだろう。体力にまかせて取材を続けた。（中略）坂口弘も永田洋子も川崎、鶴見、白楽などのアパートを転々としていた。奥田荘、美晴荘、斉藤荘……ぼくは一軒一軒、辿っていって彼らの痕跡を探った。たいていは四畳半か六畳一間、風呂はもちろんなく、トイレも共用という安アパートが彼らのアジトだった。駅から一五分も歩くようなアパートの周囲には草が生い茂っている。セイタカアワダチ草の黄色い花だけが、目に鮮やかだった。

やっと摑まえた大家に聞いても彼らのことはほとんど分からない。借りる時はたいてい夫婦か兄弟名義で借りていた。

「さぁ、あんまり見かけないわねぇ。家賃はきちんと払ってくれてたんだけど、荷物も置いたままだし、ウチも困ってるのょ」

ごく普通の学生に見えたという。

「そう言えば夜中に何人か集まってくることもあったけど、麻雀の音がしてたんで……」

こんな所で彼らは革命を夢見て戦っていたのか。ぼくとさして歳の違わない彼らの純粋さだけは伝わってきた。（中略）あさま山荘の銃撃戦から約一週間後、逮捕者の自供から榛名山（はるなさん）、妙義山などのアジトでリンチによって十四人の同志が殺害されたという衝撃的な事実が明るみに出た。慌てて駆けつけたが、もちろん、彼らが埋められていた穴に近づくことはできなかった。辺りには何とも形容し難い異臭が漂っていた。（中略）以来、ぼくは連合赤軍に関して、公刊されたものには必ず目を通している。そして、それらを読むたびに、あの木造アパートの周りに茂っていたセイタカアワダチ草を思い出す。》（『リベラルタイム』二〇〇二年一月号・花田紀凱〈血風録〉）

京浜安保共闘と連合赤軍をフォローしつつ、毎週の事件も追い続けた。タレントの中山千夏とジャズピアニスト兼作曲家の佐藤允彦（まさひこ）の結婚をスクープして二度目の社長賞を獲得した花田紀凱は、一九七一年五月に恐るべき事件にぶち当たった。

大久保清事件である。

白いスポーツカーで一日あたり一七〇キロメートルの距離を走り、わずか二カ月足らずの間に榛名湖や妙義山の周辺で約一五〇人の女性に声をかけて、車に乗ってきた女性三〇人のうち十数人と強引に肉体関係を持った。そのうち八人を殺害し、死体を造成地などに埋めて逮捕された。凶悪な連続強姦殺人事件は、日本中を震撼させた。

当然のように、新聞および週刊誌はこの事件を追った。『アサヒ芸能』の記者だった佐々木崇夫が書いた『三流週刊誌編集部』には、大久保清の兄をつかまえ損ねた失敗談が出てくる。

《私と、その年に入社したばかりの新人がまず高崎に赴いた。国鉄信越線群馬八幡(やわた)駅前の大久保の実家を訪ね、ちょうど居合わせた母親に面会した。幸先のいいスタートと思われた。大久保の母はロシア系の風貌の色白女性だった。会えることは会えたが、何を聞いてもひたすら頭を床に擦り付け「申し訳ございません」を繰り返すばかり。

やむなく八幡駅から約束していた地元紙の記者に連絡電話を入れると、「大久保の兄がいまパチンコ屋にいる。一緒に会って話を聞こう」との耳より情報。スワッと駆けつけようとすると、同行の新人社員が青い顔をして駅のトイレから出てきた。聞けばトイレの便器に眼鏡を落としたと言う。馬鹿野郎と怒鳴りつつも、仕方がないので駅員に事情を話し便壺を浚(さら)ってもらうが見つからない。そんな阿呆らしい作業を小一時間も続けたろうか。結局見つからないままパチンコ屋に車を飛ばしていくと、待っていたのはシビレを切らした新聞記者氏。

「ついさっき、別の週刊誌の記者がパチンコをしていた大久保の兄貴をどこかへ連れていったよ」

と憤懣やるかたない表情。大久保の兄を〝連れ去った〟のは『週刊文春』の記者で、『週刊文春』はその兄の〝独占告白〟特集で他誌を圧倒したのだった。私はおいしいネタを後輩の眼鏡と共に流してしまったのである。》

『週刊文春』の記者とは花田紀凱のことだ。パチンコ屋で大久保の兄をつかまえた花田は、高崎駅近くのビジネスホテルに連れ込んで徹底的に話を聞き出した。兄が語る弟の実像は驚くべきものだった。

《ま、あと六人は死体で出ますよ。ゼッタイに。それ以上殺してるよ、アイツは。少なくとも一五人以上殺してる。〝関連性がある〟なんてそんなまだるっこいもんじゃないよ。三〇〇人はやってらいね。まだ死体出るかんね。どんどん、どんどん。

あんなやろう死刑なんてもったいねぇ。手ェ切って血が出るのほっぽらかしてよ、一日がかりで殺しゃいいんだ。（中略）やるときゃ、必ず首締める癖があって、左手で締めながら、右手でグイグイ。下、さばいちゃう。みごとなもんだったス。三〇まで毎年平均、五人から八人は示談にしてたかんね。女が訴えてくるとババア（母親の

こと）がうまくどいて、一〇万ぐらいで手ェ打っちゃうんだ》（『週刊文春』一九七一年六月一四日号）

大久保清事件に強い関心を抱いた花田は、この年の秋に前橋地裁で始まった公判を傍聴した。もちろん記事にするためだ。週刊誌の記者は記者席に入れてもらえないから、長時間並んで一般傍聴人として入るほかない。録画も録音も禁止。メモをとることさえ許されなかった。一計を案じた花田は、小型のテープレコーダーを足首に粘着テープで巻きつけ、その上から靴下をはいた。ズボンで隠れるものの、歩きにくいことこの上ない。警備員にとがめられては元も子もないから、必死に平静をよそおって歩いた。

カセットテープには両面で九〇分しか録音できず、四五分ごとに引っ繰り返さなくてはならない。そのたびにトイレということで法廷を抜け出し、個室に入って足首のテープをはがす。すね毛がバリバリと剝がれて痛かったが、声を出すこともできない。

努力の甲斐あって、花田は大久保清の四時間に及ぶ長口舌のほとんどを録音することに成功した。

《判事さん、まだまだ数かぎりなく言いたい。でも長しゃべりは余り効を果たしません。判事さんもう時間もあまりないからいいたいことを一ついいます。オレはね、逃げる一方のキリストがいうように、右はたかれたら左、そんな聖人みたいなことはいわない。アタシはね、猪だ。自分がかなわないと思っても虎に向かっていく猪だ。こうなるとわかってもやる男ですよ》(『週刊文春』一九七二年一月一〇日・一七日合併号・〈大久保清が告白した「わが犯罪のすべて」〉)

まもなく花田は、宮田親平デスク(のちに『週刊文春』編集長)に命じられて札幌オリンピックの取材に出かけた。スキーやスケートの取材ではもちろんない。風俗取材である。

《デスクがニコニコしながらぼくと大下さん(特派記者の大下英治)を手招きした。このデスクがニコニコしている時はロクなことがない。案の定、「君ら、すすきのの夜の取材をしてきてくれ。体当たりでな」

大下さんも僕もまだ若かった。よーし、札幌の夜を徹底的に取材するぞ。取材費をたっぷり前払いしてもらい、勇躍、札幌に向かった。

当時、札幌に屋台団地という名物があった。ずーっと百軒を越す屋台が並んでいる。屋台にはカウンターの中にママがいて、ストゥールに女性がひとり掛けている。どの屋台も同じスタイルだった。

客が入る。たまたま隣に座った女性客と仲良くなる。意気投合して、どこかホテルにでもということになる。手っ取り早くいえば巧妙な新手の売春なのであるが、客同士が合意の上でやっていることだから、むろん法には触れないし、警察がとやかくいえることじゃない。

いい加減な週刊誌だと、こんな状況を周辺取材して話をデッチ上げることが多いのだけれど、そこは『週刊文春』、マジメなのである。マジメに『取材』して記事にするのである。政治記事だって、風俗記事だって、手抜きなし、そのマジメさに変わりはない。僕と大下さんは夜のすすきのの交差点で別れて、別々の屋台を『取材』した。二日間にわたって。

記事はぼくが書いた。何しろ、あの手の記事を文章で読ませるテクニックなどないからひたすら『事実』そのままを描写した。タイトルは『〝YOKOSO札幌〟夜のコース大滑降』。

見本誌が出たあと、ブラリと編集部に立ち寄った当時の社長池島信平さんにこう言われた。「花田クン、あそこまで書かなきゃいかんのかね」》(『リベラルタイム』二〇〇二年九月号・花田紀凱〈血風録〉)

花田は複雑な思いで池島信平の言葉を聞いた。社長が自分の原稿を読んでくれたことはうれしい。おそらく編集長から執筆担当者の名前を書き込んだ見本誌を受け取り、常日頃からすべての記事に目を通しているのだろう。さすがは池島信平だ。

だが、反論したい部分もあった。風俗に行ったことなど一度もない。女性は嫌いではないが、カネで買うのはイヤだった。風俗記事を書いたのはデスクに命じられたからだ。社命に逆らうことなどできない。札幌の売春婦からは大下英治と一緒に毛ジラミまでもらった。

佐佐木茂索が『週刊文春』の創刊を決めた時に、池島信平が「文春の牧歌時代は終わった」と漏らしたのは社内では有名な話だ。

月刊『文藝春秋』ならば作家や評論家とのつき合いの中で原稿を依頼すればいいが、『週刊文春』は違う。自分で取材をして自分で原稿を書かないといけない。読者が求めるのであれば、あさま山荘の銃撃戦も、有名タレントの結婚も、連続強姦殺人事件も追わなくてはならない。

池島さん、あなたのおっしゃる通り、『週刊文春』の創刊によって、文藝春秋の古き良き時代は終わったんです――。

池島信平が六三歳の若さで急逝したのは、それから一年ほどが過ぎた一九七三年二月一三日のこと。葬儀と告別式は文藝春秋本社のホールで盛大に行われた。

満洲文藝春秋社で苦楽をともにした永井龍男の痛切な弔辞は、いまなお多くの人々の心に残っている。

「おい、信平さん、早すぎたぞ。なぜそんなに先を急いだんだ。仕様がないじゃないか。君は言うかも知れない。そういうことになってしまったんだ。仕様がないじゃないか。菊池さんをごらんなさいよ、おれより三つも若かったんだぜ、人間退き際が大切と云うじゃないか、まあ、そう思ってくださいよ、と。

しかし、むこうへ行くとすぐ、君は佐佐木さんに叱られたろう。なぜこんなに早く、おれに逢いに来たんだと。おれたちは、みんな佐佐木さんに賛成だ。(中略)

十三日の夜以来、おれの耳を離れない君の声がある。もう十年になるだろうか、毎年街に師走の風が吹きはじめると、君はジングルベルの替え歌を作って、信平さん、信平さん、旗立ててと、飛び切り上機嫌で歌いまくったものだった。もう文藝春秋も大丈夫、なにがあってもビクともしないと、全身で云っているように見えて頼母しかった。

あの君の声がこのごろ毎晩聞えてくる。はじめはすぐそこで、それからだんだん遠く。生きている奴は勝手なことを云うものだ。気に障ったら許してくれ。

今日、君の葬儀はよく晴れて、花見頃の陽気だ。そちらは、もっとよい天気だろう。菊池先生や、佐佐木さんによろしく。切に切に冥福を祈る」

まもなく、花田紀凱に月刊『文藝春秋』への異動が命じられた。不服だった。『週刊文春』から動きたくなかった。毎週のように長い記事を書いていたし、おもしろかったし、スクープもとってブイブイ言わせていたからね（笑）。だから、紀尾井町の福田家で誰かとメシを食ってた小林米紀編集局長のところにわざわざ行って、もう少し週刊にいさせてくださいと頼んだ。でもダメだった。『花田くん、人事というのはそういうものじゃないんだよ』って（笑）」

花田紀凱は渋々、月刊『文藝春秋』に異動した。

編集長は、田中健五という男だった。

3

先にも触れたが、月刊『文藝春秋』を社内の人間は〝本誌〟と呼ぶ。株式会社文藝春秋の編集者にとって、本誌への異動は特別の意味を持つ。

社の屋台骨を支える雑誌、というばかりではない。

本誌には、歴史の重みがあるのだ。

侍医頭入澤達吉による〈大正天皇御臨終記〉、大川周明の〈満洲新国家の建設〉、天皇機関説を唱えた憲法学者の実像を描いた〈人としての美濃部達吉博士〉、真崎甚三郎の手記〈暗黒裁判二・二六事件〉、横綱の七〇連勝を阻止した安藝ノ海節男の談話〈常勝双葉山を屠った瞬間〉、元海軍中将・草鹿龍之介がミッドウェイ海戦の敗因を語った〈運命の海戦〉、ジャーナリスト長谷川如是閑の手になる〈敗けに乗じる〉、梶山季之〈皇太子妃スクープの記〉、〈よど号乗客１００人の証言〉、鈴木紀夫〈小野田少尉発見の旅〉、〈モスクワ市民への直通電話〉、文部大臣の藤尾正行〈〝放言大臣〟大いに吠える〉、昭和天皇の手術をした森岡恭彦東大医学部教授による〈執刀記〉、〈昭和天皇独白録〉、細川護熙〈「自由社会連合」結党宣言〉など、私たちの国に起こった大事件を特定のイデオロギーから論評するのではなく、当事者に直接語らしめようとする月刊『文藝春秋』の姿勢は多くの読者から支持を得た。

ブランドイメージは極めて高く、月刊『文藝春秋』の名刺を持っていけば、ほとんど誰にでも会えたし、歓迎された。『週刊文春』の名刺とは、取材先の対応がまったく異なる。

さらに本誌編集部員は、談話や座談会をまとめることはあっても、自ら取材して原稿を書くことはまずない。毎週毎週、スクープを求めて地を這う取材を繰り返し、締切日には徹夜で原稿を仕上げなくてはならない週刊誌記者よりも精神的、肉体的な負担が少ない。

だから週刊から本誌への異動は、本来ならば歓迎すべき事態なのだ。

ところが一九七三年四月、月刊『文藝春秋』に配属された花田紀凱は憂鬱だった。『週刊文春』の居心地が、あまりにも良かったからだ。

「週刊には五年いて、スクープも飛ばしていたからデカい顔をしていたわけ(笑)。ところが本誌に行ったら、ほとんど一番下くらいだから小さくなっていた。まあ(斎藤)禎ちゃんが下にいたけど」(花田紀凱)

花田の一年後輩で、のちに『諸君!』『ナンバー』『CREA』『マルコポーロ』の編集長をつとめた斎藤禎は、「花田さんは週刊に向いていた」と語る。

「週刊の時の花田さんは元気だったし、輝いていた。でも、本誌にきてしばらくの間は精彩を放っていなかった。先輩は『花田くん、またプランを出さないね』なんて困ってたし。ちょっと休んでたんじゃないかな(笑)。生意気な言い方かもしれないけど」

花田紀凱がサボっていたわけではない。

明治から昭和初期にかけて日本から東南アジアに売られた娼婦＝からゆきさんを描いた『サンダカン八番娼館――底辺女性史序章』で第四回大宅壮一ノンフィクション賞を受賞した山崎朋子の、からゆきさんの墓を探す東南アジア取材に同行し、『オール讀物』時代からつきあいのある瀬戸内晴美が剃髪して僧籍に入り瀬戸内寂聴を名乗った際には中尊寺まで同行して手記を書いてもらい、草柳大蔵『官僚王国論』の連載担当もつとめた。『週刊文春』の時のような大活躍ではなかったというだけだ。

「草柳大蔵さんにくっついて、各省庁を取材して回った時はおもしろかった。だけど、誰かに話を聞いて、次の取材先に行くと、草柳さんはさっき聞いたばかりの話を、あたかも自分が考えたかのように滔々（とうとう）と語るんだ。それにはちょっと抵抗があったね。

草柳さんも梶山（季之）さんも大宅壮一さんの弟子。ともに週刊誌のアンカーをやって、ひとりはノンフィクション作家になり、もうひとりは小説家になった。でも、ふたりの資質は全然違う。

梶山さんは親分肌で、一緒にお酒を飲んで騒いで若い者の面倒もよく見たから、配下の岩川隆さんも大下英治さんも、みんな梶山さんのことが大好きだった。

一方、草柳さんを好きだという人はあんまり聞いたことがない。『官僚王国論』の連載が終わった時に、お礼だと言ってお仕立て券つきのスーツ生地をいただいたこと

があった。ありがたかったけど、ちょっとヘンな気もした。基本的に、人づき合いが苦手な人なんだろうね」（花田紀凱）

月刊『文藝春秋』編集長の田中健五は、編集者花田紀凱に最も強い影響を与えた上司だろう。

「雑誌記者の基本は人に会うこと。人と話をしているうちにいろんなプランを思いつく。僕は少なくとも一日三人に会うことを自分に課している。それもできれば、それまで会ったことのない人にね」

田中健五の言葉を、花田は深く胸に刻んだ。

斎藤禎が語る田中健五のエピソードは、私が知る花田紀凱とそっくりだ。

「健五さんは、編集部で新聞を読んでると怒るんだよね。新聞くらい家で読んでこい。昼飯も食堂で食うな。外で食ってこい。そのくらいのカネは出してやるって。お前のアタマなんかたいしたことない。貧弱な頭蓋骨が一個しか入ってない。外に出て一〇人優秀な人、新しい人に会えば、素晴らしい頭蓋骨が一〇個増えることになる。これをやらないと編集者は生きられないよ。社内の人間と話したってムダ。どうせ人事の話ばっかりだ。外に出て『この問題についてどう思いますか？』って官僚に聞いてこい。大学の友だちでも中学の友だちでもいいから会ってこいって。で、健五さんは待ってるんだよ。六時か七時まで。俺たちが帰ってくると『おっ、今日は誰と会ってきた?』って必ず聞かれる。鵜匠だよ。『それ、おもしろいから原稿を頼んでこい。三〇枚書いてもらえ』って言われてお願いするんだけど、健五さんはいい加減でさ、原稿を二倍か三倍頼んじゃう。ゲラにして著者校まで取ってるのに、校了直前になって『やっぱりつまらないから落とす』って(笑)。

そうなると、担当者の俺たちが謝らないといけない。『原稿を頼めって言ったのも、ボツにしたのもあなたじゃないか』って健五さんには言いたいけど、言えないよね(笑)。健五さんは『謝るのも編集者の仕事だ』って堂々としてるんだけど。

仕方がないから先方にお詫びの電話を入れる。『申し訳ありませんが、諸般の事情で掲載を次号送りにさせていただきます』って言うんだけど、次号送りになったらまず載らないからね。結局、『掲載を見送らせていただきました、つきましては不掲載の原稿料をお支払いします』という話になるわけ。

先方はそりゃ怒るよ。『原稿料なんかいるか! ふざけんな!』って。散々謝ったあげく、『お詫びのしるしにちょっと飲みましょうか』って、いろんな人と仲良くなったけど(笑)」

田中健五は半藤一利と同期である。広島市出身。都立一中から一九四五年四月に海軍兵学校に入学するも敗戦により退校、旧制東京高校を経て一九五三年に東京大学文学部独文科を卒業後、文藝春秋新社に入社した。当時の文藝春秋は社員数一〇〇人にも満たない小さな会社だったから、新入社員は各編集部の手伝いをさせられた。まもなく上林吾郎編集長の本誌編集部に配属され、一九五九年四月には上林吾郎にくっついて『週刊文春』創刊にかかわり、一九六一年七月にはともに安藤直正編集長体制の本誌に異動した。

入社八年目のふたりは資質の違いから、ごく自然に棲み分けるようになった。

田中健五はデスクとして雑誌全体を見る。

半藤一利は書き手として取材に飛び回る。

一九六四年夏、田中健五はアメリカに派遣された。アメリカの国務省から、文藝春秋の将来を担うホープを送ってほしいと声がかかった。翌年には半藤一利も渡米している。

「要するに、アメリカを見てこいということ。二カ月間アゴアシ(食費及び交通費)と一日二〇ドルの小遣いつき。通訳までつけてくれた。前年の一一月にはケネディが暗殺されている。大統領が暗殺されて間もない時期に外国人にカネを出すんだから、さすがだと思った。アメリカ人はじつに親切でね。やっぱり一ドル三六〇円の威力はすごい（笑）。ニューヨーク・タイムズにもタイムライフ社にも行った。本当は、一日か二日、編集部に座らせてもらいたかったんだけど、結局はお客さん扱い。タイムライフ社には見学コースがあって、今日は営業部と広告部、今日は役員との会食とあらかじめスケジュールが決まっていた。

ただ、『TIME』ワールドの編集部だけは見ることができた。ワールドのエディターというのは、テーブルに足を上げているようなエラそうな物書きの集団なんだけど、ひとりずつリサーチャーの女性がついている。

僕が見学していた時に、ちょうどベトナムでトンキン湾事件が起こった。『大きく報道するから、この部分を詳しく調べてデータ原稿を書け』とテレックスで東京に指示を送ると、三日後に東京から返事がくる。その間に、ニューヨークではリサーチャーの女性が固有名詞から何から全部チェックするわけ。その一部始終を見せてもらえたのはおもしろかったね」（田中健五）

アメリカから戻った田中健五は、上林吾郎出版局長の下で単行本の編集を手がけた。当時の出版局は一〇人にも満たない小さな部署であり、「文藝春秋は書籍編集の後進国だった」と田中健五は振り返る。文藝春秋の本質は雑誌社であり、一九六〇年代には、出版局への異動は左遷という雰囲気さえあった。

だが、田中健五は小林秀雄責任編集『現代日本文学館』（全四三巻）や林健太郎単独編集『大世界史』（全二六巻。全巻書き下ろし）を次々に手がける。

斎藤禎は入社早々、『大世界史』第一巻「ここに歴史はじまる」の執筆を担当した三笠宮崇仁（たかひと）親王殿下の使い走りを命じられた。

「一九六〇年代半ばは歴史ブーム。池島信平さんが中央公論の嶋中（鵬二）社長と仲がよかった。中央公論に『日本の歴史』と『世界の歴史』の刊行を勧めたのは、じつは東大文学部西洋史学科卒の池島さんだったんです。めちゃくちゃ売れたから、文春でも歴史全集をやろうということになった（笑）。『大世界史』が画期的だったのは、日本史と世界史、東と西を分けることなく、一緒に扱ったこと。だからこそ第一巻は、オリエント史の泰斗である三笠宮様にお願いすることになったんです。

三笠宮様は凸版印刷の出張校正室までいらっしゃった。夏だったから下着姿になって、ウンウンうなりながら赤字を入れていた。凸版が出してくれた唐揚げのご飯を『これはおいしい！』と喜んで召し上がって、朝までかかって校正作業を終えると、活字を拾う文選工（ぶんせんこう）の人たちと一緒に風呂に入った。ご自宅までお送りする時に『隣に座りなさい』と言われて座ったら、写真部の樋口進さんから『バカもん、こんな偉い方の横に座るヤツがあるか！』って叱られた（笑）」

一九六八年七月に、左翼の跳梁跋扈を警戒した池島信平社長が「日本文化会議の機関誌を発行する」と発表したことはすでに触れた。

全共闘運動、安保闘争、ベトナム戦争反対デモが一体となり、反米反政府の空気が濃厚にたちこめていたこの時期、株式会社文藝春秋にも社長の方針に反対する人間が多数現れ、ついに組合結成に至るまでの経緯を、田中健五は次のように振り返ってくれた。

「僕の理解しているところでは、小林秀雄、田中美知太郎、そこに三島由紀夫や阿川弘之、江藤淳もいたかもしれないけど、とにかく、そういうメンバーで雑誌を作ろうよ、と小林秀雄さんが言い出した。新潮の佐藤（亮一）社長が、ウチで作らせてほしいと言ったから、上林さんが、いやいや文春で出しますよ、と横から手を挙げた。社内で反対運動が起こった頃、池島さんがワイシャツにコーヒーをこぼしたのを見たことがある。軽い脳梗塞を起こしたんです。やっぱりショックだったんだろうね」（田中健五）

結局、池島信平は日本文化会議の機関誌の発行を断念、オピニオン誌『諸君！』を創刊することを決めた。初代編集長に抜擢されたのが田中健五だった。まだ四一歳の若さだが、言い出しっぺの小林秀雄とは『現代日本文学館』で懇意だったから、当然の人事ともいえた。

『諸君！』創刊当時の田中健五の働きぶりを、二年後輩の安藤満は次のように語っている。

《田中さんは日曜日にも出社して、働いているんです。その当時は土曜日はまだ休日にはなっていませんでしたが、普通の人は日曜日には会社を休みますよね。それが当たり前でしょ。しかし、田中さんは編集部員に言ったんだそうです。『君ね、日曜日に家にいて、いったいどこが楽しいの？』って。そんな田中さんですから、雑誌ではなく書籍でも徹夜の連続になるはずです。もちろん、強制はしないんですよ。でも、そういう姿を見ていると、ついこっちも釣られてしまって。》（『日本の編集長』一九九六年一月号）

田中健五が編集者として最も優れていた点は、子供のような「なぜ？」という疑問を持ち、普通のインテリには恥ずかしくてできないような根本的な質問を、信頼できる専門家に率直にぶつけたことだ。『文學界』でライシャワー（東洋史研究家、駐日アメリカ大使）に原稿を依頼したときには、「タナカさんの質問に答えるのが一番難しい」と感心され、日本思想史研究の第一人者である石田一良（いちろう）からは「初めはどういう人かわからなかったけど、田中さんはじつに鋭い人」と評された。

雑誌のプランとは疑問であり、疑問を解き明かすのが記事である。編集者が答えを出す必要はない。答えは取材者、執筆者が出す。優れた疑問を常に持ち続けることこそが編集者の仕事なのだ。

「読者の半歩先を歩け」とは池島信平の言葉だが、田中健五は読者から遊離せず、それでいて読者よりわずかに早く「なぜだろう？」という疑問を抱き続けた。

そんな田中健五を池島信平は自分の後継者と見定めたのだろう、と花田紀凱は推測している。

「『現代日本文学館』は文藝春秋にとって初めての文学全集。健五さんはこの時に小林秀雄さんと親しくなって、文壇の人たちとの繋がりもできた。さらに全巻書き下ろしの『大世界史』では、林健太郎さん以下、学者および論壇の人たちと深い関係を作った。このふたつの全集は、健五さんにとっても、文春にとっても大きな財産になった。一九六〇年代末という激動の時代に、池島さんは、保守的な論壇との関係を緊密にしようと『諸君！』という雑誌を創刊した。初代編集長に田中健五さんを起用した裏には、こいつを自分の後継者として育てようという考えがあったんじゃないかな」

『諸君！』創刊号（一九六九年七月）の表紙には、メインの記事三つのタイトルが横書きで掲げられた。

〈この果てしなき断絶——全学連父と子の記録〉
〈新宮殿と日本文化〉小林秀雄・高尾亮一
〈戦後史をどう見るか〉清水幾太郎

〈この果てしなき断絶〉の筆者は立花隆である。まだ無名の書き手だったが、田中健五は三年前に退社した元文藝春秋社員の才能を高く評価、自らが初めて編集長をつとめる雑誌の創刊号のトップで扱った。

以後、立花隆は『諸君！』に力のこもった記事を次々と発表していく。

〈『少年マガジン』は現代最高の総合雑誌か〉（七〇年三月号）、〈これが世界最大のシンクタンクだ〉（同年八月号）、〈宇宙船地球号の構造〉（七一年四月号）、〈石油のすべて——その化学構造から政治学まで〉（同年六月号）など。守備範囲の広さはさすがだ。プランも立花隆自身のものだろう。

立花隆ばかりではない。柳田邦男、本田靖春、上之郷（かみのごう）利昭、岩川隆ら、多くのノンフィクションライターが『諸君！』から巣立っていった。少部数のオピニオン雑誌は、若いライターの登龍門となったのである。

一九七〇年八月、田中健五は三島由紀夫に自らの政治思想を語ってもらい〈革命哲学としての陽明学〉（『諸君！』同年九月号）という記事にまとめた。

約三カ月後の一一月二五日、三島由紀夫は楯の会のメンバー四人を引き連れて陸上自衛隊市ヶ谷駐屯地の東部方面総監部を訪れ、益田兼利総監を人質にして籠城。バルコニーから檄文を撒き、自衛隊の決起をうながした直後に割腹自殺を遂げた。

多くのマスコミ関係者が、田中健五の先見の明に目を見張った。

当の田中健五は、『諸君！』一九七一年二月号の大部分のページを大特集〈三島由紀夫の死を見つめて〉に使い、三月号でもほぼ半分を〈三島事件再考〉のために割いた。

七一年一二月号から連載が始まった平岡梓〈伜・三島由紀夫〉は、平岡公威の少年時代から作家・三島由紀夫の誕生と自死に至るまでの全貌を、父親自身が克明に描いて大きな話題を呼んだ。

一九七二年四月に田中健五が月刊『文藝春秋』編集長となったのは、ごく自然な流れだったろう。

翌七三年二月一三日には池島信平社長が急逝、紀尾井町の文藝春秋で行われた葬儀に同郷で自宅も近い田中角栄首相など多くの弔問客が訪れる最中、三日前に発売されたばかりの月刊『文藝春秋』三月号が飛ぶように売れていた。巻頭記事〈日本共産党は何を考えているか――党幹部に素朴な質問を試みた九時間〉が大きな話題を呼んだのだ。

この頃、共産党の躍進はめざましく、七〇年代後半には民主連合政権を樹立するという目標を掲げていた。共産党はどのように政権を獲得するつもりなのか。民主連合政府、さらに社会主義政府が誕生した場合、日本人の生活はどうなるのか。一般読者の関心は高く、自分たちを代弁して共産党に質問をぶつけてくれた月刊『文藝春秋』の姿勢は高く評価された。

そして一九七四年夏、田中健五にとって、立花隆にとって、文藝春秋にとって、そして日本のジャーナリズムにとって極めて重要な記事の取材がスタートした。〈田中角栄研究――その金脈と人脈〉（同年一一月号）である。

「健五さんの中に、田中角栄をやりたいという強い思いがあったわけではなかった」と、当時月刊『文藝春秋』副編集長だった岡崎満義は振り返る。

「〈日本共産党は何を考えているか〉をやってよく売れたから、今度は自民党をやろうか、というくらいの感覚。でも、いまさら政治部の記者に自民党論を書いてもらってもしかたがない。編集会議の時に、立花隆さんのような政治と関係ない人に自民党について書いてもらうのはどうか、という意見が出た。少し前に、立花さんは『諸君!』に〈子殺しの未来学〉(一九七三年一月号)という記事を書いていた。幼児虐待や、母親が赤ちゃんをコインロッカーに捨てるという事件を取り上げたんだけど、なかなかいい論文だった。早速編集部にきてもらったら、私の興味は田中角栄総理の資産形成にしかありません、と言うわけ。角栄の土地転がしについては、鳥屋野潟の買収とかが新聞で取りざたされたけれど、丹念に辿ったものはひとつもない、と」

すでに立花隆は『週刊現代』に〈意外!　田中首相が三福に完勝した七月政変の内幕〉という記事を書いていた(八月二日号)。参議院選挙で惨敗したことで、自民党内では「田中内閣はもうもたない」と囁かれたが、田中角栄が多額のカネをばらまき、辛うじて政変を押さえ込んだという内容だった。

角栄のカネの使い方については『週刊現代』で書いた。だが、カネの生み出し方をきちんと調べた人間は誰もいない。固有名詞と数字を丹念に追っていけばおもしろい記事になるのではないか、と立花隆が言い出したことから取材が始まる。

「田中角栄研究の取材は、これまでに経験したことのないものだった」と担当デスクをつとめた白石勝は、ノンフィクション作家の塩田潮に語っている。

《僕は『週刊文春』の特集記事を担当する仕事が長かったけど、それまでは取材といえば、まず人に会うことだった。会って話を聞くのが取材の大半です。ところが、このときはそれはメーンではなくて、すでに世の中に出ているけど、気づかないでいるものを徹底的に集めてみようというので、例えば会社の登記や土地の登記の謄本を集める。（中略）確証もないまま、軒並み絨毯爆撃のように、たとえば新宿区の何分の一くらいの土地の謄本をとるといった作業でした。こんなやり方は初めてです。その中から、まさに砂漠の中で一本の針を探し出すように、事実を拾う。人の話やコメントには記憶違いや勘違いがあるかもしれないが、こういう作業で見つけた一本の針はひとつの事実なんです。それを積み重ねていく。膨大な作業量で無駄も大変多いけど、最後に鉱脈にぶつかったときの感激は大きかった。》（塩田潮『田中角栄失脚』）

取材期間一カ月足らず。スタッフはアルバイトも含めて二〇名強。取材費約四〇〇万円。雑誌ジャーナリズム始まって以来の大調査は、かくも小さな規模だったのである。

それでも立花隆率いる取材チームは見事な成果を上げた。田中角栄を「政治家」「実業家」「資産家」「虚業家」の四つの視点からとらえ、幽霊会社やトンネル機関を使って株や土地で莫大な富を築き上げていく過程を明らかにしたのだ。

〈田中角栄研究——その金脈と人脈〉が掲載された月刊『文藝春秋』一九七四年一一月号巻末の〈編集だより〉で、田中健五編集長は次のように書いている。

《世上金権政治ということが言われるが、その実体をわれわれは果たしてよく知っているだろうか。政治に金をかけるな、などと中学生的正義感をふりかざすのではない。そもそも金権政治とは何なのか。この際とくと知っておきたいのである。『特集・田中角栄研究』は、正義感からではなく好奇心から発した企画である。新聞その他のマスコミが教えてくれないから本誌が企画するのである。》

正義感からではなく好奇心から。

文藝春秋の根本思想を、これほど端的に表す言葉はあるまい。

田中角栄の後援会である越山会の金庫番だった佐藤昭を描いた児玉隆也〈淋しき越山会の女王〉も同時掲載と強力なラインナップを揃えた一一月号の発行部数はふだんよりも数万部上乗せした六六万部に決定された。

ところが、発売当初の売れ行きはよくなかった。

「一〇月一〇日発売だったんだけど、いい記事があるのに、今月は(売り上げが)動かないなあ、と思っていた。ところが、一週間後に角栄さんが外国人記者クラブで講演した。これは年の初めから決まっていたことで、『田中角栄研究』とは何の関係もない。角栄は立花さんの土地転がしの記事のことなんか眼中になくて、むしろ『淋しき越山会の女王』の方を気にしていた。角栄の金庫番だった佐藤昭の半生を児玉隆也さんが書いた記事です。外国人記者クラブでは絶対に佐藤昭について聞かれるからと、角栄サイドは想定問答集まで作っていたとか。

でも、実際に外国人特派員が質問したのは、女についてではなく、金の話ばっかりだった。角栄さんは立ち往生してしまい、ほとんど何も答えられなかった。その狼狽ぶりを『ワシントン・ポスト』がデカデカと書いた」（岡崎満義）

『ワシントン・ポスト』の東京特派員だったドン・オーバードーファーは、月刊『文藝春秋』の記事と田中角栄の記者会見の様子をアメリカに向けて大々的に報道した。あまりの扱いの大きさに驚いた朝日新聞のワシントン特派員が本社に打電。翌日の朝日新聞社会面に「アメリカの反応」として大きく掲載された。

じつはここまで、日本の新聞は官邸との関係悪化を恐れて、〈田中角栄研究〉を無視してきた。「文春は何をやってるんだ。そんなこと、俺たちはみんな知ってるんだぞ」などと文春の編集者を嘲る記者までいた。

だが、朝日の報道を皮切りに大量の記事が新聞各紙に出た。外国のメディアが大きく扱うまでは、日本の新聞は何ひとつ書けなかった、ということだ。まったくお寒い話だが、新聞が追随して騒いでくれたお陰で月刊『文藝春秋』が完売したことは事実だ。

「どうしても読みたい」という熱心な読者が、地方から紀尾井町の文藝春秋までわざわざやってきたから、受付にいた江原通子がコピーをとって渡した。「某大学では〈田中角栄研究〉を勝手にコピーして五〇〇円で販売していますよ」という電話が編集部にかかってきたこともあった。それでも数カ月後には全国の書店から一三冊の返本があったというから、日本はやはり広い。

当時『週刊文春』編集長だった半藤一利は、同期の田中健五に「田中角栄研究を週刊文春で再録させてほしい」と頼んだ。月刊『文藝春秋』が完売して買えないという声が世に満ち満ちていたからだ。

しかし、田中健五は断った。

「だって、競合誌だよ」

田中健五は、『週刊文春』をライバル視していたのだ。

その一方で、田中健五は『週刊新潮』の取材を受けている。

配下の記者に取材を命じたのは齋藤十一であった。〈田中角栄研究〉は大変な記事だ。どの雑誌だろうが関係ない。『週刊新潮』も追随して、慌てふためく政府自民党および新聞各社を取材すべきだと判断したのだ。田中健五も宣伝になるならとインタビューを了承した。

かくして、月刊『文藝春秋』発売翌日に発売された『週刊新潮』一九七四年一〇月一七日号には〈ついに記事差し止め出来なかった「田中角栄研究」に書かれた「衝撃」の章〉が掲載された。ライバル社の雑誌記事を平然と取り上げる齋藤十一も、取材に応じる田中健五も、どちらもただ者ではない。

結局、田中角栄は一一月二六日に退陣を表明、一二月九日に内閣は総辞職した。雑誌の記事が総理の首をとるなど、前代未聞のできごとだった。

田中金脈問題が大評判を呼び、総理大臣を辞職に追い込んだ以上、月刊『文藝春秋』が〈田中角栄研究〉の続編を企画するのは当然と思われた。立花隆自身も、もちろんそのつもりだった。

だが、第二弾が出ることはついになかった。それどころか、〈田中角栄研究〉の単行本も文藝春秋ではなく、講談社から刊行されたのだ。

なぜだろうか？

「澤村（三木男）社長は、雑誌で内閣がつぶれるようなことはしてくれるな、とずっと言い続けていた。普通なら増刷するところだけど、絶対にやらせなかった」（岡崎

満義）

「出版局でも、当然単行本化を考えた。ただ、はっきりとは言いにくいんだけど、別の力が社に加わることも考えられたでしょ、社長のスキャンダルが暴かれるとか。そういうことを心配する人たちが上の方にいたわけ。澤村さんとか、編集局長の小林米紀さんとか。（一一月号が完売した）お祝いに澤村さんから時計をもらったよ。ロレックスをやるから、その代わりに続きはやめろ、と。俺もいい加減な男だからさ、そうか、また別のところでやればいいんだからって。だから立花も、文春そのものに対してはアンビバレントな感情を持っているんじゃないかな」（田中健五）

田中角栄研究の第二弾はやらない、単行本も出さないという文藝春秋の姿勢に立花隆は呆れ果てた。書き手である自分が日本の最高権力者との直接対決を迫られ、有形無形の圧力をかけられている最中、自分に原稿を依頼した出版社はさっさと手を引くというのか。

以後、立花隆は文藝春秋と距離を置き、講談社で田中角栄について書き続けた。

立花隆が、再び田中健五の月刊『文藝春秋』で本格的に仕事を始めたのは、〈田中角栄研究〉から一年ほどが経過した一九七六年冬のことだ。タイトルは〈日本共産党の研究〉。長期連載の担当は花田紀凱だった。

「〈田中角栄研究〉は、首相を退陣に追い込むほど大きな問題になったわけだから、普通なら第二弾をやるし、単行本だって出すに決まっている。文藝春秋がそれをやらなかったのは、澤村（三木男）社長以下文春役員の意向であって、健五さんに責任があるわけじゃない。

健五さんは、立花さんが大学を辞めてイスラエルやヨーロッパ、中東に行った時には餞別を渡しているし、『諸君！』の編集長時代には、無名のライターだった立花さんに何本も記事を書いてもらった。〈田中角栄研究〉の件で、立花さんの中には文藝春秋上層部への複雑な感情が生まれたかもしれない。でも、それ以上に健五さんへの信頼があったからこそ、本誌（月刊『文藝春秋』）で再び仕事をした。

僕が直接立花さんから文藝春秋への不満を聞いたことは一度もないし、僕たち編集部員が役員に抗議することもなかった。お金も手間もかけて取材した成果を、みすみす講談社に持っていかれてしまうのは残念だけど、決定事項に異を唱えてもしかたがない、と」

草柳大蔵の〈官僚王国論〉を担当したことで、『週刊文春』とは異なる月刊『文藝春秋』のスタイルにも慣れた花田紀凱は、立花隆〈日本共産党の研究〉を全面的にサポートする責任者になった。〈田中角栄研究〉では傍観者に甘んじた花田はこの時、天才・立花隆の仕事ぶりを間近で目撃することになる。

立花隆のやり方は、自らは取材に動かず、スタッフの取材原稿や資料を大量に読み込み、足りない部分を補うために次の取材の指示を出すというものだった。

取材を担当したのは、小林峻一（のちに『闇の男　野坂参三の百年』で第二五回大宅壮一ノンフィクション賞を受賞）と鈴木隆一（のちに新潮社『FOCUS』デスクを経てワック社長）のふたりを中心とするフリー記者数名。アルバイトを含む総勢十数名を、立花の要望に応じて適所に差配するのが花田の仕事だった。

一九三三年に宮本顕治や袴田里見らが査問中のスパイ小畑達夫を死なせた、いわゆる日本共産党スパイ査問事件の資料を入手したことから取材が始まり、戦前に悪名高き治安維持法の下で非合法活動を続けた日本共産党の生き残りを次々とインタビューしていった。

記者たちがどれほど多くの取材を重ね、データや資料を集めてきても、立花隆は決して満足することなく、「もっともっと」と言い続けた。

「集められる限りの資料をすべて集めた。資料代だけで軽く一〇〇〇万円は超えたんじゃないかな」

と、花田紀凱は懐かしそうに振り返る。伝説の先輩と仕事をするのは楽しかった。

「立花さんが会社にくるのは夕方六時くらい。途中で必ず食材を買ってくる。買い物カゴには野菜や肉や缶詰があふれんばかり。狭い給湯室のコンロで調理するんだけど、立花さんも若いから、ニンニクを大量に入れた油ギトギトが好きなわけ。だから、ほかの編集部の女の子から猛抗議を受けた。給湯室が汚れ放題で、ニンニクの匂いもひどい。なんとかして下さいって。なんとかしろと言われても、なんともできないんだけど（笑）。

料理ができあがると、編集部の大きなテーブルを囲んでみんなで食べる。立花さんは新宿のゴールデン街で半年間バーを経営していたくらいだから、料理も手慣れたものので、すごくおいしいんだよ。

食事が終わると、腹ごなしに十円玉を指で飛ばすゲームや、カードゲームのＵＮＯが始まる。立花さんはルールをどんどん改変して面白くしちゃう。もちろん賭けるんだよ。アルバイトだろうがなんだろうが、賭け金は容赦なく取り立てた。

散々ゲームで遊んで、飽きた頃にようやく立花さんの仕事が始まる（笑）。二階の第三会議室、通称〝立花部屋〟に立花さんが籠もって資料やデータ原稿を読み始めると、俺たちの仕事も一段落。そんな毎日だった」

上智大学外国語学部フランス語学科の五年生だった西川清史（のちに文藝春秋副社

長）は、親友の西山嘉樹とともにアルバイトとして雇われ、立花部屋に出入りするようになった。翌年春には、ふたり揃って文藝春秋に入社することになる。

与えられた仕事は、戦前の治安維持法下で逮捕された共産党員の調書の清書だった。和紙に墨で書かれた調書を、立花隆が早く読めるように原稿用紙に書き写すのだ。

「毎日毎日、朝から夕方まで、せっせと清書していた。立花部屋で一緒にアルバイトしていたのが女子大生だった二階堂千鶴子さん。その後、彼女はマガジンハウスに入社して『an・an』の編集長になるんだけど。

初めて会った頃の花田さんは髪が肩まであって、しかも縦巻きパーマ（笑）。太いロッドで巻いていた。ジーンズの上に米軍が放出したカーキ色のジャケットを羽織っていて、まるで映画『セルピコ』のアル・パチーノだった。

夜遅くまでバイトをすると晩飯が出る。一度、花田さんがうな重をとってくれたことがあった。しかもかなり上等で、じつにうまかった。俺はそれまで、うな重なんか一度も食べたことがなかったから、これはすごい、この会社に入りたいと思った（笑）。

立花さんはもっさりと太ったおじさんみたいな感じだったけど、本当にギリギリまで、今日書かなかったら印刷に間に合わないというところまで絶対に書かない。それまではずっとゲームをやって遊んでるんだよ。ただ、本を読むスピードは超人的に速

い。一字一字読むのではなく、画像で取り込んでいる感じがした。すごかったね」（西川清史）

〈日本共産党の研究〉の連載が月刊『文藝春秋』一九七六年新年号から開始されると、日本共産党は総力を挙げて反撃してきた。反共のデマ宣伝にすぎない、じつは立花隆は田中角栄と裏取引をしていて、文藝春秋は〈田中角栄研究〉のお詫びのしるしにこの連載を始めたのだ、など事実無根のデタラメを、当時三〇〇万部以上の発行部数を誇った党中央機関紙『赤旗』の社説や投書欄、文化欄のすべてを使って繰り返し報じ続けた。

「その頃の共産党は勢いがあったから、本誌が毎月一〇日に出ると、すぐに『赤旗』で大反撃。パンフレットも作っていた。『犬は吠えても歴史は進む』とか。犬って、文春のことなんだけど（笑）。

取材はとてもおもしろかった。戦前の古い共産党の人にもたくさん会ったしね。多くは除名されたり、自分で辞めた人たち。普通の企業の社長さんもいたし、転向して左翼を取り締まる側に回った人もいた。有名な田中清玄（せいげん）は武装共産党でピストルを持って活動していたけど、戦後は右翼に転向した。宮内勇も門屋博も、みんなすごく人間的な人たちだった。当時は戦前の生き残りがいた最後の時代で、話を聞くには

ちょうどいいタイミング。そのあと、バタバタとみんな死んじゃったからね」（花田紀凱）

立花部屋に出入りする記者のひとりにFという男がいた。『自由』という月刊誌にいて取材経験も豊富だったから、立花隆の信頼も厚かった。

ところが、Fはある日突然、何の断りもなく姿を消してしまう。取材費も未精算のままだった。音沙汰のないまま二年が過ぎたある日、花田のもとにFからの分厚い封筒が届いた。差出人の住所は山梨県甲府市となっている。

《慌てて封を切り、便箋十五枚ほどのFさんの手紙を読み進むにつれ、僕は平静ではいられなくなっていた。Fさんの手紙には驚くべきことが書かれていたのである。

「実は、私は日本共産党のスパイでした。スパイとして立花さんの取材班に送り込まれた人間だったのです。取材の進行状況、取材した相手、連載がどう展開していくかなどを探るのが私の役目でした。けれど、立花さんをはじめ、皆さん、いい方ばかりで、一緒に仕事をするにつれ、心苦しい気持ちが募るばかりでした。悩みもしました。辛い、悲しい日々でした。姿を消したあの頃、とうとうそれが限界に達したのです。自分を偽った生活に耐えられなくなったのです。党からも身を引きました。お世話になった皆さんに事実を告げ、お詫びすべきだと思いましたが、あの時、私には勇気がありませんでした」

生涯にこれほど驚いたことはない。

当時の立花部屋の内情が、すべて日本共産党側に筒抜けになっていたとは。あれほど素早く『赤旗』に反論が掲載された謎もこれで解けた。日本共産党と戦うには余りに無防備だった。あらためて当時の日本共産党の怖さ、非人間性を思い知らされた。》（『リベラルタイム』二〇〇二年七月号・花田紀凱〈血風録〉）

〈日本共産党の研究〉は約二年間続いたが、花田紀凱が連載終了まで担当することはできなかった。『週刊文春』に異動したからだ。一九七七年四月のことだった。

文藝春秋は人事異動の多い会社だが、この時の異動は社内に衝撃を与えた。『週刊文春』編集長の半藤一利が、月刊『文藝春秋』（本誌）編集長へ。本誌編集長の田中健五が、週刊編集長へ。

トレードのような形で、編集長が交替したからだ。

週刊編集長が本誌編集長となるのはごく普通のルートだ。だが、本誌の編集長が週刊に異動するなど、通常はありえない。任期を終えた月刊『文藝春秋』編集長は現場を離れて編集局長となる。相撲の横綱のようなものだ。

ところが田中健五は、本誌編集長のあとに週刊編集長という激務を命じられたのである。

「本誌を一〇〇万部雑誌へと押し上げた社のエースに、長期低落傾向にある『週刊文春』の再建を託す」というのが表向きの理由だったが、懲罰人事と見る向きも多い。〈田中角栄研究〉は間違いなく雑誌ジャーナリズムの金字塔だが、澤村三木男社長の考えは違った。歌舞伎役者七代目澤村宗十郎の四男という梨園の御曹司が〈田中角栄研究〉を称賛することはなく、むしろ「雑誌が内閣をつぶすようなことをしてくれるな」と迷惑がった。田中健五は危なすぎる。ここで週刊誌の編集長をやらせて苦労させた方がいい、という空気が文春上層部を覆った、というのだ。

真相は不明だが、田中健五は平然と『週刊文春』に移った。

「田中さんは、本誌の部数を凄まじい勢いで伸ばした大変な編集長だから『俺のどこが悪いのか？』という思いは当然あったはず。ただ、自分が編集長をやるからには、『週刊文春』をすっかり変えてしまおうと考えるのが、編集者としての凄いところ」（当時四年目の若手社員だった松井清人。のちに文藝春秋社長）

田中健五は強い決意で『週刊文春』の改革に乗り出していく。

最初の号（一九七七年四月一四日号）の発売日には、朝日新聞に全一〇段と通常よりも大きな新聞広告を出した。

《読者の皆様へ　編集長が代りました。「日本の自殺」「小野田少尉発見の旅」「田中角栄研究」「日本共産党の研究」など、数々の問題作を世に問うた月刊文藝春秋編集長が、今週から週刊文春を担当します！》（『朝日新聞』一九七七年四月七日付）

編集長の交代そのものをニュースにしてしまおうという図々しいアイディアを出したのは、堤堯と花田紀凱のふたりだった。

「健五さんはあんまり賛成じゃなかったんだけど、俺と堤さんで説得したんだよ。読者にアピールするには、これくらいやらないとダメですよって」（花田紀凱）

週刊誌には常に話題づくりが必要であり、業界関係者には「文春もやるじゃないか」と好評だったが、社内での評価は違った。

「広告を出す前、僕はちょっと心配になって『田中さん、こんなことをやったら（前任者の）半藤さんを傷つけますよね？』と言ったんだけど、『大丈夫、ちゃんと半藤には話をつけているから』って。実際はわからないけどね（笑）。朝日新聞の広告を見た田川博一さん（当時取締役）が編集部に飛んできて『誰だ！　こんなもん出してどうするんだよ！　社の恥だ』ってものすごく怒った。今から考えると、あの広告は出すべきじゃなかったかな」（当時副編集長の岡崎満義）

「俺に対して失礼だろう、とまでは思わなかったけど、よくやってくれたよ、と。これを会社が許したことは不愉快でした。だからどうこうということはないんですけど。すぐにわかったのは、これは田中がやったんじゃねえぞ、部下の堤か花田だろうと（笑）」（半藤一利）

巻末の「編集長からのメッセージ」で、田中健五は自らの所信を表明した。

《日本では「週刊誌」↓スキャンダル↓信用できない、といった常識が定着しているようです。しかしアメリカの「タイム」や「ニューズウィーク」などは、日本とは違ったニュース週刊誌であるとはいえ、非常にクレディビリティの高い雑誌です。クレディビリティが高いからいつキャンペーンを張っても、社会的インパクトが、日本の週刊誌とは圧倒的に違います。そのような週刊誌が、日本でもできないものだろうか。そういうことを夢見るには、日本の文化、風土が許さないのだろうか。先人もいろいろ試みたのだけれども、この文化、風土の壁を突き破りきれなかったのだろうか。いろいろ考えてみましたが、とにかく一度、私はこの週刊誌革命に挑んでみたいと思います。》（『週刊文春』一九七七年四月一四日号）

田中健五はそう感じていた。

日本の週刊誌にはクレディビリティ（信頼性）がない。

一三年前の夏、田中健五は『ＴＩＭＥ』ワールドの編集部を見学している。アメリカを代表する週刊誌は、正確性、客観性の高い記事を掲載し、多くの読者から信頼を得ていた。

翻って日本の週刊誌はどうか。モラルに乏しく、思想もなく、働きづめのサラリーマンの束の間の娯楽として、主観的かつ感情的な記事を書き散らしているだけではないのか？

『週刊文春』を『TIME』のような信頼できる雑誌にしよう。そう決意した田中健五は、次々に手を打つ。

まっさきに変えたのは表紙だ。それまで『週刊文春』の表紙は女性のポートレートだった。雑誌の顔が他誌と同じでは話にならない。一目でわかる個性が必要だ。そう、『週刊新潮』のように。

編集会議では、和田誠にイラストを頼もうという意見が出た。数年前まで『週刊サンケイ』の表紙で有名人の似顔絵を描いていたからだ。あれはなかなかよかった。田中健五は副編集長の岡崎満義とふたりで、早速頼みに出かけた。

だが、和田誠の返事は「似顔絵の表紙は『週刊サンケイ』でやったから、もうやりたくない。テーマもすべて自分にまかせてくれるのであれば、ぜひ描かせてほしい」というものだった。

田中健五は聞く耳のある男で、自分の考えを人に押しつけることは一切ない。この時も、和田誠の言葉に全面的に従った。

表紙を引き受けてもらったのはよかったが、人気イラストレーターは多忙を極めていて次号の〆切には間に合わない。一方、これまで表紙を頼んでいた立木義浩カメラマン以下の撮影スタッフには、すでに断りの連絡を入れていたからストックは一枚もなかった。

表紙写真もイラストもないまま、週刊誌を出すわけにはいかない。

困り果てた田中健五に花田紀凱が進言した。

「いっそのこと、白い表紙にしたらどうですか。真ん中に『来週から表紙が変わります』って入れれば宣伝にもなるし」

田中健五は花田の意見を聞き入れ、五月五日号の『週刊文春』の表紙は真っ白になり、一行のコピーだけが入った。

「来週から　表紙が変わります。」

《花田　実はあれはぼくのプランだったんですけどね。ぼくが初め考えたのは、四週くらい白い表紙でやることだったんです。だけど、それはちょっとっていうんで、一週だけやってみたんですね。割と評判よかったですよ。ただ、汚れやすいとかね。》

（『週刊読売』一九七七年一二月二四日号・〈週刊誌花形記者が選んだ奇想天外な本年10大ニュース〉）

白い表紙と「来週から表紙が変わります」のキャッチコピーは、「編集長が代りました」の新聞広告と同様に話題を呼んだ。抜群のセンス。さすがは花田紀凱だ。

まもなく和田誠のイラストが編集部に届いた。

航空便の封筒をくわえた小鳥のイラストには、「エアメイル・スペシャル」という題名が添えられていた。ベニー・グッドマン・セクステットやエラ・フィッツジェラルドの名演で知られるスタンダード・ナンバーだ。

《第一回目の表紙なので、何を描こうかあれこれ迷いました。どういう方法で描くかということも。グァッシュという絵具です。そして何となく鳥を描きました。僕の想像上の鳥です。くちばしにエアメイルの封筒をくわえているので、題名は「エアメイル・スペシャル」になりました。これがきっかけで、以後ずっと曲名をタイトルに使っています。》（和田誠『特別飛行便』）

和田誠は以後、四〇年以上にわたって『週刊文春』の表紙を描き続けた。モダンでカラフルで洗練されたイラストは、多くの読者から愛された。『本の雑誌』が一九八九年四月号で企画した「好きな雑誌の表紙」の一位に選ばれたのも『週刊文春』だった。あまり知られていないが、じつは『週刊文春』のタイトルロゴも和田誠がデザインしている。

田中健五が変えたのは表紙だけではない。目次や本文のデザインを一新し、特集タイトルも手描きから写植に変えた。風俗記事や扇情的な女性のヌード写真が誌面から消える一方で、「淑女の雑誌から」を連載にした。エロは笑える程度に、ほんの少々あればいい。これが『週刊文春』なのだ。

《「雑誌は一軒の家である」とは池島信平さんの教えです。家には応接間だけじゃなく、台所、トイレ、風呂などがある。このコラムは応接間ではありませんが、居心地のいい場所なんです》（発案者の村田耕二の言葉。『週刊文春』二〇〇二年八月八日号）

田中健五はまだ新人だった落合信彦に〈二人の首領（ドン） 笹川良一と児玉誉士夫〉を書かせた。週刊誌に九〇枚の長編ドキュメントが署名入りで掲載されるのは、画期的なできごとだった。

評論家の森田実が匿名で書いた〈日本共産党の金脈〉も、読売ジャイアンツ元コーチ瀧安治（たきやすはる）の〈巨人軍の真実――ジャイアンツを愛するがゆえにその「腐蝕の構造」を鋭く抉る！〉も、中国人作家夏之炎（かしえん）の〈小説林彪（りんぴょう）事件〉も、竹中労が島倉千代子や水原弘のカネについて書いた〈芸能界深層レポート〉も、上前淳一郎〈イカロスの翼　女王美空ひばりの世界〉も、日本共産党前副委員長の袴田里見と立花隆が対談した〈わが敵、宮本顕治の正体〉も好評だった。

田中健五編集長体制の『週刊文春』はいわば第二の創刊であり、〝クレディビリティのある週刊誌〟という基本方針は、二一世紀の現在に至るまでずっと引き継がれている。

だが、肝腎の部数は、思うように伸びなかった。

「半藤さんから田中健五さんに代わっても、部数はまだまだでしたね。当時の『週刊新潮』が六五万部くらいだったのに対して、『週刊文春』は四五万部くらい。うしろを見れば『週刊サンケイ』がいる、みたいな感じ。田中健五さんは小回りが利かない。毎週毎週の切った張ったを拾ってきて味つけできる人じゃないんです」(当時セクション班デスクの藤野健一)

田中健五は『週刊文春』に月刊『文藝春秋』のやり方を持ち込んだ。力のあるライターにヴォリュームのある記事を書いてもらい、二、三ページの軽い記事で間を埋める。

しかし、月刊誌と週刊誌は読まれ方がまったく異なる。

月刊誌は、いわば高級レストランで食べるディナーだ。吟味された食材を腕のいいコックが調理した一皿を、時間をかけて味わう。

週刊誌は、町の定食屋で食べるランチだ。昼休みにサッと入り、二〇分もしないうちに店を出る。早い安いうまいが必須条件だ。

雑誌ジャーナリズムでは真実の報道と娯楽性を同時に求められるが、月刊誌と週刊誌では、そのバランスが大きく異なるのだ。

「田中健五さんの『週刊文春』は、朝から重たいものを食わされているような気がした」という声も聞いた。

重厚なテーマを扱うには時間も人手もかかる。先行取材のために多大なるエネルギーを費やしたから、〆切直前に起こった事件に対応するスタッフが残っていなかった。その上、外部のライターに長い記事を書いてもらえば原稿料も嵩む。

『週刊文春』が試行錯誤を続ける一方で、ライバルの『週刊新潮』は憎らしいほどに強かった。

田中健五が『週刊文春』の編集長に就任した頃、『週刊新潮』を統括していた新潮社の齋藤十一（当時取締役）は、ノンフィクション作家となった岩川隆のインタビューに応じて次のように語っている。

《それまで新聞社が扱うニュースというと一般的にいって無色透明なものが多かった。へんにスマしたものばかりだったといってよいかもしれません。それにたいして、うちの基本姿勢は、〝俗物〟主義でした。人間という存在自体がそうでしょう。どのように聖人ぶっていても、一枚めくれば金、女……それが人間なのですよ。だから、そういう〝人間〟を扱った週刊誌を作ろう……あっさりいえばただそれだけでした。悲壮感はないし、流水淡々という状態でしたね。》(『潮』一九七七年五月号・岩川隆〈再び日本の週刊誌を考える〉)

齋藤十一の俗物主義とニヒリズムがページの隅々まで行き渡るプロフェッショナル集団『週刊新潮』に、おおらかで明るいアマチュア集団『週刊文春』は手も足も出なかった。

誰もが切り札とみなした田中健五が奮闘しても、そんな状況を打破することができないまま一年少々の時間が過ぎた一九七八年秋、『日本美術界腐敗の構造 パリからの報告』(江原順)という本がサイマル出版会から発刊された。絵画の価格設定のいい加減さや画家と画商の癒着など画壇の内幕を暴露したもので、関係者に衝撃を与えた。

最年少の特集班デスクだった花田紀凱は、大下英治と組んでこの本の紹介記事を作ることになった。

《本を紹介するというこの手の特集は、あまり手がかからない。著者に話を聞き、やり玉に挙げられた画家たちのコメントを取り、美術評論家何人かに意見を求めれば、一応記事はできる。切った張ったが好きなぼくにとっても大下さんにとっても、ま、「チョロイ」記事だったのである。その記事が、後にあれほどの大事件に発展するとは想像もつかなかった。》（『リベラルタイム』二〇〇二年一〇月号・花田紀凱〈血風録〉）

発売から数日後、田中健五編集長が澤村三木男社長に呼ばれた。

画家の杉山寧（やすし）が記事を読んで激怒している。記事に引用した文中に自分の名前が出てくることが許せないというのだ。

「長年、文藝春秋は身内だと思っておつきあいしてきたが、こんな風に書かれて、いきなり背中から切りつけられたような気持ちです」

杉山の名前だけを外しておけば何の問題もなかったのだが、花田デスクも田中健五編集長も、ついうっかりと見落としてしまった。

杉山寧は日本画壇の重鎮であり、月刊『文藝春秋』の表紙も担当している。その上、娘の瑤子（ようこ）は三島由紀夫夫人でもあり、文藝春秋とは因縁浅からぬものがあった。

画壇に知己が多く、杉山とも親しい徳田雅彦常務が田中健五編集長を連れて謝罪に出向いたものの、杉山の怒りは一向に収まらず、編集長を解任しない限り、二度と月刊『文藝春秋』の表紙絵は描かないと宣言。さらに悪いことに朝日新聞の記事にまでなってしまった。

杉山寧が編集長の解任を要求していると聞いて『週刊文春』編集部員は騒然となった。確かに落ち度はこちらにあるが、よその会社の人事にまで口を出すとは、あまりにも横暴なふるまいではないか。

だが数日後の夜、田中健五編集長は、花田紀凱と大下英治のふたりを人気のない三階の資料室に呼んだ。

「花田くん、大下くん、僕は編集長を辞めることに決めた。たしかに僕の責任です」

「だったら僕も辞めます。責任は僕にあるんですから」

そう言いかけた花田の機先を、田中健五が制した。

「僕は辞めるが、君と大下くんは絶対に早まってはいかん。辞めようなどとは思わないでくれ」

花田も大下も、何も言えなくなった。

田中健五が編集長を辞任したことで杉山の怒りはようやく収まり、騒動は収束した。

新入社員でありながら、特集記事を毎週のように書かされていた西川清史は、やりきれない思いを抱えていた。

「編集部全体がガックリと落ち込んで、沈滞していた。杉山寧さんが抗議するのは当然かもしれない。ただ、抗議を受けた経営陣が、編集長更迭という判断を下したことがやりきれなかった。外圧に対して、すぐに白旗を掲げてしまっていいのか。会社は画家と編集長のどちらを大事にするのか。僕はまだ若かったから、杉山寧さんからの抗議が、社にとってどれほど重要なものかという実感はなかった。本誌の表紙にじむさい日本画を描いている画家、というくらいの認識しかなく、あんな絵が飛んだところで、何の不都合があろうかと思っていた」

『週刊文春』編集部から去る当日、挨拶を終えた田中健五は、約五〇人の編集部員全員に銀座和光の小さく薄い箱を渡した。

花田が包みを開くと、中身は大判の白いハンカチーフが二枚。

K・Hとイニシャルが刺繍されていた。

多忙を極める週刊誌編集長が、大きな心労を抱える中で、部下にこれほどの配慮を示すことができるのか。この人には勝てない、と花田紀凱は思った。

第三章　疑惑の銃弾

1

『出版人・広告人』の編集兼発行人で、出版業界に精通する今井照容は、文藝春秋を「バカ明るい会社」と評する。

「頭がいい坊ちゃん、という点では新潮社も朝日新聞も同じだけど、新潮や朝日に入っちゃうと、坊ちゃんっぽいところを捨てて、ドス黒くならないといけない（笑）。でも、文春だと底抜けに明るい感じが最後まで認められちゃう。仕事を仕事と思っていなくて、アマチュアのままずっときている良さがある。雑誌って、本来そういうものじゃないかな」

『オール讀物』編集長を長くつとめた藤野健一は、「かつての文藝春秋の社員は、友達や兄弟のような感じだった」と懐かしむ。

「よその会社の人と話すと、同僚のプライバシーは全然知らないって言うんだけど、文春の人間は家族から係累から彼女の話まで何でも知ってる（笑）。上司や同期と一緒に飲んで、そのまま家に転がり込んで、翌朝そこから会社に行くこともしょっちゅう。僕は結婚が遅い方だったから、同期の家に泊まって奥さんに『今晩はあれが食べたい』とリクエストしてたた（笑）。僕の歯ブラシはいろんな家に何本もあったし、僕の家にも何本もあって、誰のだか全然わからなくなっていた。

僕は東京出身だけど、文春の社員には同郷の人のような親密さがある。ほとんどの先輩の家に泊めてもらったし、先輩たちの旅行にもちゃっかりついていった。先輩は後輩に必ずおごってくれるから、飲みに連れて行ってもらえば一銭もかからない。同期が吉永小百合の取材に行くと聞いて、違う編集部なのにくっついていったこともあった。働いてるんだか遊んでるんだかわからない。

僕が出版局にいた頃、つかこうへいが『銀ちゃんのこと』という小説を角川の『野性時代』に書いた。これはおもしろいというので直木賞の候補に推薦したら受賞した。のちの『蒲田行進曲』です。授賞式のあと、劇団が開いた祝賀会に呼ばれたから、その席で僕が『受賞第一作は文春にくださいよ』と言ったんです。そうしたら、彼は『小説はもうやめた』とか、『芝居が忙しいから書けない』とか、ゴニョゴニョ言い訳するんだ。頭にきた僕が『なんてことを言うんだ』と大きな声を出すと、『そんな言い方はないだろう』とつかさんが言い返して、挙げ句の果てに僕が大失言をやらかした。

『あんたらの学生に毛が生えたような芝居なんて、俺にだってできらぁ』って。

『じゃあ出てもらいましょう』

『出たら書きますか』

結局その日はケンカ別れみたいになっちゃって、翌朝、二日酔いで寝てたら、つかこうへい事務所から自宅に電話がかかってきた。会社に問い合わせたんでしょうね。

『今日の稽古は三時からです、お待ちしてます』だって（笑）。

直木賞の受賞パーティが二月だったんだけど、三月から一カ月間、高田馬場の小さな小屋で昼夜興行をやるから出てもらいますって言われちゃった。

これはエラいことになったと思って、出社してすぐに出版部長の鈴木琢二さんに相談した。

『僕が芝居に出たら、つかこうへいは受賞第一作を書くと言ってます』

確証はなかったんですけど、琢二さんは『おもしろいじゃないか』って言ってくれた。でも出版局長の杉村友一さんは渋い顔。『いま、四月の人事で人の取りっこをしてるところだ。出版には芝居に出て遊んでるヤツがいる、と思われたら困る』って。どうしようと悩んでいたら、琢二さんが『俺がうまくやってやるから出ちゃえよ』って。

『寝盗られ宗介』って芝居ですけど、稽古では散々いじめられましたよ。平田満や萩原流行、石丸謙二郎とかと一緒だった。風間杜夫は出てなかったかな。

つかさんの芝居には台本がなくて、つかさんが考えながら言うセリフを役者が復唱する。〝口立て〟と言うんですけど。僕はもちろんチョイ役だから、セリフも短い。でも、劇団の連中は、つかさんが思いつきで言う長ゼリフを瞬時に覚えて、そっくりそのまま繰り返すんです。役者ってのは凄いもんだと感心しましたね。ところが次の瞬間、つかさんは『うーん、やっぱりダメだな。今のは全部なし』。役者が必死に覚えたセリフが丸ごとカットです。

当時のつかこうへい劇団の人気は凄くて、社会現象になっていた。報知新聞の記者が観にきていて『つかこうへいの芝居に謎の人物が出演。どうやら出版社の人間らしい』と芸能欄に大きく書かれた。

次の日に会社に行くと、上林吾郎さん（当時専務取締役）、田中健五さん（当時第二編集局長）以下、みんなが『つかの芝居に出てるんだって？ 切符をとってくれよ』って。もうバレバレ（笑）。数日後の客席には文春のお歴々がズラリです。杉村局長は最後まで知らん顔をしてくれましたね。結局、つかさんはウチには書いてくれなかった。どうやら角川春樹社長に囲いこまれていたみたいです。

翌年には唐十郎が『文藝』に書いた『佐川君からの手紙』が芥川賞を受賞した。唐さんは怖い人だと聞いていたけど、実際に会ったら全然違っていて、すっかり仲良くなった。

ところがある日、どこから聞きつけたのか『つかの芝居に出たんだって？　今度うちの芝居に出てくれよ』と言われてしまった。

『いやいや、一度ならジョークで済むけど、二度も出たら会社をクビになっちゃいますよ』

『おい、つかの芝居に出て、俺の芝居には出られねえっていうのか』

その時だけは怖かったですね。それで花園神社の紅テントに出ることになっちゃった。『住み込みの女』って芝居で、佐野史郎が出ていた記憶があります。

僕は唐さんに容貌や背格好が似ていたから、同じ服を着て同じメイクをして、舞台を暗くしておいて、同一人物がすれ違う、みたいな趣向をやりました。澁澤龍彥さんが観にきていて、『そっくりだなあ』と感心してましたね。

文藝春秋は文芸と春秋がくっついた会社だとよく言われるけど、実際には春秋、つまりジャーナリズムの方が幅を利かせていて、人事異動でも本誌と週刊をまず決めて、余ったのが文芸に回される（笑）。しかもクルクル代わる。この前まで『週刊文春』にいたのがいきなり『文學界』にやってくる。最初の頃は『純文学なんて読んだことがありません』『何が書いてあるのか全然わかりません』なんて言ってたヤツが、三カ月もしないうちに『この作品には世界観がない』とか生意気なことを言い出すんだから（笑）。

新潮は全然違いますよ。入社から定年までずっと『小説新潮』なんてのがゴロゴロいますから。作家とのつきあいも当然深いから、全集は新潮に行くわけです。作家も、新潮の編集者には遺言状まで渡すし、葬式まで頼んじゃう。

一方、文春の編集者は態度がデカいというか仲間気分だから、作家からは生意気だと思われているでしょうね。新潮みたいに『先生、先生』と持ち上げることはしないから。どこかに異動になって、数年後にまた『オール讀物』や『文學界』に戻って同じ作家を担当することはよくあるけど、その間に、向こうは大家になっているわけです。僕の頃は、北方謙三、伊集院静、林真理子さんなんてまだ新人だったけど、気がつけば、いろんな賞の選考委員になっている。そういう人たちに「やあ」なんて言うと、カチンとくるでしょうね（笑）。俺は昔の俺じゃねえぞ、って。気をつけてはいるんですけど。

ただ、異動がしょっちゅうある分、文春の編集者は見聞が広い。『ナンバー』でサッカーを取材したり、『週刊文春』で女の子のグラビアを担当したりなんてことは、新潮では絶対に起こらないでしょう。

文春の編集者は『この前、こんなことがありました、こんな話を聞きました』と作家にアイディアを提供できる。作家はアイディアがいくらでもほしい。アイディアさえあれば、純文学だろうがエンターテインメントだろうが書けるのが作家ですから」

西川清史は「文春は遊び人の会社だったんだよ」と笑う。

「そもそも菊池寛が大のバクチ好き。将棋とピンポンが好きなのは有名だけど、競走馬を何頭も所有する馬主でもあった。日本麻雀連盟の初代総裁で、文藝春秋は『麻雀春秋』という専門誌まで出していた。国産第一号の麻雀牌は『文藝春秋牌』だから筋金入りなんだよ（笑）。

俺が入社した一九七七年頃の『週刊文春』編集部には将棋盤と碁盤が常備されていた。花札が猖獗（しょうけつ）を極めていて、編集部のほぼ全員の机の引き出しに任天堂の花札が収まっていた。原稿を待っている時間が長かったからだろうね。今みたいに携帯電話もメールもＦＡＸもないから、編集部で待機している必要があったわけ。

夕方五時だか六時だかになると、編集部のあちこちで花札が始まる。隣り合った机の引き出しを開けて、その上に引っぺがした戸棚の扉を乗せて台にする。

俺が一番最初に花札をやったのは松坂博さん（当時特集班）で、『西川、花札は知ってるか？』って聞かれたから、『いや、知りません。教えて下さい』って答えたんだけど、じつは俺は家で、小学生の頃からやってたのよ。知らんぷりしてボロ勝ちしてやろうと思って（笑）。

花札は一年十二カ月がワンクールなんだけど、全部勝つとスコンクといって得点が倍になる。俺はいきなり松坂さんをスコンクで叩きのめしたから、以後、二度と相手をしてくれなくなった。

〈疑惑の銃弾〉のデスクとしてのちに有名になる安倍隆典さんはすごく強くて、大敗した俺は三万円をその場で払った。そうしたら『お前は若いのに見上げたヤツだ』とゴールデン街に連れて行ってくれた。編集部のほぼ全員と花札をやったけど、一番強かったのは亡くなった東眞史（あずままふみ）さん（『マルコポーロ』初代編集長。文春新書を創刊）。シュッと背が高くて、姿勢のいい人だった。

基本的にはその場で精算することはなくて、証文を書く。「一五〇〇　西川」とか。一五〇〇文だから掛ける五で、七五〇〇円負債がありますってこと。小さなメモ用紙だから、なくさないように原稿用紙の裏とかに貼っておくんだけど、ボーナス時には証文自体が流通してたね。

そのうちに、西麻布の麻雀屋でポーカーをやるようになった。メンバーは堤堯、花田紀凱、俺、呼び屋の康芳夫、ノンフィクション作家の落合信彦と伊佐千尋、講談社と読売新聞の人もいた。

ポーカーは人柄が出るからおもしろいよ。康芳夫さんはああ見えて気が小さくて、いい手がくると口数が少なくなって、緊張でブルブル震え出して、あげくの果てにはトイレに行ってゲロ吐いちゃう（笑）。落合信彦さんもそんなに強くなかった。当時、落合さんは荻窪駅近くのマンションに住んでいて、俺も荻窪だったから、よくタクシーで送っていった。家には猫がたくさんいてね。伊佐千尋さんは強かったよ。返還前の沖縄でアメリカ人と渡り合ってきたからだろうね。果てしなく強いのが堤堯さん。東大法学部だから頭がいいのよ。ブラフをかけるのもうまいしね。俺は絶対に引かないから、最初のボーナスを全部ポーカーで持っていかれて、すっからかんになった。花田さん？　弱かった（笑）。勢いはあるのよ。でも、見るからに無理でしょっていうところに突っ込むからボロ負けしちゃう。

ポーカーは毎晩、死ぬほどやった。夜七時頃西麻布に出かけて、朝方に家に帰って、昼過ぎに会社に出て、七時にはまた西麻布。そんな日々を送りつつ、毎週毎週、週刊誌の特集記事を書いていたんだから、ほとんど奇跡だよ。

人目を忍んでニューオータニのスイートルームを借りてポーカーをやったこともあったね。十人くらいが一万円ずつ出して。夏だから暑くてさ、上半身裸になって、煙草をくわえながらやったんだけど、火災報知器が煙を感知しちゃって、フロアマネージャーが合鍵でドアを開けて慌てて部屋に入ってきた（笑）。やばい、逮捕されちゃうよとビビってポーカーは下火になった。

花田さんの睡眠時間は四時間。ナポレオンみたい。朝、会社に行くと必ずいて、デカい机で新聞を読んでる。編集部用の新聞を平気でハサミで切り抜いちゃう。いつまでも会社にいるし、しかも、あらゆる人間は四時間睡眠で足りると思っているわけ。俺はポーカーも取材もあるからヘトヘトで、編集部奥のベッドで昼間から寝てたら、花田さんに怒られた。

『西川、お前、何やってんだ！』

『何やってるって、疲れたから寝てるんです。俺は睡眠時間四時間じゃ足りないんですよ！』

俺はそう言い返したね（笑）」

西川清史より一期下の木俣正剛は早稲田大学政治経済学部卒。新聞記者から政治家に転じた父の影響もあって新聞記者志望だったが、田中健五の〝クレディビリティのある週刊誌〟という言葉に惹かれて文藝春秋に入社した。一九七八年四月のことだ。一年後、田中健五編集長の退任によって川又良一新編集長の下で再出発を余儀なくされた『週刊文春』の特集班に配属された木俣は、当時三七歳と編集者として脂ののりきった花田紀凱デスクの存在感の大きさをひしひしと感じた。

「まず驚くのは圧倒的な人脈の広さ。編集部には毎日大量の郵便物が届くから、若い編集部員で仕分けをするんですけど、花田さんだけが異常に多い。憧れましたね。自分もいろんなパーティに出て知り合いをたくさん作ろうと思いました。試写状や写真展の案内がしょっちゅう来ていて、印刷物も多かった。当時はブラックな雑誌もいっぱいあったから、それを見ているだけでも企画になる。かかってくる電話の量もケタ違いで、その上、朝から晩まで会社にいた。

僕たちが夜遅くまでがんばって誰かの話をとってくる。あるいは誰かと会っておもしろいプランをもらってくる。そんな時は即座に上司の反応がほしい。おもしろいから記事にしようとか、次は誰に取材しようとか、タイトルはこうしようとか。

でも、編集部にいるデスクは花田さんだけだから、必然的に若手全員が花田さんに相談することになる。花田さんは反応が凄く早いし、かつ基本的に褒めることとしかしない。おもしろくないと思っても頭の隅にはちゃんと残っていて、次に会った時に『おい、あれはどうなった?』って聞いてくれる。だから、みんながだんだん、花田さんにおもしろがってもらいたくて仕事をするようになる。その時点で、もう実質的な編集長ですよね。

ただ、花田さんは文春では圧倒的に異質な存在。

たとえば斎藤禎さんは会社を辞めてから江藤淳の本を書いたし(『江藤淳の言い分』)、東眞史さんはもともと日本文化会議の人で、毎週土曜日に開かれる清水幾太郎の勉強会にも通っていた。文春にはそういう深掘りする人、思想信条のある人が多かった。

花田さんみたいに映画や芸能に詳しい人は文春にはほとんどいない。その上、長髪にパーマ、白いジーンズでしょ(笑)。

僕が初めて花田さんの下について驚いたことがあった。何かの選挙があったときに、朝日新聞の筑紫哲也さんと毎日新聞の内藤国夫さんというふたりのジャーナリストが、開票速報を見ながら選挙結果を論ずるという企画をやったんです。

僕は一九五五年生まれで、七〇年安保の世代も過ぎているから、左翼でもリベラルでもない。どちらかといえば保守であり右ですよ。文藝春秋もそういう会社だろうと思って入ってきたわけですけど、花田さんは筑紫さんや内藤さんと一緒になって『自民党に入れるヤツなんか人間として信じられない』とか、耳を疑うような話をワンワンしていて、『文春の社員がこれか！』と驚きました。だから、いまの『月刊Ｈａｎａｄａ』とかを見るとびっくりしちゃう。花田さんに思想信条はない。何のこだわりもなく時代の空気に合わせられる人。つまり、根っからの雑誌編集者なんです」

田中健五が去った『週刊文春』に、花田紀凱という異能の編集者を使いこなせる編集長はひとりもいなかった。

一九七八年一一月一日、管理部事業局長だった川又良一が慌ただしく『週刊文春』編集長に就任してから三カ月後に、日本のサラリーマンを震撼させる事件が起こった。

アメリカの航空機メーカー、グラマン社が早期警戒機の売り込みのために日本の政治家（岸信介、福田赳夫、中曽根康弘、松野頼三）らに不正にカネを渡していたことが明らかになると、仲介役として事件の鍵を握ると思われた日商岩井のＳ常務が、ビルの七階から飛び降り自殺してしまったのだ。残された遺書には「会社の生命は永遠です。その永遠のために私達は奉仕すべきです」とあった。

花田と大下英治は、Ｓ常務の愛人をつかまえて話を聞き、手記として発表しようとしたが、川又編集長からストップがかかった。「亡くなった人の愛人まで出すのはやりすぎだ」というのだ。

「川又さんはいい人。春風駘蕩とした時代を生きた昔ながらの編集者で、作家からは『又やん、又やん』と可愛がられた。でも、もう時代が変わっていた。俺たちが一生懸命取材して、これはスクープだ！　と勢い込んで帰ってきたのに、『花ちゃん、これは君が編集長になってからやってくれよ』と言われたらガックリくるよ。俺が編集長になったら、部下を落胆させるようなことは絶対に言わないようにしようと心に誓った」（花田紀凱）

一九八〇年一月に村田耕二が『週刊文春』編集長に就任すると、花田を取り巻く環境はさらに厳しくなった。

「村田さんは部下にとっては難しい人だという噂はあったけど、俺はつきあったことがないから、まあいいや、なんとかなるだろうと思っていた。ところが実際に仕事をしてみると、なかなか大変な人だった（笑）。俺は嫌われて、全然仕事をやらせてもらえなくなった。完全に干されたね」（花田紀凱）

だが、どんな状況下でも腐ることなく自分の仕事に邁進するのが花田紀凱という男だ。大スクープをものにしたのは一九八二年初頭のことだった。

三和銀行茨木支店に一四年間つとめたI・Mという美しい女性が、男に騙されて銀行のオンラインシステムを悪用、一億三〇〇〇万円を横領してフィリピンに逃亡したものの、六カ月後にマニラで逮捕されるという事件が起こった。

花田は記者の高橋審也とふたりで、大阪の一流ホテルで管理職をつとめるI・Mの兄のA氏を口説きにかかった。毎週毎週、大阪に通ってA氏と会う。火曜日の朝、その週の記事を校了した直後に新幹線に飛び乗ることもしばしばだった。

《平穏な学者の家庭が、末娘の事件によってどのように崩壊したのか。父親は家にこもりがちになり（半年後病死）、書道、生花を教えていた母親もやめざるを得なくなる。事あるごとに京都の家、姉たちの嫁ぎ先までテレビや週刊誌の記者が押しかけ、身体の悪い姉は散歩もできない。A氏自身は、これまでどおりホテルマンの仕事を続けているものの身が入らない――。A氏の訴えは耳が痛い点もあったが、毎週の大阪通いを止めるわけにはいかなかった。》（『リベラルタイム』二〇〇二年一二月号・花田紀凱〈血風録〉）

一九八二年新年号の『週刊文春』は、拘置所に入っていたI・Mが母親に宛てた五通の手紙を、母親のインタビューと合わせて全文掲載した。

便箋一枚ごとに、検閲済みの桜のマークが押されていた。

《今から考えても、何と恐ろしいことをしたのだろうと、いくら悔やんでもくやみきれません。マニラで生活していた時も、毎日毎日が心の安まるひまがないほど、苦しみの連続でした。（中略）私が事件を起こしたために お父さんもお母さんも仕事をやめたと刑事さんから聞いた時、罪の深さをつくづく感じて、涙が止まりませんでした。（中略）私自身（逮捕されて）、成田の空港に着いた時、本当にホッとして、今まで気力で持っていた精神力が急になくなり、その場に倒れそうになりました……。》

完璧なスクープだったが、花田が満足することはなかった。ここまで家族と信頼関係を築けたのなら、獄中手記がとれるのではないか？　花田と高橋記者は、さらに四カ月近く大阪に通い続けた。

三週連続の「獄中手記」がスタートしたのは『週刊文春』四月八日号から。法務省内部で問題になり、『週刊新潮』編集長の山田彦彌が『週刊文春』の見本誌を床に叩きつけて悔しがったと漏れ伝わってきた時には快哉を叫んだ。

母親から多くの写真を借りて、グラビアにも掲載した。タイトルは〈父と娘　I・M（掲載時は実名）の青春〉である。

中学時代に、賀茂川沿いの植物園で撮った父との写真。高校二年の春休みに修学旅行で行った九州でのスナップ。高校三年の夏に自宅の玄関前で撮った家族写真。三和銀行で電話交換手をしていた頃の同僚との写真。支店対抗運動会での笑顔。淡路島旅行の時の水着スナップ――。どの写真も若さと希望に光り輝いていた。

このスクープを置き土産に花田は月刊『文藝春秋』に異動したが、なおもＩ・Ｍの家族との関係は続けていた。未決一年を引けば、おそらく二、三年で出所してくるはずだ。その時には、独占インタビューをやろうと考えていたのだ。

一九八四年五月号の月刊『文藝春秋』で出所したＩ・Ｍをインタビューすることになり、花田は彼女に初めて会った。すべてを話し終えたＩ・Ｍは花田にこう言った。

「本当にもう、そっとしておいてください。一応、罪の償いをして出てきたんですから。もう年齢も年齢ですし、私も、あと五年したら四〇です。静かに生きさせてください」

一九五九年四月に『週刊文春』が創刊されてから、すでに四半世紀の時が流れていた。だが『週刊新潮』はあまりにも強く、『週刊文春』は到底敵わなかった。

「『週刊新潮』の記事には独自の視点があり、非常に強力な取材力と巧みな文章で読ませる。雑誌全体に風格があるんだよ。俺は『週刊新潮』を開けるのが怖かった。同じ事件を扱っても、新潮は必ず親族のコメントをとっていたから。俺がいくらドアを叩いても出てくれなかったあの人を、新潮はどうやって口説き落としたのか。もう手も足も出なかった」（松井清人）

長い間、『週刊文春』の編集部員は『週刊新潮』に大きなコンプレックスを抱いてきたのだ。

だが、一九八〇年代の文藝春秋には、花田紀凱や松井清人、木俣正剛のように基本的に月刊『文藝春秋』と『週刊文春』を行き来するジャーナリスト的な編集者が少しずつ増えてきた。

さらに田中健五編集長が立花隆〈田中角栄研究〉の手法を『週刊文春』に持ち込んで以来、上之郷利昭〈東本願寺の10年戦争〉や佐野眞一〈ニッポンの性〉などノンフィクション作家による連載が増えて、サポートする編集部員の経験値も上がった。『週刊文春』全体の取材力が底上げされた一九八二年三月には画期的な記事が掲載された。〈本誌特別取材班による国内・国外潜行取材6カ月　カンムリワシ具志堅用高は『汚れた英雄』だった。第一回　金平会長は薬物投入の仕掛け人！〉（一九八二年三月一一日号）である。リードは次の通りだ。

《ボクシングは残酷な、それゆえにこそ美しいスポーツのはずであった。若者たちが一瞬の攻防に栄誉を賭け、時には命を賭ける。格闘技のなかで、もっとも純粋な男と男の闘いだ、とファンは信じ込まされてきた。

その唯一の聖域に、じつは巧妙で、卑劣な課略のワナが仕掛けられていたのだ。仕掛け人は、前全日本ボクシング協会会長、協栄ジム主宰者の金平正紀会長。協栄ジムといえば、具志堅用高、渡嘉敷勝男の両チャンピオンを生んだボクシング界の名門である。

使用されるものは特殊な「薬物」。これを極秘裡に挑戦者の食事、果物に混入し、試合での体力を消耗させる。具志堅、渡嘉敷両チャンピオン誕生の背景に、この狡猾な謀略工作が存在した。協栄ジムの〝汚れた英雄たち〟――第一回は、金平会長による薬物投入の実態を暴く。》

記事は日本ボクシング史上最悪の事件として大きな反響を呼び、NHKはトップニュースで扱い、国会でも取り上げられた。

当然のように金平正紀会長は反論して文藝春秋を名誉棄損で訴えたが、日本ボクシングコミッションは調査の結果「限りなく黒に近い灰色」という結論を下し、金平正紀会長のライセンスを無期限剥奪した（七年後に処分解除）。『週刊文春』の完勝だった。

「あれは石山（伊佐夫・当時デスク）ですよ。石山は厳しいから、下の人間は大変だったろうけどね。（最終的に原稿をまとめる）〝書き〟にも優秀な人間がいたということ。ノンフィクション作家の取材チームについているうちに、記者の取材力や、ど

こまで取材をつめたらいいかという経験値が上がったんだろうね」（花田紀凱）

『二つの山河』で第一一一回直木賞を受賞した作家の中村彰彦は文藝春秋出身。『週刊文春』では多くの特集記事を書き、石山伊佐夫デスクの辣腕ぶりを至近距離で目撃している。

「石山さんはすごい記者だった。動かぬ証拠を握ってチラつかせるから、相手は洗いざらいしゃべるしかない。金平ジムの薬物事件の時は、具志堅用高の対戦相手に毒物を仕込んだコックをつかまえたわけですけど、普通はしゃべりませんよ。逃げるに決まってるでしょう？　でも、石山さんはしゃべらせちゃう。それだけの材料を持っていたということです。あの時は、すでに〝書き〟をやっていた松井清人と木俣正剛が石山さんのアシにつくという珍しいパターン。それだけ重要な記事だったということ。彼らはずいぶん石山さんを助けたと思います。

ロッキード裁判の〈証人・榎本三恵子の完全独占手記　ハチは一度刺して死ぬ〉（一九八一年一一月一二日号）の時の石山さんは、榎本家の財産相続に関して榎本三恵子が決定的に有利になる材料をあらかじめ入手していて『私のインタビューに応じてくれたら、それを提供する』と交渉して、うんと言わせた。そこでひそかにロングインタビューを行い、『ハチは一度刺して死ぬ』と国会証言（田中角栄の五億円受領を裏付けた決定的証言）をして全マスコミが追いかけはじめていた榎本三重子を文春の熱海寮にかくまってしまった。インタビューは九〇分のテープで三〇巻くらいあったはず。速記者だけじゃ間に合わないから、手の空いてる編集者が総出でテープレコーダーを持ち寄って熱海寮へ行き、テープ起こしをした。週刊誌一冊を優に書けるだけの材料があったから。その速記原稿にノンブル（ページ番号）を振って目次を作ったのは僕。目次がないと、エピソードを探すのに時間がかかるから。原稿を書く時、石山さんが『おい、あの話を探してくれ』と僕に言うと、隣に控えている僕が『はい、これです』と渡した。

スキャンダルとか、そういうものを中心とするページ作りをすると、取材先もストレスだろうけど、取材する記者もすごくストレスなんだよ。関係者が自殺しちゃったりね。石山さんが凄い記事を連発してから、『週刊文春』の誌面はガラッと変わったと思います。俺たちは社会的影響力を持っているんだから、より格調高く、かつ厳しい取材をしなくちゃいけないということを、石山さんが身をもって示してくれたんじゃないかな」（中村彰彦）

「かつての『週刊文春』の記者は『週刊新潮』に比べて取材力が低かった。だからこそ田中健五さんは、社外のライターを使って月刊『文藝春秋』のようなクオリティマガジンを志向するしかなかったんでしょう。でも、金平毒入りオレンジ事件以後、『週刊文春』は明らかに変わった。しっかりと取材する週刊誌になったんです。新聞の社会部に対抗できるほどの取材力は『週刊新潮』がまだ独占していたけれど、金平以後の『週刊文春』は総力取材のスクープ記事で対抗できるようになったと思います」(『出版人・広告人』編集長の今井照容)

文藝春秋の良さは、明るく、好奇心旺盛で腰が軽く、社内の風通しがいいところだ。チームワークの良さを生かして、人数を掛けた総力取材で大きな事件に取り組み、何週にも及ぶキャンペーン記事で勝負すれば、もしかすると強大なる『週刊新潮』にも対抗できるかもしれない。そんな小さな自信を持ち始めた『週刊文春』は、白石勝編集長時代の一九八四年初頭に空前のスクープを放つ。

〝疑惑の銃弾〟である。

《一九八一年十一月十八日。人通りのまばらなロスの一画で日本人夫婦が襲われた。妻は頭部に銃弾をうけ植物人間に、夫は大腿部に負傷と報道された。「アメリカよ、私の妻をかえせ」夫の絶叫に、どれだけ多くのひとが涙したことだろう。しかし妻は懸命な看病にもかかわらず、一年後、夫の涙にみとられて死んだ。以後、人々のまえからこの事件は消えた。夫が密かに保険金一億五千万円を受け取っていた事実も知ら

れずに……。》

印象的なリードから始まる短期集中連載〈疑惑の銃弾〉は、『週刊文春』一九八四年一月二六日号からスタートした。

妻の一美さん（当時二八）を銃撃された夫の三浦和義氏（当時三四）は、渋谷区神宮前で輸入家具や雑貨を扱う「フルハムロード」を経営する青年実業家。三浦氏はアメリカ大統領とカリフォルニア州知事、そしてロサンジェルス市長あてに抗議文書を送りつけたばかりか、肉体的・精神的被害に対し、二〇万ドルの補償を要求した。事件後わずか三日というすばやさだった。

猛烈な抗議の甲斐あって、アメリカは異例の協力体制を整えた。医療搬送機で一美さんを日本に帰国させたのだ。植物状態にあった一美さんは肺炎を併発しており、医師団は飛行機での移送に反対したが、三浦氏が強行させた。

意識のない一美さんは米軍基地で陸軍のヘリに移され、そのまま東海大学病院へと向かった。病院で迎えた松葉杖姿の夫が、自ら用意した発煙筒を振り回して合図する姿は、まるで映画のワンシーンのようだった。

取材に当たったフジテレビ田丸美寿々アナウンサーのレポートに感動した視聴者も多かったはずだ。

「妻一美、（娘の）葉子のために男として、というよりは、もっと超えた大きな意志が、三浦さんの中にあると思うんです。そういう大きな意志、これが男としての優しさ、ということで、私は圧倒されてしまいました」

ところが、感動的な美談の持ち主には裏の顔があった。

・三浦氏は一億五〇〇〇万円もの保険金を受け取ったが、なぜか一美さんの実家にはひとことも伝えていなかった。

・銃撃事件の直後、三浦氏はロス市警からウソ発見機にかけられそうになったが、松葉杖を振り回して拒否した。

・銃撃事件のわずか三カ月前、一美さんは同じロサンジェルスで女性にハンマーのようなもので頭部を殴られたが、なぜか三浦氏は故意に犯人を逃がした。

・一美さんが亡くなって二カ月も経たないうちに、三浦氏は新たなる女性と同棲していた。

・三浦氏には二度の離婚歴があった。最初の妻はわずか八カ月で捨てられ、二度目の妻は約一千万円もの金銭的な被害を三浦氏から被った。

・三浦氏には、一般常識を超えて乱れた女性関係があった。

・「フルハムロード」設立時の役員で、三浦氏の愛人だった白石千鶴子さんが失踪、行方不明になっている（のちに遺体で発見）。

三浦和義氏はもはや市井の一個人ではなく、社会的な存在である。後ろ暗いところがないのであれば、右の疑惑をぜひ晴らしてほしいと呼びかけた〈疑惑の銃弾〉は、たちまち大評判を呼んだ。

三浦和義は株式会社文藝春秋に対して名誉毀損による三〇〇〇万円の損害賠償と謝罪広告を請求して東京地方裁判所に提訴した。三月一日号の記事が自らの前科に触れると、ただちに発行および販売の停止を仮処分申請した。

この仮処分申請を受けて文藝春秋第一編集局長の田中健五が東京地裁に提出した上申書は、文藝春秋を知る上で貴重な資料だ。少々長くなるが引用しよう。

《三浦和義氏代理人より週刊文春三月一日号に対する仮処分申請ありし件につき、株式会社文藝春秋としての所感を申し述べたい、と思います。

当社は大正十二年、菊池寛が月刊文藝春秋を創刊して以来、六十二年の歴史を持ち、出版レパートリーとしては、定期刊行物として月刊文藝春秋、週刊文春、諸君！（月刊）、文學界（月刊）、オール讀物（月刊）、別冊文藝春秋（季刊）、スポーツ・グラフィック ナンバー（月二回刊）の諸雑誌を刊行、また書籍部門として文芸物、ノンフィクション物の単行本を年間二〇〇点以上刊行する綜合出版社であります。綜合出版社ではありますが、上記レパートリーの紹介でもお分かりのように、戦後ジャーナリズムの一特徴として数えられる、性風俗や暴力をことさらに興味本位に扱う未成年向けの劇画、軟文学などには手を染めておりません。

ジャーナリズムの本道は、文化・社会と歴史の発展に、言論という手段を通じて責任をもって参加することであるという信念を、われわれは半世紀以上にわたって持ちつづけております。とくに大新聞が部数競争という商業主義に堕して、発表記事を中心とした似たような紙面作りをするようになってしまった現在、わが社のジャーナリズムとしての問題提起能力、興味本位ではない、政治・社会・文化への知的好奇心の喚起能力が、日本の良識的中産層からもっとも期待されていることは、数多知識人の指摘するところであります。

こういうジャーナリストとしてのプライドがあるからこそ、わが社記者の取材態度は、その徹底性、周到性において、業界で鳴る存在ともなっております。

古くは十年前の月刊文藝春秋誌上における田中角栄氏の金脈研究も、また近く二年前の週刊文春における、ボクシングジム経営者金平正紀氏の不正を暴いた記事も、決して巷間の噂を安易にレポートするというようなものではなく、いわば地を匍うような徹底取材の成果を、あくまで、法治国家、現代市民社会の一員としての、あるべき常識的な価値観でスクリーニングして誌上に展開したものであります。

記事の迫真力は取材の厚さとこれを選別する「常識の眼」の確かさに正比例して生じるものであります。この迫真力があったればこそ、他のマスコミはこぞってこれをフォローし、二つの事件はいわば国民的関心事に高まったのであります。田中問題も金平問題もわが社がいかに商業主義でなく、社会正義の喚起に対して、真摯であったかの証明になりましょう。

今回の三浦氏の疑惑に関する記事についても全く同様であります。

わが社記者は三カ月以上にわたって、「地を匍うような」取材を行い、ある節度内において、三浦氏の疑惑を問うレポートを連載開始いたしました。例によって、他のマスコミはこぞってこれをフォローし、ある意味では週刊文春より先にいく「疑惑の事実」の摘示を興味本位に行いましたが、我が社は、当初の構想通り説得力をもって社会正義を問うペースでレポートを続けたのであります。

戦後民主主義と経済繁栄、これにともなう大衆化社会の実現は、たしかに当初日本国民が望んだ状態ではありましたが、同時に価値観の多様化という名のもとのある種のアナーキーを生んでいることも事実であります。この現代社会学も十分説明しきれない一種の病状は、一方でどういう人間をいま生んでいるのか。この複雑社会のシステムは、大部分の人々に中産階級的な幸福を約束しながら、このシステムを隠れ蓑として、他人を不幸に陥れる人間を生んでいることもまた事実ではないか。

簡単にいえば、三浦和義という人は、社会というものをどうあるべきと理解し、その中でどのように生きようとしているのか。少なくともいまわかっていることは、環境の結果か、教育の結果かはいざしらず、今日の「健全な常識と価値観」で彼が行動しているとは思われない。まさに現代病理そのものの存在であるという事実です。この事実を正確にレポートすることによって、現代というものを考えてみたい、というのが、われわれ歴史と社会に責任を有するジャーナリストとしての動機であります。

今回、週刊文春三月一日号で、三浦氏の前科が報道されたとして、三浦氏側は仮処分申請をしているわけですが、単に前科の報道なら、資料を提出しましたように、他のメディアがいくらでも週刊文春発行以前に報道しております。それもある意味では興味本位の報道が大部分であります。

われわれは三浦氏の人格形成がどのようなものであったか、どうしてこのような多重人格な人物が現代社会に生れてきたか。という大なる社会学的関心の文脈から、この前科の事実に触れたものであり、いわば必然性のある摘示のしかたをしているのであります。

この点十分ご考慮の上、ご判断ねがいたく、あえて報告申し上げる次第です。》（週刊文春特別取材班『総集編・疑惑の銃弾　三浦和義逮捕の原点になった歴史的ドキュメント』）

連載は七回に及んだが、その間の平均実売部数は六六万三〇〇〇部。しかも平均返本率はわずか六パーセント。週刊誌史上、空前の記録である。読者の反響は編集部の予想を遥かに超えて、テレビ、新聞、雑誌を巻き込んだ異例の過剰報道へと発展していった。特にテレビの熱狂ぶりはすさまじかった。

〈疑惑の銃弾〉を世に送り出した白石勝編集長は、立花隆〈田中角栄研究――その金脈と人脈〉の担当デスクであり、『週刊文春』編集長となってからは、糸井重里〈萬流コピー塾〉や林真理子〈今宵ひとりよがり〉、上前淳一郎〈読むクスリ〉、泉麻人〈ナウのしくみ〉などのコラムやエッセイを次々にスタートさせた。村田耕二編集長時代に手塚治虫〈アドルフに告ぐ〉の連載をスタートさせたのも白石だった。

連載陣は一気に若返り、女性読者も増え始めた。このユニセックス化の流れは、清水ちなみ・古屋よし〈ＯＬ委員会　おじさん改造講座〉（一九八七年連載開始）によって決定づけられた。

週刊誌は高度経済成長時代の申し子だ。ベッドタウンに住むサラリーマンが長時間の電車通勤をすれば、自然と週刊誌の中吊り広告が目に入る。「おもしろそうだな」と興味を引かれつつ電車を下りれば、ホームの売店ですぐに買うことができる。一九八〇年代は女性が経済的自立を求め、企業も女性の労働力を必要とした時代だ。一九八五年には男女雇用機会均等法が制定され、女性社員は総合職の男性社員と同様に働くことを求められた。

強固な男社会に入っていこうとする女性たちが手に取りやすかった週刊誌は、七〇歳を迎えた新潮社の〝天皇〟齋藤十一が君臨する『週刊新潮』でも、女性のヌードや水着の写真が掲載される『週刊ポスト』（小学館）や『週刊現代』（講談社）でもなく、カラフルで明るく、ハイセンスな和田誠のイラストが表紙の『週刊文春』だった。一九八〇年代半ば、女性読者に目を向けた『週刊文春』は少しずつ存在感を増していたものの、『週刊新潮』の牙城を崩すには至らなかった。

私が文藝春秋に中途入社したのはこの頃だ。

大学では遊んでばかりで、月刊『文藝春秋』や『週刊文春』はもちろん、芥川賞や直木賞の受賞作さえ読んでいなかったし、文藝春秋を作ったのが作家の菊池寛であることも知らなかった。そんな無知蒙昧のボンクラが数十倍の入社試験に合格したのは不思議だが、草野球を長くやっていて、大学の夏休みにはメジャーリーグ観戦に出かけたこともあったから、『スポーツ・グラフィック ナンバー』だけは時々読んでいて、版元の文藝春秋にはいいイメージしか持っていなかった。

ところが、配属された白石勝編集長体制の『週刊文春』編集部は、机も椅子も電話も、新卒で入社した空調機メーカーよりもずっと古く、先輩社員たちのほとんどは運動不足のせいか、どことなく身体がたるんでいて、その上、服装も死ぬほどダサかった。物知らず、世間知らずの生意気な二四歳の若造の目に、文藝春秋はすべてが古くさく、オヤジくさい会社と映った。

花田紀凱が月刊『文藝春秋』から『週刊文春』に戻ってきたのは、私が配属されたのと同じ一九八四年七月のことだった。

岡崎満義編集長体制の月刊『文藝春秋』でデスクをつとめた花田紀凱は、盟友の大下英治とともに〈女帝竹久みちの野望と金脈〉（一九八二年九月号）をスクープしている。

女性店員にミニスカートをはかせるなど、斬新なアイディアを次々に実行し、老舗デパート三越の救世主と呼ばれた岡田茂社長が、愛人のデザイナー竹久みちとともに会社を食い物にしているという衝撃的な記事は、いわば財界版〝田中金脈〟報道であり、大評判を呼んだ。

当該号の発売から二カ月後にあたる九月二二日、岡田社長は取締役会で解任された。

「なぜだ!」というひとことはあまりにも有名だ。

〈女帝竹久みちの野望と金脈〉は『週刊文春』に掲載されてもおかしくない記事だ。花田紀凱が取材者としてずば抜けた力量の持ち主であることは、誰の目にも明らかだった。

だが『週刊文春』編集長の白石勝は、花田を特集班では使わず、グラビア班デスクに任命した。

「白石さんが僕に特集をやらせたくなかった、ということ。理由はわからないけど、金遣いが荒いとか、派手だとか、発言力が強すぎるとか、要するに、白石さんが考える編集者像とは合わなかったんだろうね。本来なら、編集長としては僕に特集をやらせた方が得に決まっている。売れる記事を作る力があるわけだから。

白石さんは仲間意識が強い人で、上野徹さん(当時、副編集長)たちと、毎晩のように近所の小料理屋で飲んでいた。派閥のようなものを作って、自分の好みで人事を決めた。一方、僕とか堤(堯)さんは、社内の人間と飲んだってしょうがないと思っている。外で飲めばいろんな人と知り合えて、情報も入ってくるから。

特集班から外されたことは不服だったけど、『LIFE』のようなアメリカのグラフ誌には子供の頃からなじんでいたし、写真も大好きだから、まあいいやと思ってグラビア班に行った」

特集班の下っ端にいながら、田中康夫の連載〈トーキョー大沈入〉の担当者を命じられた私は、アポ取りや取材に走り回る忙しい日々を送っていたが、オヤジくさい編集部にあって、花田紀凱率いるグラビア班はまぶしく映った。

四〇歳を超えたばかりの男盛り。やや長めのヘアスタイル。身長は年齢の割には高く、背筋がスッと伸びて腹も出ていないから、白いジーンズがよく似合った。女性にもさぞかしモテたに違いない。雑誌には作り手の個性が必ず出る。花田デスクが作るグラビアページには、天性の明るい雰囲気がそのまま表れていた。

「花田さんは読書家で、かつ目配りが広い」と評するのは、花田デスクが最も頼りにするグラビア班のエース西川清史だ。

「普通の人はそこまで見ていないでしょ、っていうところまで花田さんは見ている。ファッションや現代アート、アメリカの芸能界の話や音楽やボクシングに至るまで。じゃあ日本の作家のことなんか何も知らないかと思えば全然違っていて、『鬼平犯科帳』の名づけ親だったりするわけでしょ？　そういう目配りの広さはやっぱりすごい。あとは最初から諦めずに、まず頼んでみるという姿勢ね。雑誌づくりは人に何かを頼むところから始まる。断られるだろうと思っても、とにかく当たって砕けろ。最初から不可能だと決めつけない。そこが花田さんから学んだところかな」

しかし、西川清史が花田デスクの下で『週刊文春』のグラビアを作っていたのは、わずか四カ月に過ぎなかった。ふたり揃って、松尾秀助が企画した新雑誌に呼ばれたからだ。

松尾秀助は東京大学法学部卒。一九七八年にフルブライト奨学金研究者としてアメリカに留学し、三〇〇万部を誇る人気雑誌『スポーツ・イラストレイテッド』を参考に、観客のためのスポーツ雑誌『スポーツ・グラフィック ナンバー』のコンセプトを持ち帰った。

一九八〇年四月に創刊された『ナンバー』の初代編集長は岡崎満義だったが、一九八三年四月には松尾自身が二代目編集長に就任した。

『ナンバー』は、文藝春秋史上初のビジュアル雑誌であり、多くのスポーツカメラマンやライターがここから育った。創刊号を飾った山際淳司〈江夏の21球〉は特に名高い。重要なのは、文春の編集者たちが活字雑誌とは根本的に異なるビジュアル誌のノウハウをイチから学んだということだ。

一九八四年一〇月、松尾秀助は社長に就任したばかりの上林吾郎から呼ばれ、新雑誌の創刊を命じられた。

松尾は自ら執筆した社史『文藝春秋の八十五年』の中で次のように書いている。

《上林は新雑誌のコンセプトとして、松尾に三つの課題を与えた。

①文春ジャーナリズムの本道を行くもの。

②ビジュアル誌であること。

③女性と若者を吸引できるものであること。

昭和五十六年に新潮社が創刊した写真週刊誌『FOCUS』は着々と部数を拡大。五十九年には二百万部に達した。五十九年十一月には講談社がまったく同型の『FRIDAY』を創刊して、いわゆる「FF戦争」が勃発。二誌は競いながら若者や女性読者も巻き込んで、急速に部数を伸ばしていった。上林が松尾に新雑誌の課題を与えたのは、まさに『FRIDAY』創刊直前のこと。①は当然のこととして、②③がこの二誌を意識していたことは間違いないだろう。

松尾はとりわけ③の女性と若者も読者として取り込める雑誌というところに思い悩んだ。十月下旬のコンセプト会議に松尾が提出したのは、「二世代・男女両性を読者とする無限定ピープル・マガジン」というものだった。親の世代と子の世代、父親と母親、兄と妹という二世代、両性が共存する家庭を想定し、それぞれが個室を持って自分の興味・文化を享受しつつ、リビングルームでは各自が情報を交換し合ってコミュニケートする、という姿を雑誌の上で実現しようというのだ。
このコンセプトが受け入れられ、十一月には第一次編集部が結成された。》

新雑誌の編集部には、私も呼ばれていた。

松尾編集長の下に、特集班デスクの花田紀凱、金平毒入りオレンジ事件や榎本三恵子の独占手記など、数々のスクープをものにした石山伊佐夫とグラビア班のエース西川清史。セクション班デスクには〈萬流コピー塾〉の番頭として有名になった名女川（なめかわ）勝彦が呼ばれてきた。その下に、私を含む若手部員数名がいた。

松尾編集長の説明によれば、新雑誌のコンセプトは〝文春ピープルマガジン〟であり、アメリカの大衆誌『People』の日本版を目指すということだった。

発行部数四五〇万部を誇る『People』は、芸能人、著名人の生活を写真を中心に紹介する雑誌で、毎年「最もセクシーな男」を発表することでも知られる。アメリカの雑誌のことなど何ひとつ知らなかった私は、なるほどアメリカにはそんな雑誌があるのかと感心しながら聞いた。

ところが、松尾編集長が考えた新雑誌の誌名が『閻魔』と聞いて仰天した。日本版『People』を目指す雑誌の誌名が、どうして人を裁く閻魔大王なのか。理由は

『ＦＯＣＵＳ』や『ＦＲＩＤＡＹ』を意識していたから、という以外にはあるまい。新雑誌のコンセプトは、最初からグラグラと揺れ動いていたのだ。

編集部員は驚き呆れたが、とにかくほぼ全員が大反対して、結局『Ｅｍｍａ』に落ち着いた。

「松尾さんはそもそもアメリカの『Ｐｅｏｐｌｅ』みたいな雑誌を作りたいと言ってたんだよ。それが『閻魔』でしょ？　ちょっと信じられない。センスを疑ったね。俺は残間（ざんま）里江子さんのところに行って『閻魔』なんて冗談じゃない。こんなダサい名前の雑誌をやるくらいなら俺は会社を辞めるよ、とボヤいた。残間さんは本気で心配してくれて『文春はしょっちゅう異動があるんだから、次の異動まで待てばいいじゃない』とか『編集長じゃないんだから気にすることはない』とか励ましてくれたんだけど、創刊が近づくと俺は仕事に夢中になっちゃったから、残間さんには、『いつ辞めるの？』って散々からかわれたよ（笑）」（花田紀凱）

残間里江子は出版、映像、文化イベントなどを多数てがける敏腕プロデューサーである。地方局のアナウンサーから『女性自身』編集部に移り、一九八〇年に企画制作会社キャンディッド（現・キャンディッド・コミュニケーションズ）を設立。山口百恵の『蒼い時』をプロデュースして一躍名を馳せた。

「私も雑誌をやって（女性誌『Ｆｒｅｅ』。平凡社より一九八三年七月創刊）、一年であえなく休刊したんですけど、花田さんと知り合ったのはその前くらいかな、全然覚えていないんですよね。

花田さんは小学校六年生の時に亡くなったお母さんの影響をとても強く受けている、と感じました。あの年齢の男性にしてはめずらしく、花の名前をよく知っているんです。野辺に咲く小さな白い花の名前まで。花が好きだったお母さんに教えてもらったと言っていました。幼い時に死別した母親のイメージがいつまでも美しく残っていて、花田さんの女性観の根幹を成していると思います。

そんな繊細さ、ロマンチシズムがある一方で、とんでもなく雑な部分、アバウトなところがある。いつだったか、クリスマスイブの夜に食事に誘われたんです。駒沢公園の近くのレストランですけど、『えっ？　花田さんはこんなところを予約したの？』と驚くほど、シャビーな（みすぼらしい）店でした。花田さんも私も高級レストランにこだわりはしないけれど、いくらなんでもこれはないだろうと思っていたら、食事が終わる頃に『あ、ごめん。隣の店だった』って（笑）。

この手のことは枚挙にいとまがない。不義理もいっぱいされましたけど、なんか可愛いところがあるから許しちゃう。いつも雑誌のことばかりを考えて、心ここにあらずだから、ロマンチックな恋愛をしたい女の人には最も不向きなタイプ。情緒とか情感が継続するタイプではないんです。若い頃は知りませんよ。衝動に駆られて、ということもあったかもしれないけど、基本的に女の人には時間やお金やエネルギーを使わない。頭の中には違うことがいつもある。優しくて気が利いて人への配慮もあるけれど、女性に愛の言葉を語るようには全然見えない（笑）。自分を掻きたてる人やモノに照準を合わせると、あとのことは目に入らないんじゃないかな。映画も音楽も好きだけど、やっぱりスクープを狙っている時が一番イキイキとしている。ホントに雑誌の申し子だと思います。

今はもうなくなってしまったけれど、外苑前のキラー通りに行く途中に古い『LIFE』を売っている店があって、花田さんは五冊とか一〇冊ずつよく買っていました。『そんなにたくさん買って、どうするの？』って聞くと『持ってるだけで、見てるだけで、所有してるだけで幸せだ』って。

人の気持ちにはちょっと雑なところもあるけれど、下品じゃない。品格と、ひとつの方向性を持っているんです。男女の関係？　私と？　ないない（笑）。仕事師としてはとても尊敬しているし、いろんなところに連れて行ってもらいましたけれど。奥さんがきれいにアイロンをかけた白いシャツを着て、白いハンカチをもっているくせに、家庭は顧みず、仕事ばっかりしている男の人ですから、異性としてどうこうというタイプでは全然ないの。世間知にはあまり長けてないけど、好きなことにはがんばれる頭の良いお兄さんみたいな感じ」（残間里江子）

花田は残間里江子を通じて三浦百恵にエッセイの連載を依頼した。花田は『週刊文春』で山口百恵と吉行淳之介の対談を組んだことがある（一九七九年新年号）。

残間の記憶は朧げだ。

「たぶん、どこかで百恵ちゃんに花田さんを紹介して、手紙のやりとりをしてある程度固まったところで、ここ（青山の骨董通りにある残間のオフィス）で会ってもらったと思います。私は百恵ちゃんに『花田さんはすごくおもしろい人よ、やってみたら？』くらいは言ったと思うけど、どうして百恵ちゃんが引き受けたのか、何が決め手になったのかは忘れてしまいました。普通は絶対にやりませんからね。ただお金の問題じゃないことだけは確か。私はもう自分の媒体（『Ｆｒｅｅ』）を持っていなかったから、花田さんを気に入った百恵ちゃんが、やってもいいと思ったんでしょうね」

引退後の三浦百恵の写真を撮っていたカメラマンは立木義浩と藤原新也のふたりだけだ。花田は立木義浩と親しかったから、必然的に連載エッセイ〈窓に吹く風〉に添える写真は、立木が撮影することになった。

《創刊号から山口百恵さんのエッセイ連載が始まることになった。引退後、テレビにも雑誌にも一度も登場していなかったのだから話題になることは間違いない。(中略)撮影のために、いまは大賑わいのお台場に行った。むろん、フジテレビも何もまだ建設される前で、広大な空き地だった。

百恵さんは生まれたばかりの長男(引用者注・三浦祐太朗のこと)を抱いて来た。撮影中、残間さんが赤ちゃんを抱いていた。赤ちゃんが百恵さんの方に手を伸ばす。カメラマンの立木義浩さんはさすがにその瞬間を逃さず、百恵さんと赤ちゃんの手だけが写ったその写真は、百恵さんのエッセイとともに創刊号を飾った。素晴らしい写真だった。》(『リベラルタイム』二〇〇七年七月号・花田紀凱〈血風録〉)

一九八五年六月一〇日に発売された隔週刊雑誌『Ｅｍｍａ』創刊号の目玉は、もちろん三浦百恵〈窓に吹く風〉だ。

さらに、引退したばかりの都はるみにＮＨＫアナウンサー松平定知と対談してもらい、田中角栄に叛旗を翻して創政会を立ちあげたばかりの竹下登に田原総一朗がインタビューした。バニーガール姿の沢口靖子をリウ・ミセキが撮影した表紙も最高の出来だった。

創刊号は文字通り飛ぶように売れた、と松尾秀助は『文藝春秋の八十五年』で書いている。
《「爆発的に、といっても過言ではない」と雑誌営業部の松田千尋が報告している。返品率一・〇%。なによりも三浦友和と結婚して芸能界を引退していた山口（三浦）百恵が子育て日記を連載、というのが若者・女性をひきつけた。二号目も返品率三・七%。一、二号の平均実売部数四十万部。「ここ二、三年の創刊誌のなかでは最高の仕上がり」と東販雑誌部も評価した。》
だが、雑誌は集団で作る建築物であり、編集部はすべて編集長の指揮下で動く。何よりも重要なのは雑誌のコンセプトだ。
ピープルマガジンを謳いつつ写真週刊誌に色目を使う『Ｅｍｍａ』の人気が、いつまでも続くはずはなかったのだ。

2

三浦百恵の連載エッセイ〈窓に吹く風〉第一回のタイトルは「報道という名の暴

力」である。

《私自身、今まで週刊誌に何を載せられても、嘘を書かれても抗議はしてこなかった。

家庭の主婦という存在が、世間に向かって抗議するすべを持っていないのはあたりまえだし、勝手に出されてしまったものを、あとで訂正しても今さら仕方がないという思いもあって黙っていた。しかし、先日の高輪支所での騒ぎ（引用者注・長男のポリオワクチン接種のために保健所を訪れた際の報道陣の狂騒を指す）の中で、考え込んでいる私の顔をのぞきこんでいた息子の瞳を見ているうちに私はある思いに行きあたった。

これから先は決して黙っていてはいけない。（中略）

確かに、七年半芸能界で仕事をして来たことで、多くの人たちに認めてもらえた時期もあった。私にとっても良い思い出だが、私の中ではすでに、過ぎた自分の歴史のひとつとしての一時期でしかない。伝説や神話と今も言ってもらっているものがすべて、無くなったとしても何の未練もない。

今の私にはもっと大切な願いがある。

不遜かもしれないが、我が息子の姿が不特定多数の人たちの意識の中から一刻も早く、消え去ってくれたらと思うのである。

公園で泥だらけになって遊んでいても、友だちとケンカをしていても、おとながクスッと笑ってそのまま通り過ぎてくれるような、世の中にたくさんいる子供たちの一人がたまたまうちの息子だったというようになってもらえたら、親としてこんなに嬉しいことはない。

無色でなければならないはずの子供のキャンバスに、おとながあらかじめ色をつけてしまうことは、決してあってはならないと思う。

自分の子供の前では、夫は、父親でしかないし、私は、母親でしかない。夫と私は、子供を幸せにしたい。

そのための第一歩を、私は踏み出すことにした。

一九八五年。

一年中で一番好きな五月に踏み出した新しい一歩は、ただただ、我が子の平穏な日々を願う、母親の小さな勇気と思って頂けたら、幸いである。》(『Ｅｍｍａ』一九八五年六月二五日創刊号)

単なるアイドルを超えて時代を象徴するスーパースターとなった女性は、すべてを捨てて引退し、結婚し、子供を産み、家族と過ごす普通の生活を送りたいと考えていた。しかし、世間の人々の欲望を代行するメディア、特にテレビと週刊誌は、かつてのスーパースターが普通の生活を送ることを許さなかった。

今にして思えば、『Ｅｍｍａ』は三浦百恵の切なる声に真剣に耳を傾け、ひとりの母親が必死に守ろうとしていた家族の価値や重要性を考えていく雑誌になるべきだった。それはそのまま、松尾秀助編集長がいうところの〝男女を超え、世代を超えたピープルマガジン〟になり得たはずだ。

だが残念ながら、三浦百恵の指し示す方向に進もうと主張する編集部員はひとりもいなかった。二五歳だった私も含めて。

「柳の下にドジョウは二匹いる」と言われるのが雑誌の世界だ。

『週刊新潮』が成功すれば『週刊文春』が、『少年マガジン』や『少年サンデー』が成功すれば『少年ジャンプ』が、『ａｎ・ａｎ』が成功すれば『ｎｏｎ・ｎｏ』が、『ＦＯＣＵＳ』が成功すれば『ＦＲＩＤＡＹ』や『ＴＯＵＣＨ』や『Ｅｍｍａ』が追随する。

『ＦＯＣＵＳ』や『ＦＲＩＤＡＹ』の毎週一五〇万部という途方もない成功に引きずられた『Ｅｍｍａ』は、隔週刊という中途半端な刊行形態のまま、ピープルマガジンからスキャンダラスな写真週刊誌へと変貌していくことになる。

花田紀凱が当時の状況を苦く振り返った。

「肝腎の創刊コンセプトが混乱していた。もし『ＦＯＣＵＳ』や『ＦＲＩＤＡＹ』のような写真週刊誌を目指すのであれば、最初から週刊誌としてスタートするべきだった。もし、日本版『PeoPle』を作るのなら、月刊誌でもよかった。その方向でおもしろい雑誌を作ることも可能だったと思う。でも結果的に、『Emma』はどちらでもない、中途半端な隔週誌になってしまった。

俺たちは雑誌を売らなきゃいけない。だから、売れている雑誌にどうしても引きずられてしまう。『FOCUS』が一五〇万部出ていると聞けば、そっちに行きたくなる。でも、隔週刊のニュース誌はすごく作りにくい。スピードでは週刊誌に負けるから、中身を分厚く、しかもインパクトの強いものにするしかなかった」

『Emma』は芸能人のスキャンダルを扱い、時には隠し撮りもやった。三浦百恵のエッセイのすぐ隣のページに、ヌードグラビアが載ることさえあった。

『Emma』がピープルマガジンからほど遠い雑誌になっていったことで、三浦百恵は裏切られたような思いを抱いたに違いない。自分が連載している雑誌が、結局は幼い息子を追いかけ回した連中と同じ穴の狢（むじな）だったのだから。

「もう、つき合いきれない」と感じた三浦百恵は、残間里江子を通じて花田紀凱に連載終了を告げた。

最終回となった〈窓に吹く風〉第六回のタイトルは「日航機事故と生命への信頼

感」だった（『Ｅｍｍａ』一九八五年九月一〇日号）。

日航機事故とは、一九八五年八月一二日に羽田から伊丹に向かっていた日本航空一二三便が、群馬県多野郡上野村高天原山の山中、通称、御巣鷹の尾根と呼ばれる付近に墜落した事故のことだ。

乗員乗客合わせて五二四名中、五二〇名が死亡。史上最悪の墜落事故だった。

『Ｅｍｍａ』は安部光雄カメラマンら数名を御巣鷹山に派遣した。

だが情報が錯綜して、墜落現場が確定できない。警察、消防団、自衛隊、日本赤十字関係者、さらにマスコミ関係者の多くが山中を彷徨い歩いた。テレビクルー五名が遭難してヘリコプターに救助されたことさえあった。

「『Ｅｍｍａ』に載った取材班緊急座談会の中で、僕が『遭難したテレビクルーが助けられたのは人命救助のためではなく、ビデオテープの回収のためだろう、いや、高いプロ用ビデオカメラの回収のためかもしれない』と笑ったら、非難の嵐でしたね。友達のキーストン通信社のカメラマンも遭難して、その後まもなく事件取材をやめました」（安部光雄）

藪をかきわけ、泥まみれになりつつ五時間以上歩き回った安部カメラマンが、ようやく現地に到着すると、あたり一帯は土が抉られて掘り返されたようになっていた。

喉がカラカラだったから沢の水を飲んだところ、すぐ上流に遺体の仮安置所を見つけた。

夏場でもあり、墜落現場は酸鼻を極めた。遺体と機体の残骸が散乱し、死臭と腐臭が鼻をつき、プラスチックの焼ける臭いも加わってすさまじかった。

「僕自身は、仕事のことしか考えてませんでしたね。遺体を見ても何も感じなかった。山中で一泊したのですが、寝ている目の前に手の一部が転がってきたので、埋めてしまいました。下山中、シグマ通信社のHカメラマンが『ライカが重いから捨てたい』と言うので『捨てなさい、俺が拾うから』と言いましたが、結局捨てなかった。惜しいことをしました（笑）。Hさんは『週刊文春』のカメラマンを兼ねていたのですが、ロクな写真が撮れなかったから、グラビア班デスクの雨宮（秀樹）さんが『Emma』に写真を借りにきた。花田さんはキッパリと断っていましたけどね」（安部光雄）

百戦錬磨の花田紀凱も、現像され、プリントされた御巣鷹山の写真を見て息を呑んだ。

《編集室の大机に並べた写真を眺めながら、いったいこれらの写真を掲載すべきかどうか侃々諤々の議論になった。「事故の悲惨さを訴えるために出すべきです」「遺族の感情を考えると行き過ぎではないか」

いまでも鮮明に覚えている一枚の写真がある。事故を知ってすぐに駆けつけた日大芸術学部の学生が撮ったものだった。御巣鷹山の林の中に女性の手首が転がっている。なぜ女性のものだとわかったかといえば、爪に赤いマニキュアをしていたからである。静かな人気のない林の中の草むらに人の手首だけが横たわっている。これは怖い写真だった。

載せるべきか、止めるべきか。

しかし、写真誌のデスクに長く悩んでいる時間はない。即断即決、条件反射的に断を下していかなければならない。ぼくの判断で掲載に踏み切った。

木から垂れ下がった遺体の皮膚の写真は予想通り、いや予想を遥かに超えた非難の嵐だった。そうなると社内の風当たりも強くなる。》(『リベラルタイム』二〇〇六年一二月号・花田紀凱〈血風録〉)

御巣鷹山の日航機墜落事故を大きく扱ったのは『Ｅｍｍａ』ばかりではもちろんない。あらゆる新聞、雑誌、テレビの人間が大挙して現場に向かい、トップニュースとして報じた。ただ、『Ｅｍｍａ』には肉体的にも精神的にもタフで優秀なカメラマンがいて、凄まじい写真を大量に撮って帰ってきた。編集部は彼らが大変な思いをして撮ってきた写真を、大々的に掲載した。

『Ｅｍｍａ』渾身の総力特集は瞬時に完売したが、「死体の写真を掲載するのはやりすぎだ」「人権侵害ではないか」「文藝春秋のやるべきことではない」と社内外から多くの非難を浴びた。

言論の自由と人権の関係は微妙であり、明確な一線が引かれているわけではない。『週刊文春』を一躍有名にした〈疑惑の銃弾〉でさえ、人権軽視だの、メディアによるファシズムだのと散々非難された。

雑誌とは商品であり、部数が落ちれば最終的には廃刊するほかはない。編集者が売れない商品を作ることは決して許されない。

読者が求める刺激を提供しつつ、訴訟や社会的非難を浴びるリスクをギリギリのところで避ける。雑誌、特に一般週刊誌や写真週刊誌は、宿命的に危ない綱渡りを続けることになる。

一九八五年は大事件が相次いだ年だった。六月には豊田商事の永野一男刺殺事件が、八月には日航ジャンボ機墜落事故が、九月には〈疑惑の銃弾〉の三浦和義逮捕と夏目雅子死去が同日にあり、一〇月には阪神タイガースの二一年ぶりの優勝があった。

三浦百恵の看板連載を失った『Ｅｍｍａ』はごく自然にピープルマガジンを離れて、写真週刊誌へと深く傾斜していく。

新卒で文藝春秋に入り、すぐに剣呑な『Ｅｍｍａ』編集部に配属されてきた勝谷誠彦は恐るべき新人だった。

編集会議では常に鋭いプランを出す。取材に抜かりはなく、書かせてみれば文章も達者だ。その上、写真を撮り、無線を扱い、人まで使える。

兵庫県尼崎市の医者の息子で、幼い頃は神童だったが灘高で落ちこぼれた。一九七九年卒の灘高同期は多士済々。精神科医で受験アドバイザーの和田秀樹、第九四代警視総監をつとめた吉田尚正、イスラム学者の中田考、オウム真理教被害者対策弁護団の伊藤芳朗らがいる。

一浪して入った早稲田大学第一文学部文芸専修では、同級生の小川洋子（作家。『妊娠カレンダー』『博士の愛した数式』など）らとともに仏文学者にして翻訳家の平岡篤頼の指導を受けて小説や詩、短歌に熱中。『早稲田文学』に掲載されたこともあった。その一方で早稲田おとめちっくクラブ（少女まんが研究会）にも所属。風俗ライターの傍ら編集プロダクション「ブレーメン５」を経営し、学生の分際で収入は大企業の管理職クラスだった。

ひとことで言えば、ただものではなかったのである。

「『Ｅｍｍａ』に入った時の俺は、まだ風俗ライターの仕事を切り切れていなかった。

編集部からソープランドの店長に電話をかけて『明日、店に行くよ。わかった、白夜（書房）の雑誌に書くから』なんてしょっちゅう話していたから、隣の席にいた東大卒で文芸志望のTさんが精神的におかしくなって、ある日、自分の机を壁際に持っていっちゃった。気がつけば電算室に異動になって、編集ラインには二度と戻ってこなかった（笑）。

地べたを這いつくばってる風俗ライターの目から見れば、ネタなんていくらでもある。たとえば高校野球。朝日新聞は汗と涙の美しい青春ドラマとして描くけど、俺からすれば、監督やコーチは女とやりまくりだし、ガキらは飲みまくりの吸いまくり。だから、花田さんと松尾さんに『二度、徹底的に高校野球に張りつきましょう』と言ったの。デスクは一年目の俺（笑）。もともと編プロでライター連中をまとめていたから、特派記者やカメラマンの扱い方は、上の人たちよりよっぽどわかってる。『Ｅｍｍａ』には無線機があったでしょ？　あれは高校野球取材の時に、俺が全部秋葉原で買ってきた。宝塚の旅館に張り込んで、カメラマンの佐藤英明さんや小山寅次郎さんと無線でやりあいながら撮ったのが、高校球児が裸で女風呂を覗いている写真。俺は結構気に入ってるんだけどね。

その時はまだ無線の知識が乏しくて、周波数のこともよくわかってなかったから、警察無線に混線したこともあった。向こうは『どこの誰や？』『なんか文春とか言うとるで』とか言ったから、大慌てで切った。デスクの石山（伊佐夫）さんは凄いんだよ。都内で張り込みをしてると、午前二時か三時に見回りにくるわけ。差し入れを持ってくるのならわかるけどそうじゃない。次の日に『ふふふ、勝谷、お前、午前二時頃寝ていたな』って言うんだよ、怖いでしょ？（笑）

花田さんは見出しのつけ方と台割の組み方が凄かったね。雑誌作りの天才と仕事ができたことは幸せだった、と心から思う。

西川清史さんは、俺に言わせれば文春のビジュアルを作った人。（写真家の）ヘルムート・ニュートンから何から、全部西川さんに教わった。会議室の大きな机にプリントされた写真を並べて、ページ組みをじっと考えている姿は本当にかっこよかった。ふだんは女の話やバカ話ばっかりなのに、写真を見る時だけは表情が変わるからね」

（勝谷誠彦）

超弩級（ちょうどきゅう）のルーキーである勝谷誠彦を、私が上回る点は何ひとつなかった。だが不思議なことに、花田さんは私が書く短い文章をいつも褒めてくれた。

「皇室は日本最大のスターなんだよ」というのが花田さんの口癖だ。一九八六年四月二五日号の『Ｅｍｍａ』で皇室&ダイアナ妃来日特集を組んだこともある。

花田デスクの下で、私は何本も皇室記事を書いた。取材をしたことは一度しかない。渡された写真を見て、適当なことを書くのだ。皇室記事の最後には（文・小林久美子・高校二年）とつけた。ですます調の文章に「浩宮さま」と書けば、女子高校生の文章にしか見えなかったからだ。リアリティを出そうと、四月には高校三年に進級させた。

花田さんは架空の女子高生を大いに気に入ってくれ、「また小林久美子で書いてくれよ」としょっちゅう言われた。

小林久美子が写真入りのファンレターをもらったこともある。差出人の住所は鹿児島県。写真に写っていたのは五〇代の普通のおっさんで、背景はシクラメンの鉢だった。「久美子ちゃんの文章は素晴らしい。某女流作家のエッセイよりずっといい。きっと可愛らしい女の子なんでしょうね。住所を教えてください」。手紙の前半は気に入ったが、後半と写真はかなり気持ち悪かった。

それでも私は女子高校生になりきって返事を書いた。「私の書いたものをお読みいただいて、ありがとうございます！　お手紙は編集部宛に送っていただけるとうれしいです」。

花田さんは「柳澤は天才だよ」と、私がいる時もいない時も、あらゆる人の前で言い続けた。自分にたいした才能がないことは自分自身が一番よく知っている。ましてや、西川清史や勝谷誠彦のような圧倒的に優れた編集者を目の当たりにすれば、なおさらだ。それでも花田さんは繰り返し褒めてくれた。ならば、自分にも少しはいいところがあるのかもしれない。いつしか私はそう思い始めた。

花田紀凱は、人をその気にさせてしまう天才なのだ。

隔週刊の雑誌は肉体的にも精神的にもつらい。週刊誌ならば週に一日くらいは休めるし、お盆と正月には合併号を出すから一週間程度の休暇がとれる。だが、隔週誌に合併号はなく、当然、盆も正月もない。気を抜く時間がないのだ。

〈疑惑の銃弾〉の主人公である三浦和義が逮捕されたのは一九八五年九月一一日のこと。『Ｅｍｍａ』は即座に総力特集〈三浦和義　黒い足跡　全記録〉を組んだ（一九八五年一〇月一〇日号）。

三浦和義に関する大量の写真を集めたが、その中に私が『週刊大衆』（双葉社）から借りてきた全裸写真があった。スワッピングパーティに参加した時のものだ。

この写真について、花田紀凱は回顧録の中で次のように書いている。

《かつて『週刊大衆』に掲載されて話題になった、三浦氏がスワッピングパーティに出席した時の写真である。スッポンポンの男女二十人ほどが立って並んでいる。

中ほどに三浦氏がいる。もちろん何も身につけてはいない。

デスク会議で、どの写真をどう使うかを検討していた。

「おい、こんな写真を使っていいのかね」

『週刊大衆』が掲載した時には、オチンチンは黒くスミで消してあった。当時はヘアが少しでも出ていると警視庁に呼ばれた。ヘアどころか性器が露出しているのである。

ぼくが迷っていると、鬼デスクと呼ばれた石山伊佐夫クンがこう言った。

「だけど、花田さん、これが三浦の悪の原点ですよね」

オチンチンが悪の原点。うーん、うまいこと言うなあ。このひと言で掲載を決めた。

もちろんスミナシで。

雑誌が発表になるとすぐに三浦氏から訴えられた。

だけど、あの写真、わかってて撮らせたんだから名誉棄損もクソもないだろう——

という言い分は当然ながら通りませんでした。

一審敗訴。バカバカしいから控訴もしなかった。

余談だが三浦氏は拘置所、刑務所からマスコミを訴えること五百件以上、その八割で勝訴し、五千万円以上の賠償金を得たといわれる。》(『リベラルタイム』二〇〇三

年五月号・花田紀凱〈血風録〉）

三浦和義特集の本文はすべて私が書いた。四〇〇字の短い原稿が一五本と分量的にはたいしたことはないが、大量の資料を読まなくてはならず、執筆には午後三時から翌日の午後三時まで、丸一日かかってしまった。日が高くなった頃、疲れ果てた私は文末を「〜である。」「〜である。」とふたつ続けてしまい、石山伊佐夫デスクから「ふん、小学生の作文だな」と酷評されて原稿を突き返された。当時はただただ怖かったが、今にして思えば、よくぞ鍛えていただいたと感謝している。

三浦和義特集号はたちまち完売したが、いいネタがない時の『Ｅｍｍａ』は極端に部数が落ちた。やはり隔週刊では勝負できないと感じた花田紀凱は、文春上層部に訴え続けた。『Ｅｍｍａ』を週刊化して、『ＦＯＣＵＳ』や『ＦＲＩＤＡＹ』と真っ向から勝負したい、と。

上林吾郎社長が『Ｅｍｍａ』の週刊化を決断したのは、創刊から一年が過ぎた一九八六年夏のこと。ところが驚くべきことに、編集長の松尾秀助、デスクの花田紀凱、名女川勝彦、石山伊佐夫の全員が『Ｅｍｍａ』から外され、それぞれ違う部署への異動を命じられてしまったから、我々、下っぱ編集部員は呆然となった。編集長や他のデスクはともかく、実質的に『Ｅｍｍａ』を引っ張っていた花田紀凱と石山伊佐夫を外してどうするのか？

個人的には『Ｅｍｍａ』は写真週刊誌ではなく、むしろ月刊化してピープルマガジンを目指すべきだと考えていた。写真週刊誌は文藝春秋の体質には合わないと感じていたからだ。

「人殺しの顔を見たくないか？」と言って『ＦＯＣＵＳ』を創刊した新潮社の〝天皇〟齋藤十一のようなニヒルな思想家は、文藝春秋にはひとりもいない。写真週刊誌を作るには文春は明るすぎる。そもそも芸能人のスキャンダルに興味を抱く人間が社内に何人いるというのか。『ＦＲＩＤＡＹ』に勝てるはずもなかろう。

すでに我々は、低俗な雑誌を作る卑しい連中として、文春社内で白眼視されていた。徹夜の連続で心身をすり減らしても何ひとつ報われず、社外ばかりでなく社内からも非難されるのは勘弁してほしかった。我々は社命に従っているだけなのだ。

だが、花田紀凱が『Ｅｍｍａ』存続のためには週刊化以外に道はないと考えたのであれば、部下としてついていくつもりだった。

『Ｅｍｍａ』を週刊化するのであれば、花田紀凱を編集長にするしかない。そのことは編集部内の誰の目にも明らかだった。ところが、上林吾郎社長は新たなる編集長、新たなるデスクを迎えて写真週刊誌を作ることを決めてしまった。文藝春秋のトップとはこれほど現場を知らず、これほど愚かなのかと絶望した。

新たに『Ｅｍｍａ』編集長となったのは雨宮秀樹だった。

「雨宮さんが『Ｅｍｍａ』の編集長になったのは、上林社長に仲人を頼んでいたから」

と、社内事情をよく知る関係者は証言する。

「上林さんの〝仲人人事〟です。自分に仲人を頼んできた人間を早く出世させる。雨宮さんは調子がいいから、『Ｅｍｍａ』を週刊化すると聞いて『俺に編集長をやらせて下さい』と上林さんに売り込んだ。ところがそのすぐ後に『週刊文春』の編集長が白石勝さんから上野徹さんに代わると聞いて、今度は『Ｅｍｍａ』じゃなくて『週刊文春』の編集長をやらせてくれと言い出したけど、さすがにそれは受け容れられなかった」

元ＴＢＳアナウンサー雨宮塔子の父君は、いかにも文藝春秋らしい優しく穏やかな方だったが、雨宮編集長体制の『Ｅｍｍａ』は思い出したくもない。中身が薄く、汚く、品がなく、何よりもおもしろくなかったからだ。私は、言われただけの仕事はしたが、それ以上のことはしなかった。

花田デスクの下にいた時とは異なり、雨宮編集長の下で私が皇室記事を書くことはほとんどなかったが、ある日、『Ｅｍｍａ』の新しい号をパラパラとめくっていて仰天した。見覚えのない記事に（文・小林久美子・高校三年）というクレジットが入っていたからだ。

「どういうこと？」

記事を書いた菊池武顕（たけあき）記者（のちに『週刊朝日』グラビア班デスク）に詰め寄ったところ、「すみません、僕も雑誌を見て初めて知りました。雨宮さんが勝手につけちゃったんです」という返事が戻ってきた。

私はすべてを了解した。世の中には、人の心がわからない人もいるのだ。

週刊誌となった『Ｅｍｍａ』の部数は、当然低迷を続けた。

そして一九八六年一二月九日、ビートたけしが弟子たちを引き連れて講談社に乗り込み、『ＦＲＩＤＡＹ』編集部員に集団で暴行を加えるという事件が起こった。いわゆるフライデー襲撃事件である。

『ＦＲＩＤＡＹ』の編集者は、当時ビートたけしの愛人であった二一歳の専門学校生の顔の前にテープレコーダーをつきつけ、手を引っ張って頸部捻挫、腰部捻傷など全治二週間のケガを負わせていた。事件の原因が強引な取材手法にあることが明らかになると、世間は暴力をふるったビートたけしよりも、むしろ写真週刊誌を強く非難した。この事件をきっかけに写真週刊誌ブームは急速に衰え、文春社内でも『Ｅｍｍａ』の廃刊を望む声が高まった。

「『Ｅｍｍａ』を廃刊にした話は、私の自慢話のひとつなんです」と、半藤一利が振り返ってくれた。

「（一九八七年）一月五日の仕事始めの時に上林吾郎社長が挨拶した。その後に役員会が開かれたんですが、上林さんが何を思ったか、私を指して『今日の私の挨拶をどう思った？　半藤くん』と言ったんです。どうして私を指したのかはわからないけど、この際だから、言うだけ言ってやろうと思った。

ビートたけしが『ＦＲＩＤＡＹ』に殴り込んで社会問題になったでしょう？　写真週刊誌の存在理由が問われているんです。ウチの会社は『Ｅｍｍａ』というのを出しているんだから、今日の挨拶にそのことが出てこないのはおかしい。社員はそこが一番聞きたいことじゃないですか、と。

そうしたら小野詮造さん（当時、取締役相談役）が『君の言うことを聞いていると『Ｅｍｍａ』をやめろと言わんばかりじゃないか』『いや、やめろとは言っていません。社長の挨拶の中に写真週刊誌の話が出てこないのはおかしいと言っただけです』と私。

そうしたら、安藤満くん（当時・取締役兼第二編集局長）が手をあげて『私は半藤さんの意見に賛成です。それにつけ加えて『Ｅｍｍａ』は直ちにやめるべきだと思います』と言い出しちゃった。

安藤くんと小野さんがやりあって、そこに上林さんも加わった。火をつけたのは私だけど、私をすっ飛ばして安藤くんががんばって戦った。それでその月の一五日に、『Ｅｍｍａ』の廃刊が常務会で決まった。常務会は最高意思決定機関です。上林さん、小野さん、北川（雄三）さん、徳田（雅彦）さん、小林米紀さん、阿部亥太郎さんもいたかな。私たち役員が相談を受けることはありませんでした」

半藤自身が執筆した『文藝春秋七十年史』には『Ｅｍｍａ』廃刊の決定は四月一〇日とあるが、ともかく文藝春秋史上、最も忌み嫌われた雑誌『Ｅｍｍａ』は、こうして終わった。

正直に言えばホッとした。レベルの低い物真似雑誌を作り続けるのは苦痛だったからだ。廃刊が決まってまもない頃、二年先輩のＳさんから「柳澤ちゃんも一〇億円の戦犯だね」と明るく言われたことは、今でもはっきりと覚えている。『Ｅｍｍａ』が累積で一〇億円の赤字を出したことは、その時に初めて知った。

勝谷誠彦は「『Ｅｍｍａ』はインパール作戦のようなもの」と吐き捨てる。

「牟田口廉也（むたぐちれんや）中将みたいな無能な上官が、人もカネも戦略もないまま、ただ『ＦＯＣ

US』みたいな雑誌を作れと俺たち兵隊に命令を下した。俺には『FOCUS』にも『FRIDAY』にも知り合いがいたから知ってるけど、『Emma』の人数はフリーも含めて五分の一くらい。要するに大東亜戦争の末期に竹槍を持ってB29に突撃しろ、みたいなものですよ。

誰だったか忘れたけど、上の人間に『この体制でどうするんですか?』って聞いたら『お前らが気合いでやるんだよ!』って叱られたことがある。今でも忘れられない。

その上、『Emma』は最初から最後まで文春社内で忌み嫌われていた。社内の女の子たちは、何か汚いものでも見るように俺たちを見た。給湯室に行くと、壁にへばりついて避けられてたもの(笑)。

社内報ってあるでしょ? 俺が三日連続で張り込みをして、ヘロヘロになって編集部に戻ってくると、社内報が机の上に置かれていて、そこにはスキー部やテニス部やゴルフ部の素敵な写真が掲載されている。見たこともない優雅な方々が、バスをチャーターしてみんなで遊びに行っているわけ。同じ会社で同一賃金なのに、この落差(笑)。

無能な上官が立てた作戦が失敗して、案の定戦争に負けると、我々を忌み嫌っていた連中は、ここぞとばかりに悪口を並べ立てた。上官はひとりも責任をとらず、すべては曖昧なまま終わった。日本的といえば日本的だけど、文春も相当なものだと思うよ」

『Ｅｍｍａ』廃刊後に『ＦＯＣＵＳ』に移った安部光雄カメラマンの目に、両誌の違いは明らかだった。

「『Ｅｍｍａ』はほとんど単独行動だったので、ある意味では気楽でしたね。張り込みも、僕が長期契約で借りた軽のワンボックスカーを使ってました。一方、『ＦＯＣＵＳ』はチームで動いていました。張り込みや尾行には四台か五台のクルマを使うから、バレることはほとんどありません。数方向からターゲットを狙うので、見過ごすとバカ扱いされる。厳しい世界でした」

『Ｅｍｍａ』の廃刊後、敗残兵である私は、雨宮秀樹編集長の下で『女優』というムックを作り、上野徹編集長体制の『週刊文春』セクション班に異動してからは、いくつかの連載記事を担当した。

おだやかだが少々退屈な日々を送っていた私に朗報が舞い込んできたのは、一九八八年七月のことだった。

花田紀凱が『週刊文春』の編集長になったのだ。

第四章　花田週刊

1

スクープをとるには、しばしば長い時間がかかる。

一九八六年春から夏にかけて、『Ｅｍｍａ』編集部特集班デスクの花田紀凱は、特派記者の内田武樹とふたりで名古屋に通いつめていた。

自殺した人気アイドルの母親から手記を取るためだ。

名古屋出身の岡田有希子(ゆきこ)は中学生の頃から美少女として有名で、『スター誕生！』第四六回決戦大会で優勝して芸能界入りした。テレビドラマ『禁じられたマリコ』に初主演。八六年一月二九日にリリースされたシングル『くちびるＮｅｔｗｏｒｋ』は、カネボウ化粧品のＣＭソングに使用され、松田聖子が作詞を手がけたことも話題を呼んでオリコンヒットチャートの一位に輝いた。

ところが、人気の頂点にあった同年四月八日、スーパーアイドルは東京・四谷の所属事務所サンミュージックの屋上から飛び降り自殺を遂げた。遺書には俳優・峰岸徹の名前があった。自殺直後の凄惨な遺体写真が『報知新聞』や『FOCUS』に掲載されて論議を呼び、若い男性ファンが連日のように現場を訪れて涙に暮れ、後追い自殺者まで出て社会問題となった。

花田が名古屋にいる両親のところに通いつめたのは、サンミュージック社長の相澤秀禎（ひでよし）のアドバイスがあったからだ。

《それから、月に数回の名古屋通いが始まった。校了の合間を見つけて名古屋に出かける。母親は岡田有希子に似た美人だったが、ひとり娘に死なれたショックもあるのだろう。話に脈絡がなくなることがあった。最初は玄関先での立ち話だったが、U君（引用者注・内田武樹のこと）と二人、何回か通ううち、ようやく部屋に通してくれるようになった。子供の頃からの有希子のアルバムを広げ、思い出話が尽きない。

ある日、「こんなものもあるんです」といって母親が出してきたのは、女子中学生が好みそうなキティちゃんの手帳と日記帳だった。芸能界に入る前後から始まる有希子の日記である。文章は幼いながら、学校のこと、友人のこと、芸能界への夢や不安が細々と書かれていて心を衝たれた。『Ｅｍｍａ』にこれを載せればスクープになる。幸い他誌はまだ、ここまで食い込んではいなかった。ぼくとU君が一生懸命、説得するのだが、さすがに母親もそこまでの決心はつかないようである。日を改めることにした。他誌に抜かれたら元も子もない。それから名古屋通いが一層頻繁になった。

（中略）

ある日、やはり有希子のアルバムを見ながら、母親と話をしていると、いきなり、カラリとふすまが開いた。

「いい加減にしろ！　帰ってくれ！」

初めて会う有希子の父親だった。

「家内はね、あれ以来、精神的に不安定なんだ。これ以上、心を乱すことをしないでくれ」

そう怒鳴られても、ここで引き下がるわけにはいかない。ぼくもU君も正座し直して、必死にお願いするしかなかった。それからまた何回通ったことか。

母親とはその頃になるとかなり心が通い合うようになっていた。母親に押し切られる形で、ようやく父親が了解し、アルバムと日記を借りられることになったのは七月初めのことである。最初に名古屋に行ってから三カ月が過ぎていた。

よーし、スクープだ！

だが、事態は思いがけぬ方向に進むことになったのである。

創刊一周年を期して『Ｅｍｍａ』が週刊化されることになった。隔週では週刊誌と戦えないというぼくらのかねてからの主張が認められた形である。

ところが、同時に松尾編集長以下、僕もふくめてデスク三人もクビ（異動）になってしまったのである。そりゃないだろう。それでは雑誌が出なくなる。せめてデスク一人は残せ。抵抗したが、なにしろ、一年間、無茶をやり過ぎたので上層部は危うさを感じていたのだろう、決定は覆らなかった。

ぼくは堤堯編集長の『文藝春秋』編集部に異動になった。

で、岡田有希子の日記をどうするか。母親の手記と併せ、『文藝春秋』一〇月号に掲載することになった。》（『リベラルタイム』二〇〇五年一〇月号・花田紀凱〈血風録〉）

岡田有希子の日記とアルバムが掲載された月刊『文藝春秋』一九八六年一〇月号は、文藝春秋の歴史でも、いや、戦後出版史においても特筆すべき一冊だろう。中曽根康弘内閣が発売前の雑誌を検閲し、記事の一部を墨塗りにしようとしたからだ。まるでＧＨＱである。

事の起こりは朝日新聞だった。高校用の歴史教科書『新編日本史』（原書房）の検定合格に疑問を投げかけたのだ。タイトルは「〝復古調〟の日本史教科書　検定審内部にも異論」「〝復古調日本史〟合格に異例の激論三時間半」である。

朝日の記事を見た中国、韓国両政府が「原書房の日本史教科書は歴史的事実を歪曲し、侵略戦争を美化するものだ」と日本政府に抗議、日本政府は検定追加を確約した。

そんな騒ぎの中、一九八六年七月に第三次中曽根内閣の文部大臣に指名された藤尾正行は、就任記者会見の際に教科書問題に触れて自らの見解を率直に開示した。

「東京裁判が客観性を持っているかどうか。勝ったヤツが負けたヤツを裁判する権利があるのか」

「文句を言ってるヤツは、世界史の中でそういったこと（侵略）をやったことがないのか」

藤尾文部大臣の発言を朝日、毎日は大きく取り上げ、中国、韓国も再び「許されざる妄言」と非難。「藤尾文部大臣を更迭せよ！」との声が高まった。

だが、月刊『文藝春秋』編集長の堤堯は、藤尾発言はやや粗雑だが内容に間違いはない、問題は新聞のまとめ方にあると考え、藤尾に改めて話を聞いた。

《侵略、侵略というが、果たして日本だけが悪業をやり、戦争の惨禍を世界中に撒き散らしたんだろうか。阿片戦争はどうか。麻薬は民族を滅ぼす。これこそ最も悪質な侵略戦争ではないか。南京虐殺で三〇万人殺されたというが、二万だ、いや一五〇〇人だとする説もある。そんな不明確な事件が、阿片戦争、インドの侵略、米西戦争、ソ連のアフガン侵攻と比べて特筆に値するか。そもそも戦争で人を殺すのは、国際法からしても殺人ではない。日本の戦闘行為だけを侵略の典型と断罪するのは間違っている。》（『WiLL』二〇〇五年八月号・堤堯〈ある編集者のオデッセイ〉）

藤尾の説くところは文相としてもっともだと感じた堤は、一二ページに及ぶ長尺の記事にした。〈放言大臣　大いに吠える〉である。

原稿を活字に組んだものをゲラと呼び、ゲラに朱を入れて修正することを校正と呼ぶ。校正が終われば校了であり、以後はもう修正できない。校了の数日後には製本前の印刷見本が編集部に届けられる。これをガラ刷り、もしくは刷り出しと呼ぶ。

月刊『文藝春秋』は毎月一〇日発売。一〇月号の発売日は九月一〇日である。週刊誌と比べて、月刊誌は校了から発売までが長い。一九八六年頃の月刊『文藝春秋』では、校了は発売前月の二八日前後、ガラ刷りが上がってくるのは当月の二日前後だったはずだ。

ガラ刷りが編集部に届いてまもない九月三日、堤堯編集長のところに内閣官房長官から電話があった。当時の文藝春秋にダイヤルインはなく、社内用の直通電話以外はすべて交換が受けた。

《交換嬢が言う。

「ゴトウダさんからです」

「どこのゴトウダ？」

「内閣官房長官・後藤田正晴さんと名乗っていらっしゃいます」

おいでなすったかと電話に出る。

「エー、後藤田ですがね、ナニか藤尾さんがオタクにエライことをしゃべりよったらしい」

「いや、たいしたことはありませんよ」

「それについてだね、外務省がエラク心配しとる。アジア局長の藤田がそちらに伺いますが、ひとつ話を聞いてやってくれませんか」

「結構ですよ」

という次第で、ほどなく藤田某（引用者注・藤田公郎（きみお）のこと）が来社した。見ればガラ刷りを手にしている。

「あんた、それ、どこから手に入れたんですか」

「いや、それはまあ……」

見れば、そこかしこに墨で線が引かれている。終戦直後、教科書には同様に墨がそこかしこに引かれていた。

「あなた方は教科書だけじゃなくて、雑誌まで検閲するんですか。これって事前検閲じゃないですか」

「申し訳ない。よんどころない事情がありまして……。これが出ると大変なことになります。ご無理を承知でお願いするんですが、何とか掲載を取り止めていただけませんか」

「冗談じゃない。雑誌はもう刷り上がっています」

「そこを何とか」

「いったい藤尾さんの発言のどこが問題だと言うんですか」

「問題だらけですけど、少なくともここところ（指で示し）、こんなものが出たら、それこそ大変です。どうしても掲載するなら、問題の箇所をスミで消して出すというワケには参りませんか」

「バカおっしゃい。だいたいあなた方は藤尾さんのところに、発言を中止してくれ、修正してくれと、お願いに行ったんですか」

「いや、行っておりません」

「発言者の了解も取らずに、掲載をやめろとか、スミで消すとか、よくそんなことが言えますね。非常識じゃないですか」

「何と言われても、是非ともお願いしたいんです。土下座しろと言われれば、これ、このとおり土下座もいたします（言いつつ土下座におよぶ）」

「そんなことだから土下座外交なんて言われるんですよ。土下座されたってどうしようもない。事態は変わりません。お引き取り下さい。官房長官には、時間的・物理的に間に合わない、と報告して下さい」》（同）

この後に官邸がやったことと文春の対応については『文藝春秋七十年史』が書いている。執筆は半藤一利である。

《『文藝春秋』十月号の製本以前のガラ刷りを入手した内閣官房が、発行前にその内容について二カ所の削除・訂正を申し入れてきたのは、九月三日である。藤尾の肩書きから文部大臣をはずし、「戦争において人を殺すこと。これは国際法から言って殺人ではない」「日韓合邦では韓国側にも責任があった」の二カ所の削除を要望してきた。社は、発言者が削除・訂正を申しこむならまだしも、藤尾文相に断りもなく発言の変更を求めるのは筋違いであるから、といっさいの要求に応じなかった。（それに記事変更は時間的にも間に合わなかった）

このとき、ガラ刷りの入手方法をたずね、教科書のみならず雑誌の検閲をするのか、と社からは究明もした。

以後、どんなことが起こったか、については、『諸君!』十一月号の江藤淳「総理官邸の『事前検閲』」の一節をひいておく。（なおこの事件の詳細については、この江藤論文が詳しい）

「こうして事前検閲が企てられた結果、いったい何が起こったかというと、『文藝春秋』百万の読者が、藤尾前大臣が何を言ったのか、その全貌を知る機会を全く奪われたまま、それに対する非難・攻撃のみを一方的に読み、かつ聞かされるという事態が起こった。九月六日以降、このことについて各新聞は毎日のように藤尾発言を否定する記事論説を掲げ、それが削除訂正されたと質的に等しい状況を、雑誌発行以前につくり出そうとした」

まさしくこの状況が起こったのである。社はこうした動きを憂慮した。発売の前日の九月九日、内閣総理大臣、内閣官房長官に抗議文を送付し、また「抗議に至る背景説明」を発表、マスコミに公表した。その一部を引用しておきたい。

「発売に先立つ一週間以上も前に、当該ガラ刷りを如何なる手段によってか入手し、その内容の変更を迫るのは事前検閲としかいいようがない。あまつさえ変更が拒否されるや、そのコピーを流布し、発言内容が広く世に問われる以前に発言者を封じ込めて、その地位の異動を策するがごときことは許されることではない。言論機関として憂慮に堪えず、抗議にいたったものである」

この抗議に対する政府側の回答は、事前検閲の意志も事実もなく、官邸のほうからガラ刷りを流布した事実もなく、ガラ刷り入手経路は相手に迷惑をかけるゆえいえぬ、という予想された逃げ口上であった。しかしながら、意志の有無に関係なく、国家機関が事前にガラ刷りを手に入れ、内容をチェックし、その削除・訂正を求めてきたのを、検閲とよばずになんというのであろうか。自分たちの尺度で恣意的に国利国益を判断する人間を、ヒトラーやスターリンのごとく、独裁者と現代人はいうのではないだろうか。

そう考える文藝春秋が、当然のこととして圧力をはねつけたことを、誇りとする。》

結局、官邸は、当該号の発売前日に藤尾正行文部大臣を罷免した。日本の政治家と新聞のダメな部分がすべて出た事件だった、としか言いようがない。

月刊『文藝春秋』や『週刊文春』では、記事のバランスを大切にする。目次や広告の右側には政治ネタなど、比較的硬めのトップ記事を置き、左側には芸能ネタなどの軟らかめのトップ記事を置く。これを右柱、左柱（のちに右トップ、左トップ）と呼ぶ。

右と左の両方に強い記事があれば、雑誌は必ず売れる。

右柱に〈放言大臣、大いに吠える〉。左柱に〈岡田有希子の日記〉および母親の手記〈娘・岡田有希子最後の日々〉を並べた一九八六年一〇月号は、たちまち六五万部を完売。返本率はわずか〇・四パーセント。増刷分の五万部も完売した。

「花田さんがきたことで、月刊『文藝春秋』は大きく変わった」と、当時九年目で若手のホープだった木俣正剛は言う。

「堤さんは、最初の二年間は全然ダメだった。部数が上がらなくて。僕から見てもガチガチの目次でしたから。正月の挨拶で社長の上林（吾郎）さんからボロカスに言われて、堤さんはちょっとかわいそうなくらい沈みこんでいた。そんな時に花田さんが『Ｅｍｍａ』から本誌にやってきて、ガラッと変わった。ラッキーもありましたけどね。いきなり岡田有希子だから。

当時の僕は編集部では下から二番目で、松井（清人）さんが三番目。花田さんが来る前は、若い僕たちがプランを出しても、『そんな筆者じゃダメだ』と堤さんから頭ごなしに否定されることが多かったけど、花田さんがバランスよく通してくれるようになった。そこから目次がグッとよくなったと思います。

堤さんは深掘りするタイプで、エッジの効いた記事を作るけど、花田さんは常に読者目線から離れず、広範囲のテーマをおもしろがることができる。ふたりは補完し合っていた。堤さんと花田さんに共通するのは、部下の悪口を絶対に言わないこと。そこは本当に素晴らしい。普通は愚痴をこぼしたり、部下のせいにするものなんです。気持ちのいい上司に恵まれて、楽しい編集部でした」

花田がやってくる以前の月刊『文藝春秋』の平均実売部数は五〇万部前後。だが、以後は上昇気運に乗り、二年間で一〇万部近くを上乗せした。

一九八八年六月号の月刊『文藝春秋』は公明党・大橋敏雄の手記〈池田大作への宣戦布告〉が大きな反響を呼んで七〇万部を完売。増刷分五万部もたちまち完売してしまった。

同じ頃、大きな人事異動の話が進んでいた。上林吾郎社長が、本誌を躍進させた堤堯を週刊の編集長に据えようと画策していたのだ。

『週刊文春』の編集長は、白石勝から上野徹へと引き継がれていた。

糸井重里〈萬流コピー塾〉、泉麻人〈ナウのしくみ〉、林真理子〈今夜も思い出し笑い〉、清水ちなみとOL委員会〈おじさん改造講座〉などの連載コラムに力を入れた結果、ある程度の女性読者の獲得には成功した。だが、その一方で特集記事が弱く、実売部数が五〇万部を切ることも多かった。

上林社長は堤堯に、低迷する『週刊文春』の立て直しを託そうとしたのだ。

花田紀凱は不服だった。すでに自分は四六歳。編集長になるには遅すぎるくらいだ。一期下の斎藤禎は四年も前に『諸君!』の編集長になっている。なぜ俺ではないのか。

「堤さんが週刊の編集長になる話が持ち上がっていると聞いたから、『僕が編集長をやりたい』と堤さんに言った。そうしたら、堤さんが『確かにそうだ。俺もいい年だし、花ちゃんがやった方がいい。俺から上林さんに頼んでやる』と言ってくれた。そんなに心の広い人は普通いないから感動した。堤さんのお蔭で僕は週刊の編集長になり、堤さんがお目付役のような形で、新設された週刊文春局の局長になった」(花田紀凱)

「花田さんが週刊の編集長になると聞いて、僕らはもちろん拍手ですけど、社内には疑問視する声もありました。今でもよく覚えてるんですけど、本誌で送別会をやった時、花田さんは一年で『週刊新潮』を抜くと言った。浦谷(隆平)さんや松井さんや僕は、いやいや花田さん、あんまり大口を叩かない方がいいんじゃないですかって言ったんですけど、ホントに抜いちゃったからびっくりしました(笑)」(木俣正剛)

『週刊文春』編集長になって以来、花田紀凱はスーツを着ることが増えた。ハンサムで若々しい編集長の誕生にワクワクしたことを覚えている。この人は凄い人だ。『週刊文春』はきっとこれからおもしろくなる。

花田紀凱がそれまでの編集長と決定的に異なる点は四つある。

ひとつめは、雑誌が圧倒的に好きなことだ。雑誌づくりは最高におもしろい。好きな雑誌を、隅から隅まで自分の思い通りに作りたい。それができるのは編集長だけで、だからこそ花田は編集長になりたかったのだ。社会的地位や社内での出世など、最初から考慮の外にある。

部下の能力が低くても、取材がうまくいかなくても、花田が責めることは決してない。花田の口癖は「どんな人でもひとつはいいところがある」「済んでしまったことは仕方がない」というものだ。部下のプランや意見を「もう一考」とボツにすることはもちろんあるが、だからといって、部下がやる気をなくすことはない。花田には、えこひいきや好き嫌いが一切なく、一冊でも多く雑誌を売るためにはどうすればいいか、という一点で判断していることを知っているからだ。雑誌はおもしろい。おもしろい雑誌をみんなで作ろう。全身でそう言っている編集長がいれば、編集部員の士気が上がるのは当然だろう。

雑誌は作るだけではおもしろくない。売れなくては。そう考える花田は、販売にも並々ならぬ熱意を燃やした。書店や駅のキヨスク、スタンドなど都心から郊外までの約二〇軒を選んで定点観測した。雑誌の棚に『週刊文春』があれば、必ず棚の一番目立つところに置き直し、ライバルの『週刊新潮』は奥の目立たないところに押し込んだり、他の雑誌の下に置いた。

《毎号発売日の夜に、〝売れ行き調査〟と称して何軒かのスタンド、書店を回ることにしています。並んだライバル誌より「山」が低いと、正直ホッとする。なかでも、有楽町ニュートーキョー前のスタンドの安住正子さんとは十数年来の付き合い。一番頼りになるおばちゃん（失礼！）です。「フーン、今週イケるわよ」プロの勘は恐ろしい。目次をパラッと見ての一言がよく当たる。三十分ほど安住さんの隣に立って見ていると、今、どんな雑誌が売れているかがよくわかります。圧倒的なのがマンガ週刊誌。発売日の夜など、文字通り飛ぶように売れている。頑張らねば、とファイトが湧きます。安住さん、今週号、どうでしょう？》（『週刊文春』一九八八年一〇月一三日号・〈編集長から〉）

当の安住正子は、花田がのちに『AERA』の〈現代の肖像〉に登場した際にインタビューを受けている。

《編集長になってから多いときには週に三回は来ていたね。〆切の日にきて『明日出るのは面白いよ』って。発売日には『どう？』って部数を気にして、土曜日には『どのくらい残っている？』と聞きにきた。あれだけ熱心だから、お客さんに『今週の週

刊誌で面白いのある？』と聞かれれば、『週刊文春が面白いよ』って言うんだ。》（『AERA』一九九四年七月二五日号）

花田は編集部員に「『週刊新潮』は絶対に買うな、会社の備品を読め」と厳命した。一冊でもライバルの部数を増やしたくないからだ。

花田がこれまでの編集長と異なる点のふたつめは、都会的な雰囲気があり、広い分野に関心を持っていることだ。

文藝春秋に集まるのは、基本的に本が好きな秀才である。文学や政治経済に深い関心を寄せることはあっても、花田紀凱のように映画にも音楽にも造詣が深く、『LIFE』『宝島』『POPEYE』『BRUTUS』『噂の眞相』などの雑誌のバックナンバーを全巻揃え、話題になればマンガも読み、芝居も見に行き、写真展までフォローするという人間はまずいない。

異なる点の三つめは、タイトルをつけるセンスが、歴代編集長の中でもずば抜けて優れていたことだ。

《新聞広告や中吊りで、どうやって読者を惹きつけるか。読者の財布のヒモをゆるめさせられるか。一にも二にもタイトルが勝負なのである。週刊誌にとってはタイトルこそ「命」と言っていいほどなのだ。『週刊文春』のタイトルは、だからすべてぼくがつける。（中略）四六時中タイトルを考えている。電車の中。風呂につかりながら。食事をしつつ。これぞというタイトルを思いついた時はすぐノートにメモしておく。進行中のものでなくとも、いつかタイトルに使えそうだなと思えばメモする。

これぞというタイトルを思いついた時の快感は何物にも代え難い。しかも、それがストレートに売れ行きにつながるのだから、あだやおろそかにはできないわけである。》（『新聞研究』一九九三年一一月号・花田紀凱〈中身あってのタイトルです〉）

タイトルをつけるときに重要なことは五つある、と花田は言う。

一、覚えやすいこと
二、個性的なこと
三、簡潔なこと
四、他と容易に区別できること
五、声に出して読んで響きがいいこと

花田紀凱がつけるタイトルには、右の五原則が見事に表現されている。人目を引くインパクトがありつつ、ギリギリのところで下品にならない。

〈お宅のトイレがナチのガス室になる〉
〈ユーミンを丸ハダカにする〉

〈久米宏はおかまだ〉

〈「貞操」を知らない女子大生〉

〈セックスできれいになるなんて困ってしまう「アンアン」のセックス大特集〉

〈オピニオンワイド　こいつだけは許せない〉

〈オピニオンワイド　天下の暴論〉

〈貴・りえ破談 本誌が摑んでこれまで書かなかった全情報〉

〈拝啓　宮沢総理殿　ほんにお前は屁のような〉

〈金丸信を大物にした大新聞の罪咎(つみとが)〉

「花田さんは天才的なコピーライター。いままで何人もの編集長とつきあってきたけれど、ナンバーワンだった。買って読まないとわからないようなタイトルのつけ方がうまい。花田さんは、電通や博報堂に行ってもトップのコピーライターになったと思う」(文藝春秋の雑誌の目次や広告、ポスター、版下を制作する精美堂常務取締役の岡村洪治)

異なる点の四つめはカリスマ性があったことだ。当時、文藝春秋の受付にいた鈴木眞紀子は「花田さんはチャーミングな化け物よ」と笑う。

「私が受付にいた頃には『約束はしてないけど、たまたま近くまで来たから、花田さんとちょっと話がしたい』とおっしゃるお客さまがたくさんいた。花田さんに会えばうれしくなる。何かいいことやおもしろいことがあれば、最初に花田さんに会って教えてあげたくなる。みんなにそう思わせる力が、花田さんにはあった。人の上に立つ編集長としてとても重要な才能だし、努力で身につくものじゃない。

筆者でも編集者でも、花田さんは力のある人をちゃんと見抜いて、その人を気持ちよくさせて、一生懸命にさせてしまう。陽気で、チャーミングな化け物。びっくりするような記事も作るけど、それでいて下品じゃなくて、底意地の悪いことは決してしない。そこが人を惹きつける大きな魅力なんだと思う」

『週刊文春』の編集長に就任した花田紀凱が真っ先に考えたのは、女性読者を増やすことだった。

花田はまず、阿川佐和子にエッセイの連載を依頼した。美人で育ちが良く、それでいて女性から嫌われない。ユーモアもあり、その上、阿川弘之の娘なのだから、文章もうまいに違いない。当時阿川佐和子はＴＢＳのニュース番組『情報デスクＴｏｄａｙ』に出演していたから、花田は早速頼みに出かけた。

《阿川さんは困り切っていた。ぼくが電話する少し前に『週刊朝日』からも何回かの短いエッセイの依頼があり、一応引き受けたのだという。

『週刊朝日』と聞いてムラムラと闘志が湧いてきた。

「阿川さん、それは断ってください。そんなに短いんじゃ、書きたいことも書けません。だいいち『週刊朝日』なんてお父さん大嫌いでしょう。阿川さんのイメージとも合いませんよ」

もう、口からでまかせというか、何しろ必死に口説きました。

「じゃあ、断ろうかしら」

「そうですよ。断るなら早い方がいい」

今思うと、あの時、『週刊朝日』に取られなくて本当によかった。》（『リベラルタイム』二〇〇五年六月号・花田紀凱〈血風録〉）

阿川佐和子の連載エッセイ〈走って、ころんで、さあ大変〉は四年ほどしてから〈この人に会いたい〉という対談に変わった。阿川対談はエッセイにも増して好評で、現在もなお続いている。

花田紀凱編集長体制の『週刊文春』が多くの女性読者を獲得するきっかけとなったのは、アグネス論争だった。

林真理子が月刊『文藝春秋』一九八八年五月号に書いた〈いい加減にしてよアグネス〉は、働く女性たちから大きな共感を得た。

アグネス・チャンはテレビ局や出版社に生まれたばかりの長男を連れていき、保育室を用意してもらい、スタッフに世話をさせておいて「仕事先の人たちはこちらが恐縮するほどによく理解してくれて、和平（注・長男の名前）がいることを面倒くさがるどころか、むしろ楽しみにしてくれるほどでした」と平然と言う。この鈍感さには堪えられない。他人の子にすべての人間が愛情や好意を持つはずがないという地点から、迷惑や社会生活という議論はスタートするべきだろう。講演会に行けば百万円以上の謝礼を受け取り、一冊本を書けば芸能人ゆえに数百万円の印税を得られる特権階級に属し、付き人とベビーシッターを引き連れて職場に行くアグネスが、子育ての苦労を国会で訴え、働く女たちの被害者の傘に入ろうとするのは卑怯ではないか。

男女雇用機会均等法が施行されてから、まだ二年しか経っていない。強固な男社会と格闘しているＯＬたちは、林真理子を自分たちの代弁者とみなして強く支持した。

花田はそんな女性たちの気分を見事にすくい上げる。

ニュースキャスターの山口令子に〈アグネス・チャンは日本人嫌い　日本を喰いものにして説教する〝歩く中華思想〟〉（九月一五日号）という記事を書いてもらい、一〇月六日号では〈読者熱烈投稿二一通『アグネス論争』私はこう考える〉、一〇月二〇日号では〈読者熱烈投稿二〇通　第二弾　アグネス論争　私にも言わせて！〉と、立て続けに大きく扱った。

「女が女を見る時には『これは許すけど、これは許さない』という明確な一線がある。花田さんは、女から見て『これはイヤだな』と思うところを徹底的に叩いてくれて、『ちょっとイヤなヤツだけど、ここの部分は許せるよね』というところはちゃんとすくってくれる。無意識のうちに、女の好悪の感情や、糾弾したい、したくないという思いを、上手に嗅ぎ分けることができるんでしょうね。女の人に時間やお金やエネルギーという授業料をたくさん払っているようには見えないけど（笑）」（残間里江子）

ABC公査レポートによれば、花田紀凱が編集長になって最初の半年間、つまり一九八八年下半期（七月～一二月）の平均実売部数は五五万七三三二部。わずか半年で、上半期より四万部以上伸ばしたことになるが、さらに重要なのは『週刊新潮』を僅差（一〇八部）で上回ったことだ。

『週刊文春』は創刊三十年にして、ついにライバルを抜いたのだ。快挙だった。

2

一九八九年一月七日土曜日早朝。

グラビア記事の短い原稿を数本書き終えた私は、自分の机を離れて編集部にあるテレビのスイッチを入れた。当時の私は入社四年目。花田紀凱編集長の就任早々にセクション班からグラビア班へと部内異動し、毎週八〇〇字から一〇〇〇字前後の短い記事を四本ほど書いていた。書くのは早い方だから、気分だけは一人前だった。

徹夜明けなので、ふだんならばすぐにタクシーで帰宅するところだ。テレビをつけたのは、長く病床にある天皇陛下のことが気にかかっていたからだ。病状は予断を許さず、Xデーは時間の問題だった。

テレビをつけてまもなく、吹上御所に高木顯侍医長が入り、続いて藤森昭一宮内庁長官が入ったから、私は明野潔デスクに声をかけた。

「明野さん、ヤバいです。今日だと思います」

「花田さんに電話してくれる？」

念のために仮眠室を覗いてから、花田さんの自宅に電話を入れた。電話に出たのは奥様だった。

「早朝に申し訳ありません。社の柳澤です。編集長はご在宅ですか？　今日で昭和が終わりそうなので」

「今日は帰宅しておりません」

「わかりました。仮眠室を確認してみます」

仮眠室にいないことはわかっている。どうせ会社近くのホテルだろう。私はまず一番近い赤坂プリンスホテルに電話して、次にホテルニューオータニにかけた。

「家の者ですが、花田紀凱をお願いします」

「お待ちください」

いたよ！　花田さん！

ちょっとドキドキした。

「はい」

眠そうな声で、花田さんが電話に出た。聞きたいことはいろいろあったが、とりあえず用件だけを伝えた。

「お休みのところをすみません。高木侍医長と藤森宮内庁長官が御所に入りました。今日で間違いないと思います」

「わかった。俺はテレビを見ているから、デスク連中に連絡して」

「承知しました」

いますぐ編集部に上がるから！　というドラマのようなかっこいい答えを期待していた私はちょっとがっかりしたが、編集長には編集長の都合があるのだろう。

指示通り、四人の特集班デスクに連絡した私は、帰宅して数時間寝た。昭和が終わるという大事件だ。徹夜して書いた原稿はすべてボツになり、夜遅くまで入稿作業に追われるに決まっている。いまのうちに眠っておかないと身体が保(も)たない。

出社した昼過ぎには、編集部はごったがえしていた。都内各地に散ったカメラマンが撮ってきた写真が、続々と上がってきていた。皇居前で跪(ひざまず)く老人、駅前で号外を奪い合う人々……。私は号外に目を通したり、カメラマンにザッと話を聞いたりして、グラビアページのすべてのキャプションを書いた。

カラーもモノクロもすべて天皇陛下一色。表紙も和田誠のイラストから、昭和天皇のポートレート写真に変更され、表4（裏表紙）広告も天皇皇后両陛下のスナップに急遽差し替えられた。特集班もセクション班も総出で働いた。

翌日には小渕恵三官房長官が「平成」の額を掲げて、新しい時代が始まった。

春になると、松井清人、西川清史、木俣正剛、勝谷誠彦らが『週刊文春』に集まってきた。他の編集部から「花田はできるヤツを全部かっさらっていきやがった！」という怨嗟の声が上がったほどだ。この頃、文春の社員は三三〇人前後で、編集者はそのうち半分弱。有能な編集者はごく限られている。

強力な布陣を敷いた〝花田週刊〟は、さらなる快進撃を続けていく。

一九八九年四月に明らかになった「女子高生コンクリート詰め殺人事件」は、日本中の人々を震撼させた。

足立区綾瀬に住む不良少年のグループが、通りすがりの女子高生を拉致監禁して輪姦し、四〇日間にわたって集団リンチと暴行を繰り返したあげくに殺害。その上、遺体をコンクリート詰めにして東京湾埋立地に遺棄するという卑劣かつ非道極まりない事件だったからだ。

『週刊文春』は四月一三日号で〈彼らに少年法が必要か　女子高生監禁・殺人の惨〉というタイトルで事件を報じた。記事はこう結ばれている。

《それにしても、拉致、監禁、輪姦、殺人、死体遺棄と、凶悪犯罪のフルコースを突っ走った悪ガキたち。こんな連中が少年法で保護され、「鑑別所送りで、最低なら

五年」（捜査関係者）でシャバに舞い戻るというのだから……嗚呼！》

他のメディアと同様に、『週刊文春』も被害者の古田順子さんのことは実名で書いたが、加害者の少年たちの名前はA（18）、B（17）、C（16）、D（17）とイニシャルに留めた。少年法があるからだ。

少年法第六一条には、次のように書かれている。

《家庭裁判所の審判に付された少年又は少年のとき犯した罪により公訴を提起された者については、氏名、年齢、職業、住居、容ぼう等によりその者が当該事件の本人であることを推知することができるような記事又は写真を新聞紙その他の出版物に掲載してはならない。》

ちなみに罰則規定はない。

花田紀凱は納得できなかった。少年とはいえ、これほど極悪非道な犯罪者たちを匿名で保護する必要があるのか？

翌週の四月二〇日号に掲載された〈女子高生惨殺事件　第2弾　加害者の名前も公表せよ！〉は衝撃的な記事だった。リードは次の通りだ。

《拉致・監禁・殺人・死体遺棄。それでも少年法の名のもとに、犯人の名は明かされない。親は親で、謝罪するでもなく雲隠れ。少女の恨みは、両親の悲しみは、誰が受

けとめるのか。無責任が横行するこの時代の責任をあえて問い、少年四人の氏名をここに明らかにする。》

花田紀凱編集長は少年法に触れるのを承知の上で、加害者少年たちの実名を出した。被害者の少女は写真まで報道されるのに、加害者の少年たちが少年法で守られるのはおかしい。戦後まもない頃にできた少年法を、「法律だから」と思考停止したまま我々は受け容れるべきではない。法律は時代に合わせて作りかえるべきだ。花田はそう考えたのだ。

だが、匿名を守った他のメディアから多くの批判を浴びることは避けられない。罰則規定がないからといって、文藝春秋が法を破ってもいいのか。

担当デスクをつとめた松井清人は、編集長がこの重い決断を下した時の姿を克明に記憶している。

「取材を担当したのは亡くなった特派記者の佐々木弘さん。原稿は勝谷（誠彦）が書いた。ただ、すべての材料を集めたのは佐々木さんで、勝谷は少年法について調べたんだ」

佐々木弘は、業界では知らぬ者のない名物記者だ。六角弘の筆名で『怪文書』などの著書もある。そんな敏腕記者をもってしても四人の名前を割り出すのは困難を極めた、と松井清人デスクは振り返る。

「最初、七人が警察に捕まったけど、そのうち三人が家に帰されて残りの四人が検察に起訴された。七人の名前は学校関係者を取材すればすぐにわかる。警察に連れて行かれちゃったわけだから。でも、最終的に起訴された四人の名前が特定できない。帰された三人をつきとめればいいんだけど、事件発覚後まもなく、一家揃って逃げちゃったり親戚の家に身を寄せたりで、なかなか確定できなかった。

佐々木さんは〆切の前夜まで何回も近所を尋ね歩き、新聞記者にも聞いて回った。その結果、帰された二人と起訴された二人の名前はつきとめた。つまり、残る三人の中に起訴された少年が二人いる。

だけど、その二人がどうしてもわからない。

〆切の晩に、佐々木さんは捜査チームの幹部に会って頼んだ。

『二人まではわかったから、あと二人を教えて下さい』

でも、当時の少年法の厳しさは大変なもので、捜査官は絶対に教えられない。

一計を案じた佐々木さんが捜査官に言った。

『これから私が、三人の名前を読み上げます。起訴された少年の名前にうなずいたら、あなたが私に教えたことになる。だから、起訴された少年でなければ、首を横に振って下さい。起訴された少年であれば、何もしないで下さい。そうすれば、あなたが教えたことにはならないでしょう』

佐々木さんがひとりの名前を言うと、捜査官の首は動かない。

もうひとりの名前を言うと、やはり首は動かない。

三人目を言うと、捜査官は黙って首を横に振った。

実名報道をしようというんだから、もし間違えたら大変なことになる。佐々木さんは『繰り返します』と言って三人の名前をもう一度読み上げ、捜査官はまったく同じ反応をした。

あまりにも酷い事件だったから、捜査官も怒ってるんだよ。言いたいわけ。言いたいけど、少年法の鉄の壁で守られていて言えない。佐々木さんはそんな捜査官の気持ちがわかったから、一計を案じたんだ」（松井清人）

警察を出てすぐに、佐々木は編集部の松井に電話を入れた。

「四人の名前がわかったよ」

ところがその後、佐々木がなかなか編集部に戻ってこない。

「夜九時を過ぎても帰ってこないんだ。データ原稿（記事の元になる原稿）を書いてもらわないといけないから心配してたら、一〇時近くになってようやく帰ってきて、

『松井さん、ごめん』といきなり俺に言ったのよ。

『あの後、被害者の女子高生の家に行ったのよ。私が命じられたことは、加害者四人の名前を特定することと、もうひとつ、被害者の両親のコメントをとることだったよね？　昼間のうちは、新聞記者やテレビの連中が、被害者の女子高校生の家の周囲にたくさん張り込んでいたけど、夜になるとみんないなくなる。そんな時、玄関の門扉が開いてお父さんが出てきた。報道陣が道路に捨てた煙草の吸い殻を、箒で掃き寄せていたんです。チャンスだ、声をかけようと思ったけど、お父さんが背負っている悲しみがあまりにも大きすぎて、とうとう声をかけることができなかった。何十年も記者をやってるけど、こんなことは初めてだった』

『いや、佐々木さん、もう充分ですから』と俺は言うしかなかった。

勝谷は最後まで反対したけど、とにかく実名を入れた原稿を書かせて、ゲラにして花田さんの机の上に置いた。俺から花田さんに何かを言うつもりはまったくなかった。

今でも忘れられない。花田さんはほかの記事を全部校了にして、このゲラだけを自分の机の上に置いて、腕組みをしたまま目をつぶってずっと考えていた。その姿が忘れられないんですよ。

最後に俺を呼んで『よし、実名でいく』と言った。編集長というのはこういうものなんだな、としみじみ思ったよ」

花田が新聞のインタビューに応じて言った「野獣に人権はない」という言葉は有名になったが、『週刊文春』の名をさらに高めたのは〈パチンコ業界脱税資金との癒着を暴く！　土井たか子社会党カネまみれ醜聞〉（一九八九年八月一七日・二四日合併号）だった。一〇週にわたって続けられたが、これほど長期のキャンペーン記事は週刊誌では珍しい。

パチンコ業界の売り上げは約二〇兆円。脱税の温床であることは公然の秘密だ。経営者の二五パーセントが北朝鮮系。在日朝鮮人たちは本国に多額のカネを送っているが、そのうち八割がパチンコ業界から出ていた。

この頃、プリペイドカードというアイディアがパチンコ業界を騒がせた。パチンコ版テレホンカードともいうべきもので、プリペイドカードを導入すれば、パチンコ店の経理をガラス張りにすることが可能となり、二兆円の税収を見込める。

国民にとってはいいことだが、経理をガラス張りにされたくない旧全遊協（全国遊技業協同組合連合会＝パチンコの業界団体）は社会党の政治家に多額の献金を行った。土井たか子委員長のパーティ券四五〇万円も購入している。目的がプリペイドカード導入に反対してもらうことにあるのは明らかだった。

調べてみると、社会党はパチンコ業界ばかりでなく朝鮮総連からも資金カンパを受けていた。献金を受け取った社会党の議員たちは関係省庁に何度も圧力をかけ、国会ではパチンコ業界および朝鮮総連の意に沿った質問を繰り返していることも判明した。

これでは、社会党は北朝鮮と癒着していると見られてもしかたがないのではないか——。

担当デスクは松井清人。記事を書いたのは木俣正剛。〝マツキマ〟と呼ばれた名コンビは、社内の誰もが認めるふたりのエースだ。

「社会党のパチンコ疑惑は、もともと堤（堯）さんが持ってきたネタなんです」

と木俣正剛は言う。

「北朝鮮も社会党も嫌いなタカ派の堤さんらしい企画。あの頃の朝鮮総連はもの凄く怖い存在だったのに、『週刊文春』が平然と突っ込んでいったから、警察もびっくりしたんじゃないですかね。

いまでも覚えているのは、関西在住の朝鮮総連の幹部のところに朝駆け（注・予告なしで朝早い時間に取材に訪れること）した時のこと。足立達朗（たつろう）くん、のちの麻生幾（いく）さん（作家）と一緒でした。

先方に取材の意図を伝えると、シベリアンハスキーを連れた朝鮮総連の人が出てきた。話をしているうちに、リード（引き綱）をどんどん緩め出すんですよ（笑）。大きな犬がどんどん近づいてきて怖かった。

　パチンコ疑惑は、国会で取り上げられた初めての週刊誌記事です。宇野宗佑首相の『指三本不倫スキャンダル』はあったけど、政治的なスキャンダルで『週刊文春によると』と議員が読み上げて質問したのはこの時が初めて。パチンコ疑惑以後、『週刊文春』のクレディビリティは大きく上がったと思います」

　朝鮮総連の猛烈な抗議については松井清人が語ってくれた。

「パチンコ疑惑の第一弾が出た直後から、堰を切ったように文春に抗議にきた。当時の朝鮮総連は強硬だったからみんなが震え上がっていた。支部ごとに五、六人ずつがチームを作り、毎日毎日、朝の一〇時から夕方の五時まで三〇分おきに交替で抗議にくる。一二時から一時はきっちり休むんだよ（笑）。（抗議の）内容は全部同じで、罵声というか、怒鳴り声でガンガンやる。それが一カ月続いたんだ。

　抗議に応対したのは花田さん。全部ひとりで相手をした。担当デスクは俺だったから『お疲れでしょう、代わりましょうか？』と言ったんだけど、花田さんは『いや、自分でやる。君たちは絶対に前に出さない』って。

　花田さんも最初のうちは元気だったけど、一週間もするとグッタリしちゃった。五時になってようやく総連が引き揚げると、花田さんはテレビの前の大きな机に座って、大量の郵便物を開封し始めるんだけど、すぐにウトウトしちゃう。俺たちデスクは特集のタイトルを決めてもらわないといけないから、『お疲れのところを申し訳ありませんが、タイトルを』って声をかけると、花田さんは『わかった。ごめん』と言ってタイトルを考え始めるんだけど、やってるうちにまた寝ちゃう。もう俺は起こせないよ。

そんな花田さんを間近で見ていたから、編集長というのはすごいものだと思ったし、こんな編集長の下にいるんだから、俺にできることは全部やろうと思った」

『神奈川新聞』を退社してフリーランスのジャーナリストとなった江川紹子が初めて文藝春秋で仕事をした雑誌は『諸君!』だった。

「元札幌高裁の裁判長だった渡部保夫先生と、ノンフィクション作家の伊佐千尋さんが日本の裁判の問題点についての対談を連載することになり（〈冤罪の構造と病理〉一九八七年三月号〜）、おまけのような形で冤罪関係の記事がほしいということで、私に声がかかった。神奈川新聞時代に冤罪事件の取材をしたことがあったからです。記事を書くのはすごく時間がかかるので、それ一本では生活が成り立たないだろう、と担当の白石一文さん（現在は作家。二〇一〇年『ほかならぬ人へ』で直木賞受賞）

が祭して下さって、渡部×伊佐対談のテープ起こしを原稿にまとめる仕事を下さった。かなりの金額を上乗せしていただいたんです。ところが、できあがった雑誌を見ると、私がまとめたようには全然なっていなくて、白石さんがご自分で全部やり直していた（笑）。優しい白石さんのお蔭で、私はフリーランスの一年目をなんとか乗り切ることができたんです」（江川紹子）

やがて江川紹子は月刊『文藝春秋』にいた木俣正剛に頼まれて〈新聞エンマ帖〉にも書き始めた。

一九八九年一一月、木俣が『週刊文春』に異動すると、江川紹子は木俣に「坂本堤（つつみ）という弁護士に会ってほしい」と頼んだ。じつは江川は坂本弁護士にオウム真理教の被害者を紹介したことがあり、以来、坂本は「オウム真理教被害者の会」のアドバイザー的な存在になっていた。何かとトラブルを引き起こす怪しげな宗教団体について『週刊文春』で記事を書きたいと思っていた江川にとって、坂本弁護士は心強い仲間だったのだ。

木俣正剛は坂本弁護士に会うことを承知したが、当時はパチンコ疑惑の真っ只中で社会党や朝鮮総連への取材に忙殺されていたから、時間を作ることが難しかった。

そんなある日、江川紹子が真っ青な顔をして木俣に会いにきた。

「それまで二、三回しか会ってなかった僕に、江川さんは『何も聞かずに、私に『週刊文春』の名刺を作って下さい』と言うんです。今だったら凄くうるさいけど、当時は緩かったから『わかりました』と言って、理由も聞かずに名刺を作りました。理由を教えてもらったのは二週間後。じつは坂本弁護士一家がいなくなりました。神奈川県警の記者クラブで取材したいけど、フリーだから取材できない、そのために『週刊文春』の名刺が必要だったんです、と。

坂本弁護士一家を連れ去ったのがオウム真理教であることはほぼ確実だったから『江川さん、費用はこちらで持ちますから、好きなだけ取材してください。書ける時期がきたら書きましょう』と僕は言った。花田さんはどうせOKしてくれるに決まっているから(笑)。相手からすれば、目の前で取材にGOサインが出るのと、『編集長に相談してみます』と言われるのは全然違う。

江川さんには〈私だけが知っている　失踪弁護士とオウム真理教の「暗闘」六カ月〉(『週刊文春』一二月一四日号)という記事を書いてもらったけど、その後、事件は迷宮入りしてしまい、『週刊文春』としては商売にならない時期も長かった。

坂本弁護士にオウム真理教の被害者を紹介したこともあって、江川さんは凄く責任を感じていて『坂本弁護士に関する情報がちょっとでもあれば全部取材したい、そのために自分は他の仕事を入れません』と僕に言った。だから『週刊文春』は江川さんにすべての取材費を出した。当時はいまよりも多くの取材費をかけられたことは事実。でも、あの頃でも、モノになるかどうかわからない取材に大金を出す度胸があるのは花田さんくらいでしょう」（木俣正剛）

坂本弁護士の自宅にはオウム真理教の信者が身につけるバッジが残されていたにもかかわらず、オウム真理教は事件への関与を否定、オウム真理教を貶めようとする者の犯行であると主張した。

坂本弁護士一家失踪事件の捜査が一向に進まない中、密教の修行によってヒマラヤで悟りを得て解脱したと自称するオウム真理教の教祖・麻原彰晃は、まるで〈疑惑の銃弾〉の三浦和義のようにメディアの寵児となった。中沢新一や田原総一朗らと対談し、「とんねるずの生でダラダラいかせて!!」「ビートたけしのTVタックル」などテレビにも次々に出演。一九九〇年には真理党という政治団体まで結成して第三九回衆議院議員総選挙に出馬した（全員が落選）。

以後、オウム真理教は急速に先鋭化していく。ボツリヌス菌などの生物兵器やサリンなどの化学兵器を大量に製造し、江川紹子も化学兵器ホスゲンで殺されかけた。ついに警察が教団施設の全国一斉強制捜査を決断すると、オウム真理教はこれを阻止すべく一九九五年三月二〇日に地下鉄サリン事件を決行、一三人の死者と数千人の負傷者を出した。

山梨県上九一色村（現・南都留郡富士河口湖町）を中心とする教団本部施設への一斉捜査が行われたのは地下鉄サリン事件から二日後にあたる三月二二日のこと。サリンプラントなどの化学兵器製造設備、細菌兵器設備、毒物散布のためのヘリコプター、衰弱状態の信者五〇名以上が次々に発見され、五月にはサティアン内の隠し部屋に潜んでいた麻原彰晃こと松本智津夫も逮捕された。

坂本弁護士一家が、一歳二カ月の赤ちゃんも含めて全員オウム真理教の信者たちに拉致され、殺害されていたことは、一九九五年四月に実行犯のひとりであった岡﨑一明の供述によって初めて明らかになった。別々の場所に埋められていた三人の遺体が発見されたのは同年九月。一家の失踪から、すでに六年近くが経過していた。

その間、江川紹子がオウム真理教を誰よりも長く、深く取材することができたのは、『週刊文春』の全面的なサポートがあったからだ。

女子高生コンクリート詰め殺人事件やパチンコ疑惑、坂本弁護士一家失踪事件のようなハードな事件を追いつつ、一方では、しみじみとした味わいを持つ童話を全文掲載するのが、花田週刊の懐の深さだ。

「『一杯のかけそば』っていう童話の本が、ものすごく売れているらしいよ」

そう言って一枚のコピーを花田に渡したのは、文藝春秋広告部長の堀江光穂だった。女性週刊誌の短い記事に内容が紹介されていた。

花田はすぐに取り寄せて読んでみた。

《蕎麦屋にとって大晦日はかき入れ時だが、十時を過ぎると客足はぱったりと止まる。そろそろ暖簾を下ろそうかと話をしていると、母親とふたりの子供が店に入ってきた。

「あの、かけそば、一人前なのですが、よろしいでしょうか」

主人は半玉余計に入れてやり、一杯のかけそばを三人で分け合って食べる母子。それ以来、大晦日のたびに母子はやってきて、やがて——。》

読んでいるうちに、花田は目頭が熱くなった。鬼デスクとして知られる石山伊佐夫にも読ませたところ、石山も涙を浮かべていた。

花田は著者の栗良平に掛け合って全文掲載の許可を求めた。

「『週刊文春』の読者は、必ずや自分の子供にこの絵本を読ませたくなります。きっとベストセラーになりますよ」

栗良平はあっさりと掲載を承諾し、掲載料も求めなかった。

花田がつけたタイトルは〈編集部員も思わず泣いた感動の童話「一杯のかけそば」

一挙掲載〉。

当時の『週刊文春』では返本率二〇パーセントが目安とされた。この数字を基準に印刷費、紙代、諸経費を計算し、販売収入と広告収入でバランスをとる。実売率が八〇パーセントを大きく割り込めば赤字、超えれば黒字である。「一杯のかけそば」を掲載した一九八九年五月一八日号は恐るべき売れ行きを示した。なんと返本率はわずか三パーセント。取材先や著者への献本、輸送途中の破損分を考慮すれば、すべてを売り切ったといっていい。

週刊誌と童話――。両者はいかにも相性が悪そうに見えるが、雑誌の申し子である花田紀凱にとっては関係ない。自分が感動したり、おもしろいと思ったものを読者に伝えるのが雑誌であり、政治だろうが芸能人の醜聞だろうがスポーツだろうが芸術だろうが、題材は問わない。

編集長就任直後の一九八八年八月には、司馬遼太郎が小学校の国語教科書（『小学校国語六年下』大阪書籍）のために書き下ろした「二十一世紀に生きる君たちへ」という文章を再録して大評判を呼んだこともあった。

《私は歴史小説を書いてきた。

もともと歴史が好きなのである。両親を愛するようにして、歴史を愛している。

歴史とは何でしょう、と聞かれるとき、「それは、大きな世界です。かつて存在した何億という人生がそこにつめこまれている世界なのです」と答えることにしている。

私には、幸い、この世にたくさんのすばらしい友人がいる。

歴史の中にもいる。そこには、この世では求めがたいほどにすばらしい人たちがいて、私の日常を、はげましたり、なぐさめたりしてくれているのである。

だから、私は少なくとも二千年以上の時間の中を、生きているようなものだと思っている。この楽しさは——もし君たちさえそう望むなら——おすそわけしてあげたいほどである。》(司馬遼太郎「二十一世紀に生きる君たちへ」)

「あれは俺が新聞のベタ記事で見つけた。大阪の出版社が司馬さんに教科書に載せる文章を頼んだって。素晴らしい文章だったから再録したかったけど、俺は司馬さんに縁がないから、堤堯さんに交渉してもらった。堤さんは『この国のかたち』の連載を本誌で始めた人だから、司馬さんとは親しいんだよ」(花田紀凱)

松井清人は「花田さんは雑誌作りの天才」と絶賛する。

「軟らかい記事を左柱に持ってくるセンスは本当にすごい。『あの人は大阪のおばさんだよ』って俺たちは笑ってたんだけど(笑)、上手に人の心を解きほぐしていくんだよ。『一杯のかけそば』で完売した時は驚いた。何かがあの人の心の琴線に触れるんだね。

花田さんのタイトルで巧いなあと思ったのが〈セックスできれいになるだなんて——困ってしまう「アンアン」のセックス大特集〉（一九九〇年五月一七日号）。花田さんは、女性読者をもの凄く意識していた。『週刊新潮』なら〈セックスで売る女性誌アンアンの「破廉恥」〉とかやりそうだけど、花田さんは〝困ってしまう〟だもんね（笑）。

タイトルのつけ方に関しては、花田さんからいろいろ教えてもらった。〈○○の内幕〉とか〈○○の真相〉はダメだ。体言止めでは動きが出ない。〈○○が○○している〉みたいに、動詞で終われば動きや活気が出るって。

『初めて』『話題になる』『売れる』というのが、花田さんの口癖。初めてのことをやれば、当然話題になる。話題になれば売れる。だから初めてのことをやれ、といつも言っていた。

威張ってるところは一度も見たことがない。おしゃれだしね。会社近くのクリーニング屋にワイシャツをいつも洗濯に出していて、時々、編集部の雑務を担当していた湖山明美さんに取りにいってもらってた。夕方、何かの会合があったり、会食があったりすると、（編集部内の）執筆部屋でパリッとしたスーツに着替えるんだよ。机の引き出しを開けると時計がダーッと並んでいて、スーツに合うヤツを選ぶわけ。女性にはめちゃくちゃモテた（笑）。よく知らないけど（笑）」

一九九一年九月、新興宗教団体の幸福の科学が、『FRIDAY』の批判記事に抗議して、作家の景山民夫や女優の小川知子らを代表に講談社の前で廃刊を求めるデモを行って社屋に侵入したり、編集部に大量にFAXを送りつけたり、ひっきりなしに電話をかけて業務を妨害するという事件が起こった。花田は、幸福の科学のトップである大川隆法（りゅうほう）のインタビューを取りたいと考えた。

「あの時は俺が幸福の科学と交渉していたんだよ。そうしたら校了明けの水曜日の午前一〇時頃に電話がかかってきた」

担当デスクは松井清人である。

「『大川総裁はインタビューを受けるとおっしゃっている。ただし時間は本日午後四時から。聞き手は必ず編集長にしてほしい』

スクープだと思うから俺は了承して、早速、花田さんに連絡したけど、全然つかまらない。当時はもちろん携帯なんかないし、花田さんがポケベルに反応するわけがない。午後になってもつかまらないから、幸福の科学に『約束の時間を延ばしてくれませんか?』って頼んだけど断られた。

俺が困り果てていると、湖山さんが『とても失礼なんですけど、校了明けに花田さんがいそうなところを三つくらい知ってます』と言った。湖山さんがひとつふたつ電話したらホントに出てきてさ。『大川隆法にインタビューできます。時間は今日の四時からです』と言ったら、花田さんじゃないとダメだと先方は言ってます。聞き手は花田さんじゃないとダメだと先方は言ってます。

何事もなかったかのように二時半か三時に編集部に現れたよ。

俺はすぐに読める程度の資料を用意しておいたから、早速目を通してもらった。花田さんは落ち着いたもので、全然バタバタしないんだよ。

インタビューが無事に終わり、ゲラを見せるという約束だったから幸福の科学の広報に送ったら、花田さんが〝大川さん〟と話しかけてるところを、全部〝大川総裁〟に直してきた。

花田さんは『絶対ダメだ。俺は大川総裁なんて言ってない。俺は信者じゃないし、この宗教に疑問をもっているんだ。そんな俺が総裁とか先生とか呼ぶのはおかしいだろう』って。

でも、幸福の科学も強硬だった。周囲には毎日新聞の元記者がいて、何しろ心酔しているから『総裁に対して大川さんとは無礼じゃないか』と絶対に譲らない。

結局、花田さんが、『もういいよ、〝大川さん〟のままで出しちゃえ』って。そういうところはホントに強いんだ。事後処理が大変だったけど（笑）」（松井清人）

『週刊文春』の巻末には〈編集長から〉という小さなコラムがあり、もちろん花田自身が毎週書いた。一九八九年五月二五日号の〈編集長から〉は次の通りだ。

《最近は花屋でも「みやこ忘れ」を見かけるようになりました。茎の長さが三十センチぐらい。紫の花をつける可憐な野草で、別名「野春菊」ともいうらしい。店先を通りかかる度に、いったいどんな人が買うのだろうかと気にかかります。

三十三歳で亡くなった母が大好きだった花で、狭い庭に植えて大切に育てていました。何年かして引越すときに「みやこ忘れ」も一緒に移植しました。それが根分けでどんどん増えて、毎年、今頃になると、たくさんの花を咲かせます。

花屋で売っているのは、けれど、品種改良のせいでしょうか、花もやや大きく、紫が濃すぎるような気がします。ちょっと色褪せたような薄い紫で、いかにも寂しげな――昔の「みやこ忘れ」はそんな花でした。》

恐るべき朝鮮総連やオウム真理教にも決して屈することなく、法律があるからと思考停止することもなく、正しいと信じたことを勇気を持って主張し、それでいて童話や子供向けの文章にも感動する柔らかい心の持ち主。都会的で明るく、それでいてわずかに孤独の影がある。時に行動は謎に包まれ、雑誌編集者という仕事を心から愛し、身体を張って部下を守る。

そんな編集長が、女性にモテないはずがない。

一九九〇年四月頃、花田紀凱がお茶ノ水の名倉病院に三週間ほど入院したことがあった。椎間板ヘルニアによる腰痛のためだ。私がお見舞いに行くと、個室の床は花の鉢植えで埋め尽くされていた。女性からのものがほとんどだったと記憶している。個室の壁の上方には『週刊文春』の中吊り広告が隙間なく貼られ、病人であるはずの編集長はベッドで腰を牽引されながら特集記事のゲラを読み、記事のタイトルに頭を悩ませていた。

一九九〇年一一月一〇日付の毎日新聞のコラム〈週刊誌すんぴょう〉のタイトルは「女性誌より女性に人気がある『週刊文春』」だった。

《女性の「好きな週刊誌」のトップは『女性自身』、これに続いて『週刊文春』が登場し、『週刊女性』『女性セブン』を押さえ込んでしまった。過去四年の調査では『女性自身』がトップの座をつねに確保、二、三位を『女性セブン』『週刊女性』が分け合うという女性誌ご三家の上位独占がつづいていたのに、これが崩れ去ったのだ。しかも『週刊文春』に寄せる好感度の男女比率がわずかながら逆転し、男性より女性に

好まれる結果となっている……。》

毎日新聞のアンケートによれば、『週刊文春』の中心女性読者層は三〇代以上、職業はＯＬよりも家庭の主婦、それも高学歴層に集中しているという。

雑誌は編集長と一体のものだ。『週刊文春』には、花田紀凱がそのまま表れる。

女性たちは鋭い。会ったこともない花田紀凱という男の魅力を、ちゃんとわかっているのだ。

3

一九八九年春、朝日新聞夕刊（東京本社版）は〈写'89──地球は何色〉を連載していた。大きなカラー写真を使った写真部主導のシリーズ企画である。

四月二〇日付の記事の主役は、青く明るい熱帯の海に棲息する巨大なサンゴの写真。画面の隅にダイバーが写っているのは、サンゴの大きさを示すためだろう。

サンゴには何かで削ったらしい「Ｋ・Ｙ」という大きな落書きがあったから、記者は大いに嘆いた。

《これは一体なんのつもりだろう。沖縄・八重山群島西表島の西端、崎山湾へ、長径八メートルという巨大なアザミサンゴを撮影に行った私たちの同僚は、この「K・Y」のイニシャルを見つけたとき、しばし言葉を失った。

巨大サンゴの発見は、七年前。水深十五メートルのなだらかな斜面に、おわんを伏せたような形。高さ四メートル、周囲は二十メートルもあって、世界最大とギネスブックも認め、環境庁はその翌年、周辺を、人の手を加えてはならない海洋初の「自然環境保全地域」と「海中特別地区」に指定した。

たちまち有名になったことが、巨大サンゴを無残な姿にした。島を訪れるダイバーは年間三千人にも膨れあがって、よく見るとサンゴは、水中ナイフの傷やら空気ボンベがぶつかった跡やらで、もはや満身傷だらけ。それもたやすく消えない傷なのだ。

日本人は、落書きにかけては今や世界に冠たる民族かもしれない。だけどこれは、将来の人たちが見たら、八〇年代日本人の記念碑になるに違いない。百年単位で育ってきたものを、瞬時に傷つけて恥じない、精神の貧しさの、すさんだ心の……。

にしても、一体「K・Y」ってだれだ。》

やや情緒的ではあるものの、自然保護の重要性を写真と文章の両方で訴える素晴らしい記事だ。
ところが、記事が出た途端に地元のダイバーたちが騒ぎ出した。彼らは毎日のように現場に潜っているが、朝日のカメラマンがやって来る直前まで、巨大サンゴには落書きなど見当たらなかったからだ。

あのカメラマンが怪しい。ダイバーたちは朝日新聞に抗議したが、電話に出た担当者は「朝日に限ってそんなことはあり得ない。証拠があるのか。あるならあるで文書にしてくれないと何も答えられない。名前？　そんなもの言う必要はない！」と取り付く島もなかった。

だが、ダイバーたちは毎日のようにサンゴの写真を撮っている。証拠は揃っていたのだ。結局、朝日新聞はサンゴの傷がカメラマンがつけたものだと認めざるを得なくなった。「落書き、ねつ造でした　深くおわびします」という謝罪記事を出して当該カメラマンを懲戒解雇、関係者全員が処分され、最終的には一柳（ひとつやなぎ）東一郎社長が引責辞任に追い込まれた。

朝日が白旗を掲げてから数日後に発売された『週刊文春』モノクログラビアには、ＡＶ女優松坂季実子の上半身ヌード写真が掲載された。場所はラブホテルの小さな室内プール。だが、隣にはなぜかダイビングのマスクをつけた男と、漁業用の網。さらに鯨の巨大なフロート（浮き輪）まで浮かんでいる。海だと言いたいのだ。カメラ目線で子供のように笑う松坂季実子の裸の胸の上部には、どういうわけか「Ｋ・Ｏ」の文字が書かれている。

撮影は若き日の萩庭桂太。のちに浜崎あゆみの写真集や安室奈美恵のＣＤジャケットなどを撮影することになる優秀なカメラマンである。ヘアメイクもしっかりとつけている。やたらと手の込んだ写真には次のような文章が添えられた。

《これは一体なんのつもりだろう。アダルトビデオ界の新人松坂季実子ちゃん（20）の１１０７ミリの巨大なバストを撮影に行った私たちの同僚は、この「Ｋ・Ｏ」のイニシャルを見つけたとき、しばし言葉を失った。（中略）今は亡き堀江しのぶちゃんをほうふつとさせる愛くるしい顔の季実子ちゃんの巨乳は、身長１６０センチＷ60Ｈ90という控えめな体に高々と盛り上がり、まるで豊かなサンゴ礁を見る思い。周囲１１０７ミリというサイズは、あの村西監督も仰天というド迫力で、大きさといい、形といい、張りといい、日本有数の自然巨乳。さっそく「自然巨乳保全特別地域」に指定された。（中略）

が、この無残な傷はなんだろう。日本人は、落書きにかけては今や世界に冠たる民族だと誰かが言ってたが、これは将来の人が見たら80年代日本人の記念碑になるに違いない。思春期以降、制服の下でひそかに育まれてきたものを瞬時に傷つけて恥じない、精神の貧しさの、すさんだ心の……。

にしても、一体「K・O」ってだれだ。

「落書き　ねつ造でした」

行き過ぎ取材を深くお詫び致します。

彼女の5本のビデオにそのような傷は見当たらず、彼女自身も撮影にくるまで傷はなかった、といっていることから本紙記者（写真右下）の自作自演と判明しました。なお、この事件につき小社では「どうしてこんなことをしたのか分からない」と泣き叫ぶ担当記者を3カ月のビデオ鑑賞禁止処分に致しました。》（『週刊文春』一九八九年六月一日号）

こんなバカバカしいグラビアページを手間暇かけて作るのは、文藝春秋広しと言えども西川清史ただひとりだ。一九八九年四月に『週刊文春』に配属されると、花田紀凱編集長に命じられてグラビア班デスクになった。

文藝春秋は長く活字を扱ってきた会社で、編集者は小説や評論や取材記事の扱いには慣れているが、写真やイラストは文章の添え物でしかなかった。写真には独自の価値と面白さがある。文藝春秋の編集者がこのような考え方を持ち始めたのは、『スポーツ・グラフィック ナンバー』の創刊（一九八〇年四月）以降だろう。

幼い頃から『LIFE』を愛読し、絵心とデザインセンスがあり、単行本の装幀までやってのける才人は、創刊間もない『スポーツ・グラフィック ナンバー』編集部に配属されると、初代編集長の岡崎満義に向かって「この雑誌はダサすぎて話にならない」と言い放ち、即座に異動させられたという武勇伝の持ち主でもある。

私が『Ｅｍｍａ』に配属された一九八〇年代半ば、表紙担当の西川清史から「一眼レフを買って、自分で写真を撮ってみろ」と言われたことがあった。

「自分で撮影してみれば、カメラには何が撮れて、何が撮れないかがわかる。写真をわからなければ、カメラマンと話をすることもできないじゃないか」

素直な私は早速写真部の大海秀典（だいかいひでのり）さんに相談して、初心者向けのニコンFGと五〇ミリの標準レンズを買った。

少し慣れてくると、写真部にある古い広角レンズや望遠レンズを借り出して、草野球だの女の子だのを片っ端から撮った。編集者が写真に興味を持つことはいいことだからと、大海さんは写真部に備えてあるモノクロフィルムをいくらでも使わせてくれた。

フィルム現像は、最初のうちは写真部員にお願いしたが、自動現像機の導入以後は自分でやった。酢酸の匂いのする暗室で引き伸ばし機を使ってプリントするのは楽しかった。仕上がりは写真部員に比べて明らかに見劣りがしたが、どれほどヘタクソでも、撮影から現像、プリントまですべてのプロセスを経験すれば写真への興味も湧く。わからないことはすべて写真部員が懇切丁寧に教えてくれた。

画角と焦点距離の関係や被写界深度など、写真のイロハをこの時に学んだことは、『週刊文春』グラビア班でも『スポーツ・グラフィック ナンバー』でも女性誌『CREA』でも、どれほど役立ったかわからない。

西川清史が購入した世界的なカメラマンの写真集を仕事の合間にめくり、写真展にも出かけた。エルスケンもロバート・キャパもアンリ・カルティエ＝ブレッソンも、ヘルムート・ニュートンもアニー・リーボヴィッツもブルース・ウェーバーも、ダイアン・アーバスもロバート・メイプルソープもスティーブン・マイゼルもボブ・カルロス・クラークも、すべて西川清史から教えてもらった。

私と同様に、西川清史の影響を強く受けた多くの若手編集者が『スポーツ・グラフィック ナンバー』や『CREA』などのビジュアル誌で活躍している。

現在まで続く『週刊文春』の巻頭カラーグラビア〈原色美女図鑑〉も西川清史が始

めたものだ。写真も女性も大好き、ファッショナブルなポートレートも水着もヌードも大好きという西川らしい企画である。

密かに『ヴォーグ・イタリア』を目指したという〈原色美女図鑑〉に当代随一の美女たちが次々に登場した最大の理由は、一流カメラマンが撮影してくれるからだ。五味彬、小暮徹、渡辺達生、荒木経惟（のぶよし）、三浦憲治、久留幸子（くるさちこ）、横木安良夫（あらお）、山内順仁、三好和義、野村誠一、篠山紀信、立木義浩、小林鷹、伊島薫――。前述の萩庭桂太の才能を早くから見抜いて〈原色美女図鑑〉に抜擢したのも西川だった。

西川の美女探求の旅は日本だけに留まらず、〈香港美女図鑑〉〈湾岸美女図鑑〉〈韓国美女図鑑〉〈イタリア原色美女図鑑〉〈台湾美女図鑑〉〈上海美女図鑑〉〈北京美女図鑑〉〈ミラノ美女図鑑〉〈タイ美女図鑑〉を次々に実現させた。

端正な字を書き、文章は細部に至るまで揺るがせにしない完璧主義者が、松田聖子の結婚に寄せて『Ｅｍｍａ』に書いた一文は忘れられない。

《しかし、スッピンの女というのはどうしてこんなに切ないのであろうか。どうして裏切られたような、はぐらかされたような、新幹線だと思って乗った電車が常磐線だったりしたような脱力感に、襲われるのであろうか。

そうなのだ。そうなのだ。それまでファウンデーションやらチークやらマスカラやら口紅やら、その他よく分からないもので顔面を粧って、「うーん、いい女だなあ。ゾクゾク」なんて思ってた女が、風呂場から濡れた髪をバスタオルでゴシゴシ拭きながら中学3年生みたいな顔して出てきた時の失望感。なぜか突然細くなった眉毛をして、「なんか冷たいもの飲みたいな」などと言われると、違う違う、だまされたァと強く思ったりするのである。

この度めでたく華燭の典をあげたご両人、今はもう夢心地であろうが、思えば結婚生活なんぞというものは、新妻のスッピンを凝視する作業みたいなものなのである。そりゃまあ、最初の3カ月ぐらいは、風呂上がりのスッピンは楽しかろう。新鮮でもあろう。が、それも半年で飽きる。ましてや、スッピンが口開けていびきでもかいてたりすると、俺の人生はこんなものだったのだろうかと、新郎は深夜パジャマ姿で一人淋しく、これからの長い人生というものに思いをはせたりしてしまうのである。それはそういうものなのである。》（『Ｅｍｍａ』一九八五年七月一〇日号）

このリアリズム！　女性の美しさへの限りない憧憬と、それが幻影に過ぎないという深い諦観を併せ持ち、それでもなお幻影を追い求め続ける自分を笑い飛ばすのが西川清史という男なのだ。

新人だった大村浩二は、森羅万象を「おもしろい！」という一点に収斂（しゅうれん）させる西川デスクの最大の被害者だろう。ＡＶ女優松坂季実子の撮影では、水中マスクをつけてラブホテルのプールに潜らされた。「Ｋ・Ｏ」は大村浩二のイニシャルだ。ビートたけし（北野武）の初監督作『その男、凶暴につき』のプロモーション取材では、たけし本人にモデルガンを口に突っ込まれた。『エイリアン』の主演女優として有名になり、映画『愛は霧のかなたに』ではマウンテンゴリラを愛する動物学者を演じたシガニー・ウィーバーが来日した際には、ゴリラの着ぐるみを着せられてホテルオークラに放り込まれた。「シガニー・ウィーバーにただインタビューするだけじゃおもしろくないから、カメラを据えておいて、そこにゴリラのインタビュアーが飛び込んでくる、というシチュエーションを考えた。ゴリラの着ぐるみを着た大村が、廊下をバーッと走って部屋に飛び込んだら、シガニー・ウィーバーが飛び上がって、『アイ・ラブ・ゴリラ！』と喜んだっていうからな（笑）。

とにかくあの頃は、本気でバカバカしいこと、おもしろいことをみんなで模索していた。『11ＰＭ』のオープニングで流れる『シャバダバ　シャバダバ～♪』っていうスキャットのコーラスを、柳澤と大村が入稿中にわざわざ練習して、編集部でハモって歌ったことがあっただろ？　あれ、夜中の一時過ぎだぜ。あとにも先にも、あれだけ

弾けたグラビア班はないよ。文章に芸があるヤツも揃っていた」（西川清史）

西川清史のグラビアとともに『週刊文春』で〝おもしろさ〟と〝楽しさ〟を担当していたのが〈おじさん改造講座〉の清水ちなみだ。

花田紀凱編集長はＯＬ委員会を主宰する清水ちなみを大いに買っていた。会員である実在のＯＬたちにアンケートをとり、上司たちの情けない実態と日本の会社の不思議をレポートする〈おじさん改造講座〉は、エンターテインメントを装いつつも、じつはファクトを重視する極めてジャーナリスティックな企画だったからだ。丸谷才一は〈おじさん改造講座〉について次のように書いている。

《中年男の風俗の研究で、それを若い娘たちの視点からおこなふといふ悪質な態度が、すぐれてジャーナリスティックである。毎号愛読してゐます。》（『オール讀物』一九八八年五月号）

花田は、二ページに固定されていた〈おじさん改造講座〉の拡大版を作ってほしいと清水ちなみに要請した。会社で働く女性たちの視点が『週刊文春』には必要だと考えたからだ。

「ちなみちゃんがやりたいことは何でもやってくれよ。いくらでもページをとるからって。そんなに自由にやらせてくれる編集長なんて、花田さん以外にひとりもいません。だから、年末年始やゴールデンウィークや夏休みの合併号に〈おじさん改造講座〉の拡大版をやり始めました。『おみやを狙え！　日本全国おねだり地図』とか『社長のミスコン』とか『日本一エラいのは誰だ？』とか『試験に出る世界のＶＩＰ大図鑑』とか。驚いたのは、花田さんが企画内容を全然聞いてこないこと。『今週は何ページほしいの？』『四ページ下さい』『わかった。ちょっと考えるから』。いつもそれだけだったんです」（清水ちなみ）

初めての拡大版は一九八九年八月一七日・二四日合併号の〈政界顔面博覧会〉（五ページ）。政治家の顔写真をズラリと並べて、ＯＬたちに率直な感想を語ってもらった（大半は酷評）。タイトルは水中写真の第一人者である中村征夫の写真集『海中顔面博覧会』からいただいた。

宇野宗佑と自民党の倉成正と快獣ブースカの写真を並べた清水ちなみは「ああ、Ｍｒ．ＵＮＯは、おじさん改造講座には不適当だ。私にはどう見ても、おばさんかブースカにしか見えない」と書いた。

一一月二日号では四ページで〈社員旅行天地有情絵巻〉。浴衣姿で時にパンツまで見せつつ乱痴気騒ぎを繰り広げる上司の狂態ぶりを写真入りで紹介した。タイトルは花田から絶賛された。

一九八九年末、西川清史グラビア班デスクは、雑誌『宝島』の読者投稿コーナー〈ＶＯＷ〉にヒントを得て、そっくりさん写真を大量に集めるというプランを思いついた。〈顔面相似形〉という秀逸なタイトルも西川だが、清水ちなみの〈政界顔面博覧会〉の影響は明らかだろう。

担当者は私だった。まずは写真を集めなくてはならない。入稿までには二週間少々あったはずだが、インターネットのない時代にできることは限られている。

まず最初に、編集部に大きな模造紙を貼った。「顔面相似形始動！　そっくりさんを思いついたら、ここに書き込んで下さい。最優秀の方にはグラビア班から記念品を贈呈します」。

さほど期待はしなかったが、意外にも編集部以外の人たちもおもしろがって書き込んでくれた。

写真資料室の写真は片っ端から見た。岡田眞澄とスターリン、池田大作と金日成、ＮＥＣ社長の関本忠弘とＮＴＴの新藤恒、阿川佐和子とコメディアンの高田純次と大相撲力士の大徹（だいてつ）。Ｆ１ドライバーの中嶋悟とのちに都知事となる舛添要一と落語家の桂米助。俳優だろうが歴史上の人物だろうが、外国人だろうが宗教家だろうが社長だろうが、ジャンルも性別も関係なく並ぶのがおもしろかった。

WWP、オリオンプレス、WPS、PPS通信社、ユニフォトプレスなどのフォトエージェンシーにも協力をお願いしたが、記憶に残っているのは自由の女神とエルビス・プレスリー、レーガンとオウムくらい。外国人で笑えるものを作るのは難しい。

雑誌や本を大量に所蔵する三階の資料室でも長い時を過ごした。写真集や画集、図鑑は大いに役立った。森山眞弓官房長官と土偶、キャスターの山口美江と浮世絵の女、山口洋子と新幹線、夏目雅子と興福寺阿修羅(あしゅら)像、巨人軍の篠塚利夫と豊臣秀吉。平幹二朗とアリストテレス、麗子像(岸田劉生作)と花森安治、マナガツオと浜田幸一、アザラシと大平正芳、ナポレオンフィッシュと渡辺美智雄。人間以外のものが登場すると途端に楽しくなる。メディチ家の当主コジモ・デ・メディチの胸像写真を見つけた時には狂喜乱舞した。仲代達矢とうりふたつだったからだ。

文春が日頃からお世話になっている作家たちも、顔面相似形の魔の手から逃れることはできなかった。

司馬遼太郎と大木凡人、井上ひさしと中江兆民、池波正太郎と評論家の細川隆元、柳田邦男とニュースステーションの若林正人、安部譲二と経営コンサルタントの堀紘一、大岡玲と劇作家の鴻上尚史(こうかみしょうじ)、山田詠美と野茂英雄、陳舜臣とテレビ朝日の朝岡聡アナウンサー。村上春樹と高杉晋作、渡部昇一と大江健三郎とカメレオン。瀬戸内寂聴と女優の白石加代子。山本夏彦と細川隆元と巨人軍元監督の川上哲治。

花田さんがダメを出したのは一度だけだ。

平岩弓枝と北勝海(ほくとうみ)である。

「柳澤、これはマズいだろう。平岩さんは『オール讀物』で『御宿(おんやど)かわせみ』を連載中なんだから」

「花田さん、司馬先生だって本誌で『この国のかたち』を連載してるじゃないですか」

「いや、女流作家はシャレにならないよ。とにかくダメだ」

「残念です。こんなに似てるのになあ」

入稿日の夕方、集めた写真にＡＢＣの評価をつけてデザイナーに渡す。アタマはこれ、Ａは大きく、Ｂは普通。Ｃは小さく。あとは適当に並べて下さい。

清水ちなみのエッセイ「人の顔をとやかく言う」の入稿が終わり、あとは大量の写真に私がキャプションをつけるだけという段階で、花田さんから声がかかった。

「ちなみちゃんにも手伝ってもらえよ」

ワープロの前にふたりで座り、ゲラゲラ笑いながら大量のキャプションを書いた。

清水ちなみは『モンティ・パイソン』や『Mr.ビーン』を熱愛し、ワハハ本舗やラジカル・

ガジベリビンバ・システムの公演にも足繁く通うコメディ好きで、笑える文章を書く特殊な才能に恵まれていたから、一緒に作業するのは死ぬほど楽しかった。

グラビア班および清水ちなみが全力投球した〈顔面相似形〉はたちまち大評判を呼び、合併号のたびに続編を作った。結局、一九九〇年の一年間に四回やってネタ切れになった。

一九九〇年の『週刊文春』といえば、前年秋のパチンコ疑惑報道で朝鮮総連の猛抗議を受けた記憶も生々しく、江川紹子が坂本弁護士一家失踪事件をきっかけにオウム真理教関連の記事を書き始め、さらに創価学会の池田大作会長を糾弾するキャンペーンを張っていた時期である。特集班がピリピリしながらシビアな取材を続ける一方で、西川清史率いるグラビア班の我々は大笑いしながら〈顔面相似形〉を作っていたということだ。

当時、特集班のエースだった木俣正剛は「一九九〇年前後の『週刊文春』は絶妙なバランスがとれていた」と振り返る。

「西川さんが作るグラビアはおもしろくて、しかも明るい。このふたつを両立させるのは、じつはかなり難しいこと。西川さんのグラビアがあれば、僕や松井（清人）さんが、かなりドス黒い記事を右柱で作ってもいいんだろうな、と思っていました」

一九九一年六月二〇日号に掲載された〈浩宮さまヘアースタイル改造計画〉は、週刊誌グラビア史上に残る怪企画だった。畏れ多くも皇太子殿下の髪型を変えたモンタージュ写真を一〇枚並べて、女性たちにどの髪型が似合うかを投票してもらったからだ。

きっかけは、清水ちなみが私にしてくれた他愛もない笑い話だった。

「女性週刊誌の新聞広告を眺めていたら『浩宮さま、お見合いへ!』という見出しがあったんだけど、誤読して『お見合いヘアー』と勘違いしちゃった(笑)。お見合いヘアーっておもしろいよね」

皇太子殿下は当時三一歳独身。天皇陛下が二五歳でご結婚されたのに比べていかにも遅かった。〝お見合いヘアー〟という言葉にピンときた私は、早速、某カツラメーカー部長のAさんに相談した。某カツラメーカーには特殊な機械があり、正面からの写真が一枚あれば、長髪や短髪、ストレートヘアーやパーマヘアーのモンタージュ写真を作ってくれる。カツラ作りの参考にしてもらうためだ。フォトショップ(画像編集ソフト)など、まだ影も形もなかった。

Aさんが快諾してくれたので、私は写真資料室から借りだした皇太子殿下の写真を手渡した。

一週間ほどして完成の連絡がきた。私は再びカツラメーカーを訪ね、元の写真と一緒に一〇枚の皇太子殿下のモンタージュ写真を受け取った。カツラを作るための写真だから、奇妙奇天烈な髪形であるはずもないが、私たちが見たことのない皇太子殿下がそこにいた。

「これはすごいですね!」

興奮する私に向かってAさんが言った言葉は忘れられない。

「某県にある弊社の工場に社内便で送ったのですが、元の写真を見た工場長から私のところに直々に電話がかかってきました。『日本国民のひとりとして、こんな仕事は請けられません』と。でも私は『俺が責任をとるからやれ!』と言ったんです」

「いやいやAさん、これ、もしバレたらクビですよ。責任をとるような場面じゃないですよ」

そんな言葉を喉元で呑み込んだ私は、謝意だけを告げて帰社すると、すぐに清水ちなみに協力を求めた。若い女性たちは、皇太子殿下にはどんな髪形が似合うと考えているのか。正確なところを知りたかったからだ。

〈おじさん改造講座〉の母体であるOL委員会の会員数は、一九八七年の連載開始時の二〇〇人から、たちまち一五〇〇人以上に膨れあがり、会員たちは一流企業から零細企業まで、ありとあらゆる業種で働いていた。文藝春秋にも会員がいたそうだが、誰なのかは知らない。

インターネットのない時代、清水ちなみは全国の会員にアンケートと会員限定の会報（『ぺんだこん』）を作って郵送していた。印刷代と郵送費はすべて『週刊文春』が負担していたから、皇太子殿下の髪形アンケートも頼みやすかった。一九九一年春に郵送されてきた髪形アンケートを見てＯＬたちは仰天したはずだが、快く投票してくれた。秘密厳守のお願いをきちんと守ってくれたこともありがたかった。

数週間後、アンケート結果が私の手元にやってきた。一位となったのは、現状の横分けよりももう少し短く、重心を上に置いた髪形だった。

一〇枚のモンタージュ写真とアンケート結果があれば、あとは記事を書くだけだ。私はこの時初めて花田紀凱編集長に皇太子殿下の写真を見せたが、当初の反応は決していいものではなかった。

「バカ野郎、こんなのできるわけないだろう」

「そうですか。残念だなあ」

内心ではそれほど残念でもなかった。写真を揃えてアンケートを取った時点で、私はかなり満足していた。さすがの花田さんでも、これは無理だろうと思ったのだ。

ところが二週間後、花田さんが私を呼んで言った。

「柳澤、あの写真、まだ持ってるか？」

「そりゃあ持ってるに決まってますよ。やりますか？」

「よし、やろう！」

当時の『週刊文春』は絶好調で、毎週のようにスクープを飛ばしていた。花田さんが〈浩宮さまへアースタイル改造計画〉をやる気になったのは、この週たまたまネタが切れていたからだろう。私はずっとそう思っていたが、今にして思えば、この六月二〇日号の右柱の記事〈浩宮妃いよいよ決定か——独占スクープ六月二日天皇家の「秘密会談」をスッパ抜く〉に合わせた可能性もある。

ともあれ〈浩宮さまへアースタイル改造計画〉は、モノクログラビアのトップという、やたらと目立つところに掲載された。本文は、私がペンネームの小林久美子を使って書いた。

《「自分もそろそろそういう年齢になったんだなあと感じています。そろそろ考えなければと思っています。結婚は、三十（歳）前の方がいいですね」

と皇太子さまがおっしゃったのは二十六歳の誕生日の直前。現在は三十一歳ですから、もう五年半も前のことになるんですね。

今日に至るまで、お妃候補として報道されたご令嬢は、驚くなかれ八十人以上とか。久邇さん、北白川さん、徳川さん、三井さん、住友さん、古河さん、渋沢さん、服部さん、柳原さん、などなど、名字だけでもなんとなく由緒正しそうなお名前が、「極秘デート」とか「お忍びでカラオケデート！」とか「急浮上スクープ！　ロングヘアーの美女」とかいう見出しで女性週刊誌の極彩色の表紙を飾ったものでした。

ところが、その割には、交際中とか、ご婚約とか、要するに、その後進展しているという話を耳にしません。

そうこうしているうちに、礼宮さま改め秋篠宮殿下は、さっさとご結婚なさってしまい、プリンセス・紀子さまもすでに妊娠五カ月。十月末には、お子さんも生まれる予定で、幸せいっぱい。弟宮が人生のステップをトントンと上っているのに、皇太子さまは、交際相手の名前すら出てこないというのが現状です。もしかしたら、極秘で進行中、なんてこともあるのかもしれませんけど、少なくとも一般庶民は全然知りませんし、心配しています。

かつて皇太子さまは「自分と価値観が同じである人が望ましい」とおっしゃいました。でも、殿下と価値観を共有できる女性なんて、めったにいないんじゃないかっていう気がするんです。

たとえば、週刊文春で独自に行った調査によると、皇太子様の現在の髪形を好む女性は、非常に少ないということが明らかになりました。

もちろん、日本男児たるもの、髪形などを気にしていては、大事を成すことはできぬのじゃ、という声はあるでしょう。そしてそれは、一面の真実でもあります。男子がそうであるならば、女子は、外見ではなく、人柄や能力、つまり中身で嫁ぎ先を決めるべきだ、ということも。

でも、「べきだ」ということと現実とは、残念ながら違います。今時の女のコは、あまりにも当然のことですが、つき合う相手の男のコの外見を気にするんです。ヘアースタイルも、着ている洋服も、持っているクルマも、中身と同じようにやっぱり大事なことなんですね。趣味、の問題なんです。

これはいいことなのか、悪いことなのかは知りませんが、現実はこうです。こうである以上、女のコの好みというものも、少しは考えていただく必要があるんじゃないか、と思います。

そこで、週刊文春では、微力ながら、今後の参考にしていただければと思い、とりあえず、殿下に似合う髪形を考えてみることにしました。そして、自信作十点を選び出し、若い女性百人を対象にしたアンケートをとってみました。あなたは、どの髪形がいいと思いますか？

結果はご覧の通り。アンケートに答えてくれた皆さんは、ヘアースタイルでこんなに雰囲気が変わるものかと、ずいぶん驚いていましたよ。

実際にやってみた私たちも、イメージが全然違ってしまうのにびっくりしました。ですから殿下、髪形を変えてみることをお勧めします。もし難しいのであれば、ちょっと短くして、ムースをつけるだけでもいいですから。

もっとやる気がおありなら、有名な美容院でやってもらったり、業界ナンバー1のヘアーメイクの人にお願いしてもいい。なんだったらご紹介します。

そこまで大げさじゃなくても、これくらいのヘアースタイルだったら、普通の床屋さんで、どこでもやってくれます。絶対にやってみるべきですよ。だって、こんなにお似合いじゃないですか。そうお思いになりません？（文・小林久美子）》

反響は大きかった。発売日の午前一〇時頃、私は花田紀凱編集長に命じられて霞が関の官庁街にある書店を次々に回ったが、文字通り一冊も残っていなかった。すでに官僚たちの間で噂になっていたに違いない。

編集部に戻ると、右翼から何本も電話がかかってきていた。「女のライターが書いたとか言ってるけど、どうせオマエらが書いたんだろう！」と鋭く指摘された時には、

「よくわかりますね！」と思わず返事をしそうになった。

文章はどこからも突っ込まれないように細心の注意を払って書いたつもりだが、それでも花田紀凱編集長と西川清史グラビア班デスクは宮内庁に呼び出されて叱られた。じつは、写真資料室で私が借りだした皇太子殿下の写真は宮内庁から雑誌協会にお貸し下げになったもので、裏側には「修整したり、トリミングしてはならない」と明確に書かれていた。「今後、規定に反した雑誌協会には皇室写真を貸しません」と宮内庁から言われてしまえば、他の出版社にまで迷惑をかけてしまう。謝罪広告を出すほかなかった。

極めつきは、ＡＰ通信が「日本ではいま、週刊誌が皇太子にヘアースタイルを提案して話題を呼んでいる」と世界中に打電、なんと『ニューヨーク・タイムズ』に掲載された――。

当時の私にとってはどれも笑い話でしかない。

ところが、実際には笑い話では済まなかったことを、最近になって西川清史さんから教えられた。

「ものすごく大変だったんだよ。日本中の右翼という右翼から抗議がきた。現場の編集部じゃなくて、会社の上層部に押しかけてきたから、社長から役員まで全員が途方にくれたんだ。

担当役員だった堤（堯）さんが二階に下りてきて『誰だ、これをやったのは！』と怒鳴った。『抗議されることはあるけど、ほとんどはこちらに大義名分がある。社会正義のためだとか。でも、これには一切の大義名分がないじゃないか！』って。俺は『いや堤さん、俺たちは皇太子殿下に素敵なお嫁さんがきてほしいからこそやったんです』って抗弁したし、電話をかけてきた右翼にもそう言った。そうしたら、電話の向こうの右翼の親分にハハハと鼻で笑われたよ。『お前……本気でそう言ってんのか』と凄まれたから、俺も『すみません、ちょっと言い過ぎました』って謝った（笑）。池袋の有名な右翼は毛筆で文春に抗議文を送りつけてきたから、こちらも秘書室の女性に頼んで毛筆で詫び状を書いてもらった、と俺は聞いてる。

もちろん花田さんは、上から相当言われたはずだよ。でもまあ、あの人は全然平気なんだよ。普通の人間なら夜眠れないとか、胃に穴が開くところだけど、ストレスフリーというか鈍感というか。だから、健全な常識人に週刊誌の編集長は無理だね」

改めて花田さんはすごいと思った。当時の私は何も聞かされていなかったからだ。

西川さんと一緒に宮内庁に呼び出されたこと以外、花田さんは私に何ひとつ言わなかった。言えば私が萎縮してしまい、エッジの効いた企画を出さなくなることを恐れたに違いない。

部下には好き放題をやらせ、すべての責任は自分が取る。

そんな編集長の下で、私たちは幸せだった。

花田紀凱編集長の就任以来、『週刊文春』の部数は爆発的に伸びていた。一九九一年上半期の実売部数は六六万八四六九部と、ライバルの『週刊新潮』に一五万部以上の大差をつけた。そのうちの多くは女性読者だったはずだ。

一九九一年新年特別号は一二一万五〇〇〇部発行し、一〇〇万部以上の実売を記録。実売で一〇〇万部を超えたのは、『週刊文春』史上初めてのことだった。

特集やグラビアばかりではない。連載担当のセクション班も明るく、活気があった。松本清張〈神々の乱心〉、井上ひさし〈ニホン語入門〉、椎名誠〈新宿赤マント〉、楠田枝里子〈ナスカ 砂の王国〉、猪瀬直樹〈ニュースの考古学〉、ビートたけし〈たけしの場外乱闘〉など、強力な連載も次々にスタートした。

花田編集長体制の『週刊文春』は、最強の週刊誌だった。

4

一九九〇年代初頭、書店の減少はすでに誰の目にも明らかになっていた。年間一〇〇〇店が廃業したが、大部分は雑誌を主力商品とする一〇坪から二〇坪程度の私鉄沿線の駅前書店。私鉄沿線には昭和期に地方から流入した知的中産階級が定住していて、それはそのまま文藝春秋の支持層でもあった。

代替わりや経営不振によって駅前書店が撤退を余儀なくされる一方で、郊外の大型店やデパート、スーパーの書店の売り場面積はむしろ広がっていたから、活字離れは、まださほど深刻なものではなかった。

週刊誌にとって、コンビニエンスストアは駅の売店と並ぶ最重要の販売ルートとなっていた。

コンビニの窓側に必ずと言っていいほど雑誌コーナーが置かれていたのは、立ち読みの客が外から見え、いかにも店がにぎわっているような雰囲気を出せるからだ。書店とは異なり、コンビニは立ち読み客を歓迎した。深夜でも人の影があれば、強盗や窃盗の危険が減るからだ。

花田紀凱編集長は以前から『週刊文春』の発売日である毎週木曜日朝に書店や駅の売店を回って売り上げ調査を行っていたが、やがてコンビニも含めるようになった。

《毎号の売れ行きが気になるので、街を歩いていてコンビニが目につくと、必ず入ってみるクセがついてしまいました。社の近くのある店、毎週、売れ残り分を引き取っていたら配本部数がどんどん増える。ライバル誌（引用者注・『週刊新潮』のこと）一九冊、小誌五十四冊だったのが、今は小誌百一冊、ライバル誌はそのまま。「返品ゼロなんで、どんどん配本が増えるんですよ」喜んでいいのやら、複雑な心境です。》（一九九二年三月二六日号〈編集長から〉）

ＡＢＣ公査レポートによれば、一九九一年下半期の『週刊文春』の平均実売部数は六八万三五二九部。『週刊新潮』に約一六万部もの大差をつけたばかりでなく、『週刊ポスト』（小学館）を抜いて総合週刊誌五誌（文春、新潮、ポスト、現代、宝石）のトップに立った。

『週刊文春』が大きく部数を伸ばした理由は三つ考えられる。

一、女性読者を重視したこと

二、楽しく笑える記事づくり
三、スクープ主義
女性読者向けの代表的な記事は〈謎の治療師　ハワード・ヤングの正体〉や〈整形美容　戦慄の内幕〉など。しかし、それ以上に人気を呼んだのは渡辺みどりの連載〈美智子皇后の「いのちの旅」〉だった。そもそも『週刊文春』は「テニスコートの恋」から始まるミッチーブームに乗って創刊されている。創刊号（一九五九年四月二〇日号）の表紙も着物姿の美智子妃だった。

初の民間出身の皇后となった美智子妃の運命の出会い、ご結婚、育児、嫁と姑問題など、数奇な運命を生きた美しい日本女性の半生をご成婚から三五年を経て正面から描いた〈美智子皇后の「いのちの旅」〉は女性読者から大きな支持を受けて、単行本は二〇万部を超えるベストセラーとなった。

一九九二年春に文藝春秋に入社した臼井良子は、少女時代から、父親が持ち帰った週刊誌を大量に読んできた。

「父親は板前なんですけど、週刊誌が大好きで、月曜日には『週刊現代』、火曜日には『週刊ポスト』、水曜日には『週刊サンケイ』のちに『SPA!』、木曜日には『週刊文春』、金曜日には『週刊新潮』を、駅のキヨスクで毎日買って家に持ち帰ってくれました。私が特に好きだったのが『週刊文春』。和田誠さんの表紙も、椎名誠さんの連載〈新宿赤マント〉も大好きでした。

中学の時に椎名誠さんの『わしらは怪しい探険隊』を読んで、椎名さんたちのキャンプの仲間に入りたい、と強く憧れたんです。椎名さんと知り合うためには編集者になるしかない。大学を選ぶ時には出版社への就職率が一番いい青山学院女子短期大学に決めました。マガジンハウスとか講談社とか、ほかの出版社もいろいろ受けたけど、結局受かったのは第一志望の文春だけ（笑）。文春の女子社員も青短の出身者が多かったですね。

入社後まもなく、作文を書かされました。お題は『文藝春秋への提言』。私はここぞとばかりに、自分がいかに『週刊文春』が好きかを書き綴りました。連載なら泉麻人〈ナウのしくみ〉、えのきどいちろう〈テレビ一目瞭然〉、清水ちなみとOL委員会〈おじさん改造講座〉がおもしろいけど、さらにこういう人たちにコラムを書いてもらえばもっとよくなる。そんなプランを書いたんです」（臼井良子）

文藝春秋の新入社員はしばらくの間、胸に名札をつけなくてはならないが、田中健五社長が臼井良子の名札を見つけて声をかけてくれた。

「君が臼井くんか。君の作文はおもしろかったよ」

天にも昇る心地だった。

「健五さんが和田誠さんを表紙に起用したことを知っていたから、憧れだったんです。その時、たまたま健五さんの隣に花田さんがいて、『そんなにおもしろい作文なら、俺も読ませてもらおう』と言って実際に読んでくれました。『東大卒の子の作文は硬すぎておもしろくなかったけど、君のはおもしろかった。君が推薦する筆者がこれまでに書いたものをコピーして持ってきなさい』と言っていただいた。入ったばかりの新人の意見をちゃんと聞いてくれるなんてすごい！　と感激して、急いでコピーをお持ちしました」

最初は業務だろうな、でもいつかは『週刊文春』で働きたい。そう思っていた臼井良子だが、いきなり週刊のセクション班に配属されて、一番やりたかった和田誠の表紙担当となった。おもしろい文章を書ける人間は、文春では高く評価される。

「和田さんは寡黙な方で、ちょっと怖い感じ。でも、映画も撮っていて、仕事も一番乗っている頃でした。山田美保子さんの連載〈オバダス〉が始まる時には、花田さんから直接、『君が担当をやりなさい。イラストレーターから何から、全部自分で決めてくれていいから』と言われたので、みうらじゅんさんにお願いしました。

セクション班はとても楽しかった。隣の席が映画担当の加藤政代さん。のちの新谷学夫人です。私がヒマそうにしていると試写状をくれて『行ってきていいよ』って。きれいで優しくて、大好きでしたね」（臼井良子）

『週刊文春』の躍進を支えたふたつめの要素である「楽しく笑える記事づくり」は、主にグラビア班が担当した。

私が九一年六月に『スポーツ・グラフィック ナンバー』に異動したあとは、勝谷誠彦がその天才ぶりをいかんなく発揮することになった。

〈宮嶋茂樹カメラマン PKOゲロ戦記〉は、勝谷が〝不肖宮嶋〟というキャラクターを生みだした記念すべき特集記事だ。グラビア班員が特集記事を書くことは、当時の『週刊文春』ではさほど珍しいことではなく、私も林真理子さんの結婚記事を書いている。

一九九二年九月、自衛隊が国際平和協力法に基づいてPKO（United Nations Peacekeeping Operations＝国際連合平和維持活動）の一環としてカンボジアに派遣された。

新聞や通信社の記者たちが悠々と空路でプノンペン入りする中、『週刊文春』から派遣された宮嶋茂樹カメラマンは、ただひとり自衛隊の輸送艦に乗り込んだ。わずか二千トンの輸送艦『みうら』は台風に遭遇して木の葉のように激しく揺れ、陸上自衛隊のＰＫＯ要員たちは船酔いで丸四日間ゲロを吐き続けた――。

凄惨な船内の様子を、勝谷は余人をもって代えがたい筆致でユーモラスに描いた。自衛隊を賛美しているのか、おちょくっているのかわからないような、微妙なラインを保ちながら。

《ああ、あの父が、兄が、その血で守った東亜の地。多くの皇軍将兵が、屍をさらした仏印に、再び日章旗が立つ秋がやってきた。しかも、かつて帝国海軍がたどったその海上の道を、堂々のわが艨艟は征くのである。

しかるに、多くの日本のマスコミは、その壮途の過程を取材しようとはしない。空路プノンペン入りし、豪華な宿舎でのうのうとしていると聞く。行旅の苦楽を共にしてこその取材。ブカレストでは弾の下を潜り、テルアビブではスカッドに耐え、かのペルシャ湾岸の掃海作戦「ガルフ・ドーン作戦」では、掃海艇に同乗して海自（海上自衛隊）に多くの戦友を作った、この宮嶋茂樹でなくて誰が、この壮途を一億国民に伝え得るであろうか。（中略）

「しかし、途中で寄港しつつ行くんでしょ？」

「カンボジア・コンポンソム湾まで十六日間無寄港である」

「いや、たとえば船酔いで死にそうな隊員が出たときとかは？」

「その場合は、水葬に付し、作戦を続行するっ！」（ホントにこう言った！）

そして、同席していた松浦三佐がこう付け加えた。

「いまさら乗らないでは困る。首に縄をつけてでも乗って頂く」（これもホント！）かくまで言われてこの宮嶋茂樹、辞退しては卑怯者である。思えば五十年前、私たちの先人はもっと小さな船で潜水艦に脅えつつ、戦場へと身を挺したのだ。

「はっ。不肖宮嶋、必ず生きて報道班員としての任務を全ういたします」（中略）

地獄は翌二十日から始まった。猛烈なローリング（横揺れ）とピッチング（縦揺れ）。グーッと横に揺れると、もはや立っていられない。最大傾斜は三十度を越した。そのあと、ピッチングが襲う。ダダダダダと持ち上げられた艦底を波が打つ。丁度大地震が一日中続いているようなものである。

また横揺れ。バラバラと机の上の物が落ちる。部屋へ戻ると、カメラが床に落ちて転げ回っている。中の電池が飛び出して、ガラガラと音を立てて行き来している。様々な物が、部屋中を飛び交う。ポルターガイストとはこのことか。

そして、船酔い。私も日本男児である。意地でも毎食食堂に顔を出したが、そのまま便所に直行する。吐く、吐く。一日五回も十回も吐く。飯を食うのは、胃液だけを吐いていると口が荒れるためである。まともに歩けない廊下を、壁にぶつかりながら吐きに行く。夜は夜でまったく眠れない。ベッドの鉄の枠を握ったまま時々トロッとしたかどうか。起きると、また吐きに行く。（中略）

ああ、海ゆかば水漬く屍、『みうら』ではゲロ吐く私。いまごろ東京でハイレグギャルの撮影をしている西川デスクよ、ＰＫＯ法案に反対した社会党の議員どもよ、呉で海上デモをしていた自称市民団体の連中よ、あんたらも一回ゲロに漬かってみなはれ、一時間でも、この船に乗ってみなはれ。ああ、朝日新聞の記者さんこそ、この船に乗ってほしかった。その上で、ＰＫＯの悪口を書いてほしかった。》（一九九二年一〇月二九日号）

カメラマン宮嶋茂樹が自らの体験をデータ原稿にまとめ、達意の文章家である勝谷誠彦がリライトする。ファクトとレトリックの緊密な結合が生みだした圧倒的なおもしろさ。これこそが週刊誌記事だ。

「宮嶋と一緒にやった最初の記事は〈機雷モ見エズ、雲モナク〉（一九九一年七月四日号）。海上自衛隊の掃海艇がイラク戦争の後のペルシャ湾で機雷の除去作業をやった時に宮嶋が同行したんだけど、写真は水柱が立ってるだけで面白くないし、宮嶋は文章が一切書けない。時間もなかったから、俺が『勇敢なる水兵』という軍歌をパロディにしてバーッと書いたわけ。『機雷も見えず雲もなく　何も起こらず波立たず鏡のごときペルシャ湾　今日もゆくゆく自衛隊』って。俺は軍事オタクだから、そういう蓄積はあるんです。

その記事が大評判を呼んで、不肖宮嶋は俺しか書けなくなっちゃった。ただしクレジットは〝撮影・文　宮嶋茂樹〟と入れたから、あいつは一躍、有名カメラマンになったんです。

おもしろいのは、その後の宮嶋が俺が作ったキャラクターを生きていったこと。タレントでも女優でも、優秀な人はみんなそうでしょう」（勝谷誠彦）

宮嶋茂樹自身は「最初は〝宮嶋三等兵〟になるはずだった」と振り返る。

「〈PKOゲロ戦記〉の時、勝谷さんの頭の中には『ロボット三等兵』があったから『はっ。宮嶋三等兵、必ず生きて、報道班員としての任務を全ういたします』と書いた。私が『いや勝谷さん、海軍は三等兵という言い方はしませんよ』と言って、だったら、不肖宮嶋にしようか。不肖宮嶋なら陸・海両方で使えるから、となった。ゲロ戦記は『ゲド戦記』のパクリです（笑）。

自衛隊の人たちは喜んで取材に協力してくれましたよ。自衛隊は広報に力を入れたいけど、周囲からの理解がなかなか得られない時代だった。いくら頑張っても、何をやっても朝日新聞に叩かれる。叩かれるから萎縮しちゃう。言いたいことも言えなかった。湾岸やカンボジアのＰＫＯで国際貢献したり、阪神・淡路大震災の時に災害派遣や人命救助で大活躍したことで、国民が自衛隊を見る目もずいぶん変わりましたけどね。だから、当時は『週刊文春』が自衛隊の広報に乗っかった部分もあったと思います。

いまでは絶対に不可能ですけど、『週刊文春』のグラビアで女性自衛官を水着にしたこともありました。〈婦人自衛官殿に敬礼ッ！〉（一九九三年一二月一六日号）というタイトルで。

じつは当時の自衛隊には、女性自衛官のきれいどころをどんどん地方のミスコンに出そうという考えがあった。隊員募集の宣伝になるからです。コードネームは『ワインレッド作戦』。もちろん非公式です。ミス高知になった子もいますよ。高好ヨリさん。階級は陸士長ですけど、彼女は別格です。モデルみたいに可愛くて、胸もドン。くびれもごつい。女性自衛官の撮影は地方の駐屯地でやることが多かったんですけど、高好士長は特別なので、Ｃ－１輸送機に乗って高知から東京までわざわざ飛んできてくれたと聞きました」

撮影は六本木スタジオで行った。当時の防衛庁が近かったからだ。現場には陸自幹部がたくさん見学にやってきて、「どう？　宮嶋くん」と声をかけてくる。気が散って困ったが、しかたなく撮影を続けた。最後はもちろん水着撮影だ。

「でも、高好さんが恥ずかしがって、腰にパレオを巻いて出てきたんです。『高好士長、それ、取っちゃいましょう』『いや、ちょっと』高好さんがためらっているのを見て幹部連中が大声で命令しました。『脱げ！　高好！』って（笑）。上官の命令は絶対なので、高好さんはパレオを取ってくれましたけど、いまなら完全にアウトですね」（宮嶋茂樹）

『週刊文春』の躍進を支えた三つめの理由はスクープ主義である。

一九九二年六月には、とんでもないスクープにぶち当たった。ロサンゼルスオリンピックで新体操個人総合八位となった山﨑浩子が統一教会に入信し、合同結婚式に参加するというのだ。

この情報を松井清人デスクに伝えたのは、ジャーナリストの有田芳生だった。

「有田さんは長く『朝日ジャーナル』で書いていたけど、雑誌がなくなっちゃったから（九二年五月に休刊）、江川紹子さんの紹介で会った。

『やりたいテーマはありますか？』と聞いたら、有田さんはすぐにファックスで何本か企画を送ってくれた。硬派なテーマが並んでたけど、最後に一行、『追伸・山﨑浩子が集団結婚式に出席します』とあったから、『有田さん、前のほうはあとにして、

これをやらせて』と俺は言った」(松井清人)

創価学会や幸福の科学、愛の家族などの新興宗教について新聞が書くことはめったにない。大部数を維持するためには宗教団体の信者を切り捨てることはできないし、その上、信教の自由に触れる恐れもあるからだ。

一方、週刊誌にとっては新興宗教関連の記事は重要であり、売れ筋でもある。

白いレオタード姿が眩しかった新体操の妖精が、なぜ世界基督教統一神霊教会(統一教会)に入信したのか? 山﨑浩子はなぜ教祖の文鮮明(ムンソンミョン)に結婚相手まで決めてもらおうとするのか? 統一教会といえば、陶器の壺や高麗人参を詐欺や脅迫によって高値で売りつける悪質な霊感商法や難民カンパ、珍味セールスなどの資金集めで信者をこき使うことで知られる、問題の多いエセキリスト教ではないか。

すでに有田芳生は、統一教会についてかなりの知識を持っていた。八六年末から八八年にかけて『朝日ジャーナル』がキャンペーンを張った霊感商法批判記事の取材チームの一員だったからだ。

有田は早速、特派記者の松葉仁と石井謙一郎のふたりとともに取材を開始したが、暗礁に乗り上げてしまう。周辺取材はできたが匿名のコメントばかりで、山﨑浩子本人がどうしてもつかまらないのだ。本人のコメントがなければ、記事を次号以降に回して、他の記事をトップにするほかはない。

木曜発売の『週刊文春』で最も〆切が遅いのは巻頭と巻末の合計三〇ページで、一折と呼ばれる。通常、火曜早朝に印刷所に入稿すれば間に合う。

二人の記者がようやく山崎浩子をつかまえたのは一九九二年六月二二日月曜日の午後一〇時半過ぎ。原稿を書くにはひと晩かかるから、ギリギリのタイミングだった。

突然の来訪者に驚きつつも、山崎浩子は意を決して胸中を明かした。

「文鮮明先生が選んで下されば、その方と結婚します。すべては文先生がお決めになることです。文先生が結婚してもいいとおかんがえになれば結婚します。（中略）あなたは神様を信じないのですか。統一教会の原理を勉強して下されば、せめて四十日勉強すれば、理解できると思うのですが」

独占スクープ〈新体操の元プリンセス　山崎浩子が統一教会に入信で集団結婚〉（一九九二年七月二日号）は大評判を呼んだ。

桜田淳子や飯星景子をも信者に引き入れた統一教会を追い続けるうちに、松井清人デスクは山崎浩子の家族が統一教会から脱会させるための話し合いを始めたという耳寄りな情報を得た。

だが、記事にするのは極めて難しかった。山崎浩子はすでに合同結婚式に出席していた。つまり、文鮮明が決めた相手と〝結婚〟していたということだ。山﨑浩子を統一教会から脱会させるためには相手から引き離し、長い時間をかけて洗脳を解く必要がある。だが、法律上の婚約者が警察に捜索願を出せば警察が動くかもしれない。もし、洗脳が解ける以前に捜査の手が及べば、山﨑浩子は婚約者の元に連れ戻され、『週刊文春』が拉致監禁に加担したと非難を浴びる危険性があったのだ。

松井清人デスクは、山﨑浩子の家族と密に連絡を取りながら、事態の推移を見守った。山﨑浩子が脱会したときに独占手記を取ることができれば、大スクープになることは間違いない。

正統的なキリスト教の牧師たちが、山﨑浩子と家族との話し合いをサポートしたが、洗脳を解くまでには二カ月ほどの時間を要した。

ほぼ一年に及んだ『週刊文春』の一連の統一教会批判キャンペーンには多額の経費がかかった。百万単位の請求書を経理部に上げたのも一度や二度ではない。

「いまでも覚えているけど、『花田さん、すみません。ちょっと高額なんですけど』と百万単位の請求書を見せると、花田さんは何も訊かずにスッとサインしてくれた。時間も人もカネも、こんなに自由に使わせてくれる編集長なんてほかにはひとりもいない。でも、逆に俺は追いつめられていくわけ。これだけ時間も人もカネも使っておいて、もし独占手記が取れなかったらどうなっちゃうんだろう？　絶対に取らないといけないぞって（笑）。花田さん流の人心掌握術なんだろうね。

結局、無事に洗脳が解けた山﨑さんは『週刊文春』に独占手記を書いてくれたんだけど、それから三カ月後に俺は倒れた。家で寝ていたらものすごい悪寒がして、夏なのにブルブル震え出してそのうちに左半身が全然動かなくなったんだ。救急車で病院に運ばれて点滴を受けたんだけど、医者からは過労とストレスだからひたすら寝ていなさい、と言われた。花田さんは人を夢中にさせる天才だよ。花田週刊には俺のほとんどを注いでしまったような気がする」（松井清人）

山﨑浩子が自ら書いた約一万六〇〇〇字、四〇〇字詰め原稿用紙で四〇枚に及ぶ長い手記には当事者ならではの迫力があり、さらに驚くべきことには、担当デスクの松井から見ても一字一句直す必要のない、見事な文章に仕上がっていた。

花田紀凱はゲラを一読して言った。

「これは平成三大手記のひとつだよ」

「残りのふたつは何ですか？」

松井が聞くと、花田はニヤリと笑って言った。

「これから『週刊文春』が取るんだよ」

花田は山崎手記の一挙掲載を決めたが、週刊誌が四〇枚もの手記を掲載するのは並大抵のことではない。通常の特集記事は四ページ。四〇〇字詰め原稿用紙に直せば一三枚が基本だから、四〇枚の手記を掲載しようと思えば通常の三倍以上のページ数が必要になる。

〈山崎浩子独占手記　統一教会も私の結婚も誤りでした〉（一九九三年四月二九日号）は、一三ページに及ぶ異例の長さとなった。

売れ行きは正に爆発的だった。実売部数は八七万七九五二部。発売翌日の金曜日一時には、日本全国、どこの書店にも売店にもコンビニにも一冊も残っていなかった。返本率わずか一・八パーセントという大記録はいまだに破られていない。

『週刊文春』が統一教会を糾弾するキャンペーンを続けていた一九九二年暮れには、〈貴花田・宮沢りえ「婚約解消」の重大危機〉の独占スクープがあった。

ともに国民的なスターであった二〇歳と一九歳の婚約報道が流れたのは一〇月末。たちまち日本中が祝賀ムードに包まれた。

ふたりが手をつなぎ、無数のカメラの前で満面の笑みを見せた婚約記者会見は一一月二七日に行われたが、わずか一カ月後に、花田は芸能レポーターの井上公造からスーパーカップルの意外な話を聞いた。

「確実な筋からの情報なんですが、どうやらふたりは破談の方向に向かっているようです」

物的証拠はなかったが、花田は井上公造は信用できる人物だと感じていた。ガセネタをつかませるような男ではない。もし本当なら大スクープだ。間違いなく大きな反響を呼ぶ。

新年号（一二月二四日発売）の校了を間近に控えてラインナップもすでに確定していたが、花田は記者を大量に投入して取材することを決めた。

結局、貴花田および宮沢りえのコメントはとれず、直撃した二子山親方も否定した。だが、否定のニュアンスが妙に弱い。破局が事実無根であるならば怒り出しても当然なのに、そんな気配はまったくなかった。二子山部屋の有力な関係者からは「破談の方向に向かっていることは間違いない」という情報も得た。

確証のないまま時間切れとなったが、花田は記事の掲載を決めた。〈貴花田・宮沢りえ「婚約解消」の重大危機〉（一九九三年一月七日号）である。もし誤報ならば大変なことになるが、時には平然と危ない橋を渡るのが週刊誌編集長の器量なのだ。

『週刊文春』の独占スクープは凄まじい反響を呼び、以後、マスコミ各社は貴・りえを追い回した。

取材を担当した野中恭太郎記者の読みでは、一月中旬には破談が発表される予定だという。そこで花田は、連続して記事にすることにした。

〈貴花田・宮沢りえ「破談」への舞台裏〉（一月一四日号。発売は一月七日）
〈貴花田・宮沢りえ「破談」は最終局面〉（一月二一日号）
〈貴花田・宮沢りえ「破談」発表のXデー〉（一月二八日号）
〈貴花田・宮沢りえ「破談」いよいよ交渉開始〉（二月四日号）

この二月四日号の発売前日にあたる一月二七日水曜日の夕方、ついに宮沢りえが単独で記者会見を開いて婚約解消を発表した。『週刊文春』にとっては最悪のタイミングである。宮沢りえサイドからすれば、スクープを抜いた『週刊文春』へのせめてもの復讐だったのだろう。

だが、そのまま引き下がるような花田ではない。すでに花田は、婚約が解消された場合のタイトルを考えておいた。

〈貴花田・宮沢りえ破談　本誌が摑んでこれまで書かなかった全情報〉（二月一一日号）である。

「全情報といったって、新しいネタなんかありませんよ！」と泣きを入れた野中記者に向かって、花田は平然と言った。

「いいんだよ、新しいネタなんかなくたって。総集編のつもりで書いてくれ」

スクープした文春がこれまで書かなかった情報ならば、相当のことが書かれているに違いない。読者はきっとそう思ってくれるだろう。そんな花田の読みはズバリと当たった。

返本率は七・二パーセント。完売である。味をしめた花田は、前述の山崎浩子手記の次の号でも〈山崎浩子統一教会脱会 本誌が摑んでこれまで書かなかった全情報〉（五月六日・一三日合併号）とやり、実売部数一〇三万四九四四部、返本率三・七パーセントを記録した。

以後、「本誌が摑んでこれまで書かなかった全情報」は『週刊文春』の名物タイトルとなり、歴代編集長がここぞという時に使った。

一九九三年上半期の『週刊文春』の平均実売部数は七六万六八九七部と好調そのものので、相変わらず総合週刊誌のトップを走っていた。

だが、『週刊ポスト』や『週刊現代』が長期低落傾向から一転して、急激に部数を伸ばしていた。理由は明らかで、カラーグラビアでヘアヌードを大きく扱ったからだ。

一九九一年の樋口可南子『ｗａｔｅｒ ｆｒｕｉｔ』や宮沢りえの写真集『Ｓａｎｔａ Ｆｅ』には数点の写真に陰毛が写っていたが、警察は摘発せず、口頭での注意に留めた。以後、ヘアヌードは事実上解禁されて爆発的な人気を呼んだ。

当然のように文春営業部からは「ウチもヘアヌードをやりましょう！」という声が上がったが、花田紀凱編集長は耳を貸さなかった。女性読者と良質の広告主、一流の作家やコラムニストとの信頼関係を大切にしたからだ。

そんな最中、宮内庁の昭和天皇支持派から情報提供の申し出があり、花田は大いに興味を持った。

一九九〇年代初頭は、宮内庁の内部がふたつに割れていた時期だった。昭和天皇支持派と今上天皇支持派である。崩御以後、窓際に追いやられた昭和天皇支持派には、今上天皇のやることなすことがおもしろくない。「開かれた皇室」というが、一般家庭と変わらない姿をメディアにさらして皇室の尊厳が保たれるのか。昭和天皇支持派は、自分たちの不平不満をぶつける場所を求めていたのだ。

これまでは他の省庁と比べても極端にガードが堅かった宮内庁から、情報がいくらでも漏れてくるようになった。『週刊文春』は次々に記事を作り、いずれも大きな評判を呼んだ。

〈宮内庁にあえて問う　皇太子ご成婚「君が代」はなぜ消えたのか〉（一九九三年六月一〇日号）

〈「宝島30」の問題手記「皇室の危機」で宮内庁職員が初めて明かした皇室の「嘆かわしい状況」〉(七月二二日号)
〈美智子皇后のご希望で昭和天皇が愛した皇居自然林が丸坊主」(九月二三日号)
〈宮内庁vs防衛庁に発展か　天皇・皇后両陛下は「自衛官の制服」がお嫌い〉(九月三〇日号)
〈美智子皇后　私はこう考える〉(一〇月七日号)
〈美智子皇后　訪欧中の評判〉(一〇月一四日号)
〈貧すりゃ鈍する「週刊朝日」は宮内庁のPR誌か〉(一〇月二一日号)
〈投稿大論戦　美智子皇后　読者はこう考える〉(一〇月二八日号)

今上天皇支持派がおもしろくなかったのは当然だろう。

ヨーロッパ歴訪から帰国した直後の一〇月二〇日、美智子皇后は異例のコメントを出した。

「どのような批判も、自分を省みるよすがとして耳を傾けねばと思います。今までに私の配慮が充分でなかったり、どのようなことでも、私の言葉が人を傷つけておりましたら、許して頂きたいと思います。しかし、事実でない報道には大きな悲しみと戸惑いを覚えます」

同日、皇后は赤坂御所で倒れて、声を出せなくなった。言葉を失った状態は翌年まで続いた。

皇后陛下の「深い悲しみ」と失声症は、世間の風向きを百八十度変えた。これまで宮内庁や美智子妃を批判してきた人々も一斉に『週刊文春』批判に回った。花田が大切にしている女性読者からも、山のように抗議の手紙が届いた。

事態を収束させるべく、花田は『週刊文春』一一月一一日号に〈皇室報道　小誌はこう考える〉という記事と宮内庁への謝罪広告を掲載した。

《今回の小誌へのご指摘について、私共はこれを真摯に受け止めました。

週刊文春平成五年九月二三日号「美智子皇后のご希望で昭和天皇が愛した皇居自然林が丸坊主」、同九月三〇日号「天皇・皇后両陛下は『自衛官の制服』がお嫌い」などのタイトル及び記述に一部正確さに欠け、誤解を招く表現がありましたのでお詫びいたします。

今後は、ご指摘の趣旨を念頭に、より多角的な取材にもとづく正確な報道への努力を尽くしたいと考えております。

平成五年十一月一日　週刊文春編集部

宮内庁殿》

しかし、右翼の怒りは収まらず、一一月二九日には、田中健五社長の自宅が銃撃されるという事件が起こった。午前零時過ぎに屋外から二階に向けて二発撃たれたが、一発の銃弾はベッドのヘッドボードを貫通し、寝ていた田中健五の頭部のすぐ脇を通って反対側の壁にめり込んでいた。ベッドの位置まで把握されていたということだ。

銃撃事件を聞いた花田の気持ちは穏やかではなかった。田中健五は「弾が当たらなかったのは、俺の運がいいということさ」と笑い飛ばしてくれたが、敬愛する上司を生命の危険に晒してしまったからだ。

「僕は健五さんに散々迷惑をかけたけど、健五さんから『お前、いい加減にしろ』とクレームをつけられたことは一度もなかった。本当にありがたいことだし、申し訳なくもあった」(花田紀凱)

社長銃撃事件からしばらくの間、文藝春秋に厳戒態勢が敷かれた。

「あの時初めて、肉体的、精神的な疲労を感じた」と花田は振り返る。

花田紀凱が『週刊文春』を離れたのは、それから四カ月ほど経った一九九四年春のことだった。部数が低迷していたビジュアル誌『マルコポーロ』への異動を命じられたのだ。

『週刊文春』をこよなく愛する花田は、田中健五に『週刊文春』と『マルコポーロ』の両方の編集長をやらせてくださいと懇願したが、実際には不可能であることは自分でもわかっていた。

『週刊文春』の平均実売部数を就任当初の五一万部から七六万七〇〇〇部にまで押し上げた大功労者は、最後に作った四月七日号の〈編集長から〉に次のように書いている。

《桜の季節は別れの季節でもあると言ったのは誰だったか。

いつか来ることはわかっていましたが、とうとうその日が来てしまった――。

人事異動があり、『週刊文春』を離れることになりました。

八八年七月から五年九カ月。足かけ七年。全部で二百八十五冊。あっという間の六年間でした。昭和から平成に時代が変わり、日本も世界も、激動に次ぐ激動の時代。この時期に週刊誌の編集長でいられたのは本当に幸運でした。

明るく風通しの良い編集部、有能なデスクや部員、熱心な読者からの励ましに支えられてやってきた。思い返すと楽しいことばかりでした。

大切に保存しているバックナンバーの一冊一冊が限りなく愛しく思えます。

読者の皆さま、本当にありがとうございました。今後も『週刊文春』をよろしくお願いします。

さようなら……。そしてまたどこかで。》

一九九四年四月、花田紀凱は『マルコポーロ』編集長に就任した。同時に異動したのは西川清史、木俣正剛、勝谷誠彦、そして臼井良子。いずれも指折りの精鋭ばかりだ。

彼らを待ち受けていたのは、入社六年めの新谷学だった。

第五章　マルコポーロ事件

1

一九八九（平成元）年四月に入社した新谷学の最初の配属先は『スポーツ・グラフィック ナンバー』だった。早稲田大学ヨット部出身だからだろう。

同じタイミングで設楽敦生（したらあつお）が『ナンバー』編集長に就任している。新谷学が生涯で最も強い影響を受けた編集者である。

慶應義塾大学の三嶺会という山岳サークルに所属していた設楽は、冒険家の植村直己と親友だった。植村が北極点犬ぞり単独行を行ったときには飛行機で北極圏へ飛び、テントの中で五〇時間をともに過ごして記事にまとめた。世界一周単独ヨットレースで優勝を果たした多田雄幸（ゆうこう）とも親しかった。文春山岳部を率いて秘湯を巡り、早朝に逗子の自宅近くの海に潜って大量のワカメを採り、大きなタッパーでネギと一緒に醬油に漬けて、食事の時に編集部員に振る舞った。

おおらかで心温かい編集長が率いる『ナンバー』には、成蹊大学ボクシング部出身、早稲田大学ラグビー部出身といった体育会系の人間が数多く集まってきていた。明け方に校了したあとは編集部で日が高くなるまで飲み続け、時には新宿のカラオケバーに大挙して出かけた。

新谷学の二年後輩にあたる斎藤由香は「設楽さんのことを思い出すと、いつも顔がほころんでしまう」と、一九九八年一月に五四歳で早世した上司を懐かしんだ。

「設楽さんはいつも同じようなチェックのシャツを着て、ヨレッとした革のカバンを持って、お酒ばっかり飲んでいた。切れ者というより、ほんわかした雰囲気の編集長。威張ったところは全然なく、ドシッとしていて、新入社員の私にも『よーし、やってみろ！』とまかせてくれる。編集部員からも山の仲間からも外部の人からもすごく慕われていて、悪口を言いたくなるところがひとつもない感じ。完璧な人というより、愛されすぎている人だったと思います」

だが、じつは設楽敦生にとって『ナンバー』編集長は必ずしも希望したポジションではなかったのではないか。新谷の一年後輩にあたる菊地光一郎はそう指摘する。

「設楽さんはもともと文芸志望。小説家の担当になりたかったんです。これまでで一番楽しかった仕事は、井上ひさしさんと一緒に会社に二カ月間泊まり込んで『青葉繁れる』という長編を書き上げてもらったことだと公言していましたから。俺も文芸志望だったので、設楽さんから小説の読み方や作家とのつき合い方、編集者の作法を教えてもらいました。作家とつきあう時には、人間とつきあっていると思ってはいけない。俺たちは才能とつきあっている。友達じゃないんだ。厳しい考え方かもしれないけど、そこを徹底しなければダメだって。

でも、『ナンバー』の編集長になったことで、文芸に戻るチャンスは永遠に失われた。会社の人事っていうのはオソロシイもんだ、と設楽さんから直接聞いたことがあります。

だから『ナンバー』での設楽さんは、結構いい加減なところもありました。大事な校了の時に酔っ払って帰ってこないこともしばしば。雑誌の進行管理は副編集長の井上進一郎さんにまかせっきりでした。どこかで逃避している部分もあったんじゃないでしょうか」

設楽敦生編集長が新人だった新谷学を特別に引き立てていたことは、衆目の一致するところだろう。

「俺は凄くラッキーでした。設楽さんにはめちゃめちゃ可愛がってもらいましたから」

最愛の上司を語る新谷学の口調は、常にも増して熱い。

「毎晩のようにビール飯に誘ってもらって『編集者っておもしれえんだぞ』と何度も言われました。校了すると、みんなで何時間でもビールを飲んだ。話の内容は『ナンバーはどうすればかっこいい雑誌になるか？』に決まっていました。設楽さんの『ナンバー』は、みんなで熱を出し合って、ぶつけ合って、さらに熱くなっていくような現場だった。編集者にとって、最初の編集長は本当に大事。俺の編集者人生は『ナンバー』で決まってしまったようなところがあります」（新谷学）

一九八〇年四月に創刊された『スポーツ・グラフィック ナンバー』は、文藝春秋にとって初めてのビジュアル雑誌である。

フルブライト奨学金を得て一年間アメリカに留学した松尾秀助は、アメリカのスポーツの巨大なスケールに驚愕した。

大学のキャンパス内に数万人収容のスタジアムがそびえ立つカレッジ・フットボールの存在感、アメリカン・フットボール（NFL）、メジャーリーグ・ベースボール（MLB）、バスケットボール（NBA）、アイスホッケー（NHL）の四大プロスポーツの凄まじい人気、活気溢れるスポーツ・ジャーナリズム、そして、スポーツ総合週刊誌『スポーツ・イラストレイテッド』誌（タイム社。現・メレディス社）の数百万に及ぶ驚くべき部数――。

帰国した松尾は、ただちに日本版『スポーツ・イラストレイテッド』の企画書を書き、役員会で了承された。日本初のスポーツ総合誌『スポーツ・グラフィック　ナンバー』（月二回刊、のちに隔週刊）の誕生である。

創刊号に掲載された山際淳司のノンフィクション〈江夏の21球〉は有名になったが、あらゆるスポーツをフォローする『ナンバー』のコンセプトは私たちの国ではなかなか理解されず、部数は低迷を続けた。

「部数会議というのがあって、編集長は毎号必ず上層部に呼ばれる。僕らは〝御前会議〟と呼んでいた（笑）。『ナンバー』創刊後しばらくは部数が伸びなくて大変だった。『売れ行きが悪いけど、お前、どうするんだ？』って責められるから。でも、上の人たちは文句を言うだけで、『こうすればいいんじゃないか』というアイディアは全然ない（笑）。だから、やりやすいと言えばやりやすいんだよ。自分の思うようにやっても何も言われないから。八号で作ったモスクワオリンピック特集の数字が最低だったから、ああ、これで俺もクビだと思った。ところが一〇号めの長嶋茂雄特集が完売して、一気に回復しちゃったんだ」（創刊編集長の岡崎満義）

特集〈SOS！　長島茂雄へラブコールを！〉（一九八〇年九月五日号）は、岡崎編集長のクビをつなぎ、低迷を続けていた『ナンバー』の救世主となった。現在まで続く大特集主義も、この長嶋茂雄特集から始まっている。

一九八五年一月一九日に行われた「江夏豊　たった一人の引退式」は文藝春秋が主催した手作りのイベントだった。現地で働いたのは『ナンバー』編集部員と広告部員、社歴の浅い若手社員を含む計五〇名のボランティアスタッフ。

かつて江夏豊が所属した阪神タイガース、南海ホークス、広島東洋カープ、日本ハムファイターズ、西武ライオンズの五球団には、球界の問題児の引退試合を用意するつもりなど毛頭なかった。

そこでひと肌脱いだのが文藝春秋だった。

『ナンバー』創刊に際して、江夏は上半身裸になって指を一本突き立てるという宣伝ポスターに登場し、〈江夏の21球〉の取材にも協力してくれた。文藝春秋はその恩に報いたのだ。

真冬とは思えないほど暖かい日差しの中、ふだんは草野球に使われている東京都多摩市の一本杉球場には、なんと一万六〇〇〇人もの観客がつめかけた。

「たった一人の引退式」は、意外にも地元の少年野球チームの試合から始まった。一回表裏の攻防を見た観客たちは「江夏は本当に出てくるのだろうか？」と不安を抱いたに違いない。

だが二回表、江夏と親交のあるビートたけしが「ピッチャー交代、江夏豊！」とベンチから叫ぶと、阪神タイガースの28番のユニフォームを着た江夏が姿を現し、マウンドへと向かった。捕手は阪神時代にバッテリーを組んだ辻恭彦（やすひこ）、審判はパ・リーグ審判部長の斎田忠利。守備についたのはたけし軍団の面々であった。

阪神応援団が大きなコールを送り、六甲おろしを大声で歌う中、かつての剛速球投手は落合博満、高橋慶彦、福本豊、山本浩二、大杉勝男、斉藤明夫、江藤慎一と次々に対戦した。

入社間もない私も、ボランティアのひとりとして場内整理を担当したが、無償で参加してくれた一流選手たちの友情や、女子社員や夫人たちが炊き出しを行う文藝春秋の家庭的な雰囲気に胸を打たれた。素晴らしいイベントだった。

だが、岡崎満義編集長によれば、「たった一人の引退式」は、当初の構想からは大きく外れるものだったという。

「甲子園球場をナイターで借りるつもりだった。ピッチャー江夏豊、キャッチャー田淵幸一。バッターは王貞治さん。観客席には誰も入れない。ボクシングのテンカウントゴングの代わりに江夏さんが一〇球を投げて、王さんに打ってもらおうと考えた。

そんな僕のアイディアを手紙に書いて阪神タイガースのオーナーの久万（くま）俊二郎さん

に送ったけどナシのつぶて。その後、横浜スタジアム、神宮球場、後楽園球場にも頼んだけど、全部ダメだったから、結局、当時編集局長だった鈴木琢二さんが自宅近くの一本杉球場を手配してくれた。

江夏さんは結構ワガママな人で（笑）、引退式をグラウンドでやるだけじゃなくて、大リーグに挑戦するから壮行会をホテルでやってほしいと言うんだ。仕方がないからホテルニューオータニで壮行会をやったんだけど、費用を捻出するためにテレビ朝日に頼み込んでドキュメント番組を作ってもらった。確か五〇〇〇万円から六〇〇〇万円くらいで買ってもらったと思う」（岡崎満義）

「江夏豊　たった一人の引退式」は『ナンバー』の知名度を大きく上げたが、採算ラインには程遠く、赤字が長く続いた。売れ行きがよかったのはプロ野球の巨人と阪神、そしてかつての西鉄ライオンズを特集した号くらい。ラグビーやテニス、ボクシングやプロレス、大相撲も一定の売れ行きを示したが、スポーツ全般に深い関心を寄せる日本人は少数派で、スポーツ写真を愛する人間はさらに少なかった。

その上、当時の『ナンバー』は、ビジュアル誌としてあまりにも未熟だった。『ナンバー』の二代目編集長に就任した松尾秀助は、『文藝春秋の八十五年』の中で自戒をこめて次のように書いている。

《（アートディレクターは）表紙から裏表紙まで一貫したデザインワークで雑誌などを統括する。その下に現場を取り仕切るデザイナー、レイアウターがいる。『ナンバー』はたしかに文藝春秋始まって以来、最初にアートディレクターなるものを起用した、本格的なビジュアル誌だった。しかし、編集者の頭の中はそうすぐに切り替わるものではない。初期の編集部ではわずかな例外を除いて、文藝春秋伝統の「活字優先」「文章第一」主義を脱ぎ捨てられなかった。あるスペースにこれだけの文章をどうしても入れたい、と編集者は言う。デザイナーはこの写真をこれ以上小さくしては意味がない、と主張する。結局は写真の上に活字を乗せて、両方ダメにする、といった試行錯誤がつづいた。》

文藝春秋を志望する人間が学生時代に読んできたのは主に小説であり、新聞であり、総合月刊誌だった。海外のスポーツ・ノンフィクションの翻訳は一九八〇年の段階でもまだ少なかったし、写真やイラストレーション、グラフィックデザインに深い関心を寄せる者はほとんどいなかった。

『LIFE』や『ナショナル・ジオグラフィック』を愛読する花田紀凱や西川清史のような人間は、文春では少数派なのだ。

『ナンバー』に配属されてきた編集者たちは、ビジュアル誌の基本的な作り方を理解しないまま、これまでの自分の経験を頼りに、ライターばかりでなく、カメラマンやイラストレーターのすべてを選定した。グラフィックを謳いつつも編集者たちの頭の中は文章で占められ、写真やイラスト、デザインの美しさを見せようとする発想に欠けた。

アートディレクターは存在したものの名ばかりで、デザイナーたちの仕事は、編集者が集めてきた材料をバランスよく配置するレイアウターに留まっていた。

これではいけない。『スポーツ・グラフィック ナンバー』は活字優先主義と文章第一主義を脱して、グラフィックで勝負する雑誌に立ち戻らなくてはならない。そのためにはアートディレクターに大きな権限を持たせ、雑誌全体のビジュアルを統括させる必要がある。

そう言い出したのは、創刊間もない頃の『ナンバー』で活躍し、設楽敦生編集長の就任と同じタイミングで再び『ナンバー』に戻ってきた今村淳(あつし)だった。学習院大学フェンシング部出身の都会派である。

「それまでの『ナンバー』では、スポーツ新聞社に行って、有り物の写真をいっぱい借りてくるのが当たり前だった。だからデザイナーの仕事も、編集者が借りてきた写真をただ並べて見出しを入れていくだけ。編集者もデザイナーも『ナンバー』はそういうものだと思っていたんです。要するに『ナンバー』を作っていた人たちは、ビジュアル誌の根本を全然わかっていなかった。

でも、今村さんは『そうじゃない』と言った。このスポーツ選手を、どのカメラマンにどんな風に撮ってもらおうか。このエッセイには、どのイラストレーターに何を描いてもらえばいいのか。編集者から企画内容を聞いて、雑誌全体のビジュアルの方向性を考えるのがアートディレクターの仕事なんだ、って。入社したばかりの俺は、今村さんの言葉をそのまま素直に受け取ったんです」(新谷学)

一九七〇年代半ばから一九八〇年代半ばにかけては、日本の大手出版社から多くの男性向けビジュアル誌が創刊された時期だ。一九七四年には『GORO』(小学館)、一九七五年には『PLAYBOY日本版』(集英社)、一九七六年には『POPEYE』(平凡出版。現・マガジンハウス)、一九七九年には『ホットドッグ・プレス』(講談社)が、一九八〇年には『BRUTUS』(平凡出版)と『写楽(しゃがく)』(小学館)がそれぞれ創刊されている。

一九八〇年創刊の『スポーツ・グラフィック　ナンバー』もその流れの中にある、と作家の佐山一郎は言う。二八歳の若さで『STUDIO VOICE』(流行通信)の編集長となり、退社後はフリーランスのライター兼編集者として活躍。『ナンバー』

でも多くの記事を書いた佐山は、一九八五年秋にはメキシコワールドカップへの出場をめざすサッカー日本代表を追って、今村淳と一緒にソウルに飛んだ。四五歳で早世した今村の追悼集も共同で編んでいる。

『ナンバー』と同じ一九八〇年に、文藝春秋は『くりま』（半藤一利編集長）というビジュアル季刊誌を出しています（一九八二年休刊）。『くりま』の編集部は『ナンバー』の隣にあって、食事をみんなで作るという開明的な文化があったみたいです。一九八五年には写真週刊誌の『Ｅｍｍａ』を出したけど、じつは文春版『ＢＲＵＴＵＳ』を作ろうという話も出ていたのでは。通称文ブル（笑）。結局お蔵入りになったけど。

今チャンは岡崎満義さんから編集者の流儀を教わったんです。一日三人に会え、一週間で名刺を何十枚配れ、という不易流行なものです。夜の銀座も好きだったし、若いライターや編集者の面倒もよく見ていた。スポーツ記者が軽い気持ちで書くアルバイト原稿はご法度というあたりも見識でした。

Ｋ２の長友啓典（けいすけ）さん（グラフィックデザイナー、アートディレクター）の界隈が華やかな頃でした。トモさんには不思議な魅力があって、活字側の人間を磁石のように引き寄せていました。ルポライターの竹中労さんにも影響を受けた。今チャンには、

『文藝春秋はビジュアルで立ち後れている、平凡出版に完全に負けている』という社風の違いだけでは済まされない危機意識があったんじゃないかな。上の世代は活字文化で育ってきたから、ビジュアル面に関する鋭い感覚はない。『ナンバー』は創刊以来ずっと苦戦が続いていたけれど、アメリカの『スポーツ・イラストレイテッド』誌と提携していたこともあってブランド力があるから、いいアートディレクションがあればもっとうまくいく、と考えたんでしょうね」

真のアートディレクターが必要だという今村淳の提言を、設楽敦生編集長は全面的に聞き入れた。

『ナンバー』のビジュアルをまかされたのは、文藝春秋デザイン室の石崎健太郎と関口聖司の若いふたりだったが、石崎健太郎によれば、『ナンバー』のビジュアル革命の原動力となったのは、意外にも提唱者の今村淳ではなく、新人の新谷学だったという。

「今村さんは打ち合わせをしたり、カメラマンのところに行って話をするのは好きだったけど、肝腎な時には文句ばっかり言ってたし、入稿や校了の時はヘバってた(笑)。一方、新谷はほかの編集者とは熱量が全然違う。かっこいい雑誌を作りたいという思いがとんでもなく強かった。だから俺も、新谷と仕事をする時だけは絶対に手が抜けなかった。あの頃の俺は、校了するたびに風邪を引いてたような気がする」

新谷が今村淳から多くを学んだことは間違いない。だが、すでに三十代半ばに差し掛かっていた今村淳は、二十代半ばの石崎健太郎や関口聖司とは世代が異なり、当然、ビジュアル感覚にも乖離(かいり)があった。若きアートディレクターたちが求めていたのは観念的な先輩社員ではなく、自分たちのイメージを具現化するために動いてくれる同世代の編集者だった。中でも最も頼りになったのが、新人の新谷学だったのだ。

「最初のうちは、今村さんが紹介してくれたカメラマンに何人か会ってみたけど、年齢的にも上だったし、感覚も違っていた。広告写真が載っている『コマーシャル・フォト』をめくりながら、俺は石崎さんや関口さんと話した。彼らが『この人の写真、かっこいいよね』と言うと、俺はフットワークだけは軽いから、すぐに『コマフォト』の編集部に電話をかけてカメラマンの連絡先を聞いて会いに出かけた。大御所だろうが若手だろうが、ふたりがいいと思えば関係ない。それまで『ナンバー』で撮ったことのなかったカメラマンに次々にアプローチしていった。俺は石崎さんのことがすごく好きだし、彼の才能を信用しているから、やりたいことを形にしてあげたい、と強く思った。石崎さんも俺に頼ってきたから、『わかった。まかしとけ!』って感じでしたね」(新谷学)

ふたりのアートディレクターは勉強を重ねた。

「まだ若かったし、雑誌もおもしろい時代でした。深夜遅くに石崎さんと一緒に六本木のABC（青山ブックセンター）までタクシーで行って、外国の雑誌を大量に買いました。二日に一度は行ってたんじゃないかな（笑）。石崎さんは女性誌の『ハーパーズ・バザー』が好きだったし、ネヴィル・ブロディがやってた『THE FACE』や『SPY』『BLITZ』『WIRED』もよく買いましたね。日本のマイナーなファッション誌や、たまに写真集も。帰りにはWAVE（八〇～九〇年代のカルチャーを牽引した輸入レコード店）に寄ってCDも大量にジャケ買いしました。というか、WAVEの方がメインだったかも（笑）。特に石崎さんはCDジャケットから大きくインスパイアされていた。

日本の雑誌で参考にしたのは、岡本一宣さんがアートディレクターをつとめた『IMPRESSION』（アメリカン・エキスプレスの会員誌）や、木村裕治さんがデザインを統括した『エスクァイア日本版』でした」（関口聖司）

一九九〇年前後の日本経済は好景気の最中にあり、『週刊文春』（花田紀凱編集長）と月刊『文藝春秋』（白石勝編集長）の部数も絶好調だったから、ふたりがタクシー代や資料代を気にする必要はなかった。

本格的なビジュアル誌を目指して再出発した『ナンバー』の新しいスタイルが確立されたのは『ナンバー232』の特集〈スポーツカー悦楽〉（一九八九年一二月五日号）あたりからだろう、と菊地光一郎は証言する。

「〈スポーツカー悦楽〉の特集デスクは河野一郎さん。河野さんはビジュアル雑誌の作り方をきちんと理解して『主役は写真。文字は写真のキャプション』という考えを持っていた。〈スポーツカー悦楽〉の扉には感動しました」

〝扉〟とは特集の最初のページのことだ。見開きの大きな写真にタイトルとリードが入り、特集の概略をコンパクトかつスタイリッシュに説明する。リードは特集担当デスクが書く。

慶應義塾大学在学中に『慶應スポーツ』を制作していた河野一郎が書いた〈スポーツカー悦楽〉のリードは、次のようなものだった。

《スピードに酔う。闘うコーナーリングに酔う。

小気味良いシフトに、自在なハンドリングに酔うのだ。

静けさのなかで目覚めたエンジンが、充分に温まったことを確認すると、ギアをローに入れ、おもむろにアクセルを踏み込む。男が、

スポーツカー悦楽

の旅に出る。走るためだけに生まれてきた車に、走るためだけに乗る。めくるめく加速にステアリングをにぎりしめ、空気の壁を突き破る。いつ果てるともしれぬ道を、ひたすら駆けるのだ。やがて全身は快感に包まれ、そして、悦楽が時を支配する。》

太字部分は、実際の誌面では大きな活字になっている。タイトルとリードが一体不可分であるところがミソだ。左右のリードはきれいに同じ行数で揃えられている。編集者とデザイナーの緊密な連携がなければ、このようなページは決して作れない。

「あれは河野さんとアートディレクターの関口聖司さんの発明。斬新でした。設楽さんや新谷さんがよく口にする『カッコいい雑誌』とはこういうものかとのみこめた。河野さんは一年目の俺に向かって『このクオリティでお前も仕事しろ』と言った。一九九〇年代前半の『ナンバー』には若いヤツがたくさんいたから、お互いが切磋琢磨して、雑誌のレベルが急速に上がったと思います」(菊地光一郎)

『ナンバー』がモノクロページと二色ページをやめてオールカラー化したのは一九九〇年六月のこと。総ページ数が減り、コストも増えると反対の声も上がったが、設楽敦生編集長が押し切った。

設楽はふたりのアートディレクターの才能を大いに買っていたし、新谷学や河野一郎など、若い編集部員たちの熱意も汲み取っていた。オールカラーにすることでページ作りの自由度を上げ、若い連中の能力を存分に発揮させてやろうと考えたのだ。

「オールカラーにしようぜ、と僕たちに言いにきてくれたのは設楽さん。設楽さんがビジュアルに関する具体的な方向性を示すことはないけど、デザインパワーがほしいとか、もっとかっこよくしようぜ、と僕たちをいつも励ましてくれましたね」（関口聖司）

オールカラー化は英断だったが、結果的には吉と出た。雑誌に統一感が生まれ、特集が引き立つようになったばかりでなく、広告も入りやすくなったからだ。

小林和弘や大沢尚芳、藤井保ら一流カメラマンが写真を撮り始め、『ナンバー』が少しずつスタイリッシュな雑誌に変貌していくと、逆にカメラマンの方から売り込みにやってきた。

「大沢さんが天龍源一郎選手を撮ったり、藤井保さんが曙関を撮ったのを見て『僕も撮りたい！』とカメラマンが大勢手を挙げてくれるようになりました。被写体が素晴らしいからです。当時はまだ、今みたいにアスリートが自己演出をすることは全然なかった。おしゃれな私服なんか誰も着ていなくて、その分、磨かれていない原石のような剝き出しの魅力があった。そんな生身のアスリートを一流のファッションカメラマンが撮影すれば、新鮮なものになるに決まっています。でも、ジャイアント馬場さんを撮影した時はうまくいきませんでしたね。ちゃんとしたライティングで撮ろうと思って、大がかりな撮影機材を持ち込んだんですけど、『早く終わらせてくれ！』と五分しか時間をもらえず、いいカットが撮れなかった。担当デスクの向坊健（むかいぼうけん）さんは残念がっていましたね。きちんとライティングをして撮影すればいい写真が撮れるという発想が、先方になかったんです」（関口聖司）

ファッションカメラマンたちの熱い情熱と高い美意識、海外のファッション雑誌やCDジャケットの優れたデザインセンス、岡本一宣や木村裕治の端正で読みやすい日本語処理。それらはアートディレクターやデザイナーばかりでなく、『ナンバー』の若い編集者たちにも大いに刺激を与えた。写真を撮るのはカメラマンだが、彼らにいい写真を撮ってもらうためには多大かつ周到な準備が必要であり、その準備を整えるのは自分たち編集者しかいない。『ナンバー』に質の高い写真が掲載されることは、クレジットされるカメラマンの勝利ばかりではなく、アートディレクター、デザイナーおよび編集者の勝利でもあり、最終的には『ナンバー』編集部の勝利となるのだ。

新谷学は、自著『「週刊文春」編集長の仕事術』の中で、尊敬する編集長と一緒に作った特集〈石原裕次郎と加山雄三〉（一九九〇年九月五日号）について楽しそうに振り返っている。

《設楽さんは石原裕次郎が大好きで、裕次郎の歌をカラオケでもアカペラでもよく歌っていた。私は加山雄三が好きだったので、裕次郎と加山雄三の魅力を酔っ払ってよく語り合っていた。あるとき設楽さんが「新谷君、裕次郎と若大将で特集やるか」と言い出した。入社2年目の私はびっくりしたが、「やりましょう」と大喜びした。

かくしてできたのが加山雄三と石原裕次郎が表紙になった伝説の『ナンバー』だ。間違いなく『ナンバー』史上、もっとも異色の号だろう。「スクリーンの中でスポーツが輝いていた！」というタイトルをつけてスポーツに無理矢理こじつけた。確かに「若大将シリーズ」は全部スポーツが出てくるから間違いではない。

本当に楽しくて「こんなこと仕事と言えるのだろうか」と思っていた。東宝に頼んで「若大将シリーズ」の小道具を発掘したりもした。若大将の実家は「田能久」というすき焼き屋だ。その店の暖簾を見つけ、実際にロケしたお店の入り口にかけて「若大将フリークス座談会」の出席者が暖簾をくぐるところを写真におさめた。

設楽さんは常に「それ、おもしろいな、どんどんやろう」というノリだった。新入社員の私は、「仕事ってこんなにおもしろいのか」と毎日会社に行くのが楽しかった。》

入社三年めの新谷学にとって、一九九一年夏に発売された『ナンバー272』(八月五日号)は記念すべき号になった。初めて特集デスクをまかされたからだ。

タイトルはシンプルに〈ホームラン主義。〉。表紙は近鉄バファローズのラルフ・ブライアントだった。東京ドームの天井のスピーカーに打球をぶつけたという逸話で知られる規格外の飛距離の持ち主である。

「ホームランバッターの特集をやろうというのは俺のプラン。でも、設楽さんは俺に『Iデスクの下でやってくれ』と言った。俺も若かったからアタマにきて、『おかしいじゃないですか。俺のプランなんだから、俺にデスクをやらせてくださいよ』と言った。結局、設楽さんが『それもそうだな』と俺にデスクをまかせてくれたから、二年目の後輩と一年目の後輩の三人で作った。

ブライアントを撮影したのは久家靖秀さん。宇多田ヒカルの『First Love』のジャケットを撮った優秀なカメラマンですけど、打ち合わせをしたら『ブライアントには過剰なイメージがあるから、やっぱりバズーカ砲じゃないの?』と突拍子もないことを言い出した」(新谷学)

バズーカ砲と言われても、どこを探せばいいのか。途方に暮れた新谷だったが、そういえば『天才・たけしの元気が出るテレビ!!』(日本テレビ)に「早朝バズーカ」

というコーナーがあったことを思い出した。芸能人が寝ている横でいきなりバズーカ砲を撃ち、リアクションをおもしろがるという企画だ。

さっそく日本テレビの番組担当者に電話をかけると、埼玉に趣味でバズーカ砲を作っている鉄工所があると教えてくれた。新谷は鉄工所で音と煙だけが出るバズーカ砲を二門借りだして、撮影スタジオにやってきたブライアントに「これをぶっ放してもらえませんか?」と頼んだ。ブライアントは大喜びで撃ってくれたから、ダイナミックで迫力のある写真が撮れた。

F1グランプリの特集は『ナンバー』の大きな転機となった。

副編集長の井上進一郎はフジテレビで解説者を務める今宮純と、夫人で翻訳者の今宮雅子の協力を得て、中嶋悟とアイルトン・セナが牽引した爆発的なF1ブームをフォロー。一九九〇年には四回、九一年には五回も特集している。〈F1日本GPプレビュー 中嶋悟、Last Run〉(『ナンバー277』一九九一年一〇月二〇日号)は、過去最高の発行部数四一万部を記録した。

一九九〇年代初頭、創刊から一〇年を経た『ナンバー』は、ようやく軌道に乗った。真のビジュアル誌に変貌したことで広告も爆発的に増えた。長年の累積赤字を解消するまでには至らなかったが、単年度の収益は採算分岐点をついに超えた。

『ナンバー』が上昇気運にあった一九九一年六月に『週刊文春』から『ナンバー』に異動してきた私は、最初からデスクをまかされた。理由は簡単で、すでに三一歳になっていたからだ。

初めて会った設楽敦生編集長は愛すべき人で、部員は若く、よく働き、よく飲み、編集部は活気にあふれていた。

まもなく私は、ここはサル山のようなところだと気づいた。編集長だろうが副編集長だろうが関係ない。社歴が長かろうが短かろうが関係ない。売れるも売れないもじつはあまり関係ない。おもしろいページ、おもしろい特集を作るヤツが一番エラいのだ。少々面倒なのは、編集部のほぼ全員が「自分が作ったページや特集が一番おもしろい」と思っていたことだった。もちろん私も例外ではなかった。俺は花田週刊のグラビア班でブイブイ言わせてきたのだ。年下のお前らに負けるわけにはいかない。

だが、新谷学のことは意識せざるを得なかった。特別に文章がうまいわけでも、センスがいいわけでもなかったが、とにかく熱量がケタ外れだったから、自然と編集部の中心にいた。

新谷がみうらじゅんと一緒に作った〈『巨人の星』巡礼の旅〉では、星飛雄馬が恋に落ちた看護婦・日高美奈が日南海岸で拾った貝殻と似たものを土産物店で必死に探した。

〈『タイガーマスク』巡礼の旅〉では、虎の穴を象徴する〝翼のある虎の巨像〟を紙粘土でわざわざ作ってもらった（野茂英雄が欲しがったので進呈した）。

〈『あしたのジョー』巡礼の旅〉ではみうらじゅんにズダ袋を持たせ、ハンチングをかぶらせて実際に山谷を歩かせたが、撮影の途中で日雇い労働者たちに囲まれてしまい、フィルムをすべて渡して平謝りした。

〈『ブルース・リー』巡礼の旅〉ではみうらじゅんに黄色のトラックスーツを着せ、再び紙粘土で映画『燃えよドラゴン』に登場する〝鉄の爪〟を作った。

走攻守揃った福岡ダイエーホークス（当時）の外野手である佐々木誠には「カメラに向かってスライディングしてほしい」と頼み込み、三回だけという約束で滑ってもらった。超広角のレンズで撮影したから、右足が誌面から飛び出すような迫力のある表紙になった。

新谷の仕事の中で、私が一番驚かされたのはＮＢＡ特集だった。

〈THAT'S NBA WORLD〉（一九九三年三月五日号）である。

マイケル・ジョーダンと肩を並べる大スターのチャールズ・バークレーをニューヨークのマディソン・スクエア・ガーデンで取材することに成功したばかりではなく、

バークレーのポートレートを使った表紙からは一切の日本語を排したから、まるで外国の雑誌のようだった。

「バークレーの号は、俺が好きだった映画の『ワイルド・アット・ハート』のテイストでデザインした。タイトルとか、見せ方とか。表紙に日本語を入れなかったら、（副編集長の）井上進一郎さんから『こんなんじゃダメだ！』とすごく怒られたけど、結局、設楽さんが認めてくれた」（アートディレクターの石崎健太郎）

井上進一郎の心配は杞憂に終わった。新谷が作ったNBA特集は爆発的な売れ行きを示したからだ。

「（バークレーには）撮影直前に一度ドタキャンされた。このままじゃ日本に帰れないから、代理人に頼み込んで試合前に一〇分だけ時間をもらった。英語もできないのにマディソン・スクエア・ガーデンにかけあって、特設スタジオを作って撮ったのがあの写真です。断られたところから俺たちの仕事は始まる。そしてギリギリまで決して諦めない。『ナンバー』での忘れられない仕事です」（新谷学）

このNBA特集を置き土産に、新谷学は『マルコポーロ』編集部へと異動していった。一九九三年四月のことだった。

2

新谷学が『スポーツ・グラフィック ナンバー』で過ごした四年間（一九八九年四月〜一九九三年四月）は平成の始まりと重なり、株式会社文藝春秋の黄金時代とも重なっている。

黄金時代の原動力となったのは花田紀凱編集長体制の『週刊文春』だったが、白石勝編集長率いる月刊『文藝春秋』もまた、大きな存在感を示した。

特筆すべきは一九九〇年一二月号（一一月一〇日発売）に掲載された〈昭和天皇の独白 八時間――太平洋戦争の全貌を語る〉だろう。

内容は驚くべきものだった。

張作霖爆殺事件、憲法学者・美濃部達吉らが唱えた天皇機関説、二・二六事件、盧溝橋事件、支那事変（日中戦争）、日独伊三国同盟、大東亜戦争開戦前夜、開戦の決定、敗戦の原因、東条英機内閣の誕生、御前会議。すなわち日本の運命を変えた戦争の全貌を、昭和天皇自らが語っていたのだ。記録し保管したのは宮内省御用掛の寺崎英成であった。

二〇一五年五月に逝去した白石勝は、この歴史的文書の存在を知った時の興奮を、次のように振り返っている。

《あれは、マリコ寺崎さん（引用者注・寺崎英成の実娘）と知り合いのジャーナリストが、僕のところにまず話をもってきてくれたんです。そのときぼくはちょうど校了の徹夜明けで意識がまだ朦朧としていたんですが、実は昭和天皇が言い残したものが記録に残ってる。それがあるアメリカ人のところにあって最近発見されたんだが、自分はそれをどのように発表するかを任されている、とこう言うんです。で、僕はまず、昭和天皇の言い残したものがあるっていうけど、それは「朕は」とか「私は」って一人称で喋ったものなんですかと聞いたんです。それが一番の決め手ですと。そうしたら「私は」と喋っているというんですよ。思わず「えーっ」と声が出ました。だって普通考えられないじゃないですか。もう眠いとか、そんなもの全部吹っ飛んじゃいました。》（『十五万人の読者投票による月刊文藝春秋ベストセレクション』収録・座談会〈歴代編集長大いに語る〉）

だがマリコ寺崎は、まずは新聞にニュースとして報道してもらおうと考えていた。

次に雑誌に全体の三分の一程度を抄録し、最後に完全版を単行本として出せばいいのではないか。

それは困る。ぜひとも月刊『文藝春秋』に全文掲載させてほしい。そう考えた白石勝編集長は、すぐにアメリカへ飛んだ。

《ソルトレークシティのホテルでマリコさんとの交渉が始まったんですが、これは細かい交渉になりました。向こうはせっかくの父の遺産だから、なるべくいろんなメディアにと思ってる。僕のほうは、『文藝春秋』という雑誌は、図書館に置かれたりして、バックナンバーとして残るものです。そこに断片的なものが載るとなると、いろいろ曲解される面もある。だから載せるなら全部載せないと昭和天皇の意志はきちんと後世に伝わりませんよ、といったことを延々と話し合ったんです。

で、交渉二晩目の明け方の二時半ぐらいかな、「分かりました」と。（中略）そのあとホテルの部屋で、紙縒(こよ)りで綴じてある二冊の記録を開いたんですが、その記録がまた薄い鉛筆で書いてあるんですよ。昭和史のいろんな空白部分を埋めるこのたいへんな記録を初めていまから日本に持ち帰るという興奮と、それを日本じゃなくて、ソルトレークシティのホテルの一室で繙(ひもと)いたという不思議な感覚。それとともに、うかうかしてるとこの薄い鉛筆の文字が消えちゃうんじゃないかみたいな、そんな恐怖感

がありましたね。》（同）

〈昭和天皇の独白　八時間〉は大反響を呼び、『文藝春秋』一九九〇年一二月号はたちまち完売。増刷して一〇四万四〇〇〇部という史上最高の発行部数を達成した。

一九九一年一月七日に開かれた「新年顔合わせ」の席上で、上林吾郎会長は文藝春秋の活況ぶりを絶賛している。

「私は昭和十年くらいからずっと文藝春秋の流れを見てきましたが、会社がいまほど充実している時期はなかったんじゃないかと思っています。私はそれを誇りに思っておりますし、社員の皆様に感謝しております。どうか編集も営業も広告も一体となって三誌の創刊にあたって、絶対に負けないように頑張っていただきたいと思います」

「三誌」とは、この年に同時創刊を予定していた『マルコポーロ』『サンタクロース』『ノーサイド』のことだ。

『マルコポーロ』は文藝春秋が一〇年の長きにわたって希求し続けてきた若いサラリーマン向けのビジュアル誌であり、三誌の中で最も期待される雑誌でもあった。

本誌と週刊への依存度が高すぎる。二本の柱を三本、四本と増やしていかなくては会社の将来が危うい。月刊『文藝春秋』読者の年齢層は、この三〇年で一〇歳ほど上がっているから、若い世代向けの展開が急がれる。すでに時代は活字からビジュアルへと移り変わっている。文春が新しいビジュアル雑誌を創刊すれば、広告収入も期待できるのではないか。このような声は何年も前から社内にあった。

『Ｅｍｍａ』休刊からまもない八七年六月には、白石勝の指揮下で新たなるビジュアル誌の研究が始まり、『ＯＮ』『ＯＦＦ』という二冊のテスト版を作って世に送り出したものの、販売実績は振るわず、昭和天皇の病状が悪化したこともあって計画は頓挫してしまった。

新雑誌を作るなら、過去最高の業績を上げている今しかない。

田中健五社長はそう考えたのだ。

創刊編集長を命じられた東眞史は、世界に目を向けたニュース雑誌を目指してフランスの週刊誌『パリ・マッチ』と提携を結んだ。

《「現代はニュースの時代。とりわけ一九八九年には、天皇崩御、ベルリンの壁の崩壊、ブッシュ政権誕生など、世の中がめまぐるしく変化しました。最近では、ニュースは楽しむものとなりました。それでニュースマーケットに焦点を当ててみたんです。》（『創』一九九一年五月号・東眞史の発言）

新雑誌は『マルコポーロ』と名づけられ、一九九一年五月一七日に創刊された。

わずか五日後にあたる五月二二日には『サンタグロース』創刊号が発売されている。

社内の人間にとっては謎の雑誌というほかなかった。ダイヤモンド社で『カーアンドドライバー』『FMステーション』『TVステーション』を創刊して軌道に乗せた高橋直宏と契約して、海外の音楽、映画、ビデオ情報などを紹介するエンターテインメントマガジンを作る。情報は『ぴあ』のような網羅主義ではなく、編集部が選択して提供する。読み物に力を入れ、作品批評も載せる。編集・発行は新たに作った文藝春秋情報出版が行う——。

以上のような説明を田中健五社長から受けたものの、まったく実体がつかめなかったからだ。文藝春秋が情報誌を作れるのか？　和菓子屋がショートケーキを売るようなものではないか？　そんな危惧があったのだ。

さらに六月一八日には『ノーサイド』が創刊された。サラリーマンの定年退職後の生き方を提案する雑誌である。編集長を命じられたのは藤野健一だった。

「一九九〇年前後は文藝春秋だけじゃなく、雑誌全体が頂点にあった頃。そんな時代背景もあって、田中健五さんはすべてにおいて拡大路線でしたね。三誌同時創刊なんて無茶ですよ。

『ノーサイド』はラグビー好きの上林さんの悲願で、ずいぶん前からプランを温めていた。ところが健五さんは老人雑誌なんて辛気くさいものはやりたくないわけ（笑）。

『マルコポーロ』と『サンタクロース』を出すことになった時に、上林さんは〝どうして『ノーサイド』をやらないんだ！〟って怒った。それで急遽、『オール讀物』の編集長だった僕のところにお鉢が回ってきた。その時点で、創刊までは八カ月しかなかったから無理だと思ったけど、強引に引き受けさせられた」（藤野健一）

〝怒濤の三誌同時創刊〟を打ち出して大宣伝をかけたものの、売り上げはいずれも不振を極め、文藝春秋始まって以来の大失敗となってしまった。

翌一九九二年にバブル崩壊によって雑誌広告が急速に減少に転じると、四月には早くも編集長のクビが切られた。『マルコポーロ』編集長が斎藤禎に交代し、『ノーサイド』編集長には鈴木重遠が就任。一〇月には『サンタクロース』の休刊が決定した。

花田紀凱編集長体制の『週刊文春』の平均部数が前人未踏の七〇万部を超えつつあったこの時期、田中健五社長は自らの拡大方針が完全なる誤りであったことを数字によって突きつけられ、窮地に追い込まれていたのだ。

一刻も早くこの局面を打開しなければならないが、老人雑誌の『ノーサイド』に多くは期待できない。だとすれば、すでに『CREA』でビジュアル誌を経験し、一定の成果を上げた斎藤禎に『マルコポーロ』でがんばってもらう以外にはない——。

「僕はいつもリリーフばっかり。四〇歳で『諸君！』の編集長になったのはよかったけど、『ナンバー』編集長になったのは一原雅之さんがアメリカに行っちゃった（ニューヨーク駐在事務所部長に就任）からだし、一年経ったら湯川豊さんが作った女性誌のテスト版が気に入らないと、健五さんは僕を無理矢理に『CREA』の編集長に据えた。僕は湯川さんに顔向けできないよ。それで今度は東眞史さんの代わりに『マルコポーロ』でしょ。健五さんにとっての僕は膏薬みたいなもの。痛いところにペタッと貼る（笑）」（斎藤禎）

『マルコポーロ』の二代目編集長となった斎藤禎は、国際情報誌から大きく方向転換して三〇代の男性にターゲットを絞り、彼らが興味を持っているテーマをリサーチして次々に特集した。本誌や週刊と重なりそうなテーマは徹底的に避けた。〈自腹を切るなら、このお店。〉（一九九二年一〇月号）、〈スキだけど、嫌いな韓国。〉（一一月号）や〈人類の病としての、売春。〉（一二月号）は、都心部では好調な売れ行きを示したが、特集によって返本率が大きく揺れ動き、採算ラインには程遠かった。

花田紀凱編集長体制の『週刊文春』が平均実売部数七六万部に達した一九九三年四月、田中健五社長はかつてないほど大規模な人事異動を行った。

第一編集局長の堤堯を出版総局長へ。出版総局長の新井信を広告局長へ。広告局長の酒井信光を第一編集局長へ。雑誌、広告、出版の総責任者のポジションをすべて入れ替えたのだ。

大異動の意図を、田中健五は次のように語っている。

《新井君は出版を、酒井君は広告を、堤君は雑誌の編集を二〇代の頃から、今日に至るまでずっと担当してきたわけです。そうしたキャリアを考えれば、ここいらでお互いに関係のある隣の仕事に少し馴染むことが必要なのではないかと判断しました。》
（『日本の編集長』一九九四年一月号）

文藝春秋は異動の多い会社だ。昨日まで小説家の担当をしていた文芸担当が、今日からは週刊誌記者となって事件を追う。営業や広告にいた人間が女性誌やスポーツ雑誌に移る。オールラウンダーといえば聞こえはいいが、専門性に欠ける憾みもある。田中健五社長は五〇歳を過ぎた局長および役員にも、文春の社風である総合性、流動性、柔軟性を求めた。

新谷学もまた、この大異動の際に、『ナンバー』から斎藤禎編集長体制の『マルコポーロ』へと異動してきた。

「当時はまだバブルの名残りがあったし、文藝春秋にはお金も体力もあったから、会社は若者向けのビジュアルニュースマガジンの可能性を信じていた。一九九五年のウィンドウズ95以降のインターネットの爆発的な普及によって、そんなビジネスモデルは木っ端微塵に吹き飛ぶわけですけど。

東眞史さんの『マルコ』は国際情報マガジンだったけど、斎藤禎さんの『マルコ』はサブカルチャーに振った。俺が移ってきた時のデスクは松井清人さんと庄野音比古（おとひこ）さんでした。

在日特集（〈オーレ、オーレ「在日」。〉一九九三年九月号）を組んだ時には、崔洋一さん（映画監督。『月はどっちに出ている』など）と梁石日（ヤンソギル）さん（作家。『血と骨』など）と鄭義信（チョンウイシン）さん（映画監督。『焼肉ドラゴン』など）の三人に集まってもらって〈在日同胞に告ぐ〉という座談会を担当しました。デスクの松井さんから褒めてもらってうれしかったですね」（新谷学）

かつての『ナンバー』と同様に、『マルコポーロ』の現場もビジュアル面で苦労していた。文章でおもしろさを伝えることはできても、写真やデザインに落とし込む知恵やノウハウがなかったのだ。『ナンバー』編集部時代に、アートディレクターの石崎健太郎や関口聖司とともに本格的なビジュアル誌への移行を主導してきた新谷は、『マルコポーロ』でもその経験を存分に生かして活躍したが、同時に『週刊文春』への距離も近づいてきた。

「俺が会社に入ったときから『週刊文春』は光り輝いていた。世の中を動かしているような特別な場所だったし、同期や、少し上の島田真さんからは『週刊はいいぞ』と散々聞かされていた。うらやましい気持ちもあったし、負けてたまるか、俺もいつかは『週刊文春』で勝負してやるぞ、と思っていたんです。

『マルコ』に移った俺は、花田週刊のど真ん中にいた松井（清人）さんの下で〝よど号〟のメンバーの手記を集めるという企画をやりました（〈「よど号」の衝撃から23年北朝鮮に消えた日本人女性たちがピョンヤンで語りはじめた！〉一九九四年一月号）。『マルコ』では『ナンバー』とはまったく異なるタイプの人たちに会うことができた。いつかは『週刊文春』と思っていた俺は、週刊誌の記者を松井さんに紹介してもらって、一緒に飯を食って昔の武勇伝を聞いたりと、少しずつ人脈を広げていったんです」（新谷学）

花田週刊の部数に陰りが見えたのは一九九三年暮れのこと。美智子皇后の「大きな悲しみ」という異例のコメントと失声症によって厳しい批判を受けたことが大きく影響したのだろう。総合週刊誌トップの座もヘアヌードの爆発的なブームに乗った『週刊ポスト』に明け渡してしまった。

それでもヘアヌードを掲載しない『週刊文春』への広告主の信頼は依然として厚く、バブル崩壊が叫ばれる中にあっても一号あたりの広告は一億円を超えた。広告収入だけで年間五〇億円以上ということだ。一九九三年一二月二日号はなんと二億円を超え、『週刊文春』の広告収入は、株式会社文藝春秋全体の五六パーセントから五七パーセントを占めた。新創刊された三誌の惨状を、花田週刊がひとりでカバーしていた形だ。

だが一九九四年春、田中健五社長は大きな決断をする。平均実売部数が四万部に満たない『マルコポーロ』を大きく浮上させるためには、花田紀凱を編集長に据えるしかないと考えたのだ。

新谷学は、花田紀凱が一九九四年三月に『マルコポーロ』にやって来た時のことを鮮明に記憶している。

「斎藤禎さんの『マルコ』は勉強になったけど、部数は厳しかった。だから花田さんが『マルコ』に来ると聞いて、いよいよこれからど真ん中で勝負できるんだな、とすごくワクワクしました。（斎藤）禎さんと一緒に松井（清人）さんと庄野（音比古）さんが出て行って、入れ替わりに花田さんが西川清史さんと木俣正剛さんを連れてやって来た。花田さんが必要とする人間を連れてきたんでしょう。臼井良子が来たのもその時で、勝谷誠彦さんはその少し前から『マルコ』にいました。

花田さんが最初にプラン会議を開く直前、本誌に移っていた松井さんが、わざわざ俺のところにやって来て『新谷、どんなプランを出すんだ？　ちょっと見せてみろ』

と言ったんです。俺が見せるとザッと目を通して、『これなら大丈夫だ。花田さんと木俣に認められなきゃダメだぞ。お前ならできるから』と背中を押してくれました」（新谷学）

再出発した『マルコポーロ』で花田紀凱が目指したのは、ひとことでいえば『LIFE』であり『People』であり、ビジュアル版『週刊文春』であった。

月刊『文藝春秋』や『週刊文春』のようなザラ紙の雑誌は若者に敬遠されるから、ほぼオールカラー。それでいてビジュアルにとらわれず、読ませる雑誌にしよう。国際的なニュースにこだわらず、特集主義もとらない。日本は島国だから海外のニュースに大きな関心を持たないし、特集主義は号によって大きなバラつきが出て安定しないからだ。結局のところ、自分がおもしろいと思ったことをやるしかない。映画紹介や雑誌批評も入れて、男性にも女性にも読まれる雑誌を作ろうと考えた。

花田はアートディレクターの交代を決断。新谷が『ナンバー』でコンビを組んだ石崎健太郎を推薦して了承された。当時の新谷と石崎はともに三〇歳前後。『マルコポーロ』が『週刊文春』よりも若い読者をターゲットとするのであれば、彼らの感覚でビジュアルを作らせるのは当然だ。

「表紙のカメラマンをどうしようかと話した時に、石崎さんは（高橋）恭司さんがいいと。じゃあスタイリストは北村道子さんだね、ヘアメイクは柘植伊佐夫さんだね、ととてつもなく強烈なスタッフがたちまち決まった。俺は石崎さんを天才だと思っているから、彼が才能を発揮できるようにサポートすることだけを考えた。

表紙撮影は毎号毎号、めちゃめちゃ熱くて、おもしろくて、楽しくてしょうがなかったですね。でも、西川清史さんからは『こんな暗い表紙じゃ絶対に売れない』と言われた。メジャーなもの、わかりやすいものじゃないと売れない、と。かっこいいもの、インパクトのあるもの、誰もやっていないものを志向する『ナンバー』的なビジュアルと、明るくわかりやすい『週刊文春』的ビジュアルの路線の違いでしょうね」(新谷学)

当の西川清史は「マイナーな感じがした」と振り返った。

「表現としてはおもしろいと思うけど、大衆誌としてはいかがなものかと」

一九九四年六月にリニューアルした『マルコポーロ』の表紙はメインタイトルと内田有紀のポートレートだけで構成された。細かい見出しを排したデザインは、いま見ても迫力がある。

だが、『マルコポーロ』は二〇万部以上売らなくては採算ラインに届かない雑誌だ。そんな西だとすれば一般読者にもわかりやすく、明るい表紙にしなくてはいけない。そんな西川の主張も理解できる。雑誌には常にバランスが求められるのだ。

波乱含みで新生『マルコポーロ』がスタートした直後、新たに設楽敦生を編集長に迎え入れた『週刊文春』で大きなトラブルが起こった。

〈JR東日本に巣くう妖怪〉である。

立花隆の下で〈田中角栄研究〉〈日本共産党の研究〉の中心スタッフとして活躍したノンフィクションライターの小林峻一が執筆し、一九九四年六月二三日号から四回にわたって連載されたキャンペーン記事の概要は次の通りだ。

世界最大級の公共交通機関JR東日本。その最大の労働組合であるJR東労組（東日本旅客鉄道労働組合）の松崎明委員長は、じつは革マル派の最高幹部であり、革マル派は労働組合を支配するばかりか、JR東日本の経営にまで介入している――。

関係者の写真を取り違えるなど、事実関係にわずかな瑕疵はあったが、記事内容は概ね正しいものだった。

だが、図星を指されてJR東日本は激怒した。鉄道弘済会に働きかけ、株式会社文藝春秋との販売契約を解除させて管内にあるキオスクでの販売をストップ。電車内の中吊り広告の掲出も拒否した。代表取締役社長の松田昌士は「『週刊文春』は三流の週刊誌と認定した。わが駅では永久に販売しない」と言い放った。

一九九四年当時、『週刊文春』は約九〇万部を発行しており、そのうちキオスクでは約一一万部を取り扱っていた。

発行部数の約八分の一に及ぶ大きな販売ルートを突然断たれた文藝春秋は、東京地裁に出版妨害の仮処分申請を行い、JR東日本は対抗策として一億円の損害賠償と新聞五紙への謝罪広告の掲載を求める民事訴訟を起こした。

公共交通機関による前代未聞の言論封殺に対して、新聞や他の雑誌は静観、もしくは沈黙した。JR東日本を批判すれば、たちまち自分たちに累が及ぶことが容易に想像できたからだ。

一カ月半後、鉄道弘済会は以前の半分の部数で『週刊文春』の取引を再開、事件はようやく解決に向かって動き出したが、連載終了から四カ月後にあたる一一月、『週刊文春』は一ページの五分の三という異例の大きさで謝罪広告を掲載した。文藝春秋史上最悪の全面敗北について、『文藝春秋の八十五年』は次のように書いている。

《営業上の損失は少なくなかった。が、読者や国民の文藝春秋への信頼の揺らぎはもっと甚大なものだったはずだ。文藝春秋の寄稿家のなかでもとりわけ好意的だった一人、曽野綾子は『新潮45』で厳しく指摘している。

・書かれる側にも人権はある。書かれて対抗手段をとるのは当然で、それを予測しないのは編集責任者としての目がないこと。

・書く以上、徹底した取材による正確さが要求されるのは当然。自信がないなら書くべきではない。

・自信があるなら最後まで闘え。文藝春秋はかつて真実と自由のために体を張って闘った勇気を忘れたのか。

要約するとこういうことになる。そして、美智子皇后の時とJR東日本と、二度にわたる謝罪の姿勢を見て、「文藝春秋は昔と違って、まず取材にも厳密さを欠き、お利口さんになって危険と損には一切かかわらないことにしたのだろう。社員にとっては慶賀すべきことだろう」と強烈な皮肉で総括している。》

当時、特集班のエースだった鈴木洋嗣は、設楽敦生体制の『週刊文春』編集部は機能不全に陥っていたと振り返る。

「部数も落ちたけど、それ以上に現場がまったく動かなくなった。木曜日にスタートして、土曜日に進行しているテーマを総取っ替えしたこともあった。あり得ない。それだけ歯車が回らなくなっちゃったんです。編集長とデスクの間も、デスクと部員の間も、信頼関係が失われてギクシャクした。設楽さんは誰もが褒める人格者だけど、『週刊文春』のような特殊な組織はそれだけじゃ動かない。

僭越な言い方ですが、設楽さんが『週刊文春』編集長に向いてなかったことは確か。それでも、花田さんがやる前ならまだよかった。花田さんの見事なプランの取捨選択、的確な指示、鮮やかな切り口や考え抜かれたタイトルを、みんなは間近で見てきた。常に自分のことを見てくれて褒めてくれる花田さんの期待に応えようと、懸命にがんばってきたんです。

設楽さんは、スーパースターと何かにつけて比較されて本当にお気の毒だった。『週刊文春』の編集長になったことで命を縮めたと思う。あれから五年生きていらっしゃらなかったはず（一九九八年一月に死去。享年五四）。それほど大変だったんです。花田さんが悪いわけでは全然ないんですけど」（鈴木洋嗣）

JR東日本の問題は、もともと花田紀凱が追っていたネタだった。

「でも、慎重にやらないといけなかった。週刊誌はJRに売り場も中吊り広告も握られている。だから俺は、松崎委員長のインタビューがとれない限りはやらないと決めていた。

JR東日本サイドからは『株主総会の前に記事を出すのはやめてほしい。株主総会が終われば、インタビューに応じるから』と言われていたと聞いた。だったら先方の言う通り、株主総会が終わった後で松崎委員長にインタビューすればよかったと思う。

多少遅れてもニュースの価値は落ちないんだから。

ところが設楽はケンカ慣れしてないというか、切った張ったの経験がないから、株主総会の前に慌てて記事を出してしまった。話題を作って花田に対抗したいという焦りがあったのかもしれない。当時の俺は局次長（第一編集局次長）だったから、設楽が俺に聞いてくれれば、いつでもアドバイスできたんだけどね。でも、設楽には遠慮があったんだろう。俺にもあったし」（花田紀凱）

設楽編集長ばかりでなく、広告局長から異動してきたばかりの酒井信光編集局長も〝ケンカ慣れ〟していなかった。

前任の堤堯は、月刊『文藝春秋』編集長時代に総理官邸からの掲載差し止め要求の圧力を一蹴している。もしJR東日本とトラブルを抱えた時に堤が編集局長であれば、事態はここまで悪くはならなかったはずだ。田中健五社長が決定した局長交代は、完全に裏目に出たのだ。

長く三〇〇人少々だった文藝春秋の社員数は一九八八年四月の田中健五社長就任以後急激に増加、一九九四年には四〇〇人以上に膨れ上がって、人件費の大幅な拡大が経営を圧迫していた。社長の責任を問う声が高まったのは当然だろう。

当時三九歳だった木俣正剛は、六六歳の田中健五から相談を受けている。

「設楽さんの『週刊文春』がガタガタに落ちていって、会社が赤字になりかけていたから、（田中）健五さんは僕らクラスにまで相談にきていました。僕は、花田さんを週刊に戻すしかありませんよ。もし健五さんがどうしても『マルコ』を続けたいのなら、『週刊文春』の別冊として残せばいいじゃないですか、と言った。

当時の状況を冷静に見ると、花田さんの『週刊文春』が好調だったのは『Ｅｍｍａ』の休刊が大きい。結果的に週刊誌を作れる人間が『週刊文春』に集中することになったからです。

一方、新潮社は『ＦＯＣＵＳ』を創刊したことで戦力が分散、『週刊新潮』は弱体化して『週刊文春』に抜かれてしまった。同様に、『マルコポーロ』に花田さんや僕たちが移ったことで『週刊文春』が弱体化したのではないか、と僕は思いました。

二冊をこのまま続けるのは戦力的に無理です。撤退しましょう、と僕が言うと、健五さんは同意してくれました。花田さんを週刊に戻して、『マルコ』は『週刊文春』別冊にして西川清史さんに編集長をまかせよう。話はそんな方向で動いていた。今にして思えば、ここが文藝春秋の分岐点だったかもしれません」（木俣正剛）

花田紀凱の証言は、木俣とは少々異なる。田中健五が花田に『週刊文春』への復帰を命じることはなかったというのだ。

「週刊に戻れと言われれば、俺は喜んで戻ったよ。でも、健五さんは俺にそうは言わなかった。『マルコポーロ』をやめたいと言っただけだ。だから俺は反発した。俺は『マルコポーロ』をまだ六冊しか作っていなかったし、その間、三万部程度だった部数を一二万部にまで伸ばした。その分、経費も余計にかかったかもしれないけど、勝負はこれからだと思っていた。だから俺は健五さんに、『マルコ』で勝負させて下さいと頼んだんだよ」

花田を『週刊文春』から『マルコポーロ』に異動させた張本人は、ついに花田を説得できず、引き続き『マルコポーロ』編集長を続けさせた。

さらなる大事件が起こったのは、それからまもない頃だった。

『マルコポーロ』一九九五年二月号（一月一七日発売）に掲載された〈戦後世界史最大のタブー。ナチ「ガス室」はなかった。〉が、文藝春秋を揺るがす大問題へと発展してしまったのである。

若手医師の西岡昌紀が独力で調べ上げて書いた記事の概略は以下の通りだ。

・第二次大戦中にナチスドイツが採ったユダヤ人政策を弁護するつもりはまったくない。ドイツが罪のないユダヤ人を苦しめたことは明白な歴史的事実である。

・しかし、ナチスがユダヤ人を虐殺するためにガス室を作ったということには大きな疑問がある。

・ナチスはユダヤ人を戦争中は労働力として使い、ドイツがソ連に勝利した暁には、ソ連領内に移住させる計画を持っていた。強制収容所はそのために作られたものだ。

・従って、右の計画と両立し得ない「ユダヤ人絶滅」をドイツ政府が計画、実行したことは一度もなかった。

・ソ連戦線でドイツは敗退し、その結果、ユダヤ人強制移住計画は頓挫してしまう。

・戦争末期の混乱の中、収容所内の衛生状態が悪化して伝染病が蔓延し、多くのユダヤ人が死んだ。

・戦後、収容所で病死したユダヤ人らの死体を撮影した連合軍は、病死者の死体を、ありもしないガス室の犠牲者であるかのように発表した――。

『マルコポーロ』二月号の発売翌日にあたる一月一八日、カリフォルニア州に本部を置くサイモン・ウィーゼンタール・センター（ＳＷＣ）は、ワシントンにある日本領事館の栗山尚一(たかかず)大使に宛てて抗議文を送付した。ＳＷＣはホロコースト（ユダヤ人大量虐殺）の記録保存や反ユダヤ主義の監視を行い、世界中のユダヤ人の人権を守ろうとする組織である。

抗議文は、次のようなものだった。

《大地震（引用者注・阪神・淡路大震災のこと）の悲劇には胸が塞がる思いだが、『マルコポーロ』誌の論文は、これまでのホロコースト否定論者が捏造した事実を、歴史的新事実をつかんだとして単に繰り返したにすぎない。この論文は、歴史とナチズムの犠牲者に対する途方もない挑戦である。そして、日本人に死と惨劇をもたらしたヒロシマへの原子爆弾投下をなきものとする行為とまったく同じものと言わざるを得ない。》（『文藝春秋の八十五年』）

一月二〇日には、イスラエル大使館員が抗議のために文藝春秋を訪れた。

「イスラエル大使館から抗議が来た時に、花田さんが俺に向かって『反論を載せれば話題になるかなあ』と言ったことを覚えています。俺自身も当初は重く考えていなかった。でも、文藝春秋への広告を引き上げると言われ、ＳＷＣとイスラエル大使館の抗議が新聞記事になると、編集部にもバンバン抗議の電話がかかってきたんです」（新谷学）

ＳＷＣには、抗議文だけで済ますつもりなど毛頭なかった。『マルコポーロ』に広告を載せている企業に対して、ホロコーストを否定する文藝春秋の各雑誌への広告掲載中止を強く要請したのである。

雑誌は広告が入らなければ存続できない。問答無用の実力行使である。

日本の雑誌社が外国の組織から抗議を受けるのは極めて稀なケースだ。文春役員会では「もし、全世界のユダヤ人の団体が日本大使館に石を投げたら、俺たちはどうやって責任をとればいいんだ？」と真剣に議論されたという証言もある。

事態の収拾を図るべく、文藝春秋はＳＷＣに三つの提案をして了承を得た。

一、当該号の店頭からの回収。

二、花田紀凱編集長の解任。

三、『マルコポーロ』の廃刊。

右の発表がなされたのは一月三〇日のことだった。

二月一四日には、田中健五社長がＪＲ東日本事件およびマルコポーロ事件の責任を取る形で会長に退き、専務の安藤満が新たに社長に就任した。

三月九日には大規模な人事異動があり、花田紀凱は戦後史企画室という実体のない部署に異動することになった。

月刊『文藝春秋』一九九五年四月号（三月一〇日発売）には〈読者の皆様へ――〉という社告が掲載された。内容は「当該記事は歴史に対する公正さを欠き、ジャーナリズムの責任において誤っていたと認めざるをえません」というものだった。ＪＲ東日本事件に続く全面敗北である。

三月二三日には『マルコポーロ』編集部にいた臼井良子が依願退職した。転職先は、担当していたみうらじゅんの事務所だった。

「『マルコ』で連載をお願いしていたみうらじゅんさんに、『雑誌がなくなるならウチで働かないか?』と誘われて、どうするか悩んで、信頼していた隣の席の新谷さんに相談したら、『おもしろいと思うよ』と背中を押してもらった。花田さんは引き留めてくれたんですけど、転職する決意を固めたんです」(臼井良子)

臼井が花田に転職を報告する手紙を書くと、まもなく花田から返事が届いた。

《前略　手紙ありがとう。君のことはとても気になっていました。編集者として、まだまだあんなことがなければ、社をやめることもなかったろう。編集者として、まだまだ力を発揮できたのに、と、本当に申し訳ない気持ちで一杯でした。

長い間、編集者をしてきましたが、センスのある人間はそうはいない。君には間違いなく、それがありました。もっと長く仕事がしたかった。残念だった。

君の手紙で少しは救われた気がしました。早くも新しい仕事に燃えているようで、君の若さを羨ましく思いました。またいつか、一緒に仕事ができる日の来ることを祈っています。

頑張ってください。そして、時々は、一緒に食事でもしましょう。声をかけてください。

三月二十七日　花田紀凱

臼井良子様》

五月二四日から二六日にかけての三日間、文藝春秋西館地下ホールでは、ユダヤ人問題全般に関する理解促進のためのセミナーが開かれた。講師はＳＷＣから派遣された。司会を担当した笹本弘一（当時『オール讀物』編集長）は想定問答集を作り、質疑応答の際に誰がどんな質問をするかを事前に決めておいた。余計な質問はするな、ということだ。

だが、西川清史は司会者の意向を無視して手を挙げた。

「西川さんは『私たちは〝言論には言論〟と教わってきました。ですから、問答無用で広告を引き上げさせるという強引なやり方には大いに疑問を持っています。その点に関してＳＷＣはどのようにお考えでしょうか？』と聞いたんです。そうしたら司会の笹本さんが『いま、不規則な発言がありましたが』と慌てて止めに入った。会社の立場を代弁するものではないということでしょうね」（新谷学）

窓際に追いやられた花田紀凱は、女性週刊誌を含む新雑誌の企画書を次々に書いて安藤満社長に渡したが、一顧だにされなかった。

「社内のジェラシーはずっと感じていた。俺は好き放題をやってたし、お金も使った。雑誌を宣伝するためにテレビにも出たしね。俺は自分が好きなこと、おもしろいことをやっているだけだったし、売り上げも伸ばしていたからいいや、と気にしなかった。『マルコポーロ』の件では健五さんまで辞めたわけだから、俺にも多少の謹慎期間が必要だったかもしれない。だけど、俺を使った方が売れる雑誌が作れるでしょ？　会社にとっては得なんだよ。でももう、会社は損得では考えられなくなっていたんだろうね」（花田紀凱）

戦後史企画室は文藝春秋本館の玄関を入り、受付の脇を通って広告部に行く通路右側の小部屋に置かれた。部下は中堅女性社員がひとり。見せしめであることは誰の目にも明らかだった。

こんなヘンな場所にいつまでも花田さんを置くはずがない。せいぜい三カ月だろうという私の予想は大きく外れ、夏が過ぎ、秋が過ぎても新たな辞令は出なかった。

「あの部屋（戦後史企画室）にいた時も、俺は社長に時々呼ばれて、調子のいいことを言われていた。だけどある時、銀座の小料理屋で社長が俺の悪口を散々言っていたと聞いた。たまたまそこにいた知り合いが教えてくれたんだ。企画も通らない上に、裏表がある社長がいるのはイヤだと思って辞めることにしたんだ」（花田紀凱）

一九九六年一月一二日、花田紀凱は二八年勤めた株式会社文藝春秋に辞表を出し、強く誘われて朝日新聞に移った。これまで何十回も批判されてきたにもかかわらず、朝日は花田のことを大いに買っていたのだ。

二月末には勝谷誠彦も社を去った。

「文春はオーナー社長のいない共和国。でも、共和国だからこそ、同僚が失敗すると、必ず足を引っ張ろうとする人間が出てくる。そいつが下がれば自分が上がるから。新聞に叩かれてもどうってことはないけど、社内で後ろから撃たれるのは本当につらい。花田さんが辞めた時に、文藝春秋は死んだと思った。この人を追い出すようじゃもうダメだ、と俺は会社に見切りをつけた」(勝谷誠彦)

私もまた、勝谷と同様の思いを抱えていた。

第六章　殺しの軍団

1

『マルコポーロ』の廃刊が決まってまもなく、新谷学は『週刊文春』編集部に配属された。一九九五年三月のことだ。

この時の人事異動はかなりの規模で、新谷が敬愛する設楽敦生も『週刊文春』編集長をわずか一年で解任されて新雑誌研究部へと移っている。新谷とは入れ替わりになってしまった。

『週刊文春』は新たに平尾隆弘編集長を迎えて再スタートを切ったものの、デスクを含む編集部員が大きく入れ替わって弱体化していた。

『噂の真相』には「いまの『週刊文春』は素人集団」と書かれ、ベテラン特派記者たちは「特集班にいたことのない平尾さんが編集長になるのはおかしい」と囁きあい、花田紀凱編集長時代を知る編集者たちは「二流のメンバー」と酷評した。

当時の『週刊文春』の平均実売部数はピーク時の七六万七〇〇〇部から一二万部も

下がった六四万五〇〇〇部。『週刊ポスト』ばかりでなく『週刊現代』にも抜かれ、総合週刊誌三位のポジションに甘んじていた。

入社当時華やかだった花田週刊に憧れていた新谷学が、六年後にようやく配属された『週刊文春』は混迷を極めていたのだ。

「もう三〇歳だったし、これまで『ナンバー』や『マルコポーロ』では自由に暴れていたから『新谷？ あいつは生意気だ。週刊にきたら潰してやる』と某先輩が公言しているという噂も聞いた。未知の世界に武者震いするような感覚でした」（新谷学）

異動間もない新谷にとって、そして陣容の整わない『週刊文春』にとって結果的に追い風となったのは三月二〇日の地下鉄サリン事件だった。大都市で無差別に化学兵器（神経ガス）が使用されるという世界でも類を見ない恐るべきテロ事件は、死者一三人、負傷者六三〇〇人を出した。

「事件が起こったのは月曜日の朝。俺は夕方までずっと病院に張りついて、担架で運ばれてくる人たちに次々にインタビューしていました。夕方六時くらいにポケットベルが鳴り、会社に戻ると『お前が原稿を書け』とデスクから突然命じられたんです。地下鉄サリンのドキュメントだ。右トップ四ページで行くから、といきなり一〇人分くらいのデータ原稿（記事の元になる取材原稿）を渡された。アシを二回やっただけで、データ原稿を書いたことはあっても本番の原稿は初めて。しかも巻頭記事。頭が真っ白になりましたね。

でも、自分なりに一生懸命考えながらデータ原稿を一本一本つぶさに読んでいくうちに、この人とこの人は同じ車両に乗っていて、同じ現場を見ていたんだな、といったディテールがだんだんわかってきた。証言を時系列、車両ごとに再構成してドキュメントを書こうと思った。朝までかかりましたけどね。もちろん、当時は全部手書きです」（新谷学）

新谷が生まれて初めて書いた特集記事は、臨場感溢れる証言から始まる。

《「電車が到着したときからもう、車内は異様な雰囲気でした。真っ赤な顔をして吊り革につかまっている男性がいるんです。吊り革からダラリと垂れ下がった感じ。前から三両目の車両だったんですが、足元に、畳半分くらいの水たまりがありました。普通の水と違いヌルッと滑る感じで、臭いはシンナーのようでした」》（一九九五年三月三〇日号）

化学兵器サリンの説明、病院に次々と運ばれてくる被害者たちの声や姿、診察した院長の証言、「犯罪史上まれに見る大事件」と戦慄(せんりつ)する東京地検検事のコメントをテンポよく並べ、警視庁、警察庁、東京消防庁、陸上自衛隊の今後の対策方針を短く記し、有機化学専門の学者に松本サリン事件との共通点を聞き、最後に犯罪心理学に詳しい小田晋（当時筑波大教授）に犯人像を推測してもらった。

タイトルは、《その時、地下鉄の車内は地獄と化した》。

素晴らしい記事だ。文章もいい。

週刊誌記事の文章に求められる要件は、大きく分けて三つある。

一、一瞬で読者を引き込むインパクトのある書き出し。

二、基礎知識がない読者を容易に理解に導く考え抜かれた構成。

三、簡潔で明快、リズミカルで物語性のある文体。

デスクが多少手を入れているはずだが、新谷学のデビュー作は右の三要件のすべてを満たしている。

「立花隆さんと仲が良かった編集長の平尾さんが、『立花さんが君の原稿を褒めていたよ』と教えてくれたんです。初めて書いた原稿が右トップ。しかもあの立花隆から褒められた。俄然やる気が出ました」（新谷学）

地下鉄サリン事件から二日後の三月二二日、警視庁は山梨県西八代郡上九一色村を始めとするオウム真理教教団施設の全国一斉捜査を行った。逮捕された幹部の自供によって、地下鉄サリン事件を首謀したのが教祖の麻原彰晃であり、実行犯が信者たちであることが明らかになった。

五月一六日の強制捜査では、上九一色村の第六サティアン内に潜んでいた教祖・麻原彰晃が発見、逮捕された。

新聞、雑誌は連日のように犯罪史上最悪の事件と報じ、オウム真理教を追い続けた。

これほどの大事件になると、記者を大量投入して集団で動く『週刊文春』の強みが発揮される。当時の『週刊文春』は麻生幾や友納尚子(とものうなおこ)、渡辺純ら警察や公安に強い特派記者を抱えていた。麻生幾はのちに独立して『情報、官邸に達せず』(文藝春秋)など多くのノンフィクション作品を発表。小説『宣戦布告』(講談社)は二〇〇二年に映画化された。友納尚子は特に皇室に強く、のちに〈ザ・プリンセス雅子妃物語〉を『週刊文春』で連載した。渡辺純は佐々木弘、吾妻(あづま)博勝、内田武樹、野中恭太郎らとともに花田週刊を支えたベテラン特派記者だ。独自の人脈を持ち、事件にも政治にも強い。

さらに、『週刊文春』には強力な援軍もいた。

ジャーナリストの江川紹子である。

一九八九年一一月の坂本弁護士一家失踪事件以来、ずっとオウム真理教を追い続けていた江川紹子を、花田紀凱編集長体制の『週刊文春』が物心両面から支援してきたことはすでに触れた。地下鉄サリン事件以後、一躍時の人となった江川紹子が『週刊文春』や月刊『文藝春秋』を主戦場としたのは当然だろう。江川は、「文藝春秋の方々には本当にお世話になりました」と振り返る。

「坂本堤弁護士一家失踪事件の捜査が膠着状態に陥っていたときに、花田さんに勧めていただいて、雲仙普賢岳の火砕流で亡くなったカメラマンのことを書いたんです。まとまった取材経費を先にもらって、残ったお金をお返しするわけですけど、精算を見た花田さんが言ったのが『君は、出張で取材に行くと飯を食わないの？』って（笑）。私は、どこに行っても自分のご飯は食べるんだから、と思って食事代を請求しなかったんですけど、花田さんは『家で食べるのとは違う。外で食べれば、取材につながる有力な情報が入ってくるかもしれない。だから、ひとりで食事した分もちゃんと請求しなさい』って。書き手の生活まで心配してくれるのが文藝春秋の人たちなんだなって思いました」

カルト教団に取り込まれた当人とその家族は、人間関係も人生そのものも破壊されてしまう。しかし、テレビ各局がオウム真理教を破壊的なカルト教団とみなして警鐘を鳴らすことはほとんどなく、むしろサブカルチャーの一種としてバラエティタレントのように扱った、と江川紹子は憤る。

「一九九〇年二月の総選挙に麻原彰晃以下の信者たちが立候補したときには各局がおもしろがって放送したし、フジテレビの軽部真一アナウンサーが上祐史浩と同級生だったこともあって教団をレポートした。テレビ朝日なんか『朝まで生テレビ』に麻原や上祐、村井秀夫を呼んで、散々PRさせましたからね。あれを見て、まともな宗教だと思って入っちゃった人もいたくらい。テレビ局はちゃんと懺悔してもらいたいと思ってます。

一九九三年の暮れには、『龍彦ちゃんは生きている』と証言するタクシー運転手が現れた。坂本堤弁護士夫妻のひとり息子です。私は飛びついたんですけど、花田さんは慎重だった。運転手の夫婦をウィークリーマンションか何かに住まわせて私が集中的に話を聞き、『週刊文春』の若いスタッフが全国に飛んで、話の裏づけをとろうとした。ところが、どうしても裏がとれない。登場人物は実在するし、シチュエーションにもリアリティがある。たくさんのピースがあるけれど、一番大事なところが欠けている。三週間くらいやったので、お金も相当使ったはずですけど、結局、花田さんはガセネタだと判断して取材を打ち切らせた。あの割り切り方は本当にスパッとしてましたね。

私は龍彦ちゃんが生きていることを信じたくて、心の拠り所にしていたから、花田さんは冷たいじゃないかと木俣さんに愚痴を聞いてもらったんですけど、結果的には花田さんのお蔭で誤報しなくて済みました。

『週刊文春』とはずっと一緒にこの問題に取り組んできたという思いがあります。長くオウムに関心を持ってやり続けてきたのは『週刊文春』と、あとは『FOCUS』くらい。

地下鉄サリン事件と強制捜査のあと、自宅にいては危ないと『週刊文春』がホテルニューオータニに部屋をとってくれて、私はそこで寝泊まりしていたんですけど、宿泊延長を断られた。これ以上私がここにいると、オウムを引き寄せてしまうかもしれないって。私もいけなかったんですよ。モーニングコールがかかってきたのに起きないことがあったから。心配したホテルの方がマスターキーで部屋の中に入ってきて、目が覚めたら何人もが私の顔を覗き込んでいました（笑）。

他のホテルからも断られたので、しかたなくしばらく文藝春秋四階の缶詰部屋に住んだんですけど、さすがにかわいそうだと、顔の広い（特派記者の）渡辺純さんがあちこちに聞いてくれて、結局、麴町にあるホテルオークラ系のビジネスホテルに泊まることができました。『ウチは出入り口がひとつしかなく、必ずフロント前を通ることになります。フロントには二四時間人を立てておきますから、安心してお休み下さ

い』と支配人の方に言われたのはうれしかったですね。支配人の方とはいまだに年賀状のやりとりをしています」（江川紹子）

一九九五年の『週刊文春』は、オウム関連の記事で他誌を圧倒して大きく部数を伸ばした。

〈オウム裏舞台で起こったクーデターと「ハルマゲドン計画」〉（四月二〇日号）

〈自衛隊現職科学部隊に二人のオウム信者がいる〉（五月一八日号）

〈上祐史浩 vs 江川紹子　対論誌上初公開〉（七月一三日号）

〈立花隆徹底インタビュー司馬遼太郎「麻原彰晃は史上最悪の人物」〉（八月一七日・二四日合併号）

〈江川紹子「坂本事件」すべてはここから始まった〉（九月一四日号）

〈「俗物」の全貌を暴く！　側近独占手記　麻原地獄〉（一一月二三日号）

だが、新谷学がそれらの記事を書くことはなかった。

『週刊文春』では、プランを出した人間が最終的に原稿をまとめる〝書き〟となる。だが、当時の新谷は、プランの元となるネタ元（情報源）を持っていなかった。

「『ナンバー』や『マルコポーロ』では、斬新でおもしろい企画を考えてかっこいいビジュアルを作れるヤツがエラい。でも『週刊文春』は全然違う。ネタを持ってくる

ヤツが圧倒的に評価される世界なんです」（新谷学）

ある日、編集部の一角に麻生幾と友納尚子、それに江川紹子が集まって、小声でなにかを話していた。どうやらオウム関連のネタの情報交換をしているらしい。だが新谷が近づくと、ピタッと話をやめてしまう。オウムを追う記者たちは秘密保持を徹底させていた。

「圧倒的な情報格差がありましたね。あのひそひそ話がいまの『週刊文春』の中心なんだ。俺もあの中に入りたい、と心から思った。

デスクに命じられて地下鉄サリン事件の右トップは書いたけれど、俺が取ってきたネタじゃなかった。つまり俺の実績はゼロで、何も言えない立場だったということ。では、どうすれば俺の存在を示せるのか。こいつはネタを取ってこられるヤツだ、書けるヤツだと、毎週毎週の積み重ねで周囲を認めさせるしかない。情報通の麻生幾に勝ちたい。週刊に五年もいて特派記者からも信頼を集める後輩の小田慶郎にも勝ちたい。くそっ、できることは全部やってやろうと思いました」（新谷学）

当時の『週刊文春』の編集部員は五十数名で、特集班員は三〇人程度。新谷学のような文藝春秋の社員と、年間専属契約を結ぶフリーランスの特派記者の割合は半々というところだろう。

特集班員は、毎週木曜日に行われるプラン会議で独自情報に基づくプランを五本提出することを求められる。

最高の情報は各界のトップが握っている。政治ネタならば総理大臣や官房長官が、経済ネタなら日銀総裁や財務事務次官が、犯罪なら警察庁長官や公安のトップが、暴力団関係なら山口組組長があらゆる情報にアクセスできる。もし、週刊誌記者が各界のトップと深い親交を持っていればネタに困ることは決してない。だが、そんなことは不可能だ。

だからこそ週刊誌記者は、新聞記者やテレビ局記者はもちろん、政治家や官僚、警察や公安、企業の広報、芸能関係者などと可能な限り広くかつ深くつきあい、独自の人脈を築き上げて情報網を張りめぐらせていく。二一世紀のネット社会においても、本物の情報は人間だけが持っている。

人脈作りの手始めとして、新谷学はまず南青山にあるオウム真理教東京総本部に頻繁に足を運んだ。集まっている新聞やテレビの記者たちと名刺交換をするためだ。話しかけやすそうな記者を見つけると、自らの窮状を率直に打ち明けた。

「じつは『週刊文春』の記者になったばかりで、オウム真理教を取材したいのですが、ネタ元がいなくて、どうすればいいかわかりません。教えていただけませんか？」

忙しい記者たちの大半は相手にしてくれなかったが、中には親切な記者もいて、ポケットベルの番号を教えてくれた。

日曜日の夜、某テレビ局の記者から新谷に電話がかかってきた。

「これから警視庁記者クラブの連中とメシを食いに行くんだけど、よかったらお前も来ないか?」

新谷が喜んで指定された中華料理店に行くと、親切な記者は自局の先輩を紹介してくれた。

「この人がウチのエースだよ」

某テレビ局のエースは警視庁記者クラブのキャップをつとめていたから、所属の多くの記者たちとも面識ができた。

「うるさがられても、図々しく何度も連絡して、懐に飛び込んで可愛がってもらうしかない。お前はいつもうるせえな。でも、まあいいや。今度ある大物に会うんだけど、お前も紹介してやるよ、と言ってもらうことが大事なんです。迷惑にならない程度に、でもマメに電話を入れてお茶やお酒に誘ったり、雑誌を毎号送ったりして少しずつ関係を築いていく」(新谷学)

地道な作業を一年くらい続けていれば、ジャンルごとのキーマンが大体わかってくると新谷は言う。永田町の取材ならあの記者、経済関係ならこの記者、警察を回っている社会部の記者ならあの人、司法ならこの人が一番詳しい――。週刊誌はさまざまなネタを扱うから、各ジャンルのキーマンを攻略しておくことが必要になる。

「たとえば政治部の腕っこきの記者と仲良くなれば、他社の優秀な記者はもちろん、つきあっている政治家まで紹介してもらえる。感じのいい政治家に会うことができれば、『先生、よろしければ携帯電話の番号を教えていただけませんか？』と図々しく頼んで、紹介者の了承を得た上で直で連絡をとり、事務所に訪ねていったり食事をしたり。政治家と一定以上の関係を構築できれば、仲のいい政治家や派閥の親分を紹介してもらえる。信頼できる人が紹介してくれる人は、やっぱり信頼できる。人間関係とはそういうもの。情報のキーマンたちと雑談をしていれば、おもしろい話や貴重なネタがポロッと出てくる。

キーマンは全員、飛び抜けて優秀だから、週刊誌にも知り合いがたくさんいる。文春社内にもライバルがいるということ。だったら、キーマンの中の序列で一位にならないといけない。耳寄りの話を聞いたキーマンが、この話を週刊誌の誰に教えようかな？　と考えた時に、真っ先に俺の名前を思い浮かべてもらうことが大切なんです。自分のネタでトップ記事が書けるようになるまでには、一年くらいかかりました」

（新谷学）

中学、高校では野球部、早稲田大学政経学部時代にはヨット部に所属していた新谷には体育会系のノリがある。飲んで騒いだあげくの武勇伝は数知れない。

その一方で、ブルックスブラザーズ青山本店や新宿伊勢丹店でのアルバイトを何年も続けた筋金入りのおしゃれ小僧でもある。

就職の第一志望はテレビ局。『空飛ぶモンティ・パイソン』や『サタデー・ナイト・ライブ』のようなコメディ番組を作りたかったが、某テレビ局を最終面接で落ちて文藝春秋に入った。書斎派が大半の文藝春秋では、圧倒的に異質な存在だ。

「新谷さんは理想の自分に向かって、水面下でもがき続ける人」

そう評するのは『ナンバー』で同じ釜の飯を食った菊地光一郎である。

「新谷さんは巨人、大鵬、卵焼きみたいな常勝将軍というか、世の中の中心にあるものが大好き。加山雄三の若大将シリーズを心の底から愛しているなんて、普通はあり得ません。いつも明るく、仲間とワイワイやって、イヤなことがあれば励まし合い、ケンカをしてもすぐに仲直り。試練があればみんなで一致団結して乗り越えよう、明日も頑張ろうなんて嘘くさいと思うのが普通でしょう。でも新谷さんは違う。理想の自分、理想の若大将を目指して本気で努力し続けることができるんです」

『マルコポーロ』時代の一九九四年五月一四日に、新谷学は三歳年下の加藤政代と社内結婚した。『マルコポーロ』一九九四年七月号の編集後記〈編集部から。〉にはこう記されている。

《●新谷学——小社一の美女と結婚。長年の秘密交際が明らかになると「見上げた情報管理能力」と役員室でも評判に。》

若大将が文春一の美女を射止めたと書けば何だかできすぎた話で、披露宴に招かれた私も釈然としないが、本当だからしかたがない。

文藝春秋は古い体質の会社であり、長い間、社内結婚すればどちらかが退社するという不文律があった。男性社員が退社したという話は聞かない。辞めるのは常に女性社員の方だ。

旧弊を打ち破り、社内結婚後も文春に残った女性社員は加藤政代で三人目。一九八六年に施行された男女雇用機会均等法が影響していることは間違いない。

特筆すべきは、子供を産んで復帰したのは加藤政代が初めてだったことだ（一九九七年に第一子が誕生）。三〇年に及ぶ在籍中に四人の子供を産み、フルタイムで働きつつ育てたのだから立派だ。

「子供を産んだくらいで辞めるのは悔しいし、産休をとらせてもらった分、よけいにがんばらないと、と思いました。なかなか理解されにくい時代だったので、悲しい気持ちになったこともありましたけど。彼（新谷学）は何も言いません。続けたければ続ければいいし、辞めたければ辞めればいい。私次第だって。自分の意見を押しつけてくる人じゃないんです」（加藤政代）

現在の文藝春秋では、男性女性を問わず共働きの社員が増えつつある。そんな社員たち、特に働きながら家事や育児を担うことが多い女性社員たちに、加藤政代の存在は少なくない影響を与えた。

のちに新谷学が『週刊文春』デスクをつとめた頃、初めての女性記者として新谷班の一員となった児玉藍は、「四人のお子さんを、仕事を続けながら実質ワンオペで育てるなんて考えられない」と加藤政代への尊敬の念を隠さない。

「大先輩なのに、細かい相談にも全然イヤな顔をしない。部署が違っても、若い子たちの力になってあげようという温かい気持ちが伝わってきました。『俺よりも男気がある』と、新谷さんはいつもおっしゃっています（笑）。『俺だって保育園に送ってるし、風呂掃除だってやってるよ』と新谷さんは主張するけど、家にいる時間は圧倒的に少ないはず。政代さんは、なんかもう、神だと思います。政代さんの存在によって、新谷さんの価値が底上げされているんです」（児玉藍）

一九九五年春、結婚二年目の新谷学は、可愛い新妻を放っぽらかしたまま、事件取材にのめり込んでいった。

「特集班は鉄火場、火事場、修羅場です。事件に飛び込んでいく時にはヒリヒリするような快感がある。俺はほかの学校とのケンカが絶えない八王子のガラの悪い中学の出身、しかも野球部ですから。事件取材にも似たような感覚がありますね。ネタを求めてひとりで戦い、スクープを求めてみんなで戦う。部内での戦いもあるし、新聞やテレビ、ほかの雑誌との戦いもある。基本的に血の気が多くて負けず嫌いだから、鉄火場になると血が騒ぐ。誰よりも早く現場に突っ込みたいし、誰よりも早くネタを取ってスクープしたい。理屈じゃなくて本能的に身体が動く。

俺はおしゃれなもの、かっこいいもの、おもしろいものに憧れたし、今でもそれは変わっていないけど、それだけじゃない部分が、自分の中に眠っていたんでしょうね」（新谷学）

設楽敦生編集長時代に『女性自身』から『週刊文春』に移ってきた特派記者の中村竜太郎は、同じ一九六四年生まれの新谷が取材現場で苦闘する姿を間近で見てきた。

中村はのちに〈シャブ&飛鳥〉〈高倉健に養女がいた！〉〈NHK紅白プロデューサー横領事件〉など、数々のスクープを飛ばして特集班のエースとなった。

「当時の週刊文春には、五〇代、六〇代のベテランの特派記者がたくさんいました。文春の若い社員が週刊に配属されてくると、ベテラン記者たちの中には『あいつは伸びるのか？』と品定めをしたり、『あいつは社員だから、どうせ出世して週刊を出て行くんだろ？』とやっかんだり、『あいつは使えねえから俺は組みたくないよ』と露骨に嫌がったりする方がいた。

ある時、新谷さんが書きで、私とベテランの某記者がアシについたことがありました。ところが、新谷さんが取材を頼んでも、ベテラン記者の動きが悪い。サボタージュじゃないかと思うほどでした。それでも、新谷さんは粘り強く説得する。与えられた仕事に対して、常に前のめりでポジティブなんです。余計なことは言わず、指示も的確でした。

取材現場で一番大切なことは、目の前の仕事にどれだけ思いを傾け、熱心に取り組めるか。文春の社員の中には『本当は文芸をやりたいのに、どうして自分は週刊の特集班に回されたんだろう？』と思い悩む人もいましたが、新谷さんの熱量は飛び抜けていた。私自身も、特派記者である以上は常に結果を出し続けないといけないという切羽つまった思いがあったので、新谷さんの頑張りに励まされました」（中村竜太郎）

新谷学は「特派記者とのやりとりが自分を成長させてくれた」と例によってポジ

ティブに振り返る。

「俺が週刊で書きをやり始めた頃は、オウム関連の記事が花盛り。でも、当時の俺にはオウムのネタなんか出せないから、毎週のように地方の殺人事件ばかりをやらされていました」

新谷のアシには、花田週刊で女子高生コンクリート詰め殺人事件の現場取材を担当した佐々木弘や、歌舞伎町に長期潜入したルポルタージュ『新宿歌舞伎町　マフィアの棲む街』（文藝春秋）を発表した吾妻博勝らベテラン特派記者ばかりがついたから、事件の資料を集めるのも、取材先を割り振るのも、飛行機や新幹線のチケットを取るのも、すべて新谷の仕事になった。

「ほとんど旅行代理店状態でしたね。現地に着くと、佐々木さんは名物を食いに行きたいと言うし、吾妻さんは朝まで飲みたがる（笑）。彼らに気持ちよく取材してほしいから、俺は全部つきあうわけです。すごく大変だけど、とことんつきあううちに、俺への見方がだんだん変わってきた。あいつはよくやるじゃねえか、頑張るじゃねえか、となっていった。取材のやり方や原稿の書き方も教えてもらいました。

特派の人たちは、本気のつきあいをしないと、いざという時に身体を張って動いてくれない。『この仕事をお願いします』『はい、わかりました』というビジネスライクな関係じゃなくて、同じ釜の飯を食い、一緒に酒を飲んで、お姉ちゃんとも一緒に遊んで、暴れてゲロ吐いて。そんなズブズブ、ドロドロの人間関係があって初めて『ここ、大事なところなんでお願いします！』『まかせてくれ！』と修羅場を乗り切れる。俺はそんな関係を大事にしてきた。

白石勝さん（元文藝春秋社長）は、俺にこう言いました。週刊で大事なことは、特派の人たちとことんつきあうことだ。自分もよく一緒に朝まで酒を飲んだ。特派の人たちは、社員とは契約形態が違う。だから俺たちは彼らの人生、彼らの生活まで一緒に背負わないといけないって。花田さんのスタイルとは違うけど、俺には白石さんが言うこともよくわかるんです」

地方取材をすることで、取材者としての意識も変わったという。

「たとえば、辺鄙な土地で地取り（聞き込み）を繰り返す。隣町にも行きたいけど、交通手段がない。そんな時に、たまたま通りかかった女子高生が『隣町は遠いから、ウチの自転車を使いなよ』と温かい言葉をかけてくれる。もう、めちゃめちゃうれしいわけです。

普通なら絶対に行かないような田舎町に出かけて、普通なら話す機会のない人とたくさん会って話す。事件取材だから、怒鳴られたことも、胸ぐらをつかまれて殴られそうになったことも山ほどあります。

でも、人間対人間のやりとりをしているうちに、もしかしたら俺には、こういう仕事が向いているかもしれないと思い始めた。見ず知らずの人の懐にいきなり飛び込んで頼み込んで、可愛がられて助けてもらって何かを動かす。そんな『人に食い込む力』が、もしかしたら俺の中にあるのかもしれないと」（新谷学）

民放の雄を自負するＴＢＳに激震が走ったのは、一九九六年春のことだった。坂本堤弁護士一家がオウム真理教によって殺害されたのは、ＴＢＳがオウム幹部に坂本弁護士のインタビュー映像を見せたことがきっかけであったことが明らかになったのだ。

一九八九年一〇月、坂本弁護士はＴＢＳの情報番組「3時にあいましょう」の取材に応じて、オウム真理教を激しく批判した。番組のプロデューサーはオウムの反論を聞こうと、放送前にインタビュー映像をオウムの早川紀代秀（きよひで）、上祐史浩、青山吉伸の三幹部に見せた。教団の猛抗議に屈したＴＢＳは放映の中止を決定する。坂本弁護士一家が行方不明になったのは、オウム側に映像を見せてから、わずか一週間後のことだった――。

スクープしたのは日本テレビだが、当初、ＴＢＳは日本テレビの報道を完全否定した。だが、逮捕された早川被告の証言や残されたメモの存在が動かぬ証拠となり、磯崎洋三社長が謝罪会見を開くことを余儀なくされた。

ＴＢＳには視聴者から抗議の電話が殺到し、会見当日に放送された「ニュース23」のキャスター筑紫哲也は「今日、ＴＢＳは死んだに等しい」とコメントした。

重大な不祥事に慌てふためくＴＢＳが徹底した調査を行わず、むしろ隠蔽工作を行っていた様子をどこよりも詳しく報道し、強制捜査の漏洩疑惑にまで言及する独走スクープを放ったのが『週刊文春』だった。〈ＴＢＳ大激震〝青山メモ〟に書かれた「強制捜査」漏洩　〝坂本ビデオ〟を見せた解雇プロデューサーの悪評　社員たちの大恐慌「会社がなくなる」〉（一九九六年四月四日号）である。

記事を書いたのは新谷学。ついにスクープをつかんだのだ。

「報道局長、局次長、広報部長の三幹部が、早川メモの情報を発覚前から知っていたにもかかわらず無視していたことを暴いたり、元ＴＢＳのニュースキャスターだった下村健一さんの独占手記を手伝ったり、俺は三週にわたって右トップでＴＢＳの批判記事を書き続けました」（新谷学）

記事は詳細かつ具体的だ。内部告発者がいたのだろうか？

「たしかにＴＢＳ関係者には何人も取材しました。でも、この記事が内部告発なのかどうかも含めて、取材源や取材方法については一切お話しできない。これは俺たちが持つべき職業倫理でもあるし、生命線でもあるからです。取材でお世話になった方たちは、記事が出れば真っ先に疑われる立場にある。リスクを承知の上で、取材に答えてくれたんです」

新谷には苦い記憶がある。過去には、取材協力者が情報漏洩を疑われて社内で冷遇され、中には社を追われた人もいた。今も、かつての取材協力者と食事に行くことがあるが、悔恨の念は消えない。

「週刊誌の仕事は本当に重い。書かれた人の人生ばかりでなく、ネタ元の人生まで関わってくるから。いろいろなものを背負いながら俺たちは記事を出し続けるんです」

中村竜太郎は自著『スクープ！』（文藝春秋）のなかで、後述するNHK紅白プロデューサー横領事件の取材協力者A氏について次のように書いている。

《A氏がどんな人物かを説明しなければならないが、わけあって年齢や役職、男性か女性か、さらにはNHK職員なのか関連会社職員なのかも、残念ながらお伝えすることはできない。それは、NHKが外部に局内情報を漏らした者を、たとえそれが正義感から発せられたものだとしても、不利益な情報を流した「造反者」「不満分子」「不届き者」として扱ってきた過去があるからだ。

ＮＨＫにとってネガティブと取れる話題が、ほんの少しでも外部に出た場合、「ＮＨＫを守るための犯人捜し」が徹底的に行われ、容疑者として名前が上がれば、人事で干され、地方や閑職へ飛ばされる。仮に１００パーセント冤罪であっても人事考課はバツとなり、「疑わしきは罰せられる」慣わしだ。》

告発者が多大なリスクを負う以上、『週刊文春』の記者たちは告発者を何としても守らなくてはならない。

「ただ、背負うものの重さにたじろいで、リスクばかりを考えてしまうと、記事としてのおもしろさやインパクトがなくなってしまう。読んでおもしろくなければ、週刊誌は話にならない。俺たちの仕事は、リスクを恐れず、リスクをコントロールしながら、ギリギリの勝負を毎週仕掛けていくことなんです。

アクセルとブレーキの両方に足を乗せて、局面によって踏み分ける。全力でアクセルを踏み込む時もあれば、急ブレーキが必要な時もある。間違えれば大事故になってしまうけど、安全運転を続けるだけでは『週刊文春』は絶対に作れない」（新谷学）

新谷学の五年先輩にあたる鈴木洋嗣は、『週刊文春』に異動してきた新谷がわずか一年でエース記者へと成長していく姿を間近で見てきた。

「新谷が週刊にきたばかりの頃は、僕のアシについてくれたんだけど、酔っ払った新谷から『いまは全然敵わないけど、洋嗣さんには絶対に負けないから』と言われたことがあるよ（笑）。そこからたった一年で、TBS問題の記事で右トップを三週続けて書いた。すごいスピードで駆け上がってエースの書き手になった。結構年齢がいってから週刊にきたから、すごく大変だったはず。新谷は、人の倍、努力をしていたと思う」

ギリギリのところで勝負していたのは、新谷学や中村竜太郎のような特集班員の取材記者ばかりではない。カメラマンもまた、一瞬に勝負をかけていた。

一九九六年四月二五日号の『週刊文春』のモノクログラビアのトップを飾ったのは〈衝撃のスクープ　麻原氏を撮った！〉。葛飾区小菅の東京拘置所内を歩く麻原彰晃を、大倉乾吾と宮嶋茂樹の名コンビが見事に撮影して大評判を呼んだ。発売日の六日後には、初公判が開かれることになっていた。

「じつは二トントラックを使ったんです。グレーに塗ったベニヤ板を大量に使ってカモフラージュして、ベニヤ板の隙間から二〇〇〇ミリの超望遠レンズで撮影しました。ベニヤ板に塗装しようと思って、文春の駐車場に二トントラックを入れようとしたら、ゲートのアーチの部分に思いっきりぶつけて、ドーンと凄い音がした。『どうしてくれるんだ、これは二〇〇〇万円くらいするんだぞ』と管理部の藤崎勝彦さんからすごく怒られました。あのゲート、実は名のある作家の作品だったみたいです。結局、保険で処理できたと思いますが、グラビア班デスクの羽田昭彦さんは頭を抱えてましたね（笑）」（宮嶋茂樹）

以前、『FOCUS』が〈東京拘置所の三浦和義〉という写真を掲載したことがあった。留置棟と面会棟を結ぶ通路に遮蔽物がなかったからこそ撮れた一枚だった。

その後、報道カメラマンたちの間では、「『FOCUS』が三浦和義を撮ったあと、東京拘置所の通路には塀が立てられた」という噂がまことしやかに囁かれていた。

「でも、実際に確認してみると通路に塀はなかった。だから張り込んで、怪しいのが出てくるたびにシャッターを押したんですが、二〇〇〇ミリのレンズは重いし、一脚しか使えなくて大変でした。

麻原を最初に撮ったのは張り込みを始めてから一週間後。車椅子に乗っていたけど、刑務官が横を歩いていたから顔は見えません。四月一一日には再び、車椅子で出てきたけど、今度はエレファントマンみたいな頭巾をかぶっていたから、インパクトはあったけど、顔を撮るのは無理かな、と半分諦めました。ところが翌日、今度は車椅子ではなく、スタスタと歩いて麻原が出てきた。顔も隠していない。すぐうしろで、空の車椅子を刑務官が押していました。撮った！　撤収じゃ！　と大倉とふたりで大喜び。もう言葉にならないくらいうれしかったですね。

写真が『週刊文春』に載ってから三カ月後に警察が事情聴取にきました。『撮影場所を教えろ。使った二トントラックも、停めた場所もこちらは摑んでいる』って何回も聞かれたけど、お答えできませんと断りました」（宮嶋茂樹）

一九九五年一一月にウィンドウズ95日本版が発売されて以来、パーソナルコンピュータとインターネットの普及は爆発的に進んだ。

だが、文藝春秋の社員で自分のコンピュータを社に持ち込んだ人間はまだ少なかった。新しいおもちゃが好きな私は、マッキントッシュのＬＣ５７５を机上に置いて喜んでいたが、デザイナーを別として、文春の編集者でＭａｃを使っていたのは私くらいだろう。日本語処理速度が極端に遅く、原稿をプリントアウトするだけでも恐ろしく長い時間がかかったからだ。

当時の『週刊文春』編集部に置かれていたのは、デスクトップワープロの富士通オアシスが数台。会社が社員にワープロを支給することはなかったから、自費でラップトップのワープロを購入する編集者もいたが、原稿用紙に手書きする者もまだまだ多かった。

国民雑誌と呼ばれた月刊『文藝春秋』は五〇万部以上の実売部数を維持していたが、

バブル崩壊もあって広告収入はピーク時から大きく下がった。号当たり一億円の減収という噂も流れたほどだ。

唯一景気のよかったコンピュータ関連の広告は月刊『文藝春秋』ではなく、『日経ビジネス』に流れ、株式会社文藝春秋の収支は、日本経済と連動するかのように、ジリジリと悪化していった。

『週刊文春』の現場は相変わらず熱かったが、時代は大きく変わろうとしていた。

2

一九九七年五月二七日早朝、神戸市立友が丘中学校の正門前をバイクで通りかかった新聞配達員が、異様なものを発見した。

少年の生首である。

目玉は完全にくりぬかれ、両口端は耳元まで切り裂かれて、白い紙をくわえさせられていた。

「酒鬼薔薇聖斗（のちに「さかきばらせいと」と読むことが判明）」と書かれた紙に包まれた手紙の内容は、警察への挑戦状だった。

《さあゲームの始まりです

愚鈍な警察諸君

ボクを止めてみたまえ

ボクは殺しが愉快でたまらない

人の死が見たくて見たくてしょうがない

汚い野菜共には死の制裁を

積年の大怨に流血の裁きを

SHOOLL KILL

学校殺死の酒鬼薔薇》

激怒した兵庫県警が威信を懸けて付近の大捜索を行った結果、早くも当日午後三時には現場近くの通称タンク山から胴体部分が発見され、殺された少年が神戸市多井畑小学校六年の土師淳（はせじゅん）くん（一一歳）であることが判明する。淳くんは三日前から行方不明になっていた。

前代未聞の猟奇殺人事件は日本中を震撼させた。新聞、テレビ、雑誌各社が大量の記者を現地に送り込み、周辺の住民に徹底的に聞き込みを行った結果、多くの憶測記事が流れた。

「遺棄現場周辺を黒いビニール袋を持った男がうろついていた」

「南京錠を購入したバイクの男が怪しい」

「数日前から不審なワゴン車がしばしば目撃されていた」など。

「淳くんの首から指紋が検出された」という毎日新聞の飛ばし記事は、県警から即座に否定されてしまった。

しかし、ゲームはわずか三三日で終了する。同時に、これまでマスコミ各社が報じてきた記事がすべて誤報であったことが明らかになった。兵庫県警が六月二八日に逮捕したのは、友が丘中学三年生の男子生徒だったからだ。

猟奇的な殺人事件の犯人が一四歳の少年であることを見抜いた者はひとりもいなかった。犯罪学者も心理学者も全員が見当外れの犯人像を語っていた。

以後、取材の焦点は動機と犯行の全容の解明に絞られた。

少年Aを狂気に導いたものは何か。

スクールキラー（SCHOOL KILLER）という簡単なスペルさえ正しく書けない中学生の心の闇はどれほど深いのか。年若い殺人者を生みだした私たちの社会はどれほど歪んでいるのか。

七月二日に発売された『FOCUS』は少年法に触れることを承知の上で少年Aの顔写真を掲載した。一方、翌三日に発売された『週刊新潮』は顔写真に目隠しを入れている。同じ新潮社の社内でも、編集部によって対応が分かれたということだ。

新聞各社は一斉に新潮社を非難する記事を書き、一部の記者は大手書店に乗り込んで「こんな雑誌を売るのか。こちらは『FOCUS』を廃刊に追い込む覚悟だ」と恫喝した。

その結果、多くの書店やキヨスクが両誌の販売を拒否したが、新潮社はひるむことなく販売を続行した。松浦功法務大臣が「『FOCUS』『週刊新潮』の自主回収を求める」と発言し、東京法務局は両誌の自主回収および再発防止策の公表を勧告したが、新潮社は「これほどの凶悪犯罪は社会的影響も大きく、少年法の枠を超えている」と敢然と拒否した。

『FOCUS』はもちろん飛ぶように売れた。少年Aの顔写真はたちまち複写されてインターネット上にアップされ、まもなく匿名の投稿者によって実名がつけ加えられた。

児童文学者の灰谷(はいたに)健次郎は新潮社に抗議した。

「いつも権力と対峙し、弱者の側に立つのが、ジャーナリストの矜持ではないのか。『FOCUS』は明らかに人権侵害の罪を犯した」

灰谷は自著の版権を新潮社から引き上げると表明したが、本件における弱者とは一一歳の被害者であり、一四歳の加害者ではなかろうと考えるのは私ばかりではあるまい。

興味深いのは、ライバルである『週刊文春』が〈フォーカスだけが悪いのか？〉と新潮社を擁護する記事を掲載したことだ。記事を書いたのは、神戸で取材を続けていた新谷学だった。

法務大臣および東京法務局は言論・出版・表現の自由を保障する憲法二一条を無視して新潮社に自主回収勧告を行った。新聞各社はこの憲法無視の暴挙を批判せず、むしろ尻馬に乗って新潮社を叩いている。一体新聞各社には、言論の自由を真剣に守るつもりがあるのか。凶悪な殺人者は未成年であるというだけの理由で、名前も顔も明らかにされないまま、早ければ数年以内に再び一般社会に戻ってくる。周辺住民には何にも知らされず、恐るべき犯罪者から我が子を守る手段は一切ない。果たしてそれでいいのか。間違っているのは少年法であり、思考停止している法務大臣や法務局、新聞記者たちではないのか。

『週刊文春』は、自らの主張を次々に記事にした。

〈頭部第一発見者を〝容疑者扱い〟した大新聞〉

〈15万人以上が見た『インターネット』少年Aの顔写真〉

〈全ドキュメント『フォーカス』『週刊新潮』販売中止〉

〈ニューヨークタイムズ東京支社長　ピューリッツァー賞受賞者『アメリカなら写真も実名も報道する』〉（いずれも七月一七日号）

〈「顔写真が見たい」私は卑しいのか　林真理子〉（七月二四日号）

極めつきは、〈御意見番・齋藤十一顧問直撃インタビュー　わが「新潮社」社員に告ぐ〉（七月三一日号）だろう。『FOCUS』の創刊コンセプトを尋ねられた際に「君は人殺しの顔を見たくないか？」と答えた男は、ライバル誌のインタビューに応じて次のように語った。

「僕は新潮社の顧問。だから新潮社のやることは全部僕の意志」

「FOCUSはよくやった。立派だった」

「（書店やキヨスクでの販売中止は）販売する方が勝手にやっていること。こちらは売るつもりで出している」

「出版物を出せば批評があることはしかたがない。それくらいのことを覚悟しなくては出版などできない」

「（商業主義という批判があるが）もちろん僕らは商業です。どこだってそうだ。みんな人の好奇心を煽っている。ヌード写真をはじめとしてさ、どこの雑誌も一生懸命にやっている。新聞だって、人が好奇心をもつことばっかり拾っているじゃないか」

「（灰谷健次郎が版権を引き上げたことは）灰谷さんの勝手。僕の知ったことではない」

「（人権侵害という批判があるが）人権よりももっと大事なものがある。それは人間だよ。人間の精神だよ。だからそれが人権侵害だと言われても、僕が人間の方が大事だと思えば、絶対にそれをやるんだよ」

「（少年法に抵触することについては）僕はそもそも法ってものを、全然信用してないんだよ。だってあれ、人間が書いたものだろ。その人間が書いたものよりも、僕は、天の与えた法を大事にしたい。天の法とは各人の教養。我々ジャーナリストは、条文に書いてあることよりも、天の法、天の教養を大事にしなければならない。僕はずっとそうしてきた」

さすがは新潮社の天皇、怪物と呼ばれた男だ。肝が据わっている。週刊誌に一度でも関わった者ならば、齋藤十一の言葉を否定することは決してできまい。

月刊『文藝春秋』九八年三月号には〈少年A　犯罪の全貌〉が掲載された。独自に入手した少年Aの検事調書の全文である。

《これによってこの未曾有の少年犯罪の心理が明らかになったために、大反響を呼んで完売した。（中略）三月号発売後、神戸家庭裁判所長、最高裁事務総局家庭局長から販売中止の申し入れがあった。また一部の公共図書館は閲覧中止を決めた。当事者からの申し立てもないままに、裁判の形式にも従わずに、司法行政の立場から発売中止を要求する権限はどこにあるのだろうか。これは憲法が禁止している検閲にあたるのではないか。文藝春秋は第一編集局長名義で神戸地裁、最高裁に公開質問状を出したが、木で鼻をくったようなわずか五行の回答しか送られてこなかった。》（『文藝春秋の八十五年』）

少年A＝酒鬼薔薇聖斗が日本中を震撼させた一九九七年は、日経平均株価が一年で五〇〇〇円近く暴落し、日本経済が急速に冷え込んでいった年でもある。

前年の通常国会で、バブル崩壊によって破綻した住専（住宅金融専門会社）の不良債権処理のために六八五〇億円の公的資金すなわち税金が投入されたことは大きな批判を浴びたが、この一九九七年一一月には三洋証券が証券会社として戦後初の倒産、さらに北海道拓殖銀行が都市銀行初の破綻、さらに日本四大証券会社のひとつと呼ばれた山一證券までもが約三兆五千億円に上る巨額の負債を抱えて廃業し、危機的な状況にある銀行や生保は数知れないと噂された。下げ止まらない日経平均株価が一万五〇〇〇円を割り込んだ一一月末、『週刊文春』は〈梶山静六『わが日本経済再生のシナリオ』小渕政権「経済政策」徹底批判〉を掲載した（一二月四日号）。概略は次の通りだ。

日本経済はいま、心臓部とも呼ぶべき金融システムが機能不全に陥っている。大蔵省は金融機関が抱える負債額を二八兆円と発表したが、実際にはおそらく一二〇兆円を超えているだろう。

銀行を再生するためには次の三点が必要だ。

一、銀行の経営状況の情報開示。

二、経営者の経営責任を明確にすること。

三、銀行の自己資本拡充のための公的資金投入。

さらに経済構造改革を推進するためには、次に挙げる四つの産業政策の速やかなる実行が不可欠だ。

一、中小企業への救済措置。

二、法人税の税率引き下げ。

三、民間資金を呼び込むための公共事業PFI（プライベート・ファイナンス・イニシアティブ）方式の導入。
四、償還のあてのある「改革・発展国債」一〇兆円の発行。
これからの日本は産業立国を目指し、そのための技術開発とベンチャー企業の育成を行うべきだ――。

ついこの間まで、橋本龍太郎内閣で官房長官をつとめていた人物の論文は大きな反響を呼んだ。人々は、奈落の底に落ちつつある日本経済に強い危機感を抱いていたのだ。

梶山論文を企画、担当したのは当時三六歳の鈴木洋嗣デスク。月刊『文藝春秋』在籍時には一期上の白石一文とともに〈細川護熙『自由社会連合』結党宣言〉（一九九二年六月号）を仕掛けて大いに話題を集めた。この記事がきっかけとなって日本新党が結成され、翌九三年八月に三八年ぶりの政権交代が実現、細川護熙内閣が誕生したことはあまりにも有名だ。

「一九九七年当時の『週刊文春』の編集長は松井清人さん。政治と経済の記事を専門にしていた僕にとっては、一番やりたいことをやらせてもらった時代です。アジア通貨危機の影響もあって銀行や証券会社、生保が次々につぶれていたから、松井さんからは毎週のように『経済で五ページ作れ、あとは全部まかせる』と言われていた。新聞のように事実だけを書くのではなく、ストーリー性があって、なおかつ実用的。そのあたりが『週刊文春』のテイストでしょう」（鈴木洋嗣）

鈴木洋嗣は三カ月ほど前から梶山論文発表の準備を進めていた。重要なのは掲載のタイミングだ。この一一月には、三日に三洋証券、一七日に拓銀が破綻、そして二四日には山一證券が自主廃業している。

今しかない。鈴木洋嗣は梶山に原稿の最終確認と掲載許可をもらいに出かけた。すると梶山は、「週刊誌なんてどうかな。月刊『文藝春秋』に載せろ」と言い出した。『週刊文春』のためにせっかくここまで準備してきた企画である。鈴木は口説きに口説いたが、梶山も譲らない。

「（週刊文春には）ヌードは載ってないだろうな？」

「載ってません！」

鈴木は必死に説得を続けて、なんとか了承してもらった。

「本来、政治家の論文は月刊誌に載るもの。でも、週刊誌に掲載してもほぼ完売した。タイミングがすごくよかったから、実売は九〇パーセントを超えた。政治家サイドも、週刊誌にはこんな使い方もあるのかと、この時期に気がついたんじゃないかな」（鈴

木洋嗣）

この頃、『週刊文春』の部数は六五万部前後で推移していた。ピーク時からは一〇万部以上下がったが、ライバルの『週刊新潮』が五〇万部を切ったことを考えれば、むしろ健闘といえるだろう。

だが、景気の先行きは相変わらず不透明で、広告収入も下がり続けていたから、松井清人編集長は経費削減を考えざるを得なかった。食費、宿泊費、交通費などの取材経費のチェックはもちろん、献本リストやタクシーチケットの管理も厳しくなった。

最も大きな変化は、特派記者の五〇歳定年制だろう。佐々木弘のような名物記者は去り、これまで存在しなかった契約書も、きちんと取り交わされるようになった。

「会社内の情報を外部に漏らしてはならない」

「文藝春秋以外の会社で仕事をしてはならない」

ごく当たり前の内容ばかりだが、それまでがおおらか過ぎたから不満を抱く記者もいた。『週刊文春』ばかりではなく、『週刊ポスト』でも『週刊現代』でも事情は同じだった。

新聞社に比べて圧倒的に規模の小さな出版社が週刊誌という戦場で生き残るためには、社員以外の特派記者を大量に抱える以外にはなかった。一九七〇年代には、まともに就職できない元活動家たちが次々にノンフィクションライターや週刊誌記者になった。

それから四半世紀が過ぎた一九九〇年代末、総合週刊誌全体の部数が長期低落傾向にあり、広告収入も年ごとに減っていく中、高齢化した特派記者の人件費が問題とされたのは致し方ないことだった。

一九九八年が明けて早々、文藝春秋の社員にとってはショッキングな出来事が起こった。設楽敦生が亡くなったのだ。

〈少年A　犯罪の全貌〉が掲載された月刊『文藝春秋』三月号巻末の〈社中日記〉には、次のように書かれている。

《酒なくして、設楽敦生の思い出を語ることはできない。花見酒、雪見酒、どれほどの酒を飲んだのかは知らないが、まわりを楽しくさせる酒だった。文春山岳部を率いて秘湯を巡り、逗子の海に潜っては極上のワカメを皆にふるまう。冒険家の植村直己さんや多田雄幸さんとの愉快な付き合いは、そんな生活の延長線上にある自然なもので、作家の原稿を待って一カ月、寝袋で暮らしても平気だった。働き盛りの死が、どうしても信じられない。設楽さん、どうか我が社を見守ってください。ナンバー、週刊文春編集長、翻訳出版部長などを歴任。一月二日未明、永眠。享年五十四。》

私も告別式に参列したが、異例の大きさだったことが強く印象に残っている。現役社員だったこともあるが、それだけ多くの人たちに愛されていたのだ。

「人が死んであんなに声を上げて泣いたのは、初めてだった」

新谷学は自著『「週刊文春」編集長の仕事術』の中で最愛の上司の急死をこう振り返っている。刊行は二〇一七年三月。設楽敦生の死からすでに二〇年近い日々が流れていた。本を読んだ設楽敦生の甥から、新谷に連絡が入った。

「叔父のことを書いていただいて親族一同が大変喜んでいる。お礼を兼ねてぜひお目にかかりたい」

思いがけない申し出に喜んだ新谷は、いい機会だから設楽編集長時代の『ナンバー』で仕事をした人間を集めて、設楽敦生を語る会を開こうと考えた。

七夕の夜、新宿の水炊き料理店に集まったのは親族の方々と、設楽と親しかった『山と溪谷』元編集長の森田洋、『オール讀物』元編集長の勝尾聡、ノンフィクション作家の小松成美、当時『ナンバー』副編集長だった井上進一郎以下の編集部員たち、石崎健太郎らデザイナー数名、佐貫直哉らカメラマン数名。ずいぶん前に退社して物書きになっていた私も声をかけてもらった。

それぞれの立場から語られる設楽敦生編集長の色とりどりのエピソードを聞くのは

じつに楽しく、用意されたスクリーンに次々に映し出される写真の数々は、涙が出るほど懐かしかった。

だが、ひとつ気になることがあった。会費の話がいつまで経っても出てこないのだ。幹事をつとめた文藝春秋の女子社員に聞いても要領を得ない。

すべてが明らかになったのは、会が終わった直後のことだった。

「新谷さんが全部払ってくれました」

『「週刊文春」編集長の仕事術』がよく売れたから大丈夫です、と主催者は照れくさそうに笑い、気がつけば二次会の費用まで出してくれた。出席者は三〇名近かったから、かなりの金額になったはずだ。私は大いに感心したが、同時に少々悔しくもあった。

「ちぇっ、かっこいいことをやりやがって。俺にはできない。やっぱり若大将にはかなわねえや」

一九九七年五月に第一子が生まれて父親になってからも、新谷学は相変わらず『週刊文春』のエース記者として、毎週のようにトップ記事を書いてきた。

酒鬼薔薇聖斗＝少年Aが逮捕された時の大特集〈中3少年〝狂気の部屋〟〉（一九九七年七月一〇日号）。

『週刊少年マガジン』の人気連載マンガ『金田一少年の事件簿』がミステリー作品をパクリまくっていることを明らかにした〈「金田一少年の事件簿は盗用だらけ」決定的な証拠〉（八月七日号）。

〝手かざし〟であらゆる病気を治すと称する〝泰道＝宝珠宗〟に、巨人軍の原辰徳や元横浜マリノスの木村和司が広告塔として深く関わっていることを暴いた〈奇怪な宗教集団〝広告塔〟原辰徳が誘った「巨人主力選手」8人の実名〉（九月四日号）。

ミュージカル『ヘアー』を手がけ、ユーミンこと荒井由実、のちの松任谷由実を見出し、ＹＭＯを世界に送り出した有名プロデューサーにしてレストラン「キャンティ」経営者による監禁暴行事件を克明に再現した〈風吹ジュンの元夫「川添象郎」が20時間監禁した男〉（一九九八年一月二九日号）。

中でも新谷の記憶に強く刻まれているのは、〈宅見若頭射殺事件から二〇〇日　中野太郎「中野会会長」単独会見記〉（二月二六日号）だ。

山口組のナンバー2である若頭の宅見勝が、新神戸オリエンタルホテルのロビーで四人のヒットマンに射殺されたのは前年八月二八日のこと。ヒットマンたちは三八口径と四五口径のリボルバー（回転式拳銃）で宅見の頭部に二発、胸部に五発の銃弾を撃ち込んだ。

事件直後に現場から走り去った白のクラウンの持ち主が中野会系組織の組員であり、ホテルの防犯カメラに映っていた人物が中野会系の組員に酷似していたことから捜査当局は犯人を中野会と断定。若頭補佐の地位にあった中野太郎会長は山口組総本部から破門され、絶縁処分を言い渡された。さらに引退して〝カタギ〟になっていた中野会長の古くからの知人が京都市内で射殺された。報復措置であることは明らかだった。

緊迫する状況の中、新谷学、鈴木洋嗣デスク、ジャーナリストの須田慎一郎の三人は、渦中の中野太郎に話を聞くために関西へ向かった。

京都府八幡市の自宅で中野にインタビューする前日、新谷は中野会のナンバー2とナンバー3の両方に会っている。取材場所は大阪の料亭の一室。部屋へ向かう廊下の角には、ジャージ姿の若い衆が立っていた。

「よく見ると、ジャージのズボンのポケットが膨らんでいるんです、拳銃の形に（笑）。廊下の角には必ず立っていたから見張り役ですね。部屋で俺たちを待っていた最高幹部は小指のないコテコテのヤクザだった。事前にその料亭には、お茶一杯も出さないでほしいと伝えていました。あの時は須田さんと一緒に夢中で突っ込んでいったけど、今から思えば、結構危ない取材でしたね」（新谷学）

新谷が話を聞いたナンバー2はのちに大阪の雀荘で射殺され、ナンバー3も沖縄で愛人とドライブ中にフルフェイスヘルメットをかぶったバイクの男に射殺されている。

「新谷さんは、事件の最重要人物にはいつも自分で話を聞いていた」と証言するのは、当時入社二年目で、新谷のアシを何度もつとめた中村毅だ。『週刊文春』編集部では、木曜日のプラン会議とデスク会議で次号のラインナップが決まると、アシは原稿のまとめ役である〝書き〟から、企画について説明を受ける。

「たとえば新谷さんが書きなら、まず新谷さんが取材先をバーッと考えて、僕に『お前はまず、ここに行ってくれ』と指示する。週刊誌の場合、取材を申し込んですぐに引き受けてくれることはまずありません。だからこそ直撃するんです。仕事が終わって自宅に帰ってきたところをつかまえたり、朝、出かけるところを呼び止めて話を聞いたり。

原稿はデスクが細かくチェックしてくれるから、材料がしっかりと揃ってさえいれば、大筋は問題ない。重要人物からきちんと話を聞くことを含めて、事件の核心をつかみ、原稿全体の構造を把握できていることが何よりも大切なんです。そのためには現場での直撃力、突破力が必要になるのですが、新谷さんはそこが凄い。最後まで粘って、絶対に相手をつかまえていました。『金田一少年の事件簿』の作者の自宅を割り出すのは苦労しましたが、インターホンのボタンを押す時、新谷さんの手が震えているのがわかった。新谷さんでも緊張するんだ、と思ったことを覚えています。

ふだんの情報収集も重要です。新谷さんはとにかく人によく会うし、人を惹きつける力を持っている。僕も何度も会食に同席しましたけど、新谷さんは話がおもしろい。ピアノが上手な警察庁長官に食い込もうと、音楽好きでもないのに、長官が家族で開く演奏会に出かけて行って『ブラボー！』と叫んでいたから、周囲はいつもバカ受けしてましたね。政治家だろうが官僚だろうが新聞記者だろうがテレビ局の人間だろうが、一番情報を持っている人を、がっつりつかんでいました。文春には優秀な人がたくさんいますけど、新谷さんだけはちょっと違う感じ。タイトルのつけ方や酒の飲み方も含めて、いろんな意味で普通じゃない（笑）」（中村毅）

新谷が崔洋一と再会したのはこの頃だ。『マルコポーロ』時代に親しくなった在日韓国人二世の映画監督である。『月はどっちに出ている』を韓国で上映しようと崔洋一がソウルに飛んだ時には新谷も同行して〈崔洋一監督、韓国映画界に殴り込む。〉（『マルコポーロ』一九九四年八月号）という記事を書いている。

「久しぶりに会った崔さんから、いきなり『お前、どうしたその顔は？　人でも殺してきたみたいだぞ』って言われたときはショックでしたね。ヤバいな、殺人事件や暴力団の取材を散々やってきたからかな、と思った。それからしばらくして、会社に新雑誌の企画書を出す機会があった。週刊誌の仕事は楽しかったし、週刊誌の世界でてっぺん取るぞと思っていたけど、元々ビジュアル誌も大好きだったから、自分なりの新雑誌のプランを出しました」

ラグジュアリーでおしゃれな、マガジンハウス全盛期を彷彿とさせるような男性向けのライフスタイルマガジンの企画書に、新谷は『アステア』という仮タイトルをつけた。

「俺はフレッド・アステア（一九三〇年代から五〇年代に活躍したダンスの名手。ジンジャー・ロジャースとのコンビは有名）が大好きなんです。『エスクァイア』のファッション特集号も本当に好きだったから、品がよくてセンスのいいファッション中心の男性誌の案を企画書にまとめました」（新谷学）

新谷の企画書は、文春上層部に意外なほどあっさりと受け入れられ、『週刊文春』のエースは新雑誌に異動することになった。

月刊『文藝春秋』と『週刊文春』読者の高年齢化が徐々に進む中、三〇代向けの男性誌は、株式会社文藝春秋にとって長年の悲願だったが、『Ｅｍｍａ』（一九八五年）も、『マルコポーロ』（一九九一年）も失敗に終わった。

新谷の企画書が新しかったのは、これまでのような〝ヤング文春〟ではなく、「『スポーツ・グラフィックナンバー』のようなかっこいい男性誌を作ろう」という発想からスタートしていることだった。

一九九七年当時の『ナンバー』は、まさに飛ぶ鳥を落とす勢い。原動力となったのはサッカー日本代表の活躍だった。

前年三月にクアラルンプールで行われたアトランタオリンピックアジア最終予選準決勝では前園真聖（まさきよ）、中田英寿らの活躍でサウジアラビア代表を破って二八年ぶりのオリンピック出場を決め、七月の本大会ではGK川口能活の鬼神の如き活躍でブラジル代表を一―〇で破り、〝マイアミの奇跡〟と呼ばれた。

一九九七年一一月にマレーシアのジョホールバルで行われたアジア第三代表決定戦でイラン代表を破って悲願のワールドカップ初出場を決めたことは、日本中を歓喜の渦に巻き込んだ。サッカー日本代表の快挙を特集した〈We did it!〉（『ナンバー432』一九九七年一一月二〇日発売）はたちまち完売、さらに増刷して計四二万部を売り上げたから、〈F1日本GPプレビュー　中嶋悟　Last Run〉の記録を塗り替えてしまった。

平均実売部数が二〇万部を大きく超えていた『ナンバー』のようにかっこよく、おもしろく、しかも広告が期待できる新雑誌構想を上層部が受け入れたのは当然だったのだ。

だが、新雑誌のプランを出した新谷学が編集長をまかされることはなかった。三四歳の編集長などあり得ない、というのが文藝春秋の常識だった。

「局長だった湯川豊さんから、『君はまだ若いから編集長にするわけにはいかないが、誰かほかに呼びたい人間はいるか?』と聞かれたから、菊地(光一郎)を呼んでもらいました」(新谷学)

菊地光一郎は、私が知る限り『ナンバー』史上最高に切れ味のあるリードを書いた男だ。私生活はメチャクチャで時間にもルーズ。文藝春秋以外では絶対に生きていけないキャラクターだが、文章に関して抜群のセンスの持ち主であることは間違いない。

新雑誌編集長は私と同期の西川真彦だったが、企画立案者の新谷と一年後輩の菊地が新雑誌を仕切るのは、ごく自然の成りゆきだったろう。

「会社の命令としては、要するに『ジャーナルを捨てろ』ということ。毒にも薬にもならない『BRUTUS』みたいな雑誌を作って広告をとれ、と」(菊地光一郎)

だが結局、文藝春秋で育った人間にマガジンハウスのような雑誌づくりは不可能だった。社風の違いである。

当時入社二年目で、営業から新雑誌編集部に移ってきた加藤晃彦(あきひこ)(のちに『週刊文春』編集長）が、編集部の雰囲気を楽しそうに語ってくれた。

「最初のうちは『ナンバー』の兄弟誌で『BRUTUS』みたいな雑誌を作るという話でした。ファッションもやるというから僕も菊地さんに連れられて裏原宿を回り『なるほど、これがユナイテッドアローズか、クロムハーツか』と感心しました。でも、僕たちがファッション誌を作るのは無理。ファッションが好きでしかたがない人じゃないとファッション誌は作れない。勉強してる時点ですでにダメなんです（笑）」

新谷たちが新雑誌のマーケットを研究するうちに、男性向けライフスタイルマガジンのパイが恐ろしく小さいことが判明した。『BRUTUS』でも三万部から四万部程度。広告収入があるからこそ成立するのだが、二番手、三番手の雑誌に広告は入らない。

「結局、おしゃれなライフスタイルマガジンなんて俺たちには無理だという話になって、そこから新谷&菊地の青年将校コンビの暴走が始まるわけです。関東軍化というか、『地獄の黙示録』のカーツ大佐というか（笑）。もう誰にも止められなかった。担当局長の湯川さんは『最初に決めた通りに広告がとれる雑誌を作れ』と命令するわけですが、ふたりは『現場にいる俺たちの方が正しいに決まってる！』と我が道を行く。今から思うと、間に挟まった編集長や副編は大変だったと思います」

九階の広い編集部では、夕方になると「雑誌作りとは？」といった話を肴に缶ビールが次々に開けられたという。

「そのうちに酔っ払った新谷さんと菊地さんが、『新選組の中で誰が一番好きか』という話をし始めて、なぜかケンカが始まる（笑）。朝六時くらいまで延々とやってましたね。新雑誌の誌名が『Ｔｉｔｌｅ（タイトル）』に決まり、パイロット版は、『ナンバー』からもファッションからも遠く離れた新宿歌舞伎町特集。編集部員は店取材も兼ねて、よく歌舞伎町に飲みに出かけてました。僕が担当した店で、酔っ払った新谷さんが店の壁を壊してしまったときは、翌日僕が謝りに行きました。謝っているうちに、なぜかタイ人の女性店員の結婚式に出ることになった。お相手は創価学会の方で、僕の周囲は学会員ばかり。『お前は文春か。池田大作先生の悪口ばかりを書いて、まったくけしからんヤツらだ』と散々嫌みを言われたことを覚えています（笑）」（加藤晃彦）

全力投球したパイロット版の社内での評判は決して良くなかった、と『Ｔｉｔｌｅ』唯一の女性編集部員だった斎藤由香は振り返る。

「パイロット版を作るまでには、たしか一年か一年半くらいあったはず。全然まとまらなくて。その間、編集部の司令塔はずっと新谷さん。結局、『仁義なき戦い』が好きな新谷さん主導で、『リアルでヒリヒリするようなものがほしいから新宿歌舞伎町特集だ！』ということになったと思います。新宿に外国の人たちがたくさん集まってきた時期だったし。若い加藤くんは新谷さんや菊地さんから『まずお前が歌舞伎町に住め！』と言われて、大久保に安い部屋を借りて、（韓国料理の）犬の肉とかを食べさせられてましたね（笑）。

『Ｔｉｔｌｅ』がちょっとヤバいというか、危ないというか、オルタナティブというか、そういう志向を持っていたことは確か。新谷さん、菊地さんがそういう人たちだったから。ただ、雑誌をまかされたからには、これまでにはない何かを作ってやろうという熱い思いがあった。これまで文藝春秋で仕事をしてこなかったカメラマンやライターを起用したから、業界内での評判はとても良かったんです。

でも、パイロット版を見た社内のウケは悪かったから、みんな結構ヘコみましたね。それまでは『俺たち最高！』と信じていたはずなので」（斎藤由香）

首謀者の新谷は「俺自身が週刊にズッポリ入っちゃっていたから、上げるプランもおしゃれなものを茶化し、おちょくるようなものになってしまった」と反省の弁を述べている。

「パイロット版の特集〈世紀末新宿観光〉は中国人や韓国人しか行かないようなお店

のガイドを載せたから、都築響一さんから褒められましたけど、社内ではケチョンケチョンに叩かれましたね。試行錯誤しつつやって、ようやく手応えをつかんだのが当時の雑誌業界を特集した〈雑誌チュー毒〉（二〇〇一年四月号）。井上ひさしさんから、編集部宛にハガキが来た。『雑誌チュー毒、大変面白かった。Ｔｉｔｌｅもようやく方向が見えましたね』って。俺はすごくうれしくなって、すぐに社長の白石（勝）さんに報告した。『井上ひさしさんから、こんなハガキが届きました。行けます！』って。

でも、それからまもなく白石さんに呼ばれてこう言われたんです。『この雑誌は、私が目指していたものとはまったく別物になってしまいました。この雑誌は狼の目をしています』。さすがは白石さん、いい言葉を持ってるな、と（笑）。白石さんは文春版『ＢＲＵＴＵＳ』、あるいは『ナンバー』の兄弟誌を考えていたのに、話が違うじゃないかってことです」（新谷学）

この時、新谷は白石社長から『週刊文春』への異動の内示を受けている。『Ｔｉｔｌｅ』はリニューアルして存続させるが、お前は関わるなということだ。

「粛清されたのかもしれないけど、俺にとってはこの『Ｔｉｔｌｅ』編集部は、設楽さん時代の『ナンバー』同様、原点でもあるんです。なにかやってやろう、一発当ててやろうという異常な熱量があった。いろんな才能が集まる磁石のような力もあったと思う。雑誌の設計図に無理があったかもしれないけど、マニュアル化、ルーティン化していない状況で、ゼロからなにかを生み出そうと走り続けたチームだった。本当に楽しかった」（新谷学）

編集部は解体され、西川真彦編集長以下、大半の部員が異動になった。

タイトルロゴも変わり、新たに『ＴＩＴＬｅ』編集長となった西川清史は、女性誌『ＣＲＥＡ』を創刊以来初めて黒字に転換させた時と同様に広告重視路線に転じた。部数は以前より落ちたものの、広告料収入が増えた結果、赤字を大幅に減らして二〇〇八年四月まで生きながらえた。

新谷学は、再び『週刊文春』特集班に戻った。編集長は木俣正剛だった。

3

二〇〇一年六月八日午前一〇時二〇分頃、大阪府池田市にある大阪教育大学附属池田小学校に出刃包丁を持った男が侵入した。男は子供たちを次々に刺し、切りつけた。児童八名（一年生一名、二年生七名）が殺害され、児童一三名と教諭二名が重傷を負った。小学生に恨みを抱く理由などあるはずもない。異常で痛ましい無差別殺傷事件だった。

現行犯で逮捕された宅間守（当時三七）は精神障害者を装っていたから、責任能力の有無が問題とされた。『週刊文春』が宅間守の三七年間を徹底的に調査したのは当然だろう。

〈児童八人虐殺　本誌が摑んだ全情報〉（六月二一日号）および〈宅間守　すべてを知る男　戦慄の告白〉（六月二八日号）を書いたのは『Ｔｉｔｌｅ』編集部から戻ってきたばかりの新谷学。すでに三六歳になっていた。

「普通ならデスクの年齢だけど、木俣さんの方針で、半年間だけ書きをやったんです。現場の記者たちの力量を計り、お前の力を彼らに知らしめるためにも、しばらくの間、原稿を書けと言われた。事件を追いつつ、デスク会議にも出られる範囲で出る。〝デスク兼書き〟という特殊な立場だったから、経済でも事件でも政治でも、毎週のように右トップを書きました。池田小の事件で大勢の記者を引き連れて取材したことは、俺にとって大きな経験になっています」（新谷学）

新谷学は、七人から八人のアシを引き連れて殺傷事件と宅間守に関する徹底的な取材を行い、次のような事実を明らかにした。

・幼い頃の宅間守は、強い者にはいじめられ、弱い者は徹底的にいじめるタイプだった。金魚のエラをハサミで切るような動物虐待も頻繁にやっていた。

・高校中退後に入隊した自衛隊では、国産輸送機C－1の整備士だった。自衛隊では定期的に銃に触れる機会があるが、宅間は銃を使って自殺を試みた。

・その後は大手電工会社や運送会社など転職を繰り返したが、窃盗や暴力沙汰など何度もトラブルを起こして長くは続かなかった。

・市バスの運転手になってからも、女性客の香水が臭いから後ろの席に移れと暴言を吐くなど、数々のトラブルを起こした。

・養子縁組をした老女に散々カネを無心したあげく、カネが取れなくなると、家のすべての窓ガラスに石を投げて割り、あげくの果てには住居侵入容疑で逮捕された。
・結婚は四度。三度目の女性と離婚する際には全治二週間のケガを負わせ、傷害容疑で逮捕された。
・強姦の常習犯でもあった。
・日頃から「俺は精神病やから、何やっても大丈夫なんや」と嘯(うそぶ)いていた。薬を常用したのはアリバイ工作のためだった——。

業界屈指の事件記者で、『マングローブ』（講談社）、『トラジャ』（東洋経済新報社）など数々の硬派ノンフィクション作品を発表し続けている西岡研介は、「文春、ごっついな、と思うてました」と当時を振り返る。

「宅間の親父を落とし、三番目の嫁はんが捜査当局に提出した日記まで入手した。僕が以前お世話になった神戸新聞や、朝毎読（朝日、毎日、読売）の社会部でも『週刊文春』の取材が話題になっていた。ごっつい聞き込みしよる。舌を巻いたわって」（西岡研介）

西岡研介は神戸新聞から『噂の眞相』に移ると、次期検事総長が確実視されていた則定衛(のりさだまもる)高検検事長の女性スキャンダルを暴いてクビを飛ばし、現職総理大臣の森喜朗には売春等取締条例違反で検挙された過去があったという驚愕の事実を暴いて、「編集者が選ぶ雑誌ジャーナリズム賞」の月刊誌部門スクープ賞を獲得している。百戦錬磨の敏腕記者の目にも、新谷学率いる『週刊文春』特別取材班の活躍は際立って映った。

当時の新谷は公私ともに多忙だった。二人の幼い子供の父親となり、同じく文藝春秋で働く妻の加藤政代と家事を分担していたからだ。洗濯物はすべて自分が畳み、たまの休日には家中に掃除機をかけた。朝までネタ元（情報提供者）と飲み明かして、帰宅直後に子供を保育園まで送り届けた時に、園のトイレを借りて嘔吐したこともあった。

新入社員の頃から酒豪で、泥酔したときのエピソードは枚挙にいとまがない。特に、池田小の事件が一段落した頃、仲のいい佐貫直哉カメラマンの結婚披露宴の二次会に行ったあとはひどかった、と一年後輩の菊地光一郎は証言する。

「酔っ払った新谷さんを家まで連れ帰ったことは何度もありますけど、このときは特にヤバかったんです。玄関でぶっ倒れて、政代ちゃんに『ここで吐くな！』と、髪の毛をつかまれてガチでビンタされていましたから。でも、何かいいコンビなんですよね（笑）」（菊地光一郎）

「まだ家も綺麗な頃で、トイレやお風呂は全部白でした。彼は浴びるように飲んで帰ってきて、赤いワインをトイレ中に吐き散らかしたんです。ひどすぎるでしょ？次の日には全部忘れちゃうから証拠を残しておこうと思ってビデオカメラを回したら、子供の七五三の時の映像が上書きされて全部消えちゃいました（笑）」（加藤政代）

新谷学が書きを卒業してデスクになったのは二〇〇一年九月。九・一一同時多発テロ事件の直後のことだった。デスクは編集長と現場の記者をつなぐポジションだ。新谷はデスクが持つべき能力として、「統率力」「執筆力」「情報収集力」の三つを挙げている。

ひとつめの「統率力」とは、中間管理職としての能力だ。デスクは自分の部下の個性を把握してそれぞれの不平不満をよく聞き、仕事へのモチベーションを高めていかなくてはならない。

毎週木曜日午前一一時、新谷デスクは七名の部下を集めてプラン会議を行う。これを新谷班と呼ぶ。

班員全員が毎週五本の独自プランの提出を求められるが「新谷班のプラン会議は特に厳しかった」と、新谷学とともに『Ｔｉｔｌｅ』編集部から移ってきた加藤晃彦は振り返る。

「会議ではいつも凄いプレッシャーがかかっていました。当時の新谷さんはいまの倍くらい怖くて、僕がショボいプランを出すと、それだけか！　って怒鳴られましたから。新谷さんの要求には際限がない。これ、昔なら一年に一度の大スクープでしょ？　というデカいネタをとってきても全然満足しない。同じくらいのネタを毎週出せって無茶を言うんです（笑）」（加藤晃彦）

会議で集められたプランは午後に開かれるデスク会議で検討され、暫定的なラインナップが決まり、取材チームが組まれる。池田小の事件のように記者が大量に投入されることもあるが、通常は書きの下にアシが二人か三人つく。

書きは特派記者も社員記者も区別なく担当するが、特派記者にとっては、自分がその週に書きになるか、それとも誰かのアシに回されるかは重大な問題だ。自分が原稿を書けば年間契約料のほかに原稿料が入り、スクープであればボーナスも出る。自分が書いた記事が『週刊文春』のトップを飾れば、業界で名前も売れる。

「当時の特集班は梁山泊（りょうざんぱく）。特派の人たちも一匹狼というか、毒にも薬にもなる強い個性の持ち主で、『いずれは俺もノンフィクションで一冊書いてやるぞ』という気概のある人が多かった。社員の僕たちには原稿料もスクープのボーナスも出ませんが、それでも、どうしてアイツに書かせるんだ。納得がいかない。このネタだったら俺だろ？　という思いは常にあった。力を認めている記者のアシにつけば、自分のネタもどんどん提供する。でも、そうじゃない人のアシにつくときには一歩引くこともある。そんな空気感でした。よくも悪くもわがままな集団だったので、当時のデスクは大変だったと思います」（加藤晃彦）

どのプランがトップ記事になるかは、木曜午後のデスク会議である程度見えるが、最終的なラインナップは土曜日一六時から行われる中間会議で決まることがほとんど。取材をしてみたものの、思ったような成果が得られないこともよくある。日曜夕方には目次と新聞広告、電車の中吊り広告を作るが、もしこの前後に世の中を揺るがす事件が起これば、進行中の企画をいくつかストップして記者を大量に投入し、突貫工事で火曜朝のデッドラインまでに一気に仕上げる。

このような目まぐるしい一週間の中で、デスクは班員たちに勇気とやる気を与え、叱咤激励し続けるのだ。

「編集長が考えるタイトルと現場の方向性が違っていて、その間で板挟みになることはしょっちゅう。中間管理職そのものですけど、現場の記者と正面から向き合うことを絶対にやめてはいけない。現場が熱心だからこそ、揉めることもあるからです。校了後、朝方三時、四時まで記者の思いに耳を傾けたことは何度もありました。飲み会でみんなと一緒に大騒ぎするのも大事だけど、もっと大切なのは、班員とサシの人間関係を作ること。仕事に対する要望や不平不満、特派の人とは将来設計に至るまで、それぞれの思いをデスクはしっかりと把握しておく必要があるんです」（新谷学）

デスクに求められるふたつめの「執筆力」とは、原稿を直す能力だ。

自分が書いた原稿の欠点は見えにくいが、他人の原稿の欠点はすぐに見える。原稿とはそういうものだ。デスクは書きが限られた時間の中で脇目もふらずに書いた原稿を読者の立場で読み、不備を補い余分を削る。構成を全面的に変えてしまうことさえある。読者は飽きっぽい。最も興味深い部分、記事のおいしい部分は冒頭に持ってくるべきなのだ。

三つめの「情報収集力」とは、文字通りネタをとってくることだ。

デスクが事件現場に行くことは少ない。木曜日のプラン会議とデスク会議、土曜日の中間会議、日曜日の目次、新聞広告、中吊り広告の制作、月曜深夜の入稿作業と、スケジュールはほぼ決まっている。事件現場で取材する書きよりも、情報収集の時間を多く持てるということだ。だからこそデスクは重要なキーマンと数多く会って、書きやアシの人間よりもいいネタを大量に集めなければならない。

新入社員として『週刊文春』に配属され、新谷の下についた中村雄亮（のちにデスク）が当時を振り返ってくれた。

「実際にはなかなか難しいですけどね。入稿や校了以外にもいろんな事務作業があるから。ただ、会う相手からすれば、やっぱり記者よりもデスクの方が立場が上。だから、会える人間のレベルが上がることは確かです。たとえばテレビ局なら、記者ではなくプロデューサーを紹介してもらえる。

デスク時代の新谷さんは、他のデスクとは少し違っていた。人脈は果てしなく広くて深かったし、（班員たちに）一体感を与えてくれた。文春に個性的な人はたくさんいますけど、新谷さんみたいな体育会系は少ない。仲間を鼓舞してチームを盛り上げ、一体感を与えつつ団体戦を戦わせようとするリーダーは、じつはあまりいないんです」

『噂の真相』で活躍した西岡研介が『週刊文春』に移籍してきたのは、新谷学がデスクになったのと同じタイミングだった。

「二〇〇一年の春に、朝日新聞の落合博実さん（著書に『徴税権力』など）から新谷さんを紹介されたんです。『うちに来いよ。俺と一緒に仕事しようぜ！』とあの調子で熱く口説かれた（笑）。ただ、僕が初めて書いた本（『「噂の眞相」トップ屋稼業』）を講談社から出してもらったこともあって、『週刊現代』とどちらにしようかと迷っていたら、落合さんからこっぴどく叱られました。『何を迷ってるんだよ。バカじゃないの? 取材者として君が伸びるかどうかはこの数年で決まる。文春以外の選択肢があるはずないだろ!』って。文春に入るか入らへんかで朝日の人間から怒られるとは思いませんでした(笑)。それで池田小事件が一段落したあと、もう一度新谷さんと会って文春入りを決めました」(西岡研介)

条件面に関しては、木俣正剛編集長と面談した。

「まだ文春での実績が何もないから、『神戸新聞』から『噂の眞相』に移った時の年収八〇〇万円をいただければ、それ以上は何も言いません、と木俣さんには言いました。ただ『噂の眞相』は給料はよかったけど、取材費が使えなくて大変だった。だから取材費は月に二〇万円から三〇万円は使わせてほしい、と言ったんです。僕は文藝春秋の取材費の使い方を知らなかったから、結構カマしたつもりでした。そうしたら木俣さんが笑って〈田中角栄研究〉の時には登記簿だけで一〇〇万円から二〇〇万円は使ったんだよって。腰を抜かしました。そんなに使えるのかと。その場で『入ります』と返事をして、即契約です(笑)」

一九七七年に当時の田中健五編集長が打ち出した「クレディビリティの高い週刊誌」という言葉に惹かれて文藝春秋に入社した木俣正剛には、『週刊文春』は正確で信頼できる記事を載せるべきだという強い信念があった。『週刊文春』は右翼にも左翼にも偏さない。相手が総理大臣だろうが革マルだろうが皇室だろうが朝鮮総連だろうが創価学会だろうが、書くべきことは信念を持って書く。

じつはそのようなメディアは極めて少ない。

たとえば、『週刊ポスト』（小学館）や『週刊現代』（講談社）がＡＫＢ48やＥＸＩＬＥのスキャンダルやジャニーズ、バーニングといった大手芸能事務所の金銭問題を報じることはまずない。

小学館や講談社は芸能誌やファッション誌を発行している。ジャニーズのカレンダーやＡＫＢのコンサートのパンフレットも制作している。芸能誌やファッション誌にとってジャニーズやＡＫＢはドル箱であり、大切な顧客であり、良好な関係を築いておきたいのは当然だ。

〈青山孝　衝撃の告発　芸能界のモンスター『ジャニーズ事務所』の非道〉（一九九九年一〇月二八日号）や〈ジャニーズの少年たちが耐える「おぞましい」環境〉（一九九九年一一月四日号）のような記事が出る週刊誌は『週刊文春』か『週刊新潮』くらいだろう。もちろんテレビにも出ないし、テレビ局と資本関係でつながる新聞にも出ない。また、新聞やテレビが販売店への押し紙や新聞の軽減税率や記者クラブの弊害を記事にすることもない。

一方、『週刊文春』ならばどんなネタでも書ける。取材費も潤沢に使える。『週刊ポスト』や『週刊現代』のようなアンカーシステムがないから記事を自分で書けるし、ヘアヌードや袋とじヌードで売っているわけでもないから自分の仕事に誇りも持てる。『週刊新潮』よりもずっと明るく編集部の雰囲気もいい。特派記者のギャラも業界ナンバーワンだ。『週刊文春』に優秀な記者たちが集まるのは必然だった。

〈『少年A』この子を生んで〉(一九九九年三月二五日号および四月一日号)の大スクープをとり、のちに『週刊朝日』編集長に就任する森下香枝、元『FRIDAY』で、のちに『フォーブスジャパン』編集長となって『福井モデル』(文春文庫)が評判を呼んだ藤吉雅春、のちに『週刊文春』で貴乃花の連載〈我が相撲道〉を手がけた石垣篤志、『週刊ポスト』から移籍してきて『巨人軍「闇」の深層』(文春新書)が好評を得た西﨑伸彦らである。

若手社員記者は、彼らのような優秀な特派記者たちから取材の基本を学んだ。

二〇〇〇年前後に文藝春秋への入社を希望する学生の一番人気は『ナンバー』編集部。文芸志望ももちろん多く、『週刊文春』で特集記事を作りたいという人間はごく少数だった。

にもかかわらず、事件取材で使えない若手社員はほとんどいなかった、と西岡研介は驚きを隠さない。

「どういう試験や人事考課をやってるんやろう？　と不思議に思うほど。入社直後のお試し期間はともかく、途中から週刊に放り込まれた子で『こいつは残念やな。今まで何してきてんねん』と嘆きたくなる子はいませんからね。この前まで『ナンバー』にいて、修羅場なんか全然経験してないのに。

若手社員を特派に鍛えてもらうという伝統は文春に長くあったはず。それこそ六角（佐々木）弘さんがいらっしゃった頃から。若い子らにとって会社の先輩は親やけど、特派の僕らは親戚のおじさん、おばさんだから、気安く教えてもらえる。取材経験の多い僕らと現場を踏めば、勉強になるのは当たり前です。

僕らからすると、若手社員は働き者で、かつ一緒にいて楽しい子であってほしい。中村雄亮が一年生の時に『僕、何したらいいですか？』ってずっと聞くから、『お前は何もせんでええから、とりあえず電車に乗ってる間、おもろい話をして俺を笑わせてくれ』と答えておきました。編集者も案外、人気商売なんです（笑）」

一九九七年入社の加藤晃彦は「できる週刊誌記者への第一歩は、優秀な新聞記者の知り合いを作ることでした」と語る。

「僕が『Ｔｉｔｌｅ』から週刊にやってきた二〇〇一年春の時点でも、週刊誌の地位はまだまだ低かった。僕は政治記事を担当することが多かったんですが、政治家に直接食い込むことはできず、まずは政治部の記者にアプローチすることから始めました。平たく言えば、新聞に書けないネタをいただけませんか？　ということです。慣れてくると、議員会館に日常的に足を運ぶようになりました。政治取材がある意味でラクなのは、基本的に議員会館に全員がいること。何百人といるけど、選挙があっても毎回入れ替わるわけではなく、七、八割は同じメンツだから効率がいい。事件取材とは違って蓄積がモノを言う。日々の努力が結果につながりやすいんです」

加藤は、水曜日に届く『週刊文春』の早刷り（見本誌）を持って議員会館を回った。みんな早刷りを読みたいはずだ。一〇冊から一五冊くらいを文春のビニール袋に入れて、「次号の早刷りです！」と議員の事務所に届けるうちに、秘書や政治家との距離がだんだん近づいていくのがわかった。

「郵送ではなく、直接持っていって接点を増やすことが大事なんです。僕は元々選挙おたくですから、政治家には選挙に関する質問をよくしました。『先生、あの選挙の時はどうだったんですか？』って。先方は『若いのに、よく知ってるね』って喜んでくれる。そうやって少しずつ少しずつ、顔を広げていく。

できる新聞記者、できる政治家は分け隔てを一切しません。みんなと仲よくするというか、目先の利を求めないんですね。できる政治家は事務所の対応ひとつとっても違う。たとえば菅義偉さんの事務所のドアには『ノック後、そのままお入り下さい』とはっきり書いてある。わざわざチャイムを押さなくてもいい。来る者は拒まずという姿勢はすごいと思います」（加藤晃彦）

「自民党をぶっ壊す」「聖域なき構造改革」というわかりやすく耳当たりのいい方針を打ち出して二〇〇一年四月に誕生した小泉純一郎政権は国民から圧倒的な支持を得た。発足直後の内閣支持率八七・一パーセント（読売新聞調べ）は戦後トップの数字である。

総裁選の応援演説の際に大きく貢献してくれた田中眞紀子を、小泉首相は外務大臣に抜擢した。田中眞紀子は日頃から「主婦の感覚」を口にしていたから、女性たちは自分たちの代表と感じて希望を託した。ところが、現実の田中眞紀子は不勉強かつ高圧的で、官僚たちとことごとく対立して日本の外交に支障をきたすほどだった。父から引き継いだ「金脈」を維持するために巨額の相続税をファミリー企業に肩代わりさせてきた長女が、主婦の代表であるはずもなかったのだ。

新聞やテレビが女性外務大臣を褒めそやす一方で、『週刊文春』は「人間には、敵と家族と使用人の三種類しかいない」という人生観を持つ田中角栄の長女を早くから批判してきた。

〈田中眞紀子新金脈研究　四四億円相続税　国税との密約をスッパ抜く!〉(二〇〇一年八月三〇日号)、〈田中眞紀子　大臣になるまで住民税を払っていなかった〉(九月六日号)、〈田中眞紀子「金脈研究」ついに国会質問〉(一一月二二日号)などだ。

加藤晃彦は新谷学デスクの下で、特派記者の松田史朗(現・朝日新聞)のアシについて田中眞紀子を追い続けた。

「僕は一年間、田中眞紀子外務大臣をめぐる滑った転んだをずっと取材していたんです。当時の外務省には野上義二さんというヒゲの事務次官がいて、僕は毎週のようにご自宅に通っていました。週刊誌記者など相手にしない官僚がほとんどですが、あの頃はどのメディアも眞紀子擁護一辺倒で、外務省の味方は少なかった。『週刊文春』は眞紀子批判を続ける数少ないメディアでしたから、話を聞いてくれたのかもしれません」(加藤晃彦)

『週刊文春』が田中眞紀子批判キャンペーンを続けていた二〇〇一年末には画期的な対談が掲載された。

〈特別対談　小泉純一郎vs池宮彰一郎　「聖域」官邸記者クラブとの慣例を破り週刊

誌に登場！〉（二〇〇二年一月三日・一〇日号）である。

メディア関係者は驚愕した。現職の総理大臣が週刊誌に登場したことなど、これまでに一度もなかったからだ。対談を実現させたのは新谷学デスクだった。

「某新聞社の政治部長から、内閣総理大臣秘書官だった飯島勲さんを紹介してもらったんです。当時は小泉フィーバーが凄かったし、現職の総理大臣に『週刊文春』に出てもらえば、大きなインパクトがあると思いました。

飯島秘書官とは、赤坂プリンスホテルのコーヒーハウス『ポトマック』で何度も会って頼み込んだけど、なかなかいい返事をもらえなかった。そのうちに池宮彰一郎さんと対談してもらうのはどうか？　と思いついたんです。『四十七人の刺客』などの池宮作品を小泉首相が愛読していることは知られていましたから」（新谷学）

対談のタイトルに〈「聖域」官邸記者クラブとの慣例を破り〉とあるのは、日本独自の記者クラブ制度を揶揄したものだ。記者クラブとは、公的機関などの継続的な取材を目的として新聞社、通信社、放送局の記者によって構成される組織であり、日本全国の至るところに存在する。おそらく一〇〇〇近くはあるはずだ。

クラブ員は専用の記者室をほぼ無償で提供され、情報提供を独占的に受ける。光熱費まで払ってもらうクラブも多い。権力からの便宜供与以外の何物でもなかろうと雑誌の人間は思うが、どういうわけか新聞記者、放送記者たちは問題視しない。記者室の扉には例外なく「クラブ員以外は立ち入り禁止」というボードが掲げられている。菅義偉が内閣官房長官であった頃、記者会見は週に五日、午前と午後の二回行われていたが、雑誌記者やフリーランスの記者が記者会見の参加を認められるのは週一回のみ。記者クラブ員からの推薦状も必要だ。一流メディアが二流メディアの取材の自由を制限しているのである。

記者クラブがあるのは官公庁ばかりではない。たとえば『ナンバー』のカメラマンが、読売ジャイアンツの試合を東京ドームで撮影したいとする。本来ならば、ジャイアンツの広報に取材許可をもらえば済む話だ。実際にＭＬＢ（メジャーリーグ・ベースボール）の取材はその方法で行われている。二〇〇〇年代初頭に『ナンバー』のデスクだった私は、シアトル・マリナーズやニューヨーク・ヤンキースに宛てて英文の電子メールを何通も書いた。

ところが日本のプロ野球の場合には、球団の取材許可だけでは済まないのだ。

東京ドームのベンチ脇にはカメラマンのためのスペースが用意されているが、このスペースを管理しているのは読売ジャイアンツではなく、新聞社や通信社のカメラマンで構成される東京写真記者協会だから、『ナンバー』のカメラマンが立ち入ることはできない。

記者クラブの本質は情報カルテルであり、長年にわたって権力から便宜供与を受け続けてきた大手新聞記者、通信社記者、放送記者たちは、自分たちだけが情報を独占し、他のメディアを排除するのは当然と考えている。週刊誌記者の地位が低かった理由もここにある。

月刊『文藝春秋』一九七四年一一月号に立花隆の〈田中角栄研究〉が掲載された時、新聞記者たちが「文春は何をやってるんだ。そんなこと、俺たちはみんな知ってるんだぞ」と文句を言ったというエピソードは有名だ。知っていても書かない。いや、取材対象との関係悪化を恐れて書けないのが日本の新聞記者なのだ。「記者クラブは官僚機構と一体になり、日本の民主主義を傷つけてきた」という海外メディアの指摘を全否定できる記者はひとりもいないだろう。

もし、権力の監視者を自称する朝日新聞がすべての記者クラブから脱退すれば、日本の報道の宿痾(しゅくあ)である記者クラブ制度はたちまち雲散霧消するに違いないが、朝日にその度胸はあるまい。

〈「聖域」官邸記者クラブとの慣例を破り〉というタイトルには、日本の最高権力者である内閣総理大臣を、ついに記者クラブの情報カルテルの外側に引っ張り出してやったぞ、という『週刊文春』と新谷学の快哉が含まれているのだ。

二〇〇二年一月二九日には、田中眞紀子外務大臣が突然更迭された。外務大臣として無能であることは誰の目にも明らかだったが、それでもなお主婦層の人気は高かったから、この時に小泉内閣の支持率は二〇パーセントも下がった。

新谷デスクは加藤晃彦を連れてすぐに飯島勲に話を聞きに出かけた。加藤がまとめた〈小泉総理 首席秘書官 飯島勲独占インタビュー「外相更迭 すべての疑問に答える」〉は、二〇〇二年二月一四日号の右トップ（右柱）を飾っている。

《――ずばり、更迭の最大の理由は何ですか？

「外務省を所轄する大臣として、自らの担当部署で起きた問題を処理できなかった。その管理責任をとってもらったということです。野上義二事務次官以下の外務省の官僚たち、つまり眞紀子大臣の部下たちの言うことと、上司である眞紀子大臣の言うことが全く違う。食い違いを省内で解決できないまま、それが国会にまでとりあげられた。（中略）しかし、わかっていただきたいのは、総理は最後まで政治家としての眞紀子大臣を大事にしたからこそ、今回更迭したんです。私に言わせれば、政治家としての田中眞紀子大臣を守ったのは、小泉なんです。」》

恐るべきスピード感と言わざるを得ない。

小泉内閣の誕生から田中眞紀子外務大臣罷免まではわずか九カ月。その間に新谷は、新聞記者から小泉首相の側近中の側近である飯島勲を紹介してもらうと、たちまち飯島を口説き落として現役の総理大臣を週刊誌に初登場させて大きな話題を呼び、さらに外相罷免によって内閣の支持率が低下すると、小泉首相に代わって飯島秘書官に罷免の正当性を主張させる記事まで作ってしまったのだから。

「(新谷は)編集者としての能力も高いんですが、一番驚異だったのは取材者、記者としての能力でしたね。要するに人脈。『新谷くん以外には会わへん、話さへん』というタマを山ほど持っとるわけです。そこまで落とし切っている。人間関係をズブズブにしてしまう力、人に可愛がられる力がとんでもない。花田(紀凱)さんは雑誌づくりの天才。でも、人脈を情報に変えてしまう能力に関しては、新谷さんが圧倒的に上じゃないでしょうか」(西岡研介)

しかし、新谷と飯島勲の蜜月は、ひとつの記事によって突然終了する。

〈小泉首相秘書官が月四回密会する北朝鮮工作員〉(二〇〇三年一月一六日号)である。担当デスクは新谷自身だった。

「日朝交渉の時に飯島が使っていたエージェントが、朝鮮総連系のスパイだったんです。ユン・ギジュンという男で、金正日体制でナンバー2の張成沢(チャンソンテク)(のちに甥である金正恩（キムジョンウン）の不興を買って二〇一三年一二月に処刑）の親戚といわれていた。小泉首相の側近が北朝鮮のスパイを使っていいのか、とドッカーンと大きくやりました（笑）」（西岡研介）

記事を見た飯島は激怒した。新谷のことはこれまで散々面倒を見てやったつもりだが、こんな掌返しをするのか。

《「もう訴えるぞ！　謝罪広告出させてやる！」と言われ、私も「しょうがないですね」と答えるしかなかった。結局、東京地裁に名誉棄損で訴えられた。飯島さんと私は証人尋問に出て直接対決することになった。》（新谷学『「週刊文春」編集長の仕事術』）

新谷はごくあっさりと書いているが、普通の取材者には大切なネタ元との関係を断ち切ることなど決してできない。日本の最高権力者の側近とつきあえば、耳寄りなネタがいくらでも入ってくるからだ。その上、首相秘書官と北朝鮮工作員の関係を報じたところで、世間を揺るがすほどのトップニュースにはなり得ない。記事を握りつぶした方が、新谷にとっても『週刊文春』にとっても得なのだ。

「新谷のように、自分でリスクを取って取材してくる人は本当に少ない。相手に嫌われても、自分の大切な人間関係を壊してでもネタを取ってくる人はほとんどいないん

だよ」(鈴木洋嗣)

ひとつの情報を手に入れるために、現場の記者たちがどれほどの努力をしているか。同じ経験をしてきた新谷にはよくわかる。自分のネタ元との関係を保つために、部下の努力を握りつぶすことなどできない。新谷はそう考える人間なのだ。

「俺のモットーは、『親しき仲にもスキャンダル』。友達でもネタ元でも何かあれば書くよ、と。情に流されやすくて、誰とでもすぐに仲良くなってしまう自分への戒めもこめています」(新谷学)

かくして飯島勲との関係は断ち切られてしまった。

それから約一〇年の月日が流れ、『週刊文春』編集長となった新谷は、政治コラムを連載しようと考えた。真っ先に思い浮かんだ筆者の名前は、飯島勲だった。

《やはり飯島さんは永田町の裏の裏まで知り尽くしており、切れ味鋭く抜群におもしろい。激辛で本音ベースな人だ。間に入ってくれる人もいたおかげで、久しぶりに飯島さんと会った。「東京地裁以来だな」と言われた。私は「実は、飯島さんに政治のコラムを書いてもらいたいんです」と単刀直入にお願いした。断られるかと思っていると意外にも「俺でいいの?」と言う。すごく喜んでくれたのだ。かくして関係は修復された。飯島さんの器の大きさがありがたい。》(同書)

法廷で対決した相手に原稿を依頼する新谷学の器も相当なものだ。花田紀凱にも似たところがあるが、どれほど大きなトラブルを抱えても、最終的には自分がなんとかしてみせるという圧倒的な自信を持っている。

二〇〇一年から二〇〇二年にかけては、『週刊文春』を含む総合週刊誌全体が部数を伸ばした時期だ。

原因は三つ考えられる。

一、景気が一時的に上向きになったこと。

二、アメリカの同時多発テロに続くアフガン問題、ＢＳＥ（いわゆる狂牛病）問題などの大きな事件が続いたこと。

三、小泉純一郎内閣で政治スキャンダルが相次いだこと。

総合週刊誌の中で特に大きく部数を伸ばしたのは、早川清編集長体制の『週刊新潮』だった。

〈小泉総理首席秘書官　飯島勲独占インタビュー「外相更迭　すべての疑問に答える」〉を掲載した『週刊文春』（二〇〇二年二月一四日号）よりも、同日に発売された『週刊新潮』の方が遥かによく売れた。理由は明らかで、ジャーナリスト加藤昭による連載〈鈴木宗男研究〉が大評判を呼んだからだ。

《早川「田中眞紀子さんが一月二九日の夜中に更迭されましたよね。あの週に出したのが「ウソつき常習男鈴木宗男」という記事。この号はかなり反響があったので、これはすぐに連載を始めるしかないと思ったんです。反響は予想以上で、売れ行きは九八％くらいでした。》（『編集会議』二〇〇二年七月号）

週刊誌の読者は、ロシアや韓国との外交交渉に介入して利権をむさぼろうとする政治家に深い関心を抱いていたのだ。

二〇〇〇年前後の『週刊新潮』には強力な布陣が揃っていた。

新潮社の陰の天皇と呼ばれた齋藤十一が社を去った一九九〇年代末、『週刊新潮』の松田宏編集長はこれまで年末年始やゴールデンウィーク、お盆休み前にやっていたワイド特集を毎号のように続け、平均部数を六万部以上伸ばした。

二〇〇一年八月、写真週刊誌『FOCUS』が休刊になると、のちに『週刊新潮』編集長を務めた酒井逸史(はやと)や、映画化もされたノンフィクション『凶悪　ある死刑囚の告発』を手掛け、酒井の次に編集長となった宮本太一ら、優秀な編集者たちが『週刊新潮』に続々と集まってきた。当時のメインの書き手は、のちにノンフィクション作家に転じて、『悪だくみ　「加計学園」の悲願を叶えた総理の欺瞞』（文藝春秋）で大宅壮一ノンフィクション賞を受賞した森功だった。

一九八七年に『Ｅｍｍａ』が廃刊となり、週刊誌を作れる人間が『週刊文春』に集結したことで花田週刊の黄金時代が築かれたことはすでに触れた。同様に、『週刊新潮』は『ＦＯＣＵＳ』廃刊によって戦力を増したのだ。一九九八年の部数は四六万六〇〇〇部。ところが、二〇〇二年は五五万部まで部数を伸ばして『週刊ポスト』『週刊現代』『週刊文春』を急追した。

だが、総合週刊誌が存在感を示したのはこの頃が最後だった。

以後は凋落の一途を辿っていくことになる。

4

二〇〇〇年代前半、日本経済はどん底まで沈んだ。二〇〇三年四月の日経平均株価は七六〇七円八八銭まで下げている。

生活が苦しくなれば、真っ先に削られるのは娯楽だ。

インターネットが本格的に普及したことで、無料で配信されるニュースサイトだけを見て、新聞や雑誌など有料の紙媒体を読まない若者が急速に増え始めた。

サラリーマンの定年は五五歳から六〇歳に延びた（一九九八年）が、週刊誌の主要な読者である団塊の世代は、すでに五〇代後半に差し掛かっていた。

団塊の世代が定年を迎えて通勤しなくなれば、電車の中吊り広告を目にすることも、売店やキヨスクに立ち寄ることもなくなる。書店の減少は加速し、大型書店も苦しくなり、コンビニエンスストアの雑誌コーナーも縮小した。週刊誌を取り巻く環境は、少しずつ悪化していった。

文藝春秋が発行するビジュアル誌の未来も見えなくなった。二〇〇二年に開催された日韓ワールドカップの際には週刊化に踏み切るほど絶好調だった『スポーツ・グラフィック ナンバー』の部数にも、翌年からは翳りが見えた。二〇〇〇年前後にアパレルメーカーや化粧品会社などのクライアントから大量の広告を集めることに成功した女性誌『ＣＲＥＡ』の広告収入も急激に減った。

月刊『文藝春秋』と『週刊文春』につながる三〇代向けの新雑誌を軌道に乗せることは長年の悲願だったが、『Ｅｍｍａ』も『マルコポーロ』も『Ｔｉｔｌｅ』もうまくいかなかった。長引く不況下で広告収入に期待できなければ、新雑誌の創刊など夢物語でしかない。

文藝春秋は再び、月刊『文藝春秋』と『週刊文春』、そして単行本の売り上げに大きく依存せざるを得なくなったのである。

だが、月刊『文藝春秋』の部数は減り続け、広告費もかつての半分以下になってしまった。

『週刊文春』の平均実売部数も六〇万部を維持できなくなった。一九九〇年代初頭の花田紀凱編集長時代に比べて二〇万部も下げたことになる。かつては大量にいた二〇代の女性読者も大幅に減少した。

それでも『週刊文春』は三〇代、四〇代の根強い女性読者に支えられていたから、男性読者ばかりの『週刊ポスト』や『週刊現代』の急落に比べれば、大いに健闘していたと言えるだろう。

〈元愛人の赤裸々手記・山崎拓「変態行為」懇願テープとおぞましい写真〉(二〇〇二年五月二日・九日合併号)は九六万七〇〇〇部を売り切り、『週刊文春』編集部に社長賞をもたらした大スクープだ。元愛人のホステスは自民党幹事長の性癖について次のように語っている。

陰茎からの飲尿を要求された。母親と三人での性交を求められた。「政治家にならなかったら猥褻ビデオの男優になっていた」と豪語した——。

山崎拓は記事を事実無根として名誉棄損で文藝春秋を提訴したが、『週刊文春』はテレフォンセックスの音源を入手していた上に、愛人であったホステスは〈もう逃げない隠れない　私は山崎拓の女でした〉（二〇〇三年四月二四日号）と実名告発に踏み切ったから、一審で棄却されたのも当然だった。

二〇〇三年一一月の総選挙に落選して三一年保持し続けた衆議院議員の地位を失った山崎拓は、自民党副総裁を辞職して『週刊文春』への四件の控訴及び提訴をすべて取り下げた。

しばらくすると、記事を途中から担当した新谷学デスクに、人を介して山崎拓から連絡がきた。「手打ちの食事をしたい」と山崎が言っているという。

中華料理店の個室で山崎と向かい合った時のことを、新谷は自著の中で次のように回想している。

《山崎さんは人間的にとてもチャーミングな人だった。彼はあの記事を見た瞬間、幹事長室でそのまま気を失い、気がついたら病院のベッドに寝かされていたそうだ。院長先生が来て「どこも悪くないようだけど、大事をとって入院しましょう」ということになった。翌日、院長先生が新聞を見ると、『週刊文春』の広告に「山崎拓、変態スキャンダル」と書いてあった。院長先生に「原因は文春ですね」と言われたときは、顔から火が出るほど恥ずかしかった、と話していた。その表情は人間味に溢れていた。

彼は、ポケットからくしゃくしゃの紙を取り出して「見てください」と言う。それは娘から送られてきたファックスで「一、女性と二人で食事をしない」「二、女性に携帯番号を教えない」などの注意書きが書いてある。「これを私は毎日読んで、肝に銘じているんですわ」と言う。》(『「週刊文春」編集長の仕事術』)

週刊誌の現場では、抗議やトラブルなどがきっかけで仲良くなることがよくあるが、この時もそうだった。中華料理店での会食から、新谷と山崎拓の交流が新たにスタートする。

《山崎さんが福岡から戻ると「あんたと飲もうと思って焼酎買ってきたんや」と言って焼酎を目の前にポンと出されたり、料亭で二人で飯を食ったこともある。

しばらくして山崎さんに「新谷さん、わしをやったのと同じように、この男をやってくれんか」と言われて、ある大物政治家の資料を渡されたことがあった。

その後の顛末はさすがに書けないが、そのときに思ったのが、我々の仕事で大切なのは、取材の確かさであり、リスクを恐れない闘争心だということだ。腕を見込まれて「自分をやったのと同じようにやってくれ」と言われれば本望だ。》(同書)

書くべきことはきちんと書く。批判すべきは徹底的に批判する。だからといって、新谷は山崎の人格を否定しない。安易な悪玉論に与することなく、むしろ人間的でチャーミングと見る。考えてみれば、有権者の投票で選ばれる政治家が人間的な魅力の持ち主であることは当然なのだが、私たちは往々にして政治家を善悪だけでとらえがちだ。

「『けしからん！』とか『許せん！』という感情もわかる。でも、わかっちゃいるけどやめられないところ、白か黒かで割り切ることのできない部分が人間にはあるじゃないですか。いい人間の悪いところを突いたり、逆に悪い人間のいい部分に光を当てたりしながら、愚かさ、恐ろしさ、浅ましさ、美しさ、面白さ、そのすべてを持つ人間の営みをエンターテインメントとして読者にお届けするのが『週刊文春』だと思っています。人間は人間からしか学べないから」（新谷学）

二〇〇一年四月に内閣総理大臣となった小泉純一郎は、組閣にあたって従来の派閥からの推薦を一切受けつけず、閣僚や党人事をすべて自分で決めたから、メディアから大きな喝采を浴びた。

だが、皮肉にも小泉政権下では閣僚のスキャンダルが続出、『週刊文春』も田中眞紀子や鈴木宗男、そして山崎拓の疑惑を次々に追及してきた。

「スキャンダル国会」と呼ばれたこの頃、入社六年目の加藤晃彦は生まれて初めて大きなスクープをつかんだ。二〇〇二年一〇月二四日号の右トップを飾った〈大島農水大臣秘書官『六千万円』口利き疑惑〉である。リードは次の通りだ。

《小泉改造内閣の目玉閣僚である大島理森農水大臣の政務秘書官に「贈収賄疑惑」が発覚した。地元青森の公共工事をめぐる口利きで六千万円もの現金をフトコロに入れていたというのだ。国対委員長としてスキャンダル国会を裁いてきた大島大臣の政治家としての決断は——。》

大島理森農水大臣の政務秘書官が、八戸(はちのへ)市民病院の増改築工事や東北新幹線八戸駅舎工事などの公共工事の入札にからみ、ゼネコンなどの受注業者から多額の賄賂を受け取って自宅の購入資金に充てていることを明らかにした記事の衝撃は大きかった。秘書官は『週刊文春』の発売直後に解任されたが、大島農水相の責任を問う声は高まる一方で、ついに国会でもとりあげられた。

事件の裏には金銭授受の詳細を知る告発者がいたが、告発者には『週刊文春』以外に『週刊ポスト』と毎日新聞もかなり深く食い込んでいたから、加藤晃彦は猛追する二誌（紙）を必死に振り払った。

「とにかく人間関係を作って頼みこむしかなかった」（加藤晃彦）

ジャーナリズムの世界ではライバルと同じ内容の記事が出ることを「同着」と呼ぶ。

加藤は同着だけは避けたかった。情報をひとり占めするのがスクープであり、横並びではスクープにならない。

加藤晃彦は告発者を口説きに口説いた。

「もしポストや毎日と同着になったら、僕の立場がありません！　それに万が一裁判になったとしても『週刊文春』は絶対に逃げません。ポストではそうはいかないでしょう。だから絶対ウチに下さい。お願いします！」

特派記者の西岡研介は、若い加藤をサポートする立場に回った。

「もともとネタ元（告発者）は告発するかどうかで揺れていた。各方面からプレッシャーもかかっていました。加藤と一緒に別の事件を追って出張していた時、加藤がそのことをポロッと言いよったんです。僕はすぐに新谷さんに連絡して、加藤をこっちの取材班から外してもらった。加藤を青森のネタ元のところに行かせて説得させるためです。こっちの事件が終わった後、僕は加藤のアシについてサポートした。加藤にとっては初めての大勝負やったから。

でも、実際にアシについてみると、ほとんどやることがなかった（笑）。加藤はめちゃめちゃ緻密な取材をしていたから。僕の役割は、取材先に直撃することだけでしたね」（西岡研介）

散々苦労した末に手に入れた加藤のスクープは、十数回に及ぶ一大キャンペーン記事へと発展する。その間、新谷デスクから「こんなどうでもいいこと、長々と書くなよ」と練りに練った原稿をバッサリと切られたことが何度もあった。それでも年明けには「原稿、うまくなったな」と言ってもらえてうれしかった。しみじみとした新谷の口ぶりを、加藤は今でも覚えている。

大島理森農水相がついに辞任を表明したのは二〇〇三年三月三一日のこと。加藤は「やった！」と快哉を叫んだ。

だが、まもなく衝撃的な事実が明らかになる。賄賂を受けとっていた秘書官の妻が、二日前に首を吊っていたのだ。

加藤は大きな衝撃を受けた。自分が書いた記事が自殺のきっかけを作ってしまった。加藤のアシについた特派記者の西岡研介には、スクープの歓喜から一転して自責の念に駆られる加藤の気持ちが手に取るようにわかる。

「秘書の奥さんが自殺したと聞いて、加藤がガクッときよったから、僕は蹴飛ばしました。人ひとり死んだからって何ビビっとんねん。自分が殺した、と思うのは勝手やけど、報道に公益性があるんやったら絶対に書き続けないとあかん。人でなしの事件記者をやっとるんやったら、人ひとり殺すことくらいあるやろ。怯むな！　次はもっとえげつない現場に行って書け！　そんな話をしました」

記者も人の子だ。加藤が落ち込むのも無理はない、と西岡も内心では思っている。だが、いま優しい言葉をかけるべきではない。結局は自分で乗り越えなくてはならないことだ。そう考えて、あえて厳しい言葉で背中を押したのだ。

「落ち込んでる加藤を見て、ムチャクチャええ子やなと思うたんです。自分が書いた記事が引き金になって、人ひとりが亡くなられたとしたら、僕でも絶対に落ち込みます。もし、それで平気な人間であれば記者をやってはいけないし、報道の仕事に関わる資格はない。でも、ここで怯んでしまえば加藤の週刊誌記者としての生命は終わってしまう。だからあえて蹴飛ばしたんです。あの時、加藤は記者として一皮剝けたんじゃないでしょうか。新谷さん？『辞めるまでやれ』って言ってましたよ（笑）。辞めなかったら、こっちの努力が足りなかったんだと」（西岡研介）

〈田中眞紀子長女　わずか一年で離婚　母の猛反対を押し切って入籍した新妻はロスからひっそりと帰国〉は二〇〇四年三月二五日号の左トップを飾ったが、取材力に自信のある『週刊文春』にとっては、さほど重要な記事ではなかったはずだ。

だが、予期せぬトラブルを呼んでしまった。

『週刊文春』から取材を申し込まれた直後、田中眞紀子の長女と元夫は東京地裁にプライバシー侵害による販売差し止めの仮処分を申請した。発売日の前日にあたる三月一六日のことだ。

驚くべきことに、東京地裁は株式会社文藝春秋に『週刊文春』当該号の販売差し止めの仮処分命令を下した。たとえ事実であっても、メディアは政治家の長女の離婚を報じてはならない。販売はまかりならんということだ。異常な決定というほかない。すでに発行部数七七万部のうち七四万部は取次に搬入済みで、所有権は文藝春秋の手を離れていたから地裁決定の効力は及ばない。だが、残り三万部の出荷を文春営業部は停止せざるを得なかった。

翌朝から、新聞やテレビの取材攻勢が始まった。私人のプライバシーを侵害する『週刊文春』の非を打ち鳴らすものばかりで、憲法上禁じられている検閲ではないかと地裁決定を難じるメディアはごく少数だった。

「俺はあの記事の担当ではなかったんですが、その次の号では編集部一丸となって大々的に記事を検証する特集を組み、識者の方たちに見解を書いてもらいました。もちろん、反対を表明する識者の方にもしっかり書いてもらった。なぜあの記事を掲載したのかを、読者にきちんと説明したんです」(新谷学)

当時『編集会議』の編集長をつとめていた花田紀凱は、『創』二〇〇六年六月号の座談会で次のように述べている。

「新聞は『公人でも子弟のプライバシーは守られるべき』とか『今回の文春の記事はいかがなものか』と必ず言うけど、どんな記事でも事前検閲とか事前差し止めは具合が悪い。（雑誌が）出てからそれを見て、間違っていたり、プライバシーを侵害されたと思ったら法的手段をとればよいわけで、出る前に封印してしまうのは根本的に間違っている」

さすがは花田紀凱だ。これが健全な常識というものだろう。私がつけ加えることはひとつもない。

文藝春秋が仮処分の取消しを求めて東京高裁に保全抗告を申し立てたのは当然であり、結局、三月三一日に東京高裁が仮処分の取消しを決定した。趣旨は次の通りだ。

文藝春秋が田中眞紀子の長女および元夫のプライバシーを侵害したことは事実だが、出版差し止めに値するものではない。言論の自由は憲法上最も尊重されるべきものであり、出版物の事前差し止めには慎重な上にも慎重な対応が求められる——。

ようやくまともな判断が下された。日本の言論の自由はギリギリのところで保たれた、というべきだろう。

いかにも間抜けだったのは、多くの新聞やテレビが、右の高裁決定を伝える際に離婚の二文字を一切使わなかったことだ。立花隆は『「言論の自由」vs.「●●●」』の中で、新聞とテレビを次のように強く批判している。

《大マスコミのほとんどが新聞もＴＶもこのニュースを、離婚の二文字抜きで伝えようとしたのだから驚きあきれる。大事件の裁判報道では決定の「要旨」が添えられるのが慣例だが、今回は要旨の「離婚」というところを「記事の対象となった事項」（朝日）、「私事」（毎日）、「私生活」（読売）、「私生活上の出来事」（東京）などと書きかえて記述したので、本来の意味がまるで通じなくなっている。

高裁決定が出た翌日のテレビのニュース、ニュース・ショーでも、離婚の二文字抜きでこのニュースを伝えようとしたため、何が何だかほんとのことがわからない報道になっていた。

「とくダネ！」（フジテレビ系）の小倉智昭キャスターがこんなの冗談じゃないぞという表情でこう言っていたのが印象的だった。

「こんなに伝えにくいものはない。何がプライバシーの侵害なのかわからないでしょ。週刊文春のあの記事を読んだ人だけがわかる。我々が（記事の内容を）伝えないのは、この後、最高裁の判断で文春が負けた場合、我々がその内容を報道していたら、共倒れするんじゃないかという危機感がある。だからいえない。ただ、公益性というものを考えれば、何が問題になっているかいってもいいんじゃないかと私は思うんですが、慎重にならないといけないんでしょうか？」

　これほどバカげた話があるだろうか。

　大メディアは、とにかく何が何でも離婚の二文字を避けようとしたために、「離婚という事実を伝えることで破られるプライバシーの価値より、言論の自由を守るほうがずっと大事」という高裁決定の核心部分をいまだに伝えることができていないのである。》

　同年六月一八日に株式会社文藝春秋の社長となった上野徹は、就任挨拶の中で大メディアの萎縮と司法の暴走への大いなる危機感を表明した。

《私はこれで週刊誌を取り巻く環境が大きく変わっていることを改めて実感しました。いまや、新聞、テレビに政治家のスキャンダル報道を期待することはできません。すねに傷をもつ政治家や官僚にとって、週刊誌だけが意のままにならない目障りな存在なのです。週刊文春が裁判で全面勝利した山崎（拓）スキャンダル報道でもおわかりの通りです。いまや個人情報保護法や青少年保護に名を借りた報道規制が、確実に進行しています。そしてそのターゲットはどこの週刊誌でもない、まさに週刊文春です。彼らは虎視眈々と狙っている。ちょっとした隙も見せるわけにはいかないのです。

週刊誌を取り巻く大きな環境変化のひとつは、もはや暴走としかいいようのない司法の問題です。これまで司法とマスコミの間には、長年にわたって積み上げられてきた慣習法ともいうべきルールがありました。それがこの数年、音をたてて崩れてきている。それにたいして私たちは抗するすべを持たない。今回の三月二五日号事件は、まさにそれが誰の目にも明らかになった事件だったといえます。》（『文藝春秋の八十五年』）

名誉棄損の賠償金の高額化も進んだ。かつての相場はせいぜい一〇〇万円程度だったが、『週刊文春』が〈黒川紀章『一〇〇億円恐竜の橋』に市民の大罵声！〉（二〇〇〇年四月六日号）を報じた際には、一〇〇〇万円の慰謝料支払いと謝罪広告の掲載が命じられた。

メディアが取材源を秘匿するのは当然というこれまでの常識が認められなくなり、メディアが裁判で勝訴するためには、告発者の実名や物的証拠が求められるようになった。

〈ジャニーズの少年たちが耐える「おぞましい」環境〉（一九九九年一一月四日号）や〈ジャニーズの少年たちが「悪魔の館」で強いられる〝行為〟〉（一一月一一日号）など、ジャニー喜多川のセクシャルハラスメントや児童虐待を告発した『週刊文春』

の一連の記事を事実無根として、ジャニーズ事務所およびジャニー喜多川が名誉棄損で文藝春秋を告訴した裁判に決着がついたのは、告訴から四年以上が経過した二〇〇四年二月のことだ。

裁判では、ジャニー喜多川にセクハラ被害を受けた少年たちが勇気を振り絞って証言台に立ってくれたから、文藝春秋の勝訴は間違いないと思われた。ところが東京地裁の裁判官は、日時が特定できないなどの不可解な理由でジャニーズ側の名誉棄損を認めてしまう。

東京高裁で行われた控訴審では、ホモセクハラ行為に関する記事の主要部分が事実であると認められたものの、なお一部で名誉棄損が成立するとして文藝春秋は敗訴、一二〇万円の賠償を命じられた。不当判決というほかない。

日頃から芸能情報を大量に垂れ流しているテレビのワイドショーやニュースは、ジャニー喜多川のセクハラ裁判について一切伝えなかった。新聞も似たようなものだった。ジャニーズ事務所との長年の付き合いに比べれば、エロジジイにもてあそばれた少年たちの人権やトラウマなどどうでもいい、ということなのだろう。

ジャニー喜多川およびジャニーズ事務所が新聞やテレビから批判されることは一切なく、芸能界における絶大なる権力と影響力を長く保ち続けた。二〇一九年七月九日にジャニー喜多川が亡くなった時、少年たちへのホモセクハラに触れた主要メディアは『週刊文春』だけだった。

権力の監視者を標榜しつつも、実際には極端に臆病で従順なのが日本の新聞やテレビだ。諸外国とは異なり、日本の新聞社とテレビ局は資本関係でつながる異常な構造を持つ。読売新聞と日本テレビ、朝日新聞とテレビ朝日。テレビ局は許認可事業であり、規制に弱いのは当然だ。政治記者は政治家に食い込み、芸能記者は芸能事務所に食い込み、様々な形で便宜を図ってもらううちに、いつのまにか取り込まれ、やがて何も言えなくなる。

権力者は、自分にとって都合のいい情報だけを発信し、都合の悪い情報は徹底的に隠す。だからこそ不都合な真実を伝える週刊誌、特にタブーを恐れない『週刊文春』は権力者からはことさらに危険視され、敵視され、忌避されるのだ。『ニューズウィーク』は「週刊誌がおじけづいたら、誰が政治家に楯突くのかと考えると絶望的になる。日本の新聞はあまりにも臆病だから」と書いた。

二〇〇四年春、『週刊文春』の編集長は木俣正剛から鈴木洋嗣に交代した。

「僕が編集長をやった二〇〇四年から二〇〇八年までが一番訴訟が多かった時代。田中眞紀子の長女の離婚を報じた記事がプライバシー侵害で訴えられ、東京地裁が『週刊文春』に販売差し止め命令を出して以来、弁護士も張り切って週刊誌を次々に名誉棄損やプライバシー侵害で訴えるようになり、実際に高額賠償の判決が数多く出された。どれほど一生懸命に取材して書いても、敗訴すれば多大なコストがかかる。だから『週刊ポスト』や『週刊現代』は、裁判沙汰になりそうな記事をだんだん避けるようになった」（鈴木洋嗣）

同じ頃、ヘアヌードや袋とじヌードが読者に飽きられたことで、『ポスト』と『現代』の部数は急激に下がっていった。

「一方、僕たちは『ポスト』や『現代』ほどには訴訟リスクを恐れず、従来通り、権力者たちに立ち向かっていった。ウチの売りはそこにあったわけだし。ただ、二〇〇四年くらいまではまだ昔の感覚が残っていたから、何十件も訴えられて、かなりの確率で負けた（笑）。でも僕たちも負ける中でだんだん学習していった。どういう書き方をすれば訴訟になっても負けないか。危なそうな記事は顧問弁護士にリーガルチェックをお願いした。僕にとっての新谷（デスク）は、徳川家康にとっての井伊直政や榊原康政。先鋒を任せられる頼もしい存在だった。ただ、『新谷はどこへ行くのかな？』という感じはありましたよ。すごい数の訴状を打たれたから」（鈴木洋嗣）

鈴木洋嗣編集長誕生と同じタイミングで『ナンバー』から『週刊文春』に異動にな

り、新谷班に配属された二十代の竹田聖（さとし）（のちに『週刊文春』デスク）は、逆境にあってなお存在感を高めつつあった『週刊文春』と新谷班の勢いをひしひしと感じた。

「最初の頃はビビってましたよ。事件取材と言われても、何をやったらいいかさっぱりわからなかった。異動早々に間近で見た福田康夫官房長官が自らの年金未納を告白した〈福田長官「本当は8年間払ってません」〉（二〇〇四年五月一三日号）には驚きました。先輩の宇賀康之さん（のちに『ナンバー』編集長）が直撃したら、記事が出た直後にあっさり辞めちゃったんですから」

新谷班は次々と政治家のクビを飛ばしたから、他社の記者たちからは殺しの軍団、首狩り族、マッドドッグス（狂犬集団）などと呼ばれた。

「『週刊朝日』の記者だった藤田知也さんが、ふざけて〝銀河系軍団〟とブログに書いたこともありましたね。自分はひとり竹槍一本で戦っているのに、『週刊文春』は各社から集まったエースばかりが五人くらい現場にやってきて根こそぎ取材していく。まるでレアル・マドリードだって（笑）」（竹田聖）

新谷デスクは、班員ひとりひとりの仕事をとても丁寧に見て褒めてくれた、と竹田聖は振り返る。ネタ元を作るためのアドバイスも、人の紹介もいとわない。班員のモチベーションを上げることを常に考えているデスクだった、と。

「新谷さんはネタをとってくる力がとんでもないから、特派の人たちからの信頼も厚かった。詳しいことは言えませんが、ホントの中枢からネタをとってきますからね。政治家のトップからアンダーグラウンドのちょっとヤバいフィクサーと呼ばれる人物、グレーゾーンにいる人たちにも網を張っていました。相手がどんなに偉い人であっても、新谷さんは思ったことを率直に言う。ただし、無礼なところは一切なく、細部にまで気を遣う。常に神経を張り巡らせながらモノを言っている感じがしました」（竹田聖）

新谷班には、毎週文化祭をやってるような雰囲気があったという。

「『週刊文春』に異動してきた直後は大変でしたが、いざ新谷班に入ってみると、すごくおもしろかった。みんなで泊まりがけで出張に出かけて、ワーッと取材して、火曜日までに突貫工事で記事を作る。誰かのクビが飛んだり、大スクープを出せば他社がこぞって追いかけてくるから、やったぞ！　と飲みに行く。熱狂の日々でした。中でも、ＮＨＫをやったときは最高に盛り上がりましたね」（竹田聖）

〈ＮＨＫ紅白プロデューサーが制作費八〇〇〇万円を横領していた〉（二〇〇四年七月二九日号）は、六〇年以上に及ぶ『週刊文春』の歴史でも特筆されるべきスクープだろう。

特殊法人NHKの年間予算は約六七〇〇億円、職員は約一万二〇〇〇人（当時）。大事件や大災害が起これば、人々はまずNHKニュースを見る。それだけの信頼性がNHKにはある。

一方、株式会社文藝春秋の社員数は三五〇人程度であり、『週刊文春』編集部員はわずか五十数名。日本の主要メディアの底辺に位置する小さな週刊誌が、頂点に君臨する巨大メディアに嚙みついたのだ。

「NHKの芸能番組のプロデューサーが、下請け業者や知人を架空の放送作家に仕立て上げ、実際には仕事をしていない彼らに多額のギャラを振り込んで自分にキックバックさせている。総額は八〇〇〇万円に及ぶ」という有力な情報を中村竜太郎記者が得たのは二〇〇四年二月のこと。

取材を重ねるうちに、じつはNHK内部では複数の職員がこの巨額横領事件を承知しているにもかかわらず、世間に知られることを恐れて隠蔽工作が行われていることが判明した。

中村竜太郎は、NHK関係者二名から詳細な証言を得て事件の全貌を把握した。記事を書くための材料は揃えたつもりだった。

だが新谷学デスクは、証言だけでは弱いと感じた。

「ＮＨＫは最強のメディアだ。カネの流れに関する事件でもあり、動かぬ証拠が必要だ。時間がかかってもいいから、物的証拠を手に入れてほしい。証拠がなければ記事にはできない」

巨額横領事件を世間に知られれば、我々が支払う受信料を犯罪行為に使うのかと、視聴者から大きな社会的批判を受けることは明らかだ。ＮＨＫは組織防衛のために、あらゆる手段を使って『週刊文春』に反撃してくるに違いない。巨大組織と戦うためには物的証拠が不可欠だった。

新谷デスクの指令を受けた中村竜太郎記者は約二週間、八方手を尽くして物的証拠を探し続け、ついに入手した。実働のない放送作家にギャラを振り込んだ明細のプリントアウトである。

《その時の興奮は言い尽くせない。穴が開くほどその証拠をながめ、片時も自分の身体から離さなかった。その日の夜は嬉しくて、その証拠を抱いてベッドで寝た。ただしそのルートについては取材源の秘匿により明かすことはできない。もちろん私は黙って墓場まで持っていくつもりだ。》（中村竜太郎『スクープ！』）

新谷デスクは中村竜太郎の下に精鋭記者三名をつけて、ＮＨＫ関係者に徹底的な聞き込み調査を行わせた。

七月一九日月曜日の夜、中村竜太郎は無事に原稿を書き終えた。あとは木曜日の発売を待つばかりだ。

ところが翌二〇日火曜日の夜七時、NHKは突然、記者クラブで緊急記者会見を開いた。「NHKの内部調査によって不正が発覚した。詐欺事件の犯人を告訴する」と発表した。報道が出る前に自ら発表することは、事件を矮小化させて責任追及の手を緩めさせようとするスクープつぶしの常套手段だが、報道機関のやるべきことではない。卑怯で汚いやり方だ。

NHKの発表を受けて、新聞各紙はNHKの前代未聞の不祥事を水曜日朝刊の一面で報じた。

しかし、木曜日に発売された『週刊文春』の記事は、NHKの公式発表をなぞっただけの新聞報道とは、取材の深さがまったく違っていた。NHKのチーフプロデューサーや放送作家らが実名で証言し、NHK内部の隠蔽工作にまで触れていたからだ。新聞記者たちは、自分たちが何も知らないことを痛感した。事件の全容をつかんでいるのは『週刊文春』ただひとりなのだ。

「朝日、読売、毎日、テレビのキー局の二課担（注・企業の横領や脱税、贈収賄事件を扱う警視庁捜査二課を担当する社会部記者のこと）の連中が門前市をなして文藝春秋にやってきて、竜ちゃん（中村竜太郎記者）にレクチャーを頼んできた。週刊誌の人間が新聞やテレビの記者にレクチャーするなんて前代未聞。まさにコペルニクス的転回ともいうべき出来事でした」（新谷学）

「ＮＨＫは日本のメディアのトップ。『週刊文春』が彼らに嚙みついたことは、ＮＨＫを頂点とするピラミッドを壊すという意味もあったんです。本来なら、事件が発覚した時にしっかりと内部調査を行い、再発防止策を講じるべき。しかし、ＮＨＫ内部では海老沢勝二会長側近の命令で、情報を漏洩した密告者の犯人捜しが徹底的に行われたんです。職員に取材するたびに、海老沢会長への異常なほどの恐怖心を何度も感じました」（中村竜太郎）

海老沢勝二会長はＮＨＫ局内で〝エビジョンイル〟と呼ばれていた。北朝鮮のような独裁を行っていたからだ。気に入らない人間はすぐに配置転換し、不満分子は〝政治犯収容所〟という異名を持つ愛宕山（あたごやま）の放送文化研究所に飛ばすか、地方や関連会社に出向させた。海老沢会長の恐怖政治によってＮＨＫの組織は硬直化し、自由にモノを言える雰囲気ではなくなっていた。

九月九日、事態を重く見た国会は、海老沢会長に参考人招致を行った。ところがＮＨＫが三時間以上に及んだ総務委員会参考人招致を生中継することはなく、その後にてしまった。

放送された謝罪番組でも、民主党議員が海老沢会長の責任を追及した質問をカットし

ＮＨＫの傲慢な態度に、ついに国民の不満が爆発する。受信料の不払いが急激に増え、最終的には一〇〇万件に及んだ。海老沢会長がやむなく辞任を表明したのは、二〇〇五年一月のことだった。

「ＮＨＫのキャンペーン記事は、結局二〇回近くやったのかな。新谷さんのテンションはとんでもなく高くて『徹底的にやる！』と宣言していました。ＮＨＫも、最初のうちは会長のクビが飛ぶところまではいかないだろうと高をくくっていたはず。ところが中村竜太郎さんの取材がとにかくすごくて、内部のディープスロート（情報提供者）から次々に情報をとってきた。僕たちは登記を上げたり、ＮＨＫの幹部のところに夜討ちをかけていました。

新谷さんは大変だったでしょうね。ＮＨＫとほぼ同時進行で、朝日新聞とも戦っていましたから。〈朝日新聞が武富士から受け取った「ウラ広告費」５０００万円〉（二〇〇五年四月七日号）は、新谷さんが自らとってきたネタ。あくまでも想像ですけど、朝日新聞の内部に相当有力なディープスロートがいたんじゃないでしょうか。あれも結局、箱島信一社長が辞任に追いこまれましたから。

四〇歳を過ぎたばかりの新谷さんは、いつも最前線で過剰なエネルギーを発していた。朝からフルスロットルでそのまま深夜までアクセルベタ踏み状態（笑）。二〇代半ばだった僕が、パワーで圧倒されていました」（竹田聖）

恐るべき取材力というほかはない。間違いなく、新谷学こそが『週刊文春』史上最強の取材者だろう。

〈週刊誌4強　異変アリ〉という記事が朝日新聞に出たのは、二〇〇四年八月五日のことだった。

《総合週刊誌の路線と部数に異変が起きている。上位4誌の一つ週刊ポスト（小学館）がヘアヌードをやめ、誌面刷新を試みた背景には部数の減少があった。今年上半期の推定平均実売では2位に落ち、11年守った年間1位に黄信号がともっている。代わっての1位は、ヘアヌードに手を出さずにきた週刊文春（文芸春秋）。ポストは雑誌ジャーナリズムの原点へ回帰し、活路を見いだしたい考えだ。しかし、総合週刊誌全体の部数は落ち込みが続く。》

『週刊文春』が総合週刊誌の売り上げでトップに立ったのは、花田紀凱編集長体制の一九九三年上半期以来一一年ぶり。快挙であることは確かだ。

だが、二〇〇四年上半期の平均実売部数は五八万四九九九部。前年下半期（五九万三九八部）よりもむしろ減っている。『週刊ポスト』『週刊現代』が大きく部数を減らしたことで、結果的にトップに立った形だ。

『週刊新潮』を加えた総合週刊誌四誌の合計は、一〇年前に比べて五〇万部も減った。出版メディア全体の地盤沈下は誰の目にも明らかだった。

5

二〇〇五年春、総合週刊誌の売り上げで年間一位になった『週刊文春』編集部に社長賞が与えられた。

長くナンバーワンを維持していた『週刊ポスト』とそれに続く『週刊現代』の部数が急落し、微減で踏みとどまった『週刊文春』が自然とトップに出て、『週刊新潮』が追うという形がこの頃に作られ、現在まで続いている。

『週刊文春』の広告収入は、トップに立ったことで前年比一・二倍から一・三倍に増えた。だが、『週刊文春』の編集部員たちがライバル視するのは昔もいまも『週刊新潮』ただひとり。「クレディビリティの高い週刊誌」（田中健五）を目指す『週刊文春』は、ヘアヌードや袋とじヌードが載る『週刊ポスト』や『週刊現代』とは読者が異なるのだ。

〈JR東労組の〝ドン〟松崎明が組合費で買った「ハワイ豪華別荘」〉（二〇〇五年一二月二二日号）は、『週刊文春』にとっても特別な記事だ。

一九九四年六月に『週刊文春』が〈JR東日本に巣くう妖怪〉を連載したことは第五章で触れた通りだ。

世界最大級の公共交通機関JR東日本の最大の労働組合を革マル派が支配し、JR東日本の経営権にまで介入しているという記事の内容は概ね正しかったにもかかわらず、JR東日本は管内にあるキオスクにおける『週刊文春』の販売を拒否するという前代未聞の言論弾圧を行う。雑誌販売の生命線ともいうべき流通を約一カ月半にわたって断たれた結果、『週刊文春』は一ページの五分の三という異例の大きさでJR東日本への謝罪広告を掲載した。全面降伏である。以後、JR東日本労組の革マル問題はメディアにとってタブーとなってしまった。

それから一一年が過ぎた二〇〇五年、『週刊文春』は再びタブーに挑戦しようとしていた。

「二〇〇三年秋くらいに、JR東日本労組を牛耳る松崎明が組合費を横領してハワイに別荘を買ったという話が入ってきた。極左の革マルのくせにアメリカに別荘買うたんか。反帝（反帝国主義）でも、反スタ（反スターリン主義）でもあらへんやんけ、と呆れましたわ（笑）。JR関係者の中に、東日本の労組を何とかしないといけないという危機感を持つ人物がいて、情報を提供してくれたんです。

ただ、ガサ（家宅捜索）が入らない限り我々は動けなかった。二〇〇五年一二月に松崎の自宅やJR東日本労組、JR総連などの関係先にガサが入ったことで、ようやく記事が書ける状態になったんです」（西岡研介）

JR東日本労組の会長、顧問を歴任し、上部団体であるJR総連の特別顧問をつとめていた松崎明が組合費三〇〇〇万円を私的に流用してハワイに超豪華別荘を構えていることを明らかにしたこの記事で、『週刊文春』は〈JR東日本に巣くう妖怪〉の借りを、ようやく少しだけ返したことになる。

一一年前に『週刊文春』編集長だった設楽敦生は、すでにこの世の人ではなかった。

JR東日本とのトラブルによる心労で命を縮めたという声は社内に多い。

「ハワイの別荘の取材中に、新谷さんから初めて設楽さんの話を聞きました。『ナンバー』で大変お世話になった恩人が『週刊文春』の編集長になったけど、若くしてガ

ンで亡くなった。ＪＲ東日本の事件の心労もあったはずだって。新谷さんにとっては弔い合戦だったんです」（西岡研介）

「詳しいことは言えませんけど、俺はいつか絶対にＪＲ東日本労組と松崎氏には記事でケジメをつけてやりたいと思っていたから、日頃からＪＲ関係者や公安や別の労組の幹部にネットワークを張りめぐらせていました。それを西岡研ちゃんに紹介したり、お互いに情報交換しながら記事を作ったんです」（新谷学）

取材を続ける中で、西岡研介はＪＲ東日本の社員たちがＪＲ東労組の方針に従わないというだけの理由で陰湿な嫌がらせを受け、集団で吊し上げられ、運転士の仕事から引きずり下ろされ、あげくの果てには退職にまで追い込まれるという事例をいくつも見てきた。管理職たちは革マル派を恐れて見て見ぬ振りを続けていた。

《松崎に支配されたＪＲ東労組の圧政による犠牲者や、職を賭して彼らを支え続けた他の社員たち。二年余に及ぶ取材で、その存在を目の当たりにしてきた私にはもはや、彼らの叫びに耳を塞ぎ、この問題に目をつぶって、このまま「記者」という仕事を続けていくことは、どうしてもできなかった。

国鉄分割民営化、ＪＲ発足から二〇年目を迎える〇七年までに、メディアの世界に生きる者として、タブーとなった「ＪＲ革マル派問題」に何らかの〝決着〟をつけたい……そして、その〝決着〟をつけるのはやはり、一度はJR東日本の圧力に屈した週刊誌でなければならない……。》（西岡研介『マングローブ　テロリストに乗っ取られたJR東日本の真実』より）

講談社の加藤晴之（元『FRIDAY』編集長）は、以前からJR東日本の革マル派問題に大きな関心を抱き、西岡に講談社で本を書くことを熱心に勧めていたが、西岡はJR東日本と深い因縁のある『週刊文春』でキャンペーン記事を連載するつもりだったから加藤の誘いを断り続けた。

しかし、二〇〇六年になって事態は大きく動く。

『週刊文春』がJR東日本革マル派問題のキャンペーン記事を連載することは不可能、という最終的な判断が、鈴木洋嗣編集長および木俣正剛局次長から下されたのだ。コストが合わない、費用対効果が得られないとの説明を受けたが、キオスクで販売を拒否された時のトラウマはなお文藝春秋に残っていたのだろう、と西岡は見ている。

三月には新谷学が『週刊文春』を離れて月刊『文藝春秋』に異動することが決まり、同じタイミングで、講談社の加藤晴之が『週刊現代』の編集長に就任した。

編集長となった加藤晴之は、再び西岡を口説いた。『週刊文春』で果たせなかったJR東日本革マル派のキャンペーン記事を『週刊現代』で一緒にやろう——。

ついに西岡は応じて『週刊現代』への移籍を了承した。

木俣と鈴木は西岡研介を快く送り出し、『週刊文春』時代のすべてのデータ原稿の使用を許可した。

『週刊現代』二〇〇六年七月二八日号からスタートした〈テロリストに乗っ取られたJR東日本の真実〉はおよそ半年間、二四回に及ぶ異例の長期連載となった。二〇〇七年には「編集者が選ぶ雑誌ジャーナリズム賞」を受賞。同年六月には『マングローブ　テロリストに乗っ取られたJR東日本の真実』（講談社）としてまとめられ、二〇〇八年九月には第三〇回講談社ノンフィクション賞を受賞している。

だがその間、西岡研介および『週刊現代』はJR東労組をはじめ、JR総連傘下の組合員から計五〇件もの名誉棄損による損害賠償請求訴訟を起こされた。うち四七件は、西岡が顔も名前も知らない地方の組合員から。訴訟の目的が連載および単行本出版の妨害にあることは明らかだった。

ある新聞記者は「連載を読んだが知っている話ばかりで新しいものはない」と冷笑し、某ジャーナリストは「反権力で戦っているJR東労組やJR総連を攻撃しても権力側を利するだけ」と西岡を批判した。立花隆〈田中角栄研究〉の時の反応と同じだ。新聞記者のほとんどは記者クラブの中でまどろみ、ジャーナリストを自称する者の多くは反権力を貫く自らに酔いつつ思考停止を続ける。

だが私たちの国には、本物のジャーナリストも少数ながら存在するのだ。

二〇一八年一月の時点で、ＪＲ東日本労組には四万七〇〇〇人が加入していた。ＪＲ東日本全社員の八割以上に相当する。ところが二月から四月にかけて、三万六〇〇〇人以上が脱退してしまった。ＪＲ東日本労組がベースアップのためのスト権行使を通告したことに対抗して、会社側が「労使共同宣言」の失効を通知したことがきっかけだった。〝ＪＲに巣くう妖怪〟はついに斃れたのだ。

二〇一九年九月、西岡研介は『トラジャ　ＪＲ「革マル」三〇年の呪縛、労組の終焉』（東洋経済新報社）を上梓し、ＪＲ東日本労組の瓦解およびＪＲ労働運動の終焉を描いた。

一方、講談社の加藤晴之は、定年間近の二〇一七年に日本経済新聞の社会部長だった牧久の『昭和解体　国鉄分割・民営化30年目の真実』（講談社）を担当した。定年後、フリーランスとなると加藤企画編集事務所という実質ひとりの事務所を構え、西岡研介の協力を得て二〇一九年四月に牧久『暴君　新左翼・松崎明に支配されたＪＲ秘史』を、今度は小学館から出版した。

新谷や西岡や加藤こそが日本のジャーナリズムを支えているのではないか、と私は思う。

話を二〇〇六年春の『週刊文春』に戻そう。

三月一六日木曜日はプラン会議が行われる日であり、人事異動の内示が出る日でもあった。

プラン会議の席上、新谷デスクは「人事異動の時期は浮き足立って事故を起こすことがよくある。目の前の仕事に集中して、気を引き締めていこう」と檄を飛ばした。

だが、浮き足立っていたのは新谷自身だった。

『週刊文春』を深く愛する新谷は、月刊『文藝春秋』への異動の内示を受けると、喪失感と解放感を同時に覚えて同期の吉永龍太、吉田尚子と三人で飲みに出かけた。

「西麻布の『に萬（ばん）』という店でした。泥酔した新谷は帰りがけに五、六センチの段差のところで転んだんです。かなり痛がっていたので、タクシーに一緒に乗って自宅まで送りました。

玄関にかつぎこんでそのまま帰ろうとしたら、奥さんの加藤（政代）さんから『吉永さんごめん、足の骨が完全に折れてるから、このまま病院に連れていって』と頼まれました。当時は携帯のインターネットもたいして普及していなかったから、どうやって調べたかは忘れたけど、とりあえず近所の病院に連れていったら『あなたたち、酔っ払ってるでしょう?』とか『いま医者がいません』とかの理由で立て続けに二、三軒断られた。たらい回しって本当にあるんだなってびっくりしました。結局、駒沢病院が受け容れてくれて、レントゲンを撮ったら脛の骨がマンガみたいにポッキリと折れているのが見えた。『ああ、きれいに折れてるね』と医者が言って、そのまま二週間くらい入院したと思います」(吉永龍太)

「家にかつぎこまれてきた時の彼は明らかに様子がおかしくて、三番目の子どももまだ小さかったから、このまま家に置いてもらっても大変なことになるなと。翌朝、私が仕事に行く前に病院に寄って入院手続きをしました」(加藤政代)

腓骨と脛骨の両方が折れたからボルトを一二本も入れた。全治六カ月の重傷だった。

飲む時は徹底的に飲み、散々バカをやりまくって本音でつき合える関係を作るのが新谷の流儀だ。基本的には明るく楽しい酒だが、時に嵐が吹き荒れる。

『ナンバー』時代には、麹町の飲み屋で見かけた日本テレビの連中が女の子たちと王様ゲームをしているのが気に入らないと因縁をつけて一触即発の事態となり、副編集長の井上進一郎が慌てて止めに入った。カメラマンの佐貫直哉とふたりで歌舞伎町に飲みに出かけ、酔客と殴り合いのケンカをしたことも一度や二度ではない。三七歳で『週刊文春』のデスクになる前には、カラオケ店で飲み潰れて動けなくなり、五人くらいに神輿のようにかつがれたまま会社の仮眠室まで運んでもらった。かつぐ側も酔っ払っていたから途中で誤って落とされ、そのまま引きずられて頭が擦り傷だらけになった。

二〇〇四年の六月には生命の危機に遭遇した。

地下の飲み屋へと続く階段を転がり落ちて昏睡状態に陥ったのだ。診断は頭蓋底骨折。脳挫傷三カ所、鼻から脳髄液が流れ出た疑いもあった。

「真夜中の一二時くらいに麻布警察署から電話がかかってきて『ご主人が広尾病院に運ばれたのですぐに来て下さい』って。子どもも小さいから困ったなと思ったけど、結局、千葉にいる実家の両親にきてもらう段取りをつけて、タクシーで広尾病院に行きました。ああ、このまま死んじゃうのかな、と暗い気持ちになったけど、途中から、彼なら絶対に大丈夫という妙な確信も出てきました。病院に着いた時には眠っていたけど、翌日の昼くらいには意識も戻りました」（加藤政代）

『週刊文春』では年に三回合併号を作り、直後に一週間強の休みをとることが恒例だ。ゴールデンウィークとお盆と年末年始である。

新谷班の班会は合併号の校了直後に行われることが多かった。班会を行う場所も時間も、班員以外には秘密だ。

「編集長？　絶対に呼びませんよ。編集長の悪口だって酒の肴ですから。気持ちよく悪口を言われるのも編集長の仕事」（新谷学）

班会ではまず班員に「式次第」が配られる。

口上人・加藤

一、挨拶　新谷会長

一、開会の辞および乾杯　佐藤舎弟頭

一、脱会挨拶　児玉

一、入会挨拶　石橋　斎藤

一、盃事　取持人　西岡研介若頭補佐　見届け人・渡辺若頭

一、決意表明　各人

一、新年目標発表　新谷会長

一、閉会の辞　渡辺若頭

任侠界の盃事のパロディのような体裁をとるのは、映画『仁義なき戦い』をこよなく愛する新谷の趣味だ。

「ただの飲み会じゃ面白くないから、班員ひとりずつに抱負を語ってもらいました。たとえば加藤（晃彦）が『今年中に結婚したいです！』と言えば、俺が『よし、どうすれば加藤が結婚できるかをみんなで考えよう』と班員に聞く。西岡研ちゃんが『女子大生との飲み会をセットします！』と手を挙げれば、ほかの特派記者が『じゃあ、俺は人妻との飲み会をセットします！』と返して『バカ野郎、人妻じゃあ結婚できねえじゃねえか』とツッコミが入る（笑）。冬にはジャージ縛りで集まったり、夏にはビアガーデンに全員アロハ着用で勢揃いしたり。俺は男たちが集まって、くだらないことを本気でやる世界が大好きなんです。しょうがねえなあ、そんなバカなことやってたら一生モテねえぞっていう世界が」（新谷学）

二〇〇六年四月一一日に行われた新谷班の解散式に、骨折した新谷デスクは松葉杖をついて出席した。ただひとりの女性班員だった児玉藍からこの時にもらった手紙を、新谷は大切に保管している。

《新谷さんへ

「お前はくの一になれ」と言われて入班したわたしですが、結局、最初で最後の女班員になってしまったところを見ると、純血を汚してしまっただけで終わり、立派なくの一にはなれず、すみませんでした。

新谷さんは、おぼつかない新人の話も真剣に聞いて下さる、本当に男気溢れる方でした。入社一年目、友達からは愉しい誘いがくるものの、いつもいつも断ってばかりで、お給料の半分を注いでいる大好きな家には出張で帰れないし、正直、「わたし、貴重な二十代にこんな生活していていいのかな」と思ったりしていました。でも、事件続きでぐったりしていたわたしを、赤坂の焼肉屋さんに連れて行ってくださって、新谷さんはおっしゃいましたね。「仕事は裏切らねえからよ、一緒に一流の雑誌を作ろうぜ」。不安で心細かったわたしは、この時どんなに安心感を与えてもらったかしれません。仕事が出来ないなりに、「この人のために話を取ってこなくてはならない」「この人が選んだ書きのために、出来る限りの地取りをしなければならない」と気の重い事件取材の中でわたしを支えていたものの一つは、確実に、そういう思いであったと思います。「加藤（晃彦）によう、新谷さんは女にだけ甘いっすよって言われるんだけど、別に普通だよな？　俺、みんなのことを同じように愛してるんだけどなァ。だから児玉のことも心配してるんだよ」とお酒の席で、もじもじしながらおっしゃる様が好きでした。（中略）長い間、本当におつかれさまでした。

本当にありがとうございました。

二〇〇六年四月一一日　　第五期新谷班卒業生　児玉藍》

解散式から数日後、出席者全員に新谷デスクから手紙が届いた。なぜか塩が添えられている。

《謹啓　四月十一日。自分にとって生涯忘れられない日となりました。同じ戦場でともに闘い、同じ釜の飯を食った仲間の有り難さ、素晴らしさを改めて噛みしめました。ささやかながら感謝の気持ちを込めて、塩を送ります。スタートでいきなりコケてしまった自分の「厄」が、みんなに及ばないためのお清めにでもなれば幸いです。心身共にリフレッシュして、奮闘してください。

新谷班「六箇条」

一、嘘をつかない。

一、弱いものイジメをしない。

一、仕事から逃げない。

一、自分以外は全部ネタ元。

一、親しき仲にもスキャンダル。

一、いい気になるな。油断大敵。

いつかまた、必ず一緒に仕事をしよう！

敬具》

飯窪成幸編集長体制の月刊『文藝春秋』に移った新谷学は、政治コラムの担当になった。

社内では「本誌」と呼ばれる月刊『文藝春秋』は、登場すること自体がステイタスとなる国民雑誌だ。

本誌が扱う分野はどの雑誌よりも広い。登場人物は作家や評論家、政治家や官僚はもちろん、アーティストやミュージシャン、アイドル、ダンサー、テレビディレクター、脚本家、棋士やスポーツ選手に至るまで多岐に及ぶ。

「『週刊文春』の名刺を持っていくとよく警戒されるけど、月刊『文藝春秋』の名刺は全員が歓迎してくれる。〈同級生交歓〉のグラビアに出て下さい、巻頭随筆を書いて下さいとお願いして、断られたことはほとんどありません。同じ人間が行っても、名刺ひとつでこんなに対応が違うかと思うほど。

本誌ではホントに一流の人たちと会い、一流の情報に接することができました。しかも月刊誌は週刊誌と比べてゆったりとしたサイクルだから、人間関係を深める時間も、ネットワークを広げる時間もありました」（新谷学）

小泉純一郎自民党総裁が二〇〇六年九月に任期満了となると、後任として選ばれたのは安倍晋三だった。戦後最年少、初の戦後生まれの内閣総理大臣の誕生である。二カ月前の七月に出版された安倍晋三『美しい国へ』（文春新書）は、ポスト小泉をめぐる総裁選直前という絶妙のタイミングで発売されたこともあって年末までに五一万部を突破、大ベストセラーとなった。

新総理と文藝春秋の関係は当然良好であり、政治担当となった新谷は、安倍晋三から総理になる直前、在職中、健康を害して辞職した直後の計三回も手記（聞き書き）を取っている。辞職直後の手記をとるのは特に困難だったが、何度も一緒に飲みに行ったことのある昭恵夫人にも口添えを頼んで、ようやく承諾を得た。

安倍晋三ばかりではない。麻生太郎の首相就任時にも、平沼赳夫が脳梗塞から復帰した時にも手記を取っている。

『週刊文春』時代から新谷学の人脈は広く深かったが、月刊『文藝春秋』の編集者となったことでさらに凄みを増した。専門が決まっている新聞記者や、フリーランスライターには絶対に不可能なことだ。国民雑誌の看板は確かに大きい。

だが、月刊『文藝春秋』に配属された社員が全員、新谷のような人脈を持っているわけではない。

新谷学は努力の人だ。〈同級生交歓〉や巻頭随筆で著名人と知り合うと、「今度、お礼も兼ねて食事でもいかがですか?」と誘い、食事にきてくれれば携帯電話の番号を聞き、「現場に優秀な部下がいたらぜひ教えて下さい」と頼んで人脈を広げていった。

《編集者や記者は多くの人と長期的な信頼関係を築くことが大切だ。そのためには日常的な「マメさ」が求められる。取材で会い、記事になった後も「いろいろとご不満もおありかもしれませんが、お礼方々、1回食事でも」と言って会う。食事の後も、こまめに会う。例えば霞が関の官僚だったら、昇進のニュースを見ればお祝いのメールを送る。「お祝いの食事、どうですか?」と誘う。お祝いされたり、褒められたりして、うれしくない人はいない。逆に知り合ったひとがトラブルに巻き込まれたという情報があれば、「大変でしたね。私にできることはありませんか?」と連絡をとって会う。その人にとっての「琴線」はどこにあるのかを、常に見定めた上で触れていくことだ。》(新谷学『「週刊文春」編集長の仕事術』)

かつて池島信平は「編集者とは接客業である」と喝破し、田中健五は「優秀な人に数多く会わなければ編集者は生きられない」と部下たちに説いた。

一見、体育会系で破天荒に見える新谷だが、じつは文藝春秋の伝統を継承する編集者でもあるのだ。

だがこの時期、雑誌を取り巻く状況はどんどん悪くなっていった。

インターネットと携帯電話の爆発的な普及が新聞や雑誌の読者を確実に減らす中、二〇〇八年九月一五日にはリーマン・ショックが世界中を襲った。アメリカの証券会社リーマン・ブラザーズの経営破綻に端を発して株価が大暴落したのだ。かつてない規模の金融危機は、世界中のメディアに大打撃を与えた。アメリカでは多くの地方紙が廃刊に追い込まれ、日本では新聞やテレビの広告費が激減した。

もちろん雑誌広告も大きなダメージを受け、前年比七〇パーセントから八〇パーセントという衝撃的な数字が何年も続いた。特に女性誌を支えた高級ブランド広告の落ち込みは激しく、かつて約二兆円ほどあった日本のラグジュアリーブランド市場はたった一年で半分になり、栄華を極めた女性誌はたちまち苦境に陥った。

株式会社文藝春秋の広告費全体が下がり、『週刊文春』の落ち込みは特に目立った。二〇〇一年には二万軒以上あった書店も、二〇〇九年には一万五七六五店まで減った。年平均で六〇〇店以上が閉店したことになる。同年には出版全体の売り上げが二兆円を切り、産経新聞社は全社員の五パーセントにあたる一〇〇人の希望退職者をつのった。

週刊誌を名誉棄損で訴える高額訴訟も相変わらず続いていた。

二〇〇九年三月二六日には東京地裁が講談社に四二九〇万円の支払いを命じた。加藤晴之編集長体制の『週刊現代』が報じたキャンペーン記事〈横綱朝青龍の八百長を告発する！「全勝優勝した'06九州場所では15番中ガチンコは4番だけ」〉（二〇〇七年二月三日号）など三つの記事が「真実とは認められない」とされたのだ。名誉棄損訴訟では史上空前の賠償額だった。

まもなく『週刊現代』は路線変更に踏み切った。手間もヒマもカネもかかるスクープを狙うことを諦め、女性向けの記事を作ることもやめ、〈死ぬまでセックス〉など、シニア向けの実用記事に特化した。団塊の世代の男性読者と心中することに決めたのである。やや遅れて『週刊ポスト』も追随した。

「名誉棄損訴訟のしんどいところは、書いた側に立証責任があること。甘い取材やったらどんどん負けていく。おもろい話は載せたいけど、裁判で負けるくらいなら書かない方がいい。だから『週刊現代』や『週刊ポスト』はどんどんシュリンク（萎縮）していった。

現代やポストはデータマンとアンカーマンの分業制。事件現場で取材して記事の元になるデータ原稿を書くのが特派記者の仕事で、社員編集者はデータ原稿をまとめるだけのアンカーマン。事件現場には行かないんです。一方、文春や新潮は、社員も特派記者も取材から執筆まで全部やるから鍛えられ方が違う。訴えられても勝てる記事を書けばいい、と記事をダブルチェック、トリプルチェックするようになった。取材力の差がこのあたりで出たのかな、と思います」（西岡研介）

新谷学が月刊『文藝春秋』から文春新書編集部に異動したのは、出版メディア全体が危機的な状況に追い込まれつつあった二〇〇九年春のことだ。

新谷は不服だった。自分は長く雑誌ジャーナリズムの世界で生きてきた。結果もしっかりと出してきたつもりだ。なのに、なぜ書籍なのか？

「文藝春秋は雑誌社としての伝統があって、俺も雑誌ばかりやってきたから、書籍に異動と聞いて、出されたと感じたのは事実です。当時はこんなちっぽけな会社なのに社内政治とかネガティブキャンペーンとか、見たくないものをずいぶん見ました。

ある先輩からは『新書から出る方法を教えてやるよ。仕事なんかしないで、総務局長に出してくれと言い続けるんだ』とアドバイスされたけど、それこそ時間がもったいない。むしろ新書で思い切り暴れてやるぞと。雑誌はチームプレーだけど、新書は個人プレー。自分の力でどれだけ売れる本が作れるか、とことん戦ってやろうと思いました」（新谷学）

新書は基本的にノンフィクションの世界だ。専門分野の解説書や入門書が多いが、ジャーナリズムも扱う。

だが、ジャーナリズムの世界はどんどん縮小していった。『諸君!』は二〇〇九年六月号を最後に休刊した。創刊以来ずっと赤字続きだったが、編集者と書き手両方の育成機関とみなされていたからこそ存続を許されてきた。育成機関を維持する余裕が、ついに文藝春秋から失われたのだ。

二〇〇九年八月九日。新谷学はこの日を境に酒を一滴も飲まなくなった。

「あの日は茅ヶ崎に住む大学時代の同級生の家で、家族連れでバーベキューをやったんです。菅原文太さんからもらったお米のシャンパンをガブ飲みしていたら気持ちよくなっちゃって、家の前が海だったから『さあ泳ぐぞ!』と服を着たまま入って行っちゃった。自分では全然覚えていないんですけど、最初は波打ち際にいたのが、どんどん沖の方に流されてしまい、子どもたちも『父ちゃんが死んじゃうよ!』と怖がって、結局、同級生が引っ張り上げてくれたんです」

気がつけば車の助手席に悄然と座っており、ずぶ濡れのズボンの下には新聞紙が敷かれていた。

「隣を見ると、かみさんが鬼の形相でハンドルを握っている。謝り倒した後でかみさんから『あの時、あなたの顔には死相が浮かんでいた。ああ、この人はこうやって死んでいくんだな、と思ったのよ』と言われてゾッとした。その瞬間、まだ死にたくない。まだ本当にやりたい仕事なんて全然やってないよと思って、きっぱり酒を止めることにしたんです」(新谷学)

「翌日、新谷は家族全員の前で正座させられて、もう酒は飲みませんと誓わされた。本人からそう聞いています」(吉永龍太)

「禁酒宣言は確か四度め。それが今まで続いているってことです」(加藤晃彦)

骨の髄までポジティブな新谷は、禁酒をチャンスととらえた。

「人に会うことが仕事だから、酒を止めた当初は大変でしたけどね。俺の酒が飲めないのかとか、一杯くらいはいいじゃないかとか。でも、俺は中途半端ができない。泥酔するか、一滴も飲まないかのどちらか。

酒を止めたことは自分にとって大きな転換点になりました。二日酔いがないから、朝起きてから夜寝るまで常に覚醒している。稼働時間が劇的に増えた感じです。『何かを捨てれば何かを得る』というのは確実にあるでしょうね。酒を止めてから、イチかバチかの勝負で勝つことが増えた。しょせんバクチじゃないですか、出版って。すべての本でベストセラーを狙っても、必ず当たるわけじゃない。でも、確率が上がったような気がします」(新谷学)

書籍編集者が雑誌編集者と異なる点は三つある。

ひとつめは個人プレーであること。

ふたつめは長期戦であること。

三つめはプロモーションを行うことだ。

書籍編集者は基本的にひとりで考え、ひとりで動く。いま、この筆者にこのテーマを書いてもらえば売れる、というプランを会議で通す。「プランを出さない編集者は編集者ではない」とは花田紀凱の口癖だ。

編集者と筆者は少なくとも数カ月、長ければ数年つきあって一冊の本を作る。本を書くことは簡単ではない。編集者は筆者を叱咤激励し、時に取材にもつきあい、思い違いや事実関係の誤りを正す。タイトルや章見出し、小見出しを考え、装幀にも頭を悩ませる。

本を出せばそれで終わり、というわけではない。

書店と出版社はいまやオンラインでつながり、書籍の売り上げは書店ごとに一日単位で出てくる。自分が担当した本はいま、どこの書店で何部売れているのか。重版率はどのくらいか。すべては数字に表れる。だからこそ、書籍編集者は可能な限りのプロモーションをかける。新聞や雑誌の書評や著者インタビューはもちろん、テレビ、ラジオ、インターネットのすべてを使って宣伝することを考える。

だが、編集者の基礎が人脈の広さと深さであることは、書籍編集者も雑誌編集者も変わらない。いまや二四時間覚醒状態にある新谷学は、次々にヒットしそうな本のプランを通し、売れっ子の筆者を口説き落として本を書かせ、あらゆる伝手を辿って売り込みをかけた。一年間に一六冊も本を作り、その多くがベストセラーとなった。

新書では白澤卓二『１００歳までボケない１０１の方法』が三五万部、『ＪＡＬ崩壊　ある客室乗務員の告白』が一〇万部、単行本では五味洋治『父・金正日と私　金正男独占告白』が二五万部を記録した。

「文春新書を印刷している理想社は、新谷さんが作った本が合計で一〇〇万部を突破しましたと大喜びして、俺を接待してくれました（笑）。新聞やテレビの知り合いにもどんどん頼んでプロモーションしてもらった。外国特派員協会で五味洋治さんや『ヤクザと原発』を書いた鈴木智彦さんの講演会をやったこともありました。

本が出るたびに花田紀凱さんに送っていたら、ある日手紙が届いた。『君はベストセラーをたくさん作って立派なものだ』って。編集者として認めてもらえてうれしかったですね。花田さんと本格的に仲良くなったのはそこからです」（新谷学）

二〇一一年三月一一日の東日本大震災の直後に新谷が担当した文藝春秋臨時増刊

『つなみ　被災地のこども80人の作文集』は、二〇万部のベストセラーとなった。作文集に携わった森健（ノンフィクション作家）と作文を書いた子どもたちは、二〇一二年の大宅壮一ノンフィクション賞を受賞している。この受賞が文春上層部の新谷への評価を変えたことは想像に難くない。新谷学は事件取材で辣腕を振るうだけではなく、繊細で温かい心の持ち主でもあるのだ。

作文集のスピンオフ版で、併せて大宅賞受賞作となった、森健『「つなみ」の子どもたち　作文に書かれなかった物語』には、次のような一文がある。

《作文の受け取りに際して、途中同行した新谷氏は取材の中でこみあげる涙をふきとろうともせずに話に没頭していた。彼らの言葉を必ず伝えていきましょうという新谷氏の決意のこもった言葉は、取材を続ける上で大きな駆動力になった。》（「おわりに」）

二〇一二年三月、新谷学はついに『週刊文春』編集長に就任した。

雑誌は編集長のものであり、自分の思い通りに雑誌を作れるのは編集長ただひとり。だからこそ新谷は、『週刊文春』編集長になることを切望していた。

しかし、実際に編集長を命じられた瞬間に頭に浮かんだのは、喜びでもうれしさでもなかった。

「俺は、大変なものを預かってしまった」

第七章　二〇一六年の『週刊文春』

1

『週刊文春』の新編集長となった新谷学の席からはデスク数人の背中が見え、その向こうには特集班、セクション班、グラビア班の編集部員たちが机を並べる。

だが、新谷の後ろには誰もいない。雑誌の全責任をとるのは自分なのだ。編集長は編集部員五十数名およびその家族全員を食べさせていく責任を負う。そればかりではない。営業部も広告部も経理部も総務部も『週刊文春』の売り上げに多くを依存しているから、当然、一号あたりの返本率や広告収入に敏感にならざるを得ない。

しかし、週刊誌を取り巻く環境は悪化する一方だった。当時の状況は下山進『2050年のメディア』(文藝春秋)に詳しい。同書によれば、インターネットの普及は新聞および雑誌に少しずつダメージを与え続けていたが、決定的な一撃となったのはスマートフォンの登場だったという。

iPhoneが日本で発売されたのは二〇〇八年七月。国際電気通信連合が4G

（第四世代移動通信システム）を承認したのは二〇一〇年一〇月のことだ。

スマホの通信速度が飛躍的に上がり、写真入りのニュースをすばやくチェックすることや、インターネット上の動画をストレスなく視聴することが可能になった。文字情報も写真も音楽も動画もスマホ上でシームレスにつながり、メールもSNSもゲームも自在に楽しめるようになった。通勤電車の中でスマホをいじるサラリーマンが急増し、その分、新聞や雑誌を読む者が激減した。

通勤電車の中吊り広告を見て、見出しが気になって駅の売店で購入するという週刊誌の高度成長期以来のビジネスモデルは、スマホの登場によって完全に崩壊したのである。

二〇一〇年といえば、民主党政権下で日経平均株価が一万円前後、一ドル八〇円前後をウロウロしていた頃だ。団塊の世代が定年を迎えたにもかかわらず、将来に不安を抱く企業は採用を抑え続けたから、一五歳から二四歳までの若年層の完全失業率は九パーセントを超えた。終身雇用制の崩壊が叫ばれ、人々は消費を抑えて貯蓄に走った。若者たちは貴重なカネを友達や仲間との連絡に不可欠なスマホの通信費に投じ、それ以外には使わなかった。

二〇一〇年に九・七パーセントだったスマホの世帯普及率は、新谷学が『週刊文春』編集長に就任した二〇一二年には早くも四九・五パーセントにまで達した。

ニュース、すなわち、これまで誰も知らなかった新しい知識は、多くの手間とヒマとカネを積み重ねた末に初めて生まれる。新聞や雑誌は、新しい知識を読者に買ってもらうことで成立している。

だがインターネットには、記者たちの努力の結晶であるニュースがあっさりと無料で流されてしまう。

《ネット上では「ニュースは無料」という風潮が根強くある。インターネットの発達でコンテンツの流通革命が起こった当初、各メディアは拡散を第一に考え、ニュースを片っ端からタダで流してしまったからだ。そうした空気が蔓延してしまった結果、ニュースに課金するのがものすごく難しくなってしまった。それでもPV（引用者注・ページビュー。ウェブサイトの閲覧数のこと）を稼げれば、それなりの広告料が入ってくる。メディアはそれを求めてコンテンツの安売り競争に引きずり込まれ、主導権はプラットホーム側に握られてしまった。そしてその先に待ち受けていたのは、取材費カット、人件費カット、ページの削減などによる、コンテンツの劣化である。ひとたびそうした負のスパイラルに陥ってしまうと、簡単には抜け出せない。》（新谷学『「週刊文春」編集長の仕事術』）

広告収入も急速に減った。メディア広告はゼロサムゲームであり、インターネット広告が増えれば紙や電波への広告は減る。新聞や雑誌ばかりでなく、テレビ広告も激減した。

コンテンツを作るマスメディアの時代が終わり、自らはコンテンツを作らないグーグルやヤフー、インスタグラム、ツイッター、YouTube、LINEなどプラットフォーマーの時代が到来していたのだ。

爆発的に普及するスマホを使いこなし、ブログやSNSで自らの意見を述べる自由を得た若者たちは、インターネットに比べて遅く、一方通行かつ画一的な情報を流し続けるテレビ、ラジオ、新聞、雑誌をレガシー・メディア、すなわち時代遅れで古くさく、近いうちに消え去る運命にあるメディアと蔑(さげす)んだ。

アップルが売上高、純利益とも史上最高益を叩き出し、アマゾンが日本一の書店となった二〇一〇年には、マスコミ、広告、出版、印刷の分野で「いまの会社を辞めたい」と思っている人間が半数以上いるというアンケート結果が明らかにされた。

発行部数が八〇〇万部を切った朝日新聞は、ついに早期退職者制度を発表した。講談社、小学館、集英社といった大手出版社はコミックの電子書籍化や版権ビジネスが利益を生み始めてはいたものの、全体の収益は悪化し、不動産収入や有価証券売却益などでカバーすることを余儀なくされた。

コミックの定期刊行物がなく、会社規模も小さい文藝春秋の状況はさらに厳しく、二〇一〇年末のボーナスは二〇パーセント近くカットされた。

読者が高齢化した月刊『文藝春秋』の部数は四〇万部を切り、広告収入も急激に減った。『週刊文春』の部数も広告費も減少した。制作費がかさみ、広告収入に多くを依存せざるを得ないビジュアル誌の『ナンバー』や『CREA』は採算分岐点ギリギリに追い込まれた。この年は単行本や文庫の売り上げも低迷したから、ボーナスカットは経営上やむを得ない判断だったが、社員にとっては死活問題である。

株式会社文藝春秋の給与水準は比較的高く、これまで労使交渉が決裂することは少なかったが、この時ばかりは八回の団交が繰り返され、要求が二四次に及ぶという前代未聞の事態に至った。

二〇一一年三月一一日に起こった東日本大震災と福島第一原子力発電所事故は日本中を意気消沈させたが、一方では大事件に強い『週刊文春』の出番でもあった。

島田真編集長体制の『週刊文春』は、被災地の取材はもちろん、ごく早い時期から東京電力と原子力発電所に着目して原子力ムラの構造や実態を暴く一方、ジャーナリスト青沼陽一郎をチェルノブイリに約二週間派遣、メルトダウンから二五年後もなお続く現地の放射能被害のルポを掲載して大きな話題を呼んだ。

大きな社会的非難を浴びた東京電力は、一方では出版社にとってはありがたい広告主でもあった。

「三・一一の時、僕は広告部にいて東京電力の担当でした。文春広告部にとっては(出稿量の多い)重要なクライアントだったので、『大変ですね』と差し入れを持っていきました。東電が一番悪者にされていた時期だったので、当時の担当者の方たちはいまだに感謝してくれています」(加藤晃彦)

『週刊文春』の長期低落傾向は止まらなかった。二〇一〇年以降、半期ごとの平均実売部数は五〇万部を下回り、なおジリジリと部数を減らし続けた。

新谷学が編集長に就任した二〇一二年三月、『週刊文春』は危機的な状況下にあったのである。

「雑誌は編集長のものだ、たとえ社長でも口出しはできないと教えられてきたから、自分が編集長になった時にはやりたい放題をやってやろう。ずっとそう思っていました。でも、実際に松井(清人・当時専務)さんから、会社の近くにある千代田放送会館のレストランに呼び出されて、『週刊の編集長をやってもらう。出版部(書籍部門)での三年間は見事だった。堂々と乗り込んできてほしい』と言われた時には、ヤバい

な、とんでもなく重い看板を背負っちゃったな、と思ったのが正直なところです」（新谷学）

もっと昔、たとえば一九九〇年前後の花田紀凱の時代に編集長になっていたら、潤沢な予算を使い、雑誌づくりだけに集中できて楽しかっただろうな、と新谷は思う。毎号一億円の広告が入り、八〇万に近い部数を売り上げた夢のような時代はすでに遠く過ぎ去っていた。

「ただ、俺は何度も粛清されたけど、牙を抜かれることなく野放しの状態で突っ走ってきた。そういう人間が編集長になれるのが文藝春秋。結局のところ文春はいい会社、ありがたい会社なんです。

それに編集長になれる人間は限られている。編集長にならないよりもなった方が絶対に楽しい。現場があって、一緒に雑誌を作る仲間がいる以上、世の中にバンバン発信してやろうと覚悟を決めました。俺がしばらく預かる『週刊文春』の看板を丹精込めて磨き上げて、なるべく金ピカな状態で次の人間に引き継ごう。少しでも傷をつけたり、泥を塗ったりしちゃいけない。『週刊文春』を稼げる組織、稼げるメディアにするのが俺の仕事だと思ったんです」（新谷学）

編集長就任時の挨拶で、新谷は編集部員に向かってこう言った。

「『週刊文春』の最大の武器はスクープ力だ。スキャンダルは雑誌の華。どんどんいいネタを持ってきてほしい」

スクープをとるためには手間もヒマもカネもかかる。すべてを投じても記事にならないこともある。そのリスクは俺が全部引き受ける、と新編集長は宣言した。スクープから下りた『週刊現代』や『週刊ポスト』とは真逆の道を行くことにしたのだ。

「花田さんだって何千万、何億とムダにしたはず。当たればデカいぞと思ってフルスイングしても、豪快な空振りをすることだってあるわけです。新聞も週刊誌も、どんどん売れなくなっていた。業績が悪くなればカネの流れをチェックされ、ムダなコストをカットしようということになる。メーカーで言えば、開発費が削られて、縮小再生産に向かうようなもの。

でも、俺はバカみたいに、愚直にスクープを狙おうと思った。デカいネタがあれば、精鋭部隊を一カ月でも二カ月でも潜行させる。そんな戦い方には覚悟が必要なんです。我慢できなくなって、つい目先のページを埋めたくなるけど、『いや、あいつらなら絶対なんとかしてくれる』と信じて待つ。最終的に空振りに終わっても、絶対に現場を責めない。『残念だったけど、次に進もう。次にうまくいけばいいじゃないか』と切り換える。責任は現場ではなく、全部俺にあるわけですから」(新谷学)

責任の重みを感じつつも新編集長は明るかった、と同じタイミングで広告部から『週刊文春』に戻ってきた加藤晃彦は振り返る。

「以前、『週刊文春』にいた時、僕は新谷デスクの下で政治ネタをやっていたんですけど、その後『ナンバー』に異動して四年、さらに広告部に移って二年いました。再び週刊に戻るなんてまったく考えていなかった。六年ぶりに週刊に戻って、新谷さんからデスクを命じられました。政治家とのつきあいも当然途切れていて、慌てて繋ぎ直そうとしたけど、そもそも政権自体が自民党から民主党に代わっていたし、まるっきりゼロから始めた感じです。

とにかくネタ元がいないから、デスクのくせにショボいプランしか出せない。こんなプランじゃ新谷さんに殺されるんじゃないか、と会議ではものすごいプレッシャーを感じていました。実際には新谷さんは昔ほど怖くなくて、むしろ丸くなっていたから、怒鳴られることはなかったんですけど」

新谷編集長になって初めての号の校了日。加藤晃彦デスクは、初めて特集記事の原稿に手を入れることになった。右トップ五ページと三ページ、計八ページだから、四〇〇字詰め原稿用紙に換算すれば二六枚強。かなりの分量だが、与えられた時間は限られている。

「週刊誌の文体も忘れかけていたし、原稿を直しながら、校了に間に合わない！　と真っ青になった。完全にキャパオーバーで、自分の能力のなさを痛感しました。この仕事は自分には無理かもしれない、と入社して初めて思ったほどです」（加藤晃彦）

加藤の心が折れかけていた火曜日の夜、編集部に一本の連絡が入った。ジャーナリストの森健が大宅壮一ノンフィクション賞を受賞したのだ。文藝春秋臨時増刊『つなみ　被災地のこども80人の作文集』と森健『「つなみ」の子どもたち　作文に書かれなかった物語』の二作をあわせての受賞で、担当者は新谷学だった。

「なんとか校了して、森健さんのお祝い会をやっている銀座に新谷さんとふたりで向かったんですけど、タクシーの中で新谷さんがうれしそうに言った言葉はいまも忘れません。『いやあ、週刊はホントに楽しいなあ。（編集部のある）二階は空気がうまいよ』

何なんだ、この異常なポジティブシンキングは。俺は楽しいどころじゃないよ。この人はやっぱりアタマがおかしい、と呆れましたね」（加藤晃彦）

〈これが突然休養の真相だ！　沢尻エリカは大麻中毒〉（二〇一二年五月三一日号）は衝撃的な記事だった。七月公開予定の『ヘルタースケルター』（蜷川実花監督）で五年ぶりの映画出演を果たし、オールヌードを披露して過激なセックスシーンにも挑戦した沢尻エリカが、前所属事務所であるスターダストから契約解除を受けた際の通知書の写真が掲載されていたからだ。

《1　当社（スターダスト、編集部注）は、本人との平成15年8月1日付のマネージメントに関する専属契約（以下、「専属契約」といいます）を、本日をもって解除いたします。

2　本解除は、平成21年9月10日に本人の同意のもと薬物検査を実施したところ大麻について陽性反応が示され、本人は大麻使用の事実を認めた上で、今後大麻の使用を止めることはできない旨を表明したことなどが、専属契約の第9条（1）に該当することによるものです。》

本人が大麻の使用を認め、これからも使用を止めるつもりはないと言い切った事実が所属事務所の公式文書として残されているのだ。動かぬ証拠とはこのことだろう。

『週刊文春』は計四回にわたって沢尻エリカの大麻問題を報じた。

〈沢尻エリカの夫・高城剛氏を直撃！「大麻」「不倫」「離婚」初めて語られる全真相〉（六月七日号）

〈沢尻エリカ薬物問題でヘルタースケルター重大局面〉（六月一四日号）

〈「ドラッグは用意できる」と沢尻エリカに迫ったエイベックス松浦勝人社長〉（六月

二一日号）

だがこの間、常日頃から芸能人を散々追いかけ回しているテレビのワイドショーもスポーツ新聞も、まったく追随してこなかった。沢尻エリカが新たに契約を結んだエイベックスの機嫌を損ねることはできないということだろう。ジャニーズ事務所同様、大手芸能事務所にはそれだけの力がある。

『週刊文春』の独走スクープは、インターネット上では大いに盛り上がったが、放送局でも芸能界でも映画界でも問題にされず、『週刊文春』以外のメディアでも一切報道されなかった。『ヘルタースケルター』は無事に公開されて興行収入二〇億円の大ヒットを記録、沢尻エリカは日本アカデミー賞優秀主演女優賞を受賞した。その後の活動も順調で、映画にもテレビドラマにも数多く出演。ＮＨＫ・ＢＳプレミアムのドキュメンタリー番組『アナザーストーリーズ　運命の分岐点』ではレギュラーＭＣをつとめた。二〇二〇年の大河ドラマ『麒麟がくる』では斎藤道三の娘・帰蝶を演じることになり、第一〇話までの撮影も終わった。

だが二〇一九年一一月一六日、警視庁は沢尻エリカを麻薬取締法違反の容疑で逮捕した。合成麻薬ＭＤＭＡの入ったカプセルを所持していたからだ。

七年以上もの長きにわたって沢尻の薬物疑惑に知らぬ顔を決め込んできた新聞とテ

レビは、いま初めて聞いたような顔をして美人女優の逮捕と薬物疑惑を大きく報じ、NHKは慌てて大河ドラマに代役を立てた。

〈小沢一郎　妻からの「離縁状」〉が掲載された『週刊文春』二〇一二年六月二一日号は、新谷学編集長体制となってから初めて完売（実売八〇パーセント超え）を記録した記念すべき号である。

民主党の代表をつとめた小沢一郎の妻である和子夫人が支援者に送った手紙をジャーナリストの松田賢弥が入手。全文が掲載された。手紙の内容は驚くべきものだった。

《(東日本大震災の際には）このような未曾有の大災害にあって、本来、政治家が真っ先に立ち上がらなければならない筈ですが、実は小沢は放射能が怖くて秘書と真っ先に逃げだしました。岩手で長年お世話になった方々が一番苦しい時期に見捨てて逃げだした小沢を見て、岩手や日本の為になる人間ではないとわかり離婚いたしました。》

発売前日の『週刊文春』編集部には、民放各局から記事を紹介させてほしいという依頼が次々に届き、新谷は宣伝になるならと了承した。

ところが、実際に報じたニュース番組は皆無だった。

理由をテレビ局に逆取材すると、じつは小沢一郎サイドから圧力がかかったという。「もし文春の記事を番組で紹介すれば、今後のインタビュー取材は受けない。ほかの局はみな取り上げないと言っている。おたくの局だけが紹介して大丈夫なのか？」と脅しをかけられたというのだ。

芸能マスコミばかりでなく、政治報道の現場までこのような言論統制が通用するのかと新谷は嘆いた。

スマートフォンの爆発的な普及によって、情報の扱われ方とスピードは激変した。芸能人もスポーツ選手も政治家も、誰もがツイッターやフェイスブックなどのＳＮＳやブログで情報を発信することが可能になった。

だが、彼らがネットに流す情報は、自分に都合のいいものばかりだ。

さらに各界の権力者たちは新聞や雑誌、テレビに圧力をかけて、自分に都合の悪い情報を封じようとする。残念ながら、日本のほとんどのメディアは権力者の命令に唯々諾々と従う。

「権力者は言わずもがなですが、いま他人のプライバシーを利用して、世の中に一定の影響力を持つビジネスはたくさんありますよね。

週刊誌はプライバシーを暴いて他人の人生をメチャメチャにして喜んでいる、といつもお叱りの言葉をいただきますが、そういう人たちもＧＡＦＡ（グーグル、アマゾン、フェイスブック、アップル）に自分の個人情報を積極的に提供し、思想、生活、趣味嗜好を全部握られている。自分自身が提供した個人情報がビッグデータとして蓄積されて、あなたはこれがほしいんでしょ？　ここに行きたいんじゃないの？　とＡＩにコントロールされてしまう。

俺はそういう押しつけが嫌いだし、あなたはこういうのが好きなんでしょう？　と言われると、いや、嫌いだよと反発するタイプ。人間はそんなに単純なものじゃない。立川談志さんじゃないけど、週刊誌も落語と同様に、人間の業の肯定なんです。わかっちゃいるけどやめられない。それが人間じゃないですか。『週刊文春』は怖がられたりドン引きされちゃいけない。自由で風通しがよくて、愛すべきものでありたいと思っているんです」（新谷学）

〈巨人原監督が元暴力団員に一億円払っていた！　女性スキャンダルで恐喝〉（二〇一二年六月二八日号）は、女性スキャンダルをネタに恐喝された原辰徳読売ジャイアンツ監督が、球団や警察に相談することなく一億円を元暴力団員に支払ったという衝撃的な内容であり、前号の〈小沢一郎　妻からの「離縁状」〉に続いて二週連続で完売を記録した。

原監督の記事は新谷編集長のやり方が成功した典型的な例だろう、とデスク時代から新谷を知る竹田聖は言う。

「僕は二〇一一年の島田真編集長時代に『週刊文春』に戻ってきたんですけど、島田さんにはサービス精神があって、読者はあのニュースも知りたいよね、とページを割と細かく分けるタイプ。幕の内弁当です。一方、新谷さんは『このネタはおもしろいから、ドカンと大きくやろう』と振り切るタイプ。

原監督が暴力団員に一億円を払った、という話はデカいから、新谷さんは特派のエース西﨑伸彦さんにアシをふたりつけて、三人を何週間も潜行させた。しばらく会社にこなくていいし、プランも出さなくていい。特集班は三五人くらいしかいないから三人がいなくなると結構キツいけど、その間はほかのネタでしのごうと。僕の印象では、新谷さんは潜行取材にかなり力を入れる編集長だと思います」

読売巨人軍も黙ってはいなかった。

原監督は被害者であり、恐喝の相手が反社会的勢力であるとの認識がなかったと主張して『週刊文春』を名誉棄損で告訴、三〇〇〇万円の損害賠償と謝罪広告の掲載を求めた。初対面の相手に一億円を要求する人間、しかも小指のない人間が暴力団員でなければ何だろう。

当然のように東京地裁は請求を棄却、読売巨人軍は即座に控訴したが、高裁も棄却。徹底抗戦する構えの読売巨人軍はなんと最高裁に上告したが、やはり棄却された。判決確定までには四年もかかった。訴訟権の濫用というほかない。

メディアである『週刊文春』は、ブログやヤフーのコメント欄や掲示板などとは異なり、噂レベルの記事を書き飛ばすことなど決してできない。ファクト（事実）をきちんと示さなくては名誉棄損裁判で負けてしまうからだ。だが、その一方で取材源秘匿の大原則を守らなくてはならない。勇気を振り絞って告発してくれたネタ元（告発者もしくは情報提供者）に証人として出廷してもらうことはほぼ不可能なのだ。

記事を書かれた原告側弁護士は『証人を出せないということは事実ではないということだ』と喧伝するから、世間からは『また週刊誌がデタラメを書いた』と受け取られてしまうことも多い。

日本以上にスキャンダル報道の盛んなアメリカでは、真実性の立証責任は原告側にあるが、日本では逆に被告側、すなわちメディアに求められる。以前にも述べたが、言論の自由に関して日本の司法は大きく遅れている。いや、むしろ退行している。

〈独占告白　橋下徹大阪市長はスチュワーデス姿の私を抱いた！　大阪の元愛人だけが知っている「裸の総理候補」〉（二〇一二年七月二六日号）は、『行列のできる法律相談所』などのテレビ番組で人気を博していた大阪市長と知り合ったホステスが不倫関係を赤裸々に告白した記事だ。当時の橋下徹は次期内閣総理大臣候補との呼び声も高く、夫人との間に七人の子どもを持つ愛妻家としても知られていたから、大きな注目を集めた。

「奥さんの監視が厳しく、携帯電話を毎日チェックされていたので電話番号は教えてもらえませんでした」

「ラブホテルにはコスプレ貸し出しサービスがあり、私がスチュワーデスやOLの恰好をすると、可愛い！　すごい似合う、とめっちゃ喜んでくれました」

ホステスの証言は詳細かつ具体的だったが、それ以上に驚かされるのは、一分の隙もなく徹底的に証言の裏をとっていることだ。ふたりがデートした有名レストランには橋下徹が常連客であることを確かめ、ふたりがよく使ったバリ風のラブホテルにはスチュワーデスやOLのコスプレ貸し出しサービスがあることを確認し、ホステスがイヤリングを買ってもらった高級セレクトショップからは「フランス製の一点物で、日本で扱っているのは当店だけ」という証言まで引き出している。

歯に衣着せぬ物言いで知られる橋下市長は、二〇〇六年五月に自身の申告漏れを報じた『週刊文春』を〝バカ文春〟と罵ったことがあったが、今回の徹底取材に反論の余地はなく、「これからペナルティが待っています」「正直、妻と大変な状況ですよ」「妻には棺桶に入るまで謝り続けます」そして「今回、（文春に）バカはつけられない。報道は僕という人間性を知る要素としてしかたない」と白旗を掲げた。

二〇一二年一二月の衆議院議員総選挙で圧勝した自民党が政権与党に復帰すると、内閣総理大臣に指名されたのは安倍晋三だった。五年前の九月、安倍首相は潰瘍性大腸炎で内閣総理大臣を辞任している。一度辞任した首相の再登板は、戦後では吉田茂以来二人目のことだ。

新総理は大胆な金融緩和措置を講じ、長年続いたデフレと円高の解消を目指すアベノミクスを掲げた。

アベノミクスには賛否両論あるが、株価が上がり、円高が是正され、若年層の失業率が下がったことは明白な事実だ。長期政権となった最大の理由だろう。

新谷学は月刊『文藝春秋』編集部時代から安倍晋三と親交があったから、『週刊文春』の人気連載〈阿川佐和子のこの人に会いたい〉に登場してもらった。現職総理が『週刊文春』に登場するのは二〇〇二年一月の小泉純一郎以来二人目。いずれも新谷学が実現させたことになる。

安倍総理同様、当時の阿川佐和子は時の人だった。前年一月に文春新書から発売された『聞く力』が年末に一〇〇万部を超えて二〇一二年で最も売れた本となっていたからだ。ちなみに、それまで文春新書で最も売れた本は、安倍晋三『美しい国へ』（約五〇万部）。『聞く力』は文春新書初のミリオンセラーであり、文藝春秋出版局にとっても一〇〇万部超えは、一九九三年の『マディソン郡の橋』以来二〇年ぶりの快挙だった。

二〇一二年の文春出版局は勢いに乗っていた。

文春新書では西原理恵子の人生相談『生きる悪知恵』が二二万部を超え、半藤一利『日本型リーダーはなぜ失敗するのか』が一〇万部に届いた。

ノンフィクションでは新谷が出版部時代に手がけた、安武信吾・千恵・はな『はなちゃんのみそ汁』が一二万部、同じく新谷担当の五味洋治『父・金正日と私　金正男独占告白』が二〇万部。翻訳本でもシーナ・アイエンガー『選択の科学』が一二万部を売り上げた。

フィクションはさらに好調で、東野圭吾の「ガリレオシリーズ」が累計二三〇万部、横山秀夫の七年ぶりの長編小説『64（ロクヨン）』が一八万部、貴志祐介『悪の教典』は文庫だけで一二五万部に達した。

株式会社文藝春秋は、出版社というよりもむしろ雑誌社であり、長年にわたって月刊『文藝春秋』と『週刊文春』の売り上げと広告収入に大きく依存してきた。両誌の収益低下を出版局がカバーし、前年比で増収増益を達成できたことはうれしいニュースだった。

翌二〇一三年、文春出版局の勢いはさらに加速する。

村上春樹『色彩を持たない多崎つくると、彼の巡礼の年』が、発売後一週間でミリオンセラーに。阿川佐和子『聞く力』もこの年もさらに売れ行きを伸ばして一五〇万部に到達した。

文庫では池井戸潤の「半沢直樹シリーズ」がTBSでドラマ化された途端に大ブレーク。シリーズ累計二五〇万部に達した。東野圭吾の『真夏の方程式』も、六月の映画公開とともに一気に一〇〇万部を突破している。

出版局の活況を横目で眺めつつ、新谷学編集長率いる『週刊文春』はひたすらスクープを狙い続けた。

チャゲ&飛鳥の飛鳥涼が覚醒剤中毒であることを明らかにした〈シャブ&飛鳥の衝撃 飛鳥涼は「覚醒剤吸引ビデオ」で暴力団に脅されていた〉(二〇一三年八月八日号)。

NHKスペシャルが「現代のベートーベン」と大絶賛した〝聴力を失った作曲家〟

が実際には楽譜の書けない健常者で、作曲を行っていたのは桐朋学園大学非常勤講師の新垣隆であったことを暴いた〈全聾の作曲家　佐村河内守はペテン師だった！ゴーストライター懺悔実名告白〉（二〇一四年二月一三日号）。

覚醒剤の禁断症状に苦しみ、奇行を繰り返している元巨人軍の天才バッターを病院前で直撃した〈清原和博　緊急入院　薬物でボロボロ〉（二〇一四年三月一三日号）。

いずれも衝撃的なスクープばかりだが、残念ながら完売には至らなかった。せっかくスクープを放っても、テレビのワイドショーもスポーツ新聞も後追いしてこないから、話題として大きく盛り上がらず一過性のまま終わってしまう。

週刊誌というメディア、紙の雑誌のマーケットそのものが限界点に達していた。

2

近い将来、紙の雑誌が立ちゆかなくなることは火を見るよりも明らかだ。今のうちに手を打たなくては。そう考える新谷学は、デジタルへのチャレンジを決意する。

「人間も生物である以上、本能的に気持ちがいいもの、おもしろいもの、安くて便利なものに流れていく。紙よりもスマホの方が安く、速く、しかも簡単に情報を手に入れられるのであれば、そちらへ流れていくのは当然です。情報を取り巻く環境の変化によって読者の意識が変わっていけば、情報の送り手側も当然変わらざるを得ない。週刊誌はかなりよくできたビジネスモデルだったから、変化に対応するのが遅れた。『週刊文春』がおもしろいコンテンツを作る能力を持っていることは間違いない。だったら、その能力をデジタルでも活かせるような新たなビジネスモデルを作ればいいと思った」（新谷学）

文藝春秋は古い体質の会社で、デジタルとは縁遠く、当然、デジタルに関するノウハウなどまったく持っていなかった。それでも最初の一歩を踏み出さなければ何も始まらない。

とりあえず新谷はＩＴ関連企業ドワンゴの川上量生（のぶお）と組み、ニコニコの公式動画配信サービス「ニコニコちゃんねる」の中で『週刊文春デジタル』を始めようとした。一冊四〇〇円（当時）の『週刊文春』の特集記事を、月額八八〇円でスマホあるいはパソコン上で読めるというサービスだ。

だが、文藝春秋の上層部は、記事をスマホで読んでもらおうという新谷の考えに否定的だった。新谷と担当の渡邉庸三が川上量生との会食をセッティングした時も、話はまったく嚙みあわなかった。

「当時の役員たちに川上さんを紹介する場を設けたのは二〇一三年七月。ステーキ店の個室に川上さんをお招きしてうちのトップが囲み、私は末席から眺めていました。役員たちの顔にはインターネットに懐疑的、もしくは興味がないと、はっきり書いてありました（笑）。川上さんがかなり若い経営者ということもあって、どう接していいのか迷っているような感じでした。

ありがたかったのは、川上さんがすごく紳士だったこと。どんな質問にも笑顔できちんと説明していただいた。『デジタルなんかやったら、雑誌本体の売れ行きが落ちてしまうのでは？』と心配する役員に、『そんなことはありませんよ、読者も全然違いますし』と言って安心させてくれました。チャーミングな川上さんに会ってみんながファンになってしまい、やってもよかろうとお許しが出たんです（笑）。

速報性を売りにして、雑誌発売日の午前零時に配信すれば話題になるかも、というデジタルならではのプランもあったのですが、その後の社内調整のなかで、結局、毎週の配信時刻は雑誌の店頭販売を解禁する朝五時に合わせることになりました。『週刊文春デジタル』がスタートしたのは二〇一四年四月ですが、それまでの一年半はとにかく社内調整ばかりをしていた記憶があります。私も本業がありましたし。紙に軸足を残しつつ、片手間でデジタルシフトの模索が始まったんです」（渡邉庸三）

当時の渡邉庸三の本業は特集班デスク。主に芸能担当だ。部下は記者ばかりで、デジタルの知識を持つ人間はひとりもいなかった。予算もほぼゼロだったから、校了したゲラのテキストデータを凸版印刷からもらい、インターネットに上げるための作業を行うパートタイムのアルバイトを三人だけ雇った。

紙の雑誌の縦書きのテキストデータを横書きに直してネットにアップするだけで収益が上がるのであれば、こんなにうまい話はないが、そうは問屋が卸さない。月額八〇〇円を支払ってスマホで『週刊文春』を読もうと考える人間は少なかった。

雑誌記事をインターネットにアップするだけではダメだ。ユーザーにお金を払ってもらうためには、『週刊文春デジタル』に何らかの付加価値をつける必要がある。

「だったら動画はどうだろう。直撃インタビューの時に映像を撮って、ユーザー特典にすればいい」

川上量生の助言に従い、渡邉庸三はとりあえずビデオカメラを数台買って記者数人に渡し、直撃ターゲットに直撃する際に映像を撮ってきてほしいと頼んだ。

しかし、記者たちの抵抗は大きかった。

ターゲットを直撃するのは取材の最後。周辺取材をすべて済ませ、逃げ道をふさいだ上で、これまでの成果をすべてぶつける真剣勝負の場だ。ビデオカメラをいきなり向けられれば、先方の口が重くなるかもしれない。新たなトラブルが発生するリスクもある。直撃取材はただでさえ緊迫するのに、その上、映像まで撮れというのか。

「もともと、特集班の人間はインターネットに記事を出すことに抵抗があったんです」と証言するのは、特集班のエース中村雄亮だ。

「有料サイトの『週刊文春デジタル』以前に、宣伝媒体としての無料サイト『週刊文春WEB』がすでに存在していて、いくつかの記事を出していたんですけど、たとえメインの記事ではなくとも、雑誌記事をタダで出していいのか？という声は編集部内にずっとありました。動画を撮るのはさらにハードルが高かった。ターゲットに何を、どんな順番で聞こうかと必死に考えている時に、ビデオカメラも回さなくてはいけない。考えることが一個増えるわけですから、記者たちはみんな嫌がっていましたね。マジか、俺たちがテレビ局みたいなことをやるのかよって。でも、実際にビデオカメラを回してみると、映像が残っているから取材相手の表情もよくわかるし、記事を書く時に役立つことも多かったんです」

編集部外で直撃動画を批判する声はさらに大きかった、と渡邉庸三デスクは振り返った。

「問題とされたのはまず訴訟リスク。インターネットの世界は閲覧数が多い分、高額の訴訟に発展するリスクが高まる。動画という表現手法についての拒否反応もありました。文藝春秋は出版社なのだから文字に専念すべきだと。ただ、雑誌のテキストをそのままネットで売っても、思っていた以上に読まれないこともわかってきた。何かをやらなければネットでは通用しない。将来のためにも、この試みを失敗させたくない。私にはそういう思いが強かったんです」

だが、渡邉庸三の理解者は少なかった。

「社内では、無理してやる必要はないとよく言われました。ずっと後になってから、山尾志桜里(しおり)議員に直撃した動画がテレビで紹介されて話題になりましたが、当時はまだ理解されなかった。

たとえば元モーニング娘。の矢口真里さんが、夫の不在中に浮気していたという騒動があってしばらく姿を消していたことがあった。ウチは矢口さんを探し出して直撃したんです（二〇一四年七月）。記者も頑張ってカメラを回してくれたから、迫力のある動画が撮れたんですけど、『こんな映像を出すんですか！』と社内から否定的な意見が出て、公開するしないで議論になった。

動画撮影は取材手法を可視化することでもあって、とても高いハードルを越えなければいけなかった。『この動画は私有地に入って撮ったんじゃないのか？』と聞かれたり。もちろん公道から撮っているわけですが、結局この時は動画を出すのをやめました。プライバシーに関して年々厳しくなっているのに動画なんてとんでもない、という声に理屈で太刀打ちできなかったんです。

映像を撮ってきた記者にはヘソを曲げられましたね。撮れと言われたから無理をして撮ってきたのに、出せないとはどういうわけですかって」（渡邉庸三）

多くの批判を浴びつつ『週刊文春デジタル』を続けるうちに、渡邉はネット上でウケるのは断然芸能スクープだという感触を得た。

「私は左トップ（左柱）を担当することが多かった。芸能などエンターテインメント色の強いスクープです。それもあって、デジタルで何が読まれるかを記者と一緒になって試すことができた。プラットフォームがニコニコちゃんねるということもあって、アイドルグループのスクープを出せば会員が増えることは、『週刊文春デジタル』を始めてすぐにわかりました。

転機になったのは、二〇一四年一〇月の乃木坂46メンバーの初スキャンダル。あるメンバーが〝路チュー不倫〟をしていたという記事なんですけど、紙の雑誌ではスクープ写真を小さく入れた一ページ程度のワイド記事だったのが、ネット上では大変な盛り上がりを見せて『週刊文春デジタル』の会員数がぐっと伸びた。

その後の展開もありました。路チュー不倫のメンバーが、自分がMCをやっているラジオ番組の中で、『週刊文春』の記事の内容を否定したんです。『書かれていることは事実じゃないことも多い。私も読んで驚いている』と反論したから、ネットでは『文春が誤報を打った』と言い出す人も出てきました。

じつはこのとき、彼女が路上でキスしている動画も撮れていたんですが、もろもろのハードルの高さから公開を断念していた。でも、ご本人が記事内容を否定した以上はこちらの信用にも関わる問題なので、動画を出すことにしたんです。

映像を公開した途端に『週刊文春デジタル』の会員数がすごく増えました。その日だけで七〇〇人以上が入会してくれた。インターネットのポテンシャルの大きさを見たような気がしたし、同時に『週刊文春デジタル』は紙の『週刊文春』とは全然違うメディアなんだな、とも感じました」（渡邉庸三）

社内の批判の声は、新谷学編集長にももちろん届いていたが、新谷は怯むことなくデジタルへのチャレンジを進めていく。

二〇一四年七月からは文春リークスも始めた。

もちろん有名なウィキリークスに由来している。ウィキリークスは、オーストラリアのジャーナリスト、ジュリアン・アサンジが始めた内部告発サイトである。投稿者の匿名性を保証し、偽造文書を防止するためのチェック機能を備え、運営資金は募金でまかなう。

ウィキリークスはこれまで、世界中の政府が隠蔽しておきたい情報を次々に公開してきた。機密文書の数は数百万に及ぶ。アフガニスタン紛争における武器装備の支出や所蔵に関する文書、イラク戦争の際のアメリカ軍機密文書の公開や、ＣＩＡによるハッキング関係機密文書の公開は特に有名だ。

文春リークスはウィキリークスとは規模も性質もまったく異なる。読者が目撃したスクープ情報をインターネットで募集するという試みだ。

《あなたの目の前で〝事件〟は起きている！

週刊文春編集部では読者の皆様からの情報提供をお待ちしています。〝事件〟はあなたの目の前でも起こりうるのです。そして、お寄せいただいた情報が、世の中を動かす大スクープになる可能性があります。たとえば、ブラック企業の内情から、有名人に関する疑惑、事件や事故、自然災害まで、「記事のネタ」になる情報をお寄せ下さい。「いつ、どこで、誰が、何をした」というように、なるべく具体的な内容を記

述してください。取材源は必ず秘匿いたします。》（〈編集部メッセージ〉）

「文春リークスは新谷さんのプラン。せっかくウェブサイトがあるんだから情報提供用のページがほしい、と言われたので、『週刊文春ＷＥＢ』からリンクを貼って飛べるようにしました。お金がかけられないので、最初のうちはテキストデータを投稿するだけのシステムでしたが、その後、写真や動画も直接投稿できるようにしました。

この時も社内の抵抗はめちゃくちゃ大きかった。『街で芸能人の写真を撮って送ってくる民間パパラッチみたいなヤツを認めるのか！』と非難する人もいました。もちろんそんなことを推奨する意図はまったくありませんが、あらゆるケースを想定して慎重に作らなければいけなかった。いまでこそＮＨＫの『スクープＢＯＸ』をはじめ、メディア各社が投稿サイトを持つことは一般的になりましたけど、当時は珍しかったからだと思います」（渡邉庸三）

身内であるはずの特集班員もまた、文春リークスを冷ややかな目で見た。

「はあ？　文春リークス？　ウィキリークスそのままじゃん。そんなもの誰が投稿してくれるんだよって、最初の頃はほぼ全員がバカにしていました。新谷さんには言えませんけどね（笑）。新谷さんは『文春リークス始めました！』という名刺大のカードを僕たちに渡して、外で配ってこいと言うわけですが、取材先に渡すのは、結構恥ずかしかったことを覚えています。

でも、実際にスタートしてみると、投稿がバンバンくるんですよ。『じつは自分はこの人とつき合っていました』というようなタレコミが。これまで記事になった中にも、文春リークス発がかなり多い。今では取材に不可欠の存在です」（中村雄亮）

一般には誤解されているかもしれないが、『週刊文春』がネタをカネで買うことはない。「写真や動画を買ってほしい」という交渉にはそもそも応じない。会社まできてくれた人にお車代を支払う程度だ。

そして実際のところ、告発者や情報提供者はカネのために動いているわけではない。権力者が地位を不正に利用したり、テレビや新聞が偏向した報道を行って重要な事実を隠蔽していると、関係者や内部の人間は「真実が報じられていない」と感じる。真実を世間に知らせたい。だが、実名で告発すれば、自分ばかりか家族まで攻撃される危険を伴う。告発者が匿名で『週刊文春』にリークする理由はそこにある。

株式会社文藝春秋および『週刊文春』は〈田中角栄研究〉や三浦和義の〈疑惑の銃弾〉、統一教会やオウム真理教など、長年にわたって訴訟を恐れずに調査報道を続けてきた実績を持ち、権力に屈することはまずない。だからこそ告発者は『週刊文春』を選ぶのだ。

二〇一五年の文藝春秋は、又吉直樹『火花』の年だった。

人気お笑いコンビ「ピース」のボケ担当である又吉直樹が書いた中編小説「火花」は大評判を呼び、掲載された『文學界』二〇一五年二月号は異例の増刷を重ねて通常の四倍以上の四万部を発行した。三月に単行本が緊急発売されると、四十数万部を売り上げてベストセラーとなった。七月一六日に第一五三回芥川賞を受賞すると、勢いはさらに加速した。「火花」が全文掲載された月刊『文藝春秋』九月号は初刷九二万三〇〇〇部が完売、増刷が繰り返されて累計発行部数は一一〇万三〇〇〇部に達した。月刊『文藝春秋』の発行部数が一〇〇万部を超えたのは、〈昭和天皇独白録〉が掲載された一九九〇年一二月号、第一三〇回芥川賞を同時受賞した綿谷りさ「蹴りたい背中」と金原ひとみ「蛇にピアス」が一挙掲載された二〇〇四年三月号に続く三度目の快挙だった。

芥川賞というお墨つきを得たことで単行本『火花』の人気は爆発した。ミリオンセラーを遥かに超えて、ついに二四〇万部という恐るべき数字に達した。

当時ノンフィクション編集部長をつとめ、のちに『週刊文春』出版部長となった小田慶郎が文春出版局躍進の理由を語ってくれた。

「少し前までの出版局は、雑誌連載が終わったらまとめて本にしましょう、というくらいののんびりした雰囲気だった。でも、もうそんなことを言っていられる時代じゃない。売れるものを作らなければ、という危機意識が、遅まきながら書籍編集者にも芽生えてきた。

『火花』は担当編集の浅井茉莉子さんが又吉さんに早い段階で目をつけて花を咲かせたもの。阿川佐和子さんの『聞く力』は向坊健さんの企画。幻冬舎から文藝春秋に移ってきた篠原一朗くんの活躍もみんなの刺激になったでしょうね。ミュージシャンの本を数多く手がけ、宮下奈都さんの『羊と鋼の森』、瀬尾まいこさんの『そして、バトンは渡された』はともに本屋大賞を受賞しましたから」

『火花』の大ベストセラーに出版局が沸き立つ一方で、二〇一五年の『週刊文春』は苦しい時期を過ごしていた。

〈高倉健に養女がいた！〉（一月一日・八日号）

〈ジャニーズ女帝　怒りの独白五時間〉（一月二九日号）

〈韓国軍にベトナム人慰安婦がいた！〉（四月二日号）

〈ついに酒鬼薔薇聖斗の正体を見た！　少年Aから本誌への手紙〉（九月一七日号）

いずれも大きな話題を呼んだスクープばかりだが、完売には至らなかった。『週刊文春』の部数は一九九三年上半期の七六万七〇〇〇部（花田紀凱編集長）をピークに、少しずつ減り続けていたが、二〇一五年に入ってからの落ち込みはこれまでにも増して激しかった。二〇一五年上半期の平均実売部数は四一万六八九〇部（ＡＢＣ公査リポート）。四〇万部を維持することが難しくなった。

「二〇一五年に入ってから部数は落ちていました。スクープもなかなかとれなかったし、スクープがあっても部数が上がらないから、編集部内に不満分子も出てくる。自分はアシやワイド記事ばかりで、なかなか特集記事を書かせてもらえないと感じている人たちです。編集部の雰囲気も暗かった」（中村雄亮）

社内でも、新谷学編集長のやり方に疑問を抱く声が高まっていた。

「僕は花田（紀凱）さんが編集長の時代の『週刊文春』にいて、二〇一〇年に再び週刊に戻りました。ブランクがあるから当然かもしれませんが、花田さんの頃とはまったく違う雑誌になったと感じていました。インターネットの影響で雑誌が売れなくなってきたこともあると思いますが、昔のサロン的な雰囲気がなくなり、変な芸能人のスキャンダルが増えた。いわゆるゴシップ誌になってきたような印象です。当時、外にいた人間の勝手な言い方ですけど、（記者やデスクとして）その変化の中心にいたのが新谷さんだった。それだけ新谷さんは力のある人なので」（小田慶郎）

エースの書き手だった頃の新谷が、自らの取材チームを「白いカラスの会」と名づけたことがあった。上の人間が『カラスは白いよな』と言えば、下は『そうです』と従うのだ。新谷は、「取材したヤクザの親分の話をパロディにした」と説明するが、編集部内に違和感を抱く人間は当然いた。

「たとえ冗談であっても、僕はそういう体育会系のノリが大嫌いなんです。週刊の現場は変わったな、僕が考える文藝春秋とも違うなと感じました。

変化がいけないとは思いません。早めにデジタルに手をつけなければ、文藝春秋はこの先立ちゆかなくなる。新谷さんがそう考える気持ちはよく理解できます。この先、社の収益が下がっていけば、賃下げやリストラといった深刻な事態になることも考えられる。何かをしないといけない。

一方で、自分も含めて、その変化や新谷さんのスピード感についていけない人、新谷さんのやり方のまま進んでいいのかなと考える人もいたということです」（小田慶郎）

事件はそんな空気の中で起こった。

『週刊文春』一〇月八日号（一〇月一日発売）に掲載された小特集〈春画入門〉が、松井清人社長の逆鱗に触れたのだ。特に問題視されたのはカラーグラビアだった。女性の局部をトリミングして拡大するのは『週刊文春』のやるべきことではない。

松井社長は新谷学編集長に三カ月間の休養を命じた。

一〇月八日木曜日午前一一時、特集班のプラン会議が始まる時間にもかかわらず、編集部に新谷学の姿はなく、代わりに松井清人社長、木俣正剛常務取締役、鈴木洋嗣執行役員兼編集局長の三人が、その場に三〇人ほどいた編集部員を集めた。まず口を開いたのは松井社長だった。

「皆さん、今日は重要な話があります。このたび、新谷くんに三カ月間、休養してもらうことにしました」

理由はグラビアに掲載されたふたつの春画だと松井社長は説明した。明らかに性器を強調する意図で掲載されており、『週刊文春』のクレディビリティを損なうものだ。『週刊文春』は長年にわたってヘアヌードを掲載しない方針でやってきた。家に持ち帰れる雑誌という信頼関係を読者とも、連載をお願いしている作家とも築き上げたからこそ、『週刊文春』は『ポスト』『現代』を追い抜き、以後、総合週刊誌トップの座をこれまで守り抜いてきた。新谷くんは非常によくやってくれている。この三年間、誰よりも働いてきたことは、社長である私が誰よりもわかっている。だからこそ、ここで休んでもらいたい。これは更迭でも処分でもない。新谷くんには頭を真っ白にして、自分がこれからどんな雑誌を作っていくべきかをもう一度考えてほしい。そして、三カ月後にリフレッシュして戻ってきてもらいたい。新谷編集長不在の間の編集長業務は、木俣正剛と鈴木洋嗣のふたりが代行する――。

だが、編集部員たちは松井社長の説明に納得しなかった。

そもそも当該グラビアは、上品とはいえないまでも、編集長に休養処分が下されるほどひどいものではない。外部からの抗議も一切ない。厳重注意程度で充分だろう。編集長不在の間に代行するのがデスクではなく、現場を離れて久しい常務と編集局長のふたりであることもおかしい。雑誌の編集権を編集長が持つことは長年の不文律だ。もしかすると春画のグラビアは口実に過ぎず、新谷編集長の方針に不満を持つ上層部が編集権を奪い取ろうとしているのではないのか?

マスメディア批評を行う月刊誌『創』は、新谷が訴訟を数多く抱えていることが休養処分の理由ではないか、という文春社内の声を拾っている。

《『週刊文春』が訴訟を抱え込みすぎていることも騒動の一因にあると指摘する社員も多い。特に経営陣の逆鱗に触れたとされているのが、昨年三月に最高裁まで争って完敗した、日経新聞の喜多恒雄社長(当時)と女性デスクとの不倫疑惑報道だ。約一二〇〇万円の損害賠償金もさることながら、謝罪広告を『週刊文春』と相手の日経新聞にまで掲載せよという厳しい判決だった。今年五月には参院選への出馬が取りざたされていた元女優と暴力団関係者の交際疑惑を報じた記事で元女優から訴えられ、一六五〇万円の損害賠償金とともに、『週刊文春』の最初の一ページ目に謝罪広告を掲載するよう命じる一審判決も下っている（引用者注・二審で逆転判決）。もちろん、新谷の強硬路線が数々のスクープを産み出し、部数を維持してきた側面も大いにある。だが、それも今年に入り勢いは落ちたという。》（『創』二〇一五年一二月号）

新谷自身は、休養処分の根底にあるものはデジタルへのチャレンジに対する警戒心だろう、と考えていた。

「社の上層部のデジタルへのアレルギーは常々感じていました。以前、松井清人さんと食事した時に、『週刊文春デジタル』の会員増のきっかけとなった女子アナの直撃動画を見せようとしたら、『俺は見ないぞ』と頑なに拒否されたことがありました。デジタルのユーザーは紙の雑誌の読者よりも若いから、アイドルの熱愛とか芸能人の不倫とか、比較的軟らかいネタが多くなる。デジタル上で商売しようと思えば、必然的に若い読者を意識せざるを得ず、当然、記事の作り方も変わってくる。

俺たちが育ててきた『週刊文春』はそんな雑誌じゃない。張り込みとか尾行とかするような雑誌じゃないだろう。そんな意見が社内にあるのは承知しているし、俺にもその気持ちは理解できます。そもそも俺自身も芸能ネタは得意ではなかったから。

ただ、今までと同じような『週刊文春』を作り続けて、その先に未来があるのか？
俺には、あるとは到底思えない。

だから、（渡邉）庸三と一緒に手探りで、慎重にリスクを取り除きながら、デジタル世代の若い読者が読みたくなるネタを用意しようと思った。評論家のようにできない理由を並べ立てるのではなく、デジタルという未開の荒野で稼ぐための最初の一歩を踏み出さなければ何も始まらない。でも、上層部の考えは違っていたんでしょう。

昔、花田紀凱さんが週刊で風俗記事を書かされた時に、（社長の）池島信平さんから『花田くん、あそこまで書かなきゃいかんのかね』と言われたという話がありましたよね。牧歌的な時代を生きた人が、より厳しい時代を生きる若い人間のやり方に釘を刺す。同様のことは昔もいまも、これからもあると思います」（新谷学）

三カ月間の休養を社長から命じられた新谷は、自宅に帰ると妻の加藤政代に「そんなわけで、俺はしばらく会社に行けなくなったから」と告げた。

加藤政代は激怒した。

「辞めちゃいなよ、そんな会社！」

当時の加藤政代は文庫営業部所属。夫婦揃って四半世紀以上にわたって文藝春秋にお世話になってきた。出産、育児休暇、復帰を四度繰り返し、育児と仕事を見事に両立させた。年寄りの役員から嫌みを言われたこともあったが、家族と会社の両方を愛していたからこそ耐えた。

そんな加藤政代でさえ、今回の休養処分は許せなかった。

「彼（新谷）ががんばっている姿を間近で見てきたし、そもそも私の中の常識として、こんなことくらいで休職させる必要はないと思いました。当時は松井（清人）さんが社員全員と面談していて、ちょうど私の番が回ってきたから、直接、言いたいことを言いましたよ。今回の処分はおかしいんじゃないですかって」（加藤政代）

妻の言葉に救われた、と新谷は振り返る。

「松井さんから三カ月間の休養を言い渡された時には、呆然となりましたね。部数的に厳しい状況の中で指揮官自ら敵前逃亡することを編集部の全員に謝りたかったけど、それさえ許されなかった。

明日から俺はどうしたらいいんだろう？　と頭が真っ白の状態で家に帰ったら、かみさんから『辞めちゃいなよ、そんな会社！』と言われて救われました。ああ、この人は強いなって」

翌日から新谷は社外の人間と次々に会った。花田紀凱など、自分から電話を入れて会った人間もいるが、ほとんどは先方から電話やメールがきた。

メディアの人間、特に新聞社やテレビ局の幹部たちからは繰り返し忠告された。「三カ月後に編集長の椅子に戻れると期待しない方がいい。会社の人事抗争はそんなに甘いものじゃないから」。ある組織の広報担当からは「新谷さん、自分が業界でなんと呼ばれているか知っていますか？　狂犬ですよ」と言われた。

新聞各紙が『週刊文春』編集長に下された三カ月間の休養処分を報じたことで、中学や高校の同級生、大学のヨット部やアルバイト先の仲間たちも大勢連絡をくれた。彼らとじっくりと話すうちに、新谷は自分が恵まれていることに改めて気づいた。

「みんな苦労してきているわけですよ。奥さんと離婚したとか、子どもに問題があるとか、いろんなものを背負っている。彼らに仕事の話を聞いても、好きな仕事を楽しくやっている人なんてほとんどいない。世間的にはエリートサラリーマンと呼ばれている人たちの仕事も、あまりにも大変そうで俺にはできないと思った。それでもみんな文句ひとつ言わずに一生懸命働いて、自分の人生に向き合っている。頭ではわかっていたつもりだけど、みんな大変なんだな、すごいな、と実感した。

ああ、文藝春秋はいい会社なんだ、俺は自分に合ったおもしろい仕事をたくさんさせてもらってきたんだと素直に感謝しました。

編集部員や業界の人間とばかり会っていると、俺たちは特別な戦いをしているんだ、というような独善的な選民思想を持ってしまう。特に編集長ともなると、つき合う人間もそれなりの立場だったりするし。休養期間中に職種も年齢も様々なたくさんの人たちと話す中で、自分が驕ったり、勘違いをしていた部分もたしかにあっただろうな、と気づかされました」（新谷学）

夜になると多くの本を読んだ。その中には菊池寛の『話の屑籠』や『逸話に生きる菊池寛』、池島信平の『雑誌記者』が含まれている。

「文藝春秋って何だろう？　と考えながら読みました。菊池寛以来、文藝春秋には明るい好奇心が脈々と受け継がれている。人間ってバカだな、愚かだな、でもおもしろいな、素晴らしいな、という温かいまなざしがある。『週刊文春』の編集長に復帰できるという確信はなかったけど、もし戻れたなら、人間に対する肯定的なスタンスにもう一度立ち帰るべきだと強く思いました」（新谷学）

新谷編集長不在の間の『週刊文春』の舵取りは、木俣正剛常務取締役と鈴木洋嗣執行役員兼編集局長のふたりにまかされた。

暫定編集長となったふたりの目標はふたつある。ひとつは、クレディビリティのある週刊誌を作ること。もうひとつは売り上げを伸ばすことだ。木俣正剛と鈴木洋嗣が優れた記者であり編集長であったことは間違いない。だが、かつてのやり方は、まったく通用しなかった。

「僕らにとって木俣さんと（鈴木）洋嗣さんは仰ぎ見る存在。大韓航空機爆破事件の金賢姫のインタビューをとったのは木俣さんだとか、細川護熙の〈「自由社会連合」結党宣言〉を企画したのは洋嗣さんだとか、おふたりの伝説は散々聞いていましたから。

ただ、元編集長の高い能力をもってしても、久しぶりの週刊誌作りの現場は大変だったと思います。二、三年前に売れた対象や企画、タイトルがあっという間に陳腐化して売れなくなる。ネタがない時によく使っていた〈総ワイド〉や〈○×事件10の謎〉といったオピニオン的な企画には、数字がまったくついてこない。原因は明らかにインターネットです。事件やイベントのちょっとした疑問や気になる登場人物を取り上げるという週刊誌の得意技が、発売前にネットにどんどん書かれてしまう。オピニオンにしても、より早く、より過激で刺激的なタイトルをつけられてしまう。自分たちの時代と状況が大きく変わっていることに、おふたりは面食らったのではないでしょうか」（加藤晃彦）

「編集長への休養処分を知らない新聞記者から、最近の『週刊文春』は一体どうしちゃったの？　って聞かれたこともありました。当然ですが、編集部の士気も下がっていた。新谷さんには毎晩電話をしてました。今日こんなことがありましたとか、この件はどうすればいいですか？　とか。電話の向こうの声はあの明るい新谷さんとは思えないほど暗かった。こういうときこそ俺たちの親分を励まさなきゃいけないと思って、映画好きの新谷さんのために、私がいつも元気を出すために見ている映画のＤＶＤも郵送しました。『これを見て、休養を楽しんで下さい』という手紙も添えたけど、いま思えば、会社のグチばっかり書いていた（笑）。ずっとあとになって新谷さんから聞いたんですけど、私の手紙を読んだ新谷さんは、政代さんの前で号泣したそうです。かえって余計な心配をかけてしまったかもしれません」（渡邉庸三）

新谷学の復帰が決まったのは、二〇一五年のクリスマスの頃だった。

松井社長は新谷を四階の社長室に呼び出してこう言った。

「改めて頼む。二〇一六年は二〇一五年以上にキツいぞ。覚悟してくれ」

新谷は自らの決意を社長に語った。

「休養前は部数が苦戦していたこともあって、俺が焦っていた部分もあったと思います。この三カ月間で『週刊文春』はどういう雑誌なのか、読者は文藝春秋に何を求めているのか。さらに言えば、自分はどういう人間なのかを考えました。多くの人たちに会ったことで、以前よりも雑誌を客観視できるようになったと感じています」

新谷が『週刊文春』編集部に戻ったのは二〇一六年一月三日のことだった。

新谷は編集部員にこう言った。

「過酷な戦いをしているみんなを置き去りにしたまま戦線を離脱して本当に申し訳なかった。俺もこの三カ月でいろいろ考えた。ウチの最大の強みは何か。新潮にも朝日にもＮＨＫにも絶対に真似できない得意技、必殺技、価値を生み出すものは何か。それはやっぱりスクープだ。世の中をあっと言わせるようなスクープをとりまくって、毎週のように出しまくっていれば、風景は必ず変わる。俺は業界では狂犬と呼ばれているらしい。何にでも嚙みつくからだそうだ。『週刊文春』はいままで以上にスクープを狙いにいく。ただし、嚙みつく相手と嚙みつき方は俺がしっかり考えるから」

新しい年にふさわしく、誰の顔も晴れやかだった。

3

新谷学が編集長に復帰する前日にあたる二〇一六年一月二日夜、デスクの渡邉庸三から新谷に一本のメールが入った。

次の号ですごいネタができそうです――。

渡邉から電話で詳細な報告を受けた新谷は、即座に取材班の編成を命じた。

常務と編集局長が編集長を代行するというイレギュラーな体制下で編集部員たちは大きなストレスを抱え、部数も急落していた。それでも三カ月間の休養処分を終えた新谷が出社した翌三日朝には、すでに一部の記者たちが取材に飛び回っていた。

「処分を食らった俺自身も、現場の声をずっと聞いていたから、申し訳ない気持ちでいっぱいだったし、うっぷんも溜まっていた。だからこそ、編集長に復帰した時には腹が据わりましたね。失うものは何もない。クビを切られる時には切られる。だったら、現場の連中と一緒に思い切り雑誌を作ろう。一打席でも多くの打席に立って、一回でも多くフルスイングして、一発でも多くホームランを打ってやろうと気持ちを昂(たかぶ)らせていたんです。

俺だけじゃありません。編集部全員がおもしろい雑誌を作りたいという純粋な欲求や衝動に突き動かされていた。雑誌は生き物であり、編集部にいる人間たちを映す鏡。二〇一六年の週刊文春には、すごい勢いがあったと思います」（新谷学）

復帰明けの新谷が最初に作ったのは一月一四日号（一月七日発売）。左トップは渡邉庸三デスクが担当した〈ベッキー禁断愛　お相手は紅白初出場歌手！〉だった。

リードは次の通りだ。

《お茶の間で人気の〝スキャンダル処女〟が本気になった相手は妻帯者だった。四歳年上のベッキーは離婚届を〈卒論〉と称し、提出を促す。ついに元日、ふたりは男の故郷へと〝婚前旅行〟を決行。不倫相手の実家へ足を踏み入れた瞬間を小誌は目撃した。新年初荷スクープ！》

多くのバラエティ番組にレギュラー出演し、テレビＣＭも一〇本を数えるお茶の間の人気者ベッキーが愛した男性は川谷絵音二七歳。ロックバンド「ゲスの極み乙女。」のヴォーカルで、作詞作曲も手がける中心メンバーだ。二〇一五年四月に発売されたセカンドシングル『私以外私じゃないの』はコカ・コーラのＣＭソングに採用されて人気を集め、ＹｏｕＴｕｂｅでの再生は三七〇〇万回を突破。甘利明経済再生担当大臣（当時）がマイナンバー制度をアピールする記者会見の席上で「私以外私じゃないの、だからマイナンバー」と口ずさんだことは有名だ。この発言でＮＨＫが紅白初出場を決めたとも噂される。

川谷絵音は前年夏に結婚したばかりの妻帯者だが、クリスマスの夜をベッキーとともにディズニーシーと幕張のホテルで過ごし、元日にはふたりで長崎に飛び、川谷の実家に揃って顔を出していた。

ふたりへの直撃取材は川谷の実家マンションのすぐ外で行われた。ベッキーと川谷がLINEで交わしたやりとりや幕張のホテルで撮った自撮り写真など、物証も完璧に揃えた。取材班は四日ギリギリまで綿密な取材を続けて一月五日に校了した。あとは七日木曜日の発売を待つばかりだ。

ところが、ベッキーが所属するサンミュージックは『週刊文春』当該号の発売前日にあたる一月六日水曜日に記者会見を開いた。

ベッキーはスポンサーや関係者に騒動を詫び、正月に川谷の長崎の実家をふたりで訪れたことを認めつつも「おつきあいということはなく、友人関係であることは間違いありません」と不倫関係をきっぱりと否定した。『週刊文春』の記事は事実無根ということだ。

LINEでのやりとりやホテル室内での写真について触れられることは一切なく、質疑応答もないまま会見は終わった。芸能記者やレポーターたちが納得するはずがないが、声を上げた者はひとりもいなかった。

記事が出る前に芸能事務所がシンパのマスコミを集めて、身の潔白を主張して火消しを図るのは常套手段である。

当初、『週刊文春』編集部には、この件を何週も引っ張るつもりなど毛頭なかったのだが、記事内容を完全否定された以上はそうもいかなくなった。第二弾〈ゲス乙女の妻　涙の独占告白〉（一月二一日号）では川谷の妻を引っ張り出し、さらに第三弾〈ゲス&ベッキー〝禁断愛〟は終わらない〉（一月二八日号）と続けた。ゲス&ベッキーは映画『シド&ナンシー』を意識して新谷がつけたタイトルだ。なかなか気が利いている。

この第三弾には、記者会見前日にあたる一月五日にふたりが交わしたLINEのやりとりのスクリーンショットがふたりの写真入りで掲載されて読者を驚かせた。

ベッキー「（記者会見では）友達で押し通す予定！笑」
川谷「逆に堂々とできるキッカケになるかも」
ベッキー「私はそう思っているよ！」
川谷「ありがとう文春！」
ベッキー「センテンス　スプリング！」

この軽妙な会話とベッキーが命名した「センテンススプリング」（文春の珍訳）は

インターネットで爆発的に拡散されて大いに話題を呼び、上半期のネット流行語大賞で金賞を受賞している。さらに「センテンスプリング」という競走馬まで誕生した。馬の名前は九文字以内という規定があったから、センテンスプリングとはつけられなかった。

『週刊文春』が再び提出した動かぬ証拠にテレビのワイドショーや女性週刊誌は飛びつき、ベッキーへの取材が殺到した。

結局、嘘をつき通すことはできず、ベッキーはまもなく休養を発表、バラエティ番組やCMの降板を余儀なくされた。

「ベッキーさんは会見で発売前の雑誌のスクープをオープンにして、しかも全否定したわけですが、これはちょっと酷いやり方だと思いました。しかも、LINEにあった通り、『友達で押し通す予定』という虚偽の会見だった。我々としては、第一弾では出していなかったLINEの『センテンススプリング』のやりとりを出さざるを得なくなりました。ベッキー以後、嘘をつき通すことはできない、ちゃんと書いてもらった方がいいということが、こうした記者会見の際のデフォルトとなったような気がします」(渡邉庸三)

「誤解されているかもしれませんが、『週刊文春』にはベッキーさんを断罪したり、袋叩きにするつもりはまったくありません。我々が報じたのは、好感度の高いベッキーさんが恋をしていました。お相手は妻のある男性で、紅白にも出場したミュージシャン。意外な素顔ですね、というところまで。休養しろとかコマーシャルに出すなとは一切書いていない。大騒ぎしたのはテレビのワイドショーやスポーツ紙です。一度〝水に落ちた犬〟になると、みんなで一斉に叩きまくる。俺はそういうのが大嫌いなんです。むしろ、『がんばれベッキー!』と応援企画をやりたかったくらい」(新谷学)

実際に新谷は、ベッキーの名誉をなんとか回復できないかと考え、『週刊文春』誌上でインタビューをお願いしろと渡邉デスクに命じた。

「そんな、殴っておいて後から抱きしめるみたいなことができるのかな? と私は思ったんですけど、長い時間をかけたらできたんです。ただ、インタビューは怖いとベッキーさんがいうので、手紙をもらいました。文面に滲んでいたのは、記者会見で嘘をついてしまったことで、ベッキーさん自身が心に傷を負ったということ。自分がついた〝嘘のトゲ〟をどこかで抜かなければ、一歩も前に進めない状態だったんです。手紙にはこんな一節がありました。

《当時の私は好きという気持ちが大きく、周りもみえず、本当に愚かでした。会見で文春さんの報道を否定するような言動をとってしまい申し訳ありません。》（〈ベッキーから本誌への手紙〉二〇一六年五月五日・一二日号）

宛先は私の名前になっていましたが、ご本人の了承を得ることができたので公開しました。いまでも大切に持っています」（渡邉庸三）

だが、『週刊文春』とセンテンススプリングを一躍有名にした第三弾〈ゲス＆ベッキー〝禁断愛〟は終わらない〉はメインの記事ではなかった。一月二八日号（一月二一日発売）の右トップを飾ったのは〈実名告発　甘利明大臣事務所に賄賂１２００万円を渡した〉だったのである。

甘利明は、安倍晋三総理大臣（当時）が最も信頼する閣僚だ。

第一次安倍政権では経産大臣、第二次政権では経済再生担当大臣に任命され、成長戦略の柱であるＴＰＰ（環太平洋パートナーシップ協定）交渉を大筋で合意に導いて評価を高めた。二月四日にニュージーランドのオークランドで行われるＴＰＰの署名式に出席するのも、もちろん甘利明の予定だった。

だが、華やかなセレモニーを控えていた甘利大臣の前に「私が賄賂を渡した」と実名で告発する建設会社総務担当者が現れた。

告発者が勤める建設会社とＵＲ（独立行政法人都市再生機構）の間で、道路建設をめぐってトラブルが生じた。建設会社にはＵＲから補償金が支払われるはずだったが、交渉が難航したことから、建設会社は甘利事務所を頼ることにした。

告発者によれば、甘利大臣の公設第一秘書や政策秘書に何度も金銭を手渡し、飲食の接待をした。総額は記録に残っているだけでも約一二〇〇万円に及ぶ。建設会社とＵＲとのトラブルは複数存在したが、そのうちのひとつが解決してＵＲから補償金約二億二〇〇〇万円が支払われた際には、告発者が甘利大臣の元を訪れ、桐の箱に入った虎屋の羊羹とともに、封筒に入れた現金五〇万円を「これはお礼です」と直接手渡したという。

特派記者の甚野博則がこの話をプラン会議に提出した時、加藤晃彦デスクは、にわかには信じがたい話だと感じた。いまどき、大臣室で虎屋の羊羹と現金五〇万円を大臣本人が受け取るなどということが起こり得るのだろうか？

しかし、もし事実なら明らかに政治資金規正法違反であり、あっせん利得処罰法違反だ。一大スキャンダルに発展することは間違いない。新谷学編集長は、「たしかに怪しい話だけど、もし本当ならおもしろい。やってみよう」とゴーサインを出した。空振りを恐れず、常にフルスイングするのが新谷編集長の基本方針だ。

だが、告発者の証言だけで記事にすることはもちろんできない。政権の中枢にいる人物をターゲットにする以上は、客観証拠が是が非でも必要だ。

加藤はまず、告発者の証言が事実かどうかを確かめようとした。甚野記者に若手社員ひとりをアシにつけて、告発者自身にも知らせないまま身辺調査と行動確認を行わせたのだ。

すると、実際に告発者と甘利大臣秘書は毎週月曜日昼頃に会い、夜の酒席までずっと一緒にいることが判明した。毎回立ち寄っていたのは客の少ない喫茶店。カネを受け渡すならここしかない。甚野記者はカメラマンとともに張り込みを続けた。

張り込みが一〇回を超えた二〇一五年一〇月一九日、ついにチャンスがやってきた。ちょうど告発者と秘書の近くの席が空いていたのだ。会話が完璧に聞こえ、しかも写真まで狙える最高のポジションだ。記者は彼らに背を向けて座り、カメラマンはカバンの中の隠しカメラを作動させた。

まもなく決定的瞬間が訪れた。告発者が現金二〇万円の入った包みを取り出し、秘書が満面の笑みで受け取ったのだ。

「ウフフフ、私がお預かりしておきます」

まるで時代劇のようなワンシーンを、カメラは見事に撮影した。撮ったのは浅沼敦カメラマンだ。

「浅沼さんは『女性セブン』から移ってきた特派カメラマンです。撮った瞬間は、僕は背中を向けていたので見えていません。この時は外にもカメラマンがいて、クルマの中から望遠レンズで狙っていたので、写真はクルマの中で見せてもらいました。告発者のIさんは、スーツは着ているものの、普通のサラリーマンとはちょっと違った雰囲気をお持ちの方です。政治家に口利きを依頼して裏金を渡しているわけですからね。総務担当としてお勤めだった建設会社も公共事業をこれまでにいくつか請け負う中で、裏表はあったはず。実体がよくわからない会社なんです。甘利大臣の秘書をキャバクラやフィリピンパブに連れて行くお金は、建設会社から出ていたわけではなく、Iさんのポケットマネー。総額は数千万円に及んだそうですが、URとの補償交渉がまとまれば、それ以上のカネを受け取ることになっていたからこそ出した。

Iさんは恐るべきメモ魔で、詳細な日記や金銭のやりとりの記録はもちろん、通話時間も秒単位まで記録して、賄賂に使った一万円札もすべてピン札に両替した上で記番号も控えた。膨大な録音データも残していた。僕たちは時間をかけて信頼関係を築き上げて、最終的にはすべての音声データを受け取ることができました。Iさんからすれば、甘利大臣を使ってURから補償金約三〇億円を受けとれればそれでよかった。でも、交渉は遅々として進まず、秘書たちに散々たかられた上に、事務所のお土産にするからとメロンパンまで買わされ、レクサスまでねだられて、ついに我慢の限界に達したんでしょうね。実名で告発すればIさん自身も贈賄罪に問われる危険があったけど、それでも捨て身で甘利事務所を告発したんです」（甚野博則）

「安倍政権の中枢に位置してTPP交渉を担当する大物大臣の金銭スキャンダル。しかも実名告発で証拠も揃っていたから信憑性も高い。一〇年に一度の大きなネタです。

告発者は、記事を早く出してほしいと焦っていた。自分が罪（贈賄）を犯していることへの後ろめたさがあり、記事が出れば自分は報復されるのではないか？　家族に危害が及ぶのではないか？　という恐怖もあって心理状態が不安定になっていた。

僕たちも、記事を出そうと思えば二〇一五年のうちに出せたかもしれない。でも僕は『いまは無理です。年明けにしましょう』と懸命に説得しました。

スクープは、他のメディアが追いかけてきて初めてスクープになるものです。当時の安倍政権は支持率も高く、新聞やテレビは腰が引けているから、簡単には後追いをしてこない。でも、年明けには通常国会が開かれ、予算委員会も毎日開かれる。そのタイミングで『週刊文春』に記事が出れば、当然、野党の議員は甘利大臣の収賄について質問し、新聞もテレビも追随せざるを得ない。そう考えたからです」（加藤晃彦デスク）

甘利大臣の金銭スキャンダルのインパクトは、加藤デスクの想像を遥かに超えていた。一月二八日号の発売前日（一月二〇日）に放送された夜七時のＮＨＫニュースは「明日発売される『週刊文春』に甘利大臣の金銭授受に関する記事が掲載されます」と報じた。発売前の週刊誌記事をＮＨＫが紹介するなど、前代未聞の出来事だった。実名告発であり、写真や録音など客観証拠も数多く揃っている以上、甘利大臣は国会でも厳しく追及されるだろうという判断がＮＨＫ内部にあったということだ。

日本のメディアは横並びが好きだ。ＮＨＫが動けば民放も動く。民放各局は甘利大臣を取り囲んで収賄について質問し、告発者の自宅前でレポートまで行った。

だが、ＮＨＫが『週刊文春』の表紙と誌面を映したのとは対照的に、『報道ステーション』（テレビ朝日）は「一部週刊誌」と名を伏せつつ記事内容をそのまま紹介した。新谷はすぐに厳重抗議して、テレビ朝日のホームページに謝罪文を出させた。

「スクープに敬意を表さない人間にスクープをとることはできない。メディア同士は対等な関係、フェアな関係を築いていくべきです。だから強く抗議しました」（新谷学）

翌二一日木曜日は発売当日である。参院決算委員会で民主党の安井美沙子議員の質問を受けた甘利大臣は、告発者との面会の事実は認めたものの、現金の授受については「何の話をされて、どういうことをされたのか、今は事実関係の記憶を辿っているところ」「記憶が曖昧な部分もありますから、きちんと整理して説明したい」と明言を避けた。

しかし、甘利事務所の所長が現金二〇〇万円を受け取った瞬間の写真が存在し、収支報告書に記載されていない四〇〇万円の領収書や金銭授受に関する詳細なメモが存在する以上は、もはや言い逃れは不可能だった。首相官邸中枢には、甘利大臣を晴れの舞台であるＴＰＰの署名式に行かせてやりたいという意向があり、新谷編集長にも「何とかならないか」との申し入れがあったが、新谷は「何ともなりませんね」と突っぱねた。

結局、甘利明経済再生担当大臣は一月二八日に辞任記者会見を開き、ニュージーランドでの晴れの舞台も失われた。

「甘利大臣が会見を開いた時、僕は甘利関係で話を聞きたい人がいたので、ずっと一緒にやってきた若手社員とふたりで張り込んでいたんですよ。会見が始まる時間になると、コンビニの駐車場にクルマを駐めてカーナビで一緒にテレビ中継を見ました。甘利大臣が『辞任します』と言った時には、ふたりで『よっしゃー！』と喜びました」（甚野博則）

立花隆は月刊『文藝春秋』三月号の巻頭随筆で、次のように書いている。

《最近つくづく政治というものは面白いものだと思っている。何が面白いといって、政治の世界では、たびたび思いもかけないことがハプニング的に起り、それまで「これで決まり」と思われていたことが、突然引っくり返ることがあるからだ。

何の話をしているのかといえば、最近の週刊文春（一月二八日号）のスクープ記事、「甘利明大臣事務所に賄賂1200万円を渡した」と、その政界への余波のことだ。（中略）この一件で何が引っくり返ったのかというと、安倍首相の独走態勢だろう。政界はついこの間まで「安倍一強時代」といわれ、安倍首相以外の政治家はほとんどなきが如しだった。しかし今は一転して「安倍首相は大丈夫かいな」という雰囲気になっている。

それにしてもあの週刊文春の報道はすごかった。雑誌の歴史に残る見事なスクープ記事といってよい。グラビア三ページ、活字六ページにわたる一大スクープで、金銭受け渡しについては現場写真あり、渡された現金五〇万円の生コピー写真あり。現場でのナマナマしいやりとりの情景描写あり（やりとりの録音あり）。領収書等の書類のコピーあり。現金を受けとって思わずニンマリ笑いをしている甘利大臣の秘書の写真あり。さらに「この日、私は甘利大臣に現金五〇万円を渡しました」の証言とともに、甘利氏とのツーショット写真におさまっている支援者の写真あり、これでもかこれでもかというほど各種の証拠証言が次から次に出てくる。
甘利氏があそこで大臣を辞めなかったら、続報に次ぐ続報が出て、事態は収拾がつかないものになっていただろう。》
加藤晃彦デスクは、立花隆の文章を読んで大感激した。
「本当に感動しました。僕が文藝春秋を志望したのは立花さんの〈田中角栄研究〉に憧れたから。これでもう、いつ会社を辞めても思い残すことはないと思ったほどです」（加藤晃彦）
甘利大臣スキャンダル第一弾とゲス&ベッキーが掲載された一月二八日号、そして甘利大臣の辞任表明当日に発売された二月四日号は二号続けて完売した。二年四カ月ぶりの快挙だった。
「いまでも覚えているけど、会社に向かう電車の中で、みんなが『週刊文春』の中吊り広告を食い入るように見ていたんです。まるで街頭テレビのように。『週刊誌はもう売れない。中吊りなんて誰も見ないよ』と散々言われてきたから、身震いしましたね。完売の知らせを聞いて涙が出た。本物のスクープなら必ず売れる、自分の戦い方は間違っていなかったと確信できたからです。スクープの力を信じてよかったと思えた瞬

間でした」（新谷学）

甘利大臣の金銭スキャンダルを右トップに置いた号が完売したことは編集部員に希望と自信を与えてくれた、と加藤デスクは振り返る。

「『週刊文春』はずっと、右トップに政治や経済関連の比較的硬い記事、左トップに芸能などの軟らかい記事を置いてきました。右と左、硬軟のバランスが揃った号は売れる、と昔から言われてきたし、僕たちもそう信じていた。ところが、ここ数年は政治記事で右トップを作っても、部数がまったく伸びなかった。いまの時代の読者は政治とカネの問題に誰も関心を持たなくなっているんじゃないか？　と僕たちは自信を失いかけていたんです。

でも、甘利大臣が辞任記者会見を開いた時には、ＮＨＫからテレビ東京までキー局全部が中継した。編集部の大机の前にはすべての局を同時に見られるように六台のテレビが置いてありますが、六台全部に甘利大臣の顔が映っていたんです。あまりの反響に見ていて怖くなったほど。安倍内閣の中枢にいる大臣の贈収賄事件はニューヨーク・タイムズでも報じられて、『Shukan Bunshun』の名前も出た。僕たちは政治スキャンダルの爆発力を改めて思い知らされて、自信を取り戻したんです」

新谷学編集長もまた、自らの方針に自信を深めた。

「この頃はSMAPの解散騒動でワイドショーもスポーツ紙も右往左往していた。(一月一八日夜に)SMAPのメンバー全員がテレビでメッセージを述べて大きな話題になっていたこともあって、社の上層部からは『右トップはSMAPでどうか』という声も出ていた。

ただ、俺はこの渾身の政治スクープを右(トップ)に置かなければ『週刊文春』じゃないという思いが強くあった。三カ月の休養中に考え続けた『週刊文春』とはどんな雑誌なのか、という問いへの答えでもありました」(新谷学)

新谷の下で長く働き、この時点では『週刊文春』を離れて月刊『文藝春秋』に異動していた竹田聖が、二〇一六年の『週刊文春』の勢いを客観的に分析してくれた。

「やっぱり、甘利とベッキーが大きかったと思います。閣僚のクビを飛ばすのと、テレビの人気者のクビを飛ばすのを一カ月のうちに同時にやったのがエポックメイキング。新谷さんが二〇一五年最後の三カ月間に休養処分を食らい、社内にもいろいろな声があった。特に『週刊文春』の編集部員はふざけるなと腹を立てたはず。僕自身も同じでしたから。休養中の新谷さんは人と会いまくって、ひたすら牙を研いだ。新谷さんと編集部員の中には怒りのマグマが溜まっていて、復帰まもない一月に爆発した。どん底から栄光への物語は、傍から見ていても痛快でした。

読者は文春社内の詳しい事情を知りません。それでも、『週刊文春』が急に花火をドカンドカン打ち上げ始めた。何だかわからないけど凄いことが起こっているぞ、という印象を受けたと思います」

二〇一六年の『週刊文春』は次々とインパクトのある記事を出し続けた。

二月一八日号の右トップは〈清原和博、懺悔告白　相談役に号泣カミングアウト〉だった。

二年前の二〇一四年三月、『週刊文春』は〈清原和博緊急入院　薬物でボロボロ〉という記事を掲載している。覚醒剤の禁断症状に苦しむ清原を病院前で直撃すると、腹を立てた清原は記者を病院内の暗い廊下に連れ込んで壁に押しつけ、持っていたICレコーダーをへし折り、プラスチックの破片で自らの手を傷つけたあげく、「こいつ（記者）にやられてケガしたんや。明日仕事があって、この手じゃできない。弁償しろよ。明日CMの撮影があって、何千万の損や。桑田（真澄）も来るんや」と駆けつけたガードマンやナースにわめき散らした。通常の精神状態ではない。さらに『FRIDAY』にも登場して「俺は絶対に（覚醒剤を）やっていない。病院通いは重度の糖尿病のためだ」と『週刊文春』の報道を完全否定した。半年後に亜希夫人との離婚が成立すると、清原は「文春に二億五千万円の損害賠償請求を起こす」と息巻いたが、訴訟などできるはずもなかった。

警視庁はそんな清原を水面下で追い続け、二〇一六年二月二日深夜、ついに自宅マンションを家宅捜索、注射器と吸引用のストローを手にしていた清原を現行犯で逮捕したのだった。

同じ二月一八日号の左トップは〈育休国会議員の〝ゲス不倫〟撮った〉。長身のイケメン衆議院議員の宮崎謙介（自民党）は、「一億総活躍のため、国会議員の立場から男性の育児参加を推進する」と発言。女性の社会進出を応援する〝イクメン〟議員として注目を集めた。妻で衆議院議員の金子恵美は当時妊娠中で、宮崎は「出産後約一カ月は育児休暇をとる」と宣言したから、愛妻家として女性からの人気はさらに上がった。だが宮崎は、妻の入院中に京都市の自宅マンションに女性タレントを招き入れて一夜を明かしていたのだ——。

育休問題で注目を集めた国会議員が、自らはイクメンとはほど遠い行動をしていたという『週刊文春』の報道には強いインパクトがあり、この号も完売。イクメン議員のイメージは地に堕ちた。宮崎謙介は自民党を離党したばかりか、衆議院議員まで辞職して政治生命を失った。不倫による議員辞職は、憲政史上初めてのことだった。

二月二五日号の〈元少年Aを直撃！「命がけで来てんだろ？　お前、顔覚えたぞ！」〉は『週刊文春』の長い歴史の中でも最も恐ろしい記事のひとつだ。

元少年Aとはもちろん、一九九七年五月に神戸連続児童殺傷事件を起こした自称酒鬼薔薇聖斗のことだ。当時は中学三年生の一四歳だったから本名が報じられることはなかった。少年Aは逮捕後七年間にわたって医療少年院で治療を受けて二〇〇四年三月に仮退院、二〇〇五年一月一日には本退院が認可され、晴れて社会復帰した。治療は終わった。二二歳の元少年Aは更生した。社会の一員としてやっていけると国家がお墨つきを与えたということだ。

ところが事件から一八年が経過した二〇一五年六月に、元少年A名義の手記『絶歌』（太田出版）が刊行された。生い立ちから事件の詳細、社会復帰までの日々を克明に綴って大きな反響を呼び、発行部数は二五万部に達した。ベストセラーである。

一一歳男児を絞殺して首を切断し、頭部だけを中学校の正門の上に置いた時の心情を、元少年Aは次のように描写している。

《告白しよう。僕はこの光景を美しいと思った。（中略）もう、いつ死んでもいい。そう思えた。自分はこの映像を作るために、この映像を視るために、生まれてきたのだ。すべてが、報われた気がした。》

この文章に見られるのは陶酔だけだ。罪を犯した反省の色や被害者の少年への贖（しょく）

罪意識など一片もない。三〇歳を過ぎた元少年Aは実名および顔写真を公開しないまま手記の出版に踏み切った。氏名、および本人と特定できる写真の報道を禁じた少年法六一条に永遠に守られることを知り抜いているからだ。

『週刊文春』がベストセラーの著者に話を聞こうと考えたのは当然だろう。自らの犯罪を赤裸々に告白した回顧録を世に問うた以上は、もはや私人ではない。元少年Aが本当に更生したのかどうかは、実際に話を聞いてみなければわからない。

『週刊文春』編集部は一体、どのような手段を使って少年Aの住処を突きとめたのだろうか？　私たちがそれを知ることはできない。取材源は秘匿される。

ともあれ、ふたりの若手社員記者は、首都圏のアパートで暮らす元少年Aの張り込みを開始した。二〇一五年九月のことだ。

「元少年Aはアパートを転々としていました。三カ月、早ければ一カ月で部屋を変えた。ちょっとでも誰かにバレたと感じたら引っ越していたんでしょう。『絶歌』が出た時、僕は神戸で遺族の関係者を取材していたので、元少年Aを言いっぱなしのまま逃がしたくない。なんとかつかまえてやりたいと思いました。普段は感情的になって取材することはあまりないのですが、この時ばかりは使命感のようなものがあったんです」（X記者）

「最初は、元少年Aの手記をとろう。そのためにまず、取材依頼の手紙を渡そうという話でした。『絶歌』を出版した経緯や、ホームページを立ちあげた理由、被害者となった少年の遺族の方への思いを聞かせてほしいという内容です。手紙をポストに入れても意味がないだろうから、直接会って手渡そう、と。東池袋でレンタカーを借りて、池袋のキンコーズで手紙を印刷した記憶があります。僕たちが元少年Aを追っていることは編集部内でも極秘事項でしたから、数日間は編集部にも出なかった。

取材班は僕とXさんのふたりだけなので、二四時間張り込むことはできません。相手の行動パターンや生活リズムがわからないので、初日は九時から五時まで、次の日は昼から始めて夜遅くまでというように、時間帯を変えて何度か張り込むことから始めました。実際につかまえたのは、五日めだったと思います」（Y記者）

ふたりの記者は、近くのショッピングモールでの買い物を終えてアパートにママチャリで戻ってきた元少年Aを直撃した。二〇一六年一月末のことだ。

「何をしてくるかわからない相手なので、念のために刃物から身を守る防刃服を着込んでいきました。僕たちが一番心配していたのは、彼をどこまで追いかければいいのかということ。直撃すれば、向こうは絶対に逃げるだろう。追いつめすぎれば、突発的に自殺する可能性もなくはない。どこかに逃げ道を残しておかないとまずい。むしろ街中で直撃した方が逃げやすいかもしれない。直撃する前はそんなことを考えていました。実際の展開は全然違ったんですけど」（X記者）

実際に会った元少年Aは身長一六五センチと小柄。コートから手袋まで全身黒ずくめ。童顔でメガネをかけていた。

「〇〇さん（現在の姓）ですよね。私は『週刊文春』記者のXと申します。神戸の連続児童殺傷事件のことはご存じでしょう。我々の取材では、犯人、被告があなたであると確信しています」

最初のうち、元少年Aは余裕を持って人違いだと否定した。

「別人です。人権侵害です。名誉棄損で訴えますよ」

これまで身元がマスコミにバレたことは一度もなかったから、今回も逃げ切れると考えたのだろう。だが、『週刊文春』はすでに複数の情報源に裏づけをとり、望遠レンズを駆使して多数の写真を撮影していた。人違いなど絶対に起こらない。

《本誌は、Aがあっさり本人であることを認め、すぐに取材に応じるとは考えていなかった。取材の趣旨を記した手紙を渡した上で、改めてインタビューを依頼する。そのために本誌記者が、手紙と名刺を渡そうとした時だった。彼の口調が一変した。

「いらねえ、いらねえよ。いい加減にしとけよ、コラ。違うっていってんだろ。何なんだよ、お前！」

先ほどとはうって変わって、ドスの利いた声を張り上げる。

そして、自転車を地面に叩きつけると、本誌記者に向かってにじり寄ってきた。

「命がけで来てんだろ、なあ。命がけで来てんだよな、お前。そうだろ！」

口元に微笑を浮かべ、何度も同じセリフを絶叫し、本誌記者の腕を右手で摑む。

〝何か〟をもっていることをアピールするためか、左手はずっとコートの中に入れていた。

午後七時半を過ぎ、人通りは少なく、あたりはうす暗い。街灯のわずかな光が、興奮状態のAの顔を照らす。

メガネに垂れかかる髪で右目は隠れていたが、左目は陶酔したかのように潤んでいた。

「お前、顔と名前、覚えたぞ。わかってんのか、おい！」

Aは、一度目に映ったものをいつでも再現できる直感像素質という能力を持つ。

この日の取材を諦めた記者は、アパートの敷地を離れ、辞去の意を伝えた。だが、Aの興奮は収まらない。カメラの気配を感じ取ったのか、Aが叫んだ。

「車はどこだ。どこだって聞いてんだ、オラァ！」

記者が車にもどっても、興奮状態のAに追いつかれれば、乗り込む時間的余裕はない。

「アァッ!!」

興奮が最高潮に達したのか、身震いしながら、Aは声にならない声で咆哮（ほうこう）した。身の危険を感じた記者は照明のある場所を目指して、まず近くにあるショッピングモールの方向に走り出した。すぐさまAも全速力で後を追ってきた。

モールが近づくにつれ、Aは人目につくのを恐れたのか、スピードを緩める。しかし決して自宅へは戻ろうとせず、こちらに迫ってくる。

記者はスーパーの駐車場にいったん入った後、一気にAのアパートの前まで駆け抜けると、彼との距離が数十メートル開いた。実は、取材班の車は彼のアパートの目の前に止まっていたのだ。

およそ一キロに及ぶ逃走の後、車に飛び乗り発進させると、Aはガードレールから車道に身を乗り出し、鬼のような形相で記者の顔を凝視するのだった——。》(『週刊文春』二月二五日号)

恐るべき殺人犯が更生などしていないことを、ふたりの記者は骨の髄まで思い知った。

「僕が名刺を出して名乗り、お手紙をお渡しするので読んで下さい、と言うと、元少年Aが怒って『違うって言ってんだろ！　お前、命がけできてんだろ？』と至近距離でメンチを切ってきたので、先輩のXさんが『じゃあ、僕ら帰りますんで、すみません』とカットインしてくれたんです。我々が小走りで、距離をとろうとしたら、元少年Aが全力で追いかけてきた。そんなリアクションは想定外だったので、怖いというよりびっくりしました。

僕はまだ二〇代でニューバランスのスニーカーを履いていたからまだよかったんですけど、Xさんは三〇代でドクターマーチンの革靴だったので、かなり疲れてハアハア言ってましたね（笑）。なんとかふたりでレンタカーに飛び乗ったけど、慌てて急発進したので、右折して逃げればよかったのに、追いかけてくる元少年Aがいる方向に左折しちゃったんです。元少年Aはガードレールから身を乗り出すようにこっちをにらみつけていました。運転する僕は、このままだと元少年Aを轢きかねない、とにかく道路に飛び出してこないでくれ、と祈るような思いでしたね。

そのあたりから、だんだん怖いという感情が湧いてきました。僕は顔も名前も会社名も覚えられている。もしタクシーに乗って追いかけてきたらどうしよう、と。後ろの席にいるXさんに、追いかけてきていないか、後ろを見てくださいとお願いしました。そのまま五分ほど走り、どうやら追いかけてくるクルマはいないとわかった。Xさんが喉が渇いたというのでコンビニで水を買って飲み、そのまま会社に戻りました」(Y記者)

「校了日だったので、新谷さんも加藤さんも僕たちに構っている余裕はなかったと思います。手短に僕の話を聞いた新谷さんは『これで記事を書く意義ができたな』と落ち着いて言いました。元少年Aの凶暴性は全然コントロールできていないじゃないか。医療少年院の治療は本当に効果があったのか。医師のサポートや監視体制も整わないまま、彼を野に放ってもいいのか。そうした疑問の数々を読者に問いかける大義名分ができたということでしょうね」(X記者)

這う這うの体でふたりが帰ってきた夜八時頃の『週刊文春』編集部は、上を下への大騒ぎだった。甘利大臣の金銭スキャンダル第二弾(〈甘利大臣の『嘘』と告発の理由〉)の校了日だったからだ。この記事には日本中が関心を寄せていた、と加藤晃彦デスクが振り返る。

「TBSのニュースでは竹内明キャスターが、甘利大臣の記者会見が木曜日(一月二八日)に設定されたのは前日の水曜日(二七日)に『週刊文春』の早刷りが出回るから。甘利大臣は『週刊文春』の内容を読んだ上で進退を決めようとしているんです、と普通に解説していました」

『週刊文春』が第二弾で決定的な内容を出して甘利大臣にとどめを刺すのか。それとも安倍政権に守られている甘利大臣が逃げ切るのか。そんな議論がテレビや新聞を賑わせ、『週刊文春』にはかつてない注目が集まっていた。

「当然、僕たちにも大きなプレッシャーがかかっていた。当時の安倍政権は絶頂期で支持率も高く、編集部にかかってくる電話の半分は抗議でした。おまえらは安倍政権を潰そうと思って動いているんだろうって。『報道ステーション』はウチの名前を出さないまま報じたので、新谷さんに命じられて僕が抗議文を書いてテレビ朝日とやりとりしながら、現場とギリギリやっていると、『週刊新潮』が、ネタ元（告発者）が怪しいという方向で記事を作っているという情報が入ってきた。告発者が恐喝でパクられて（逮捕されて）、『週刊文春』にガサ（家宅捜索）が入る可能性も考えられたので、念のために、すべての資料を顧問弁護士の喜田村洋一先生の事務所に移したこともありました。結局は杞憂に終わったんですけど。

大騒ぎの中で第二弾を校了している最中に、元少年Aに直撃したばかりのふたりが帰ってきたので、俺、完全にキャパオーバーだよと思いました（笑）。喫煙部屋で一服するYの手が震えていたのが忘れられません。『僕たちに警備をつけてください！』

と訴えていました。元少年Aが文春まで追いかけてきて、顔と名前を覚えている自分を刺すんじゃないかと怯えていたからです。『とにかく今日は家に帰らず、ホテルに泊まれ』と僕は言いました。通用口に僕が出て、タクシーを停めて後部座席を開けてもらい、近くに誰もいないことを確認した上でふたりを呼んですぐに発車させました」（加藤晃彦）

その夜、ふたりは虎ノ門のホテルに泊まり、以後しばらくは、銀座や飯田橋のホテルを転々として会社にも出なかった。翌日の夜には、加藤晃彦デスクが『週刊文春』の早刷りをホテルに持ってきてくれて、西麻布の鶏料理店で食事をともにした。木曜日に開かれた甘利明大臣の辞任記者会見を、ふたりは銀座のホテルのテレビで見ている。

一週間ぶりに出社したY記者は、少しでも顔の印象を変えようとメガネからコンタクトレンズに替え、ニット帽を深くかぶって変装して警戒したが、結局、元少年Aに襲撃されることはなかった。

約一カ月後、X記者とY記者は殺された子どもの父親や精神科医に追加取材を行った上で〈元少年Aを直撃！「命がけで来てんだろ？ お前、顔覚えたぞ！」〉（二月二五日号）を出した。

年明けからずっと怒濤の日々が続いていた加藤晃彦デスクは記事が出た直後、同郷の女性にプロポーズ、ゴールデンウィークに実家の寺で挙式した。

〝文春砲〟という言葉が、インターネット上で頻繁に使われるようになったのはこの頃から。もともとはＡＫＢ48のファンの間で使われていた言葉で、秋元才加、指原莉乃、峯岸みなみらのスキャンダルを『週刊文春』が報じたことから命名されたものだ。

新聞にもテレビにもほかの雑誌にも、どこにも出ていないスクープをひとり『週刊文春』だけが次々に放つ。ひとたび文春砲に狙われれば芸能人は休養し、大臣は辞任し、元プロ野球選手は逮捕され、元少年Ａの恐るべき本性が剝き出しにされてしまう。インターネットとスマートフォンが完全に普及したことで、時代遅れの古くさいメディアと若者たちから蔑まれていた週刊誌がこれほどの存在感を放つとは、誰ひとり考えていなかった。

ヤフーニュース特集が三月七日に配信した〈なぜスクープを連発できるのか　新谷学・週刊文春編集長を直撃〉でインタビュアーをつとめた森健が書いた前文は、二〇一六年春の『週刊文春』の快進撃をわかりやすく伝えている。

《次から次へと繰り出されるスクープ記事に、日本中が盛り上がっている。ベッキー女史&「ゲスの極み乙女。」川谷絵音氏の不倫疑惑、甘利明大臣（当時）への金銭授受証言、清原和博元プロ野球選手の覚せい剤疑惑、育児休暇取得を謳った宮崎謙介議員（当時）の不倫疑惑、そして神戸連続児童殺傷事件の「元少年A」への直撃取材……。年初からのスクープは、いずれも「週刊文春」によるものだ。新聞やテレビも「文春」による一報を追いかけてばかり。ネットを見ると「文春砲！」、ベッキーが呟いたとされる「センテンス　スプリング！」という言葉も溢れている。メディアもネットも、週刊文春のスクープに引っ張られているような状態だ。

そこで多くの人が同じことを考えている。

なぜ「週刊文春」ばかりがスクープを打てるのか——。それならば同誌と同様、直撃するのが流儀というものだろう。同誌編集長の新谷学氏に深掘りで聞いてみることにした。》

森健は新谷学に率直に尋ねた。

《ずばり聞きます。週刊文春だけがスクープを打てるのはなぜですか？

新谷　今年になってから何度も聞かれた質問ですね。答えは至って単純。それはスクープを狙っているからです。「スクープをとるのが俺たちの仕事だ」と現場の記者はみんな思っている。そう思って取材しているし、現場に行っている。

いまここまで愚直に「スクープ」を狙っているメディアはあまりないように思いま

す。新聞でもテレビでもスクープの土俵から降りはじめているような気がする。》

新谷学の『週刊文春』編集長としての長年にわたる努力は、この時にひとつ報われたといっていいかもしれない。

だが、真の戦いは、まだ始まったばかりだった。

4

〈フジテレビ〝新ニュースの顔〟の正体　ショーンKの嘘〉(三月二四日号)もまた、大きな話題を呼んだ。

四月からフジテレビの大型報道情報番組「ユアタイム」のメインキャスターに起用されることが決まっていた国際派経営コンサルタントのショーン・マクアードル川上が学歴も経歴も詐称し、さらに顔まで整形していたという驚くべき事実を明らかにしたからだ。

本名は川上伸一郎。高校卒業アルバムの顔写真は、現在とは似ても似つかないアジア人そのもので、あだ名は「ホラッチョ（ほら吹き）」。記者が熊本の実家を訪ねると〝アイリッシュ・アメリカン＝ジャパニーズ〟であるはずの父親が熊本弁丸出しで出てきた。結局、ショーンKはすべてのテレビ、ラジオ番組の出演自粛を発表、「ユアタイム」の降板も余儀なくされた。

〈舛添知事「公用車」で毎週末「温泉地別荘」通い〉（五月五日・一二日合併号）から始まる計八回に及ぶキャンペーン記事は、舛添要一都知事の常識外れの公私混同ぶりを初めて明らかにした。

毎週金曜日の知事会見を終えたその足で、公用車を使って湯河原の別荘に通った。その数なんと一年で四八回。ロンドンおよびパリ視察に公費五〇〇〇万円を費やし、政治資金を私的な家族旅行や自分の著書の購入に充てた。

都知事の金銭スキャンダルは大いに話題を呼び、ワイドショーやスポーツ紙も連日のように報道した結果、舛添要一は『週刊文春』のスクープから二カ月後の六月二一日に都知事を辞任せざるを得なくなった。

都知事選が始まると、今度は立候補したニュースキャスター鳥越俊太郎の女性問題を追及した。〈鳥越俊太郎「女子大生淫行」疑惑　被害女性の夫が怒りの告白！〉（七月二八日号）である。二〇〇二年、鳥越俊太郎は当時未成年の女子大生に強引にキスをして、さらにラブホテルに誘ったものの、激しく抵抗されて淫行は未遂に終わったという内容だった。

『週刊文春』の記事が出ると、鳥越俊太郎は「事実無根」「選挙妨害」「選挙に集中する」という理屈をつけて記者会見も開かないまま、株式会社文藝春秋を名誉毀損と公職選挙法違反で東京地検に刑事告訴した。これまで「政治家には説明責任がある。報道の自由を守れ」と散々言い続けてきた著名ジャーナリストが、自らの説明責任を放棄したまま告訴に踏み切るとは情けない限りだ。

もちろん『週刊文春』は「取材の成果には自信がある」と受けて立った。東京地検特捜部は嫌疑不十分として不起訴にしたが、実際には、記事を掲載する際に難しい判断を迫られた、と新谷学編集長は振り返る。

「鳥越俊太郎さんの記事は、被害者の女性本人ではなく、ご主人の告発だからワンクッション入っている。しかも選挙中だから名誉棄損だけではなく、選挙妨害とみなされて刑事事件にされる可能性もあった。記事を事前に弁護士に見せると『うーん、際どい』と悩んでいた。俺も迷ったけど、普段はイケイケの俺にブレーキをかけてくれる加藤（晃彦デスク）が『これはいけますよ』とアクセルを踏んでくれた。これまで多くの名誉棄損裁判を経験してきたから判断の精度も高くなっていた。加藤は冷静沈着な男。以前はちょっと視野が狭いところもあったけど、結婚して子どもが生まれてからは人当たりも柔らかくなり、幅が広がったような感じがします」

ちなみに淫行疑惑について一切の説明を拒んだ鳥越俊太郎は、当然のように無党派層からの支持を失い、大差で落選している。

都知事選投票直前に〈都議会のドン内田茂「黒歴史」〉（二〇一六年八月四日号）を出したのも見事だった。リードは次の通りだ。

《七月三十一日、新たな東京都のリーダーが誕生する。激戦の続く都知事選は小池百合子氏リードと伝えられるが、誰がなるにせよ、その生殺与奪の権を握るのが都議会のドンこと内田茂自民党東京都連幹事長だ。歴代知事を屈服させてきた力の源泉はどこにあるのか。》

小池百合子新都知事が誕生すると、内田茂は自民党都連が推薦した増田寛也（前岩手県知事）が敗北した責任をとって都連幹事長を辞任した。それでも『週刊文春』は追及の手を緩めず、内田が役員をつとめる会社が豊洲新市場や東京オリンピック関連施設の工事を東京都から次々に受注していたことを明らかにした。

政治報道でも『週刊文春』が独走するようになった理由を、加藤晃彦デスクは次のように説明してくれた。

「二〇〇〇年代までは新聞にもテレビにも、ブローカーや事件師に食い込んでネタをとり、検察に持ち込んで事件にする凄腕記者が現場にいっぱいいた。でも、二〇一〇年代に入ってからどんどん減っていった。理由はふたつあると思います。

ひとつは新聞がインターネットにも記事を配信するようになり、記者たちが忙しくなったこと。以前は朝刊と夕刊だけだったから、締切の間には余裕もあった。有能な記者はその時間を使って自分のネタ元を広げ、独自ネタを追うことができた。でも、ネットにも記事を出すようになると、記者の仕事量が一気に増えた。自分の担当分野を追うだけで精いっぱいになってしまったんです。

もうひとつは、メディア全体が守りに入ってしまったこと。取材先から訴えられればもちろん、ひどい場合は、抗議を受けただけでも上からストップがかかる。特ダネを追うモチベーションが低下して、特オチ（他紙が報じている大きなニュースを、自社だけが報道できない状態）ばかりを恐れるようになったんです。二〇一六年頃になると、新聞社でもコンプライアンスが厳しくなって、ネタを持っているグレーな取材先とつきあうことが、記者の出世にとってもマイナスになった。僕らにとっては、競争相手が減って楽にはなったのですが、他社が追いかけてこなければ本物のスクープにはなりません。

いまや僕たちは、どうやって新聞やテレビに追いかけてもらおうか？　と考えなければならなくなった。『こんな資料や音声が用意できます』とか『告発者にもインタビューできますよ』とか。昔の新聞記者は『お前らはどうせ人の褌（ふんどし）で相撲取ってんだろ？』と週刊誌の人間を見下していましたが、時代はすっかり変わりました。若い新聞記者たちが『文春は次々にスクープを飛ばしてすごいですね。どうやってスクープをとるんですか？』と何のためらいもなく聞いてきますから」

『週刊文春』のエース西﨑伸彦が書いた『巨人軍「闇」の深層』（文春新書）を元朝日新聞編集委員の西村欣也が評した一文は、『週刊文春』と新聞社の文化の違いをわかりやすく伝えてくれる。

《新聞記者を最近まで勤めてきた私としては、うらやましいという嫉妬に似た感情を覚えた。とにかくエビデンスが詳細で、これなら「原巨人監督」の「一億円恐喝問題」で巨人から名誉棄損の裁判を起こされて最高裁まで文春の主張が認められたのも当然だと思う。私が勤めてきた朝日新聞はリベラルな会社ではあるが、記者たちは縦割りで、取材にはテリトリーがある。それぞれの部署の仲もよいとはいえない。これでは機動的な動きがとれない。だから「原一億円恐喝問題」でも文春さんに後れをとり、悔しい思いもした。

「清原覚せい剤逮捕」にしても、実はそれ以前に私の同僚だった記者が週刊朝日で「グリーニー（興奮系薬物）が球界に蔓延している」というスクープを放っている。その際「清原はもっと根が深い」という情報もあった。しかし裏とりに難航しているうちに彼は本紙の特別報道チーム（当時）に移り、この問題を詰めきれずに記事化できなかった。新聞記者はひとつの〈やま〉を一人で追うのが原則だ。週刊文春のように〈やま〉にグループで食らいつくという文化が新聞社には備わっていなかった。》

（『週刊文春』二〇一六年一〇月六日号）

『週刊文春』がジャニーズやバーニングやエイベックスやAKBのスキャンダルを暴いても、ワイドショーもスポーツ紙も他の週刊誌も一切追随してこないことは、これまでも何度か触れた。

〈三代目JSB（エグザイル弟分）はレコード大賞を1億円で買った！〉（二〇一六年一一月三日号）はその最たるものだろう。

毎年暮れに発表されるレコード大賞は、一九五九年にスタートした老舗の音楽祭である。審査員は新聞社の社員やTBS系列局の社員、音楽評論家、プロデューサーらがつとめるが、以前からレコード会社や芸能プロダクションによる買収疑惑が囁かれ、賞の権威は失墜していた。

二〇一五年のレコード大賞を受賞したのは三代目J Soul Brothers。EXILEのリーダーであるHIROが代表取締役をつとめる株式会社LDHに所属するダンス&ヴォーカルグループだ。

『週刊文春』は芸能界の最大手であるバーニングプロダクションがLDHに送付した一億円の請求書の写真を掲載した。消費税はなんと八〇〇万円。日付は平成二七（二〇一五）年一二月二四日とある。レコード大賞が出来レースに過ぎず、賞の行方が周防郁雄（すほういくお）バーニング社長の意のままに動かされることを、客観証拠で示したということだ。恐るべき取材力というほかない。

だが、テレビもスポーツ紙も他の週刊誌も沈黙したままだ。すなわち新聞広告も電車の中吊りも見ない主婦層や若者にはまったく届かない。かくしてこの衝撃的な記事の知名度は、ベッキーのゲス不倫を大きく下回った。まことに残念ながら、日本のメディアのレベルはこの程度なのだ。

二〇一六年末に刊行された鈴木竜太『週刊文春記者が見た「SMAP解散」の瞬間』（文春ムック）は、SMAP解散のきっかけを作った〈ジャニーズ女帝メリー喜多川　怒りの独白5時間「次期社長は娘のジュリー。対立するならSMAPを連れて今日から出ていってもらう！」〉（『週刊文春』二〇一五年一月二九日号）の五時間に及ぶメリー喜多川インタビューを完全収録している。

ジャニーズ事務所は双頭体制で大成功を収めた。弟のジャニー喜多川が天性の感覚でアイドルの原石を発掘し、姉のメリーが経営に手腕を発揮する。姉弟が高齢となったいま、ジャニーズ事務所にはふたつの派閥があると囁かれていた。テレビ局でも芸能メディアでも、そしてファンの間でも。

派閥の領袖はメリーの娘の藤島ジュリー景子とSMAPのマネージャーである飯島三智のふたり。果たして後継者は誰なのか？　鈴木竜太記者がメリーに率直に聞くと、色をなしたメリーは「ちょっと飯島を呼んでちょうだい」とスタッフに命じた。

三〇分後、とるものもとりあえず駆けつけた飯島三智に向かって、メリーはこう言い放った。

「飯島、私はこう言いますよ。『あんた、文春さんがはっきり聞いているんだから、対立するならSMAPを連れて今日から出ていってもらう。あなたは辞めなさい』と言いますよ」

飯島は必死に釈明した。

「派閥なんて、私は天に誓って言った覚えはありませんので。今まで生きてきた中で」

《飯島氏はそう言い切った。後継者はメリー氏の娘・ジュリー氏であり、ジャニーズ事務所に派閥など存在しない――。業界で長年燻り続けてきた問題に、はっきりと白黒がついた瞬間であった。》

日本芸能史に残る取材だろう。ここから翌年一月一八日の「SMAP×SMAP」における「公開処刑」と呼ばれたメンバーの謝罪と解散を否定するメッセージ、それからまもない飯島三智のジャニーズ事務所退社、八月一四日のSMAP解散発表までは一瀉千里だった。

「メリー喜多川さんのインタビューのあと、SMAPが解散に向かっていることは早い段階でウチの取材班がつかんでいた。ただ、今でも悔しいんですけど、新谷さんが三カ月間の休養処分を食らったことで、僕たち現場は取材に集中できる状況じゃなかった。二〇一六年一月にスポーツ紙に『SMAP解散』を抜かれて、僕らは追いかける側に回らざるを得なくなった。あの三カ月の混乱さえなければ、SMAP解散はウチが抜いていたはずなんです」（渡邉庸三デスク）

『巨人軍「闇」の深層』を書いた西﨑伸彦や『週刊文春記者が見た「SMAP解散」の瞬間』を書いた鈴木竜太のように、『週刊文春』の現役記者が実名で本を出すケースが増えたのは二〇一六年以降のこと。外国の新聞に載るのは署名記事ばかりだが、日本の新聞や週刊誌記事は無署名がほとんど。編集者や記者は黒子であるべきだという価値観が出版界には長くあった。

しかし、メディアを取り巻く状況はインターネットやスマートフォンの普及によって大きく変わった。テレビのニュースや、新聞や雑誌の記事を無条件に受け容れる人々が減る一方で、ネット上には、かつてないほど多くの言説が流布されるようになった。誰もが情報を発信できる時代といえば聞こえはいいが、中身は甚だ心許ないのが実状だろう。匿名性が否定的にとらえられ、情報の発信源の信頼性を問われる時代がやってきた。

記事を書いた人間が誰かを明らかにして、『週刊文春』を強い個の集合体にしていこう。そう考えたからこそ、新谷学編集長は『週刊文春』の記者たちに自らの名前で本を書かせたのだ。

「二〇一六年は文句なく『週刊文春』の年だった。『文春』のスクープを並べるだけで、この一年の出来事がすべてわかるくらい」と評したのは花田紀凱だ。

ちょうど二〇年前の一九九六年一月に文藝春秋を退社した花田は、朝日新聞に移り、同年一一月に女性誌『ｕｎｏ！』を創刊した。木村拓哉が表紙を飾った創刊号は四三万部を売り上げて大いに話題を集めたが、その後は低迷して九八年六月に廃刊。角川書店に移った花田は『メンズウォーカー』編集長に就任したものの、思うように部数を伸ばせなかった。二〇〇一年には株式会社宣伝会議の常務取締役に就任して『編集会議』『映画館へ!』の編集長と編集・ライター養成講座の校長をつとめた。

二〇〇四年、花田紀凱はワックの鈴木隆一社長に招かれた。鈴木は月刊『文藝春秋』に連載された〈日本共産党の研究〉で、担当の花田とともに立花隆を支えた敏腕ライターである。同年一一月には花田紀凱責任編集の保守系月刊誌『WiLL』が創刊された。これまでの女性誌や情報誌とは異なり、月刊『文藝春秋』のようなジャーナリズムを追求する雑誌をまかされて、花田は水を得た魚となった。二〇一四年八月に朝日新聞が慰安婦報道で訂正記事を出した直後に発売した〈総力大特集120ページ　朝日新聞の『従軍慰安婦』は史上最悪の大誤報だった!〉(二〇一四年一〇月号)は通常の発行部数一〇万部から二度も版を重ね、計一八万部を売り上げている。

だが、文春砲が世を騒がせていた二〇一六年三月、花田は鈴木社長とのトラブルでワックを退社して飛鳥新社に移った。『WiLL』の編集長は立林昭彦(元『諸君!』編集長)が引き継いだが、編集部員全員とDTP制作担当者が花田と同時期に退社して運命をともにしたことは、花田の人望を示すものだろう。

二〇一六年四月、花田紀凱は新たに月刊誌を創刊したが、誌名が『月刊Hanada』と聞いて笑った。自分の名前を誌名にするなど花田のほかに誰ができるだろう。さすがは雑誌の申し子だ。

『月刊Ｈａｎａｄａ』二〇一七年一月号で、花田紀凱は文春砲で世を席巻した新谷学を対談のゲストに招いた。

《花田　活字メディアの不況で、業界全体が何だか暗い。「売れない」「やりづらくなった」と自虐的な話ばかり耳にするね。

新谷　もう、それ自体がダメですよね。悲観論からは何も生まれない。私なんか会社に入ってから、編集者の仕事がつまらないと思ったことがない。本当に面白くてしかたない。

あと、これも花田さんに学んだことだけど、編集長は明るくないとダメ。売れても売れなくても編集部では笑ってないと。

花田　それはその通りだな。

新谷　花田さんなんて、例の「マルコポーロ事件」で抗議が来た時も、「こんな手紙が来た！」ってあっけらかんとしていた（笑）。週刊誌は特にそうで、今週売れなくてもすぐに来週がやってくる。ずっと「ショウ・マスト・ゴー・オン」。

花田　売れなくても次がすぐ来る。来週頑張ればいいから、精神衛生的にいい。ぼくは性に合ってる。

新谷　週刊誌の敵は「予定調和」。「週刊誌っぽいね」「見たことあるよね」「またこれか」と思われるものではダメで、「なんじゃこりゃ」とビックリしてもらえるネタを毎週、追い求めています。

花田　大変だなあ。

新谷　もちろん、そう毎週あるものじゃないですよ。週刊誌は綱渡りだけど、究極の結果オーライビジネスですから。SNSの発達もあって、世の中に建前情報が充満しすぎると空気が悪くなるし、息が詰まる。だから本音を伝えるメディアが一つくらいあってもいいんじゃないか、と思います。（中略）今、何より大切なのは読者の皆さんからの信頼です。「『週刊文春』が書いているんだから本当だ」と思ってもらうことが生命線だと思っています。

花田　「雑誌」の力を信じたいね。

新谷　よく編集部に言っているのは、これから先、この編集部も雑誌も、自分自身もどうなるかは正直、分からない。だけど、二〇一六年の『週刊文春』の戦い方の中には、いっぱい将来へのヒントがある。週刊誌ジャーナリズムが生き残っていくうえで、大切な手掛かりがたくさんある。

それを一緒に経験できるのは素晴らしいことだし、できればとことん行けるところまで行って、「ついに俺たちはここまで来たぞ！」と言えるような、誰も見たことのない景色をみんなで見たいね、と。

そういう雰囲気が共有されているから、絆は固いし、週刊誌作りは楽しくてしょうがないですよ。》

『週刊文春』の部数は長期低落傾向が続いていたが、二〇一六年はなんと前年比一一五パーセントを達成している。出版文化の危機が叫ばれる中、奇跡に近い数字だろう。

特筆すべきは、民事訴訟を一件も受けていないことだ。

《民事訴訟がないというのは十数年来なかったことです。これは新谷編集長のハンドリングが成熟してきたことを意味しているかもしれません。つまりファクト第一で裏どりし、物証を押さえるという意味で張り込みで現場写真を撮っておくとか、取材対象の言い分もきちっと載せていくといったことですね。週刊誌の場合、リスクは覚悟の上だし、戦うべきところは戦わねばならないのですが、リスクを軽視しないのも大切なことです。》（『創』二〇一七年二月号・鈴木洋嗣ノンフィクション編集局長の発言）

実際のところ、二〇一六年の週刊文春とは何だったのだろうか？

「ひとことでいえばブランディングです」と新谷学は言う。

「『週刊文春』からはとっておきのスクープがじゃんじゃん出てくる、お金を払う価値があるメディアだよね、というイメージが雑誌読者ばかりでなく、日本全国津々浦々まで浸透した。それが二〇一六年だったと思います。

この不正は許せない、どこかに告発したいと誰かが考えた時に、真っ先に思い浮かぶメディアが『週刊文春』にならないといけない。俺はずっとそう思っていました。『週刊文春』なら腕は確かだし、リスクを取ってでも、どんな強い相手であっても戦ってくれると告発者に思ってもらえれば、情報提供の量は間違いなく増える。実際に文春リークスへの投稿は二〇一六年以降、飛躍的に増えました。マスコミ関係者からの情報提供や企業、官公庁の内部告発はもちろん、一般読者からの情報提供も。もちろん玉石混淆ですけど、大量の情報が集まってくれれば、その中には必ず宝石があるものです」（新谷学）

編集部員たちも『週刊文春』を取り巻く環境の変化を感じとっていた。

「地方取材ではやっぱりＮＨＫが強くて、次に地方紙や地元のテレビ局で、週刊誌を読んでいる人は少なかった。でも、いまや『週刊文春』を知らない人はほとんどいません。地方に行って、事件現場で地取り（聞き込み）をする時に『週刊文春』の記者を名乗ると『ああ、そうなんだ。頑張ってね！』と言われることも増えました。打ち合わせで喫茶店に入って領収書をもらう時に『いつも読んでます！』と笑顔を向けられたり。逆に、嫌われてるなと思うことも増えましたけどね。名刺を出すと『人のプライバシーを暴いてるんじゃねえよ』と怒鳴られたり（笑）」（中村雄亮デスク）

「文藝春秋の雑誌に広告を出していただいているクライアント（広告主）さんには新谷さんのファンが多いんです」と証言するのは、広告局改めメディア事業局の斎藤由香だ。新谷とは『ナンバー』でも『Ｔｉｔｌｅ』でも一緒だった。

「文藝春秋では、忘年会など社のパーティにクライアントをお招きするんですけど、文春砲がツイッターやワイドショーで話題になって以来、新谷さんはずっと引っ張りだこ（笑）。『週刊文春』は企業のスキャンダルも記事にします。御社も気をつけないと、いつウチの記者が訪ねてくるかわかりませんよ、と軽口を叩いて笑わせたかと思えば、三カ月の休養処分の間には熊野古道をひとりで歩きました。あの休養にもちゃんと意味があったんです、としみじみと語ったり。『週刊文春』読者の四割は女性です。化粧品会社のＰＲ担当の女性たちの多くは『週刊文春』を読んでいるので、新谷さんのファンも多い。いまの新谷さんは、以前よりもさらにポジティブで、パワーアップしている感じがします」

二〇一六年の快進撃は、文春社内をも大きく動かした。

これまでデジタルへの展開にはずっとネガティブだった松井社長がついに総合ニュースサイト『文春オンライン』を立ち上げることを決断、女性誌『CREA』編集部にいた竹田直弘を編集長に抜擢した。ただし大きな投資を行ったわけではない。編集部は竹田編集長を含めてわずか三人。あとはウェブディレクターと記事の登載担当の計五名とまことに小規模なスタートだったが、それでも文藝春秋にとっては大きな一歩であったことは間違いない。

二〇一七年一月にローンチ（開設）された『文春オンライン』以前、文藝春秋の大半のウェブサイトは雑誌や書籍の宣伝を目的にしていた（『ナンバーウェブ』と『クレアウェブ』を除く）。だが、竹田直弘編集長は「『文春オンライン』は収益の得られるウェブサイトをめざす」と宣言した。

二〇一七年二月四日にはニコニコドキュメンタリー『直撃せよ！　2016年文春砲の裏側』（ドワンゴ制作）が配信された。俳優の佐野史郎が担当した予告編のナレーションを紹介しておこう。

《去年、世間を揺るがすスクープを連発。文春砲とも名づけられた『週刊文春』。その勢いは説明するまでもないが、誰もが疑問に思うことがあるはずだ。『週刊文春』

はいかにして次々とスクープをものにしてきたのか？　今回、スクープに関わったスタッフに対するロングインタビューに成功。膨大な証言を得ることができた。情報源の秘匿を条件に、今回初めてスクープの裏側を完全再現した。日本中を大騒動に巻き込んだ一連のスクープ。直撃せよ！　２０１６年文春砲の裏側》

三月には右のドキュメンタリーの取材を元にした書籍『文春砲』（角川新書）と、新谷学『「週刊文春」編集長の仕事術』（ダイヤモンド社）の二冊が刊行された。三万部を売り上げた『「週刊文春」編集長の仕事術』の最終章で、新谷は『週刊文春』の未来像と、株式会社文藝春秋が進むべき道を次のように指し示している。

《企業が利益を生み出す上での幹は何かを見極め、どこに投資するのかを決断する。どこを変えて、どこを変えないのか。そういった大局観がないと、目先のコストカットだけで、仕事をした気になってしまう。そういう人間ばかりが評価されるようになると、企業にとって大事な幹を細くすることにつながりかねない。

スクープ主義が成果をあげれば、部数も伸びるし、情報提供も増える。そうなってくると、週刊文春で勝負したいという腕に覚えのある記者たちが集まってくる。さらにネタが集まり、ますます売れるという「正のスパイラル」が生まれる。

雑誌が売れれば経費だってケチる必要はないし、人員を絞る必要もない。安定飛行に入ることができる。もちろん波はあるものの、そういう兆候が出ているのは確かなので、これを大切にしていきたい。一時的な勢いではなく、持続可能にしていきたい。
付言すれば、週刊文春の収益を評価する上での「指標」を新たに作るべきだと思う。これまでは雑誌の売り上げと広告収入が二本柱だったが、本書で述べてきたように、週刊文春のコンテンツビジネスは一気に多様化が進んでいる。雑誌の売り上げを中心に、「週刊文春デジタル」「ＬＩＮＥアカウントメディア」などの課金ビジネス、「ｅブックス」などの記事のバラ売り、テレビやネットメディアの「記事使用料」、さらには記者のマネージメントや他企業とのコラボビジネスまで、ぐるりと３６０度、トータルで週刊文春が生み出す収益、社会的な影響力を評価する指標がほしい。
マスコミ全体が負のスパイラルに入っている中で、他のメディアは徐々にスクープ路線から撤退しつつある。それは週刊文春にとってはチャンスだ。割に合わないリングであっても、そこが「幹」だと信じて踏ん張っていれば、唯一無二の存在になれるはずだ。》
これは文春上層部に向けたメッセージのようにも読める。文春社内はこの時点で、決して一枚岩ではなかった。デジタルへのチャレンジを進めようとする文春砲の張本人に嫉妬し、警戒し、排除しようとする人間もなお存在したのだ。

二〇一七年、『週刊文春』の売り上げ部数は減少した。

「やっぱり売れた後はどうしてもきつくなる。我々はクルマやテレビ（のようなハード）ではなく、コンテンツを作っているわけだから、どうしても振幅が出てくる。二〇一六年はすごかったけど、二〇一七年は元気がないじゃないか、とすぐに言われてしまう。そんなことはない。新谷編集長以下、ちゃんとやっているんだけど、〝文春砲〟というブランドが前に出たことで、読者の期待値が上がってしまったところはあると思います」（鈴木洋嗣ノンフィクション編集局長）

「紙離れがどんどん進んでいることは間違いのない事実。二〇一六年は世間が騒いで紙もバーンと売れるといういい循環だったけど、二〇一七年は世間が騒いでも紙の売れ行きにつながらない。マーケットの移り変わりが激しくて、以前は二、三週は食っていけたネタがすぐ使えなくなる。たとえば不倫ネタにしても、文春に取材されれば、すぐに認めて謝罪するから、一週間でワイドショーやネットに消費されて終わり。世間は騒ぐけど、お金を払って『週刊文春』を読むほどの興味はなく、ネットやテレビで充分だと。僕たちにとっては勝ちパターンがどんどん少なくなっていった。僕自身もどうすればよいのかわからず、模索していました。新谷さんも苦しい時期だったと思います」（加藤晃彦デスク）

この先、紙の雑誌を伸ばしていくことは難しい。デジタルへのチャレンジを今のうちに押し進めなければ、文藝春秋は大変なことになる。強い危機感を抱く新谷学が松井清人社長ら経営陣を粘り強く説得し続けた結果、二〇一七年七月、松井社長は機構改変を行い、自ら週刊文春編集部と文春オンラインの担務となった。社内に敵の多い新谷をサポートする姿勢を明らかにしたということだ。

同じ頃『週刊文春』編集部にはデジタル班が誕生した。従来の特集班、セクション班、グラビア班に加えて四番めの班である。班員はわずか四名だが、渡邉庸三デスクにとっては、これまでのような特集班の片手間仕事ではなく、デジタルに全力を注げるようになった。

デスク会議では特集班とデジタル班の間で動画撮影に関する話し合いが持たれ、取材対象を直撃する際には動画撮影チームが同行するようになった。動画を撮っておけば、紙の雑誌の写真にも、言った言わないでトラブルになった時の証拠にも使える。

デジタル班の動画撮影チームが最初に威力を発揮したのは〈山尾志桜里（43）イケメン弁護士（9歳下）と「お泊まり禁断愛」〉（二〇一七年九月一四日号）の時だった。《「保育園落ちた」追及で名を上げ、野党第一党の再生を担う希望の星。「アニー」主役、検事の経歴を誇り、IT実業家の夫との間には男児。幹事長内定の夜、彼女は都内の高級ホテルに密かにチェックインした。部屋で落ち合ったのは、赤ワインとビールを手にした妻子ある弁護士。代表選の最中も含め、二人は男の自宅などで、週4回密会している――。》（リードより）

倉持麟太郎弁護士は山尾事務所の政策顧問である。倉持の妻が脳梗塞の療養のために実家にいたこともあって、世間から大きな非難を浴びた山尾志桜里は民進党に離党届を提出。国会内で開かれた離党会見では記者の質問を無視して、逃げるように会場を去った。

デジタル班が「直撃編」と「密会編」のふたつの動画を『週刊文春デジタル』で公開すると、テレビ局は争って購入した。

「これまではテレビ局の記事使用申請に全部ＯＫしてきました。雑誌の宣伝になると考えたからです。でも、ワイドショーは『週刊文春』の記事だけで三〇分、ひどい時は一時間の番組を作る。そうなるとテレビだけでお腹いっぱいになって、雑誌は買わなくてもいいやとなってしまう。だから、『テレビ局から記事使用料を取れないか？』という話を会社の上の方にはずっとしてきたんですけど、『他社の状況を見ながら』という消極的な反応で、全然前に進まなかった。ベッキーさんの時に、さすがにこれはなんとかしないといけない、コンテンツビジネスとして相応の対価を払っていただこうと思った。加藤（晃彦デスク）が『僕にやらせてください』と言って、経理部やライツ管理部など社内の関係各所に根回しをして申請書のフォーマットを作り、記事使用をマネタイズ（収益化）するスキームをあっという間に完成させてくれました。スタートしたらすぐに収益化できた。記事使用三万円、動画五万円。ひとつの番組で一回使用する時の値段です。同じ番組でも翌日もう一度使えば、その都度料金がかかるというシステム。山尾志桜里さんを直撃した時の一問一答はウチしか撮れてなかったから、テレビ各局、各番組から記事使用、動画使用の申請がたくさんきました。記事五万円、動画一〇万円に値上げしたのはこの時です」（新谷学）

新谷のやり方を、松井清人社長は頼もしく見た。

「いまの『週刊文春』は花田さんの頃とは全然違うものになっている。部数は確かに厳しいですよ。昔を知っている人間にとっては誇れるような数字ではありません（二〇一七年上半期の平均実売部数は三七万二四〇八部）。でも、そこから派生するものが出てきている。新谷は直撃動画をビジネスにした。山尾志桜里なんか、どれだけ売れたかわからない。確か一〇〇番組以上に売ったんじゃないかな。

新谷は文春社内で誰よりも早く、デジタルや動画がビジネスになることに気づいた男です。紙の雑誌はどんどん厳しくなっている。部数を大きく伸ばした雑誌なんかひとつもない。ファッション誌も壊滅すると言われている。雑誌を上に伸ばせないのなら、アメーバみたいに横に広げていけばいい。取材の成果を雑誌以外のところでもビジネスにしていこうという新谷の感覚は、自分も含めてこれまでの編集者が誰ひとり持っていなかったものだと思います」（松井清人）

紙の雑誌の衰退が避けられない中、新谷は必死に収益を上げようとしていた。それでもなお、文春上層部に新谷を支持する声は少なかった。

社の看板雑誌である月刊『文藝春秋』の平均実売部数は二〇万部程度。号によっては二〇万部を切ることさえあった。国民雑誌の面影はもはやどこにもなかった。『週刊文春』の平均実売部数は三六万三〇〇〇部と大きく減り、広告収入は二〇〇〇万円から三〇〇〇万円程度と、一九九〇年前後の花田週刊の四分の一にまで下がっていた。

書籍のメガヒットもなかった。二〇一五年は『火花』（又吉直樹）、二〇一六年は『羊と鋼の森』（宮下奈都）と『コンビニ人間』（村田沙耶香）が社を支えてくれたが、書籍全体の売れ行きが数年前に比べて大きく落ちていた。特定のベストセラーだけが突出して他の売れ行きは低迷、という傾向は文藝春秋に限ったことではないが、小学館、講談社、集英社のようにコミックに依存できない文藝春秋出版局は、メガヒットが出なければ苦しい。

二〇一七年、松井清人社長は社内のあらゆる部署に口を出すようになり、必然的に現場からの反発を招いた。

「これまでの文春の人事は、現場を見ている部長などの意見を参考に、局長クラスが案を作り、上が全体を見てバランスをとるというもの。人事ですから不平が出るのは当然ですが、下から上がってきた案を上が殊更ノーと言ったり、無理矢理に人を動かしたりはしなかったと思います。

ところが松井さんは誰にも相談せず、人事をひとりで決めているという話が聞こえてきた。役員たちも、内示当日まで何も聞かされていなかったそうです。要するに現場の声が全然届かない人事。周囲からは、松井さんが自分の好き嫌いで決めているようにしか見えなかった。役員会で誰かが松井さんに異を唱えると、もの凄く叱責されてノイローゼ気味になったとか、雑誌の目次に口を出して『あんなヤツに書かせるな』と文句をつけたとか、広告や営業にも威圧的に命令して誰も逆らえないとか、そんな話が社内のあちこちからボロボロ出てきた。僕は三〇年近く会社にいますが、初めて聞く事態でした。厳しくするのがリーダーシップだと思った人もいたかもしれませんが、人に説明しない、意見を容れないも度を越せば独裁とか暴走と言われてもしかたありません」（当時ノンフィクション出版部長の小田慶郎）

当時総務局長だった内田博人は「管理職はともかく、一般社員の人事を松井社長が全部ひとりで決めたという事実はない」と証言している。

「文藝春秋の定期人事異動は、副部長以上の管理職は社長が決め、管理職ではない社員に関しては総務局長が原案を作り、調整していくのが慣例です。松井さんがこれまでの慣例を破り、一般社員に至るまですべてをひとりで決めたという事実はありません。異動希望者へのアンケートや面談、各部署からの要望をもとに原案を作ったのは当時の人事担当であった私自身です。ただ、松井さんの日頃の言動や、新谷くんの三カ月休養処分などを見た社員の多くが、独裁的な印象を受けていたことは間違いないと思います」

二〇一八年三月期の株式会社文藝春秋の売り上げは二一七億円。出版だけを見れば八億三六〇〇万円の赤字決算である。出版業の赤字を補塡していたのは主に不動産売買。担務は、長く経理畑を歩んできた中部嘉人常務だった。

「僕は中途入社ですから、文藝春秋がいかに素晴らしい会社であるかを客観的に見ることができます。みんな明るいし、好奇心の塊で、会いたい人にはどんどん会う。たとえばお昼に二時間くらい外に出て、誰かと会って食事代を会社に請求しても誰も何も言わない。仕事と関係あるかどうかをうるさく問われない。僕は編集者たちの精算伝票をずっと見てきたけど、これほどの自由が許される会社だからこそ、スクープで世間を騒がせたり、文春ここにありという出版物を出せるんだなと思ったし、上からもそう言われてきました。

金銭的にルーズな編集者はもちろんいました。精算が遅れたり、場合によっては領収書のないものも。経理部は複数の人間の目で細かくチェックして、相当の部分を許容した上で、どうしてもダメなものだけを差し戻した。調査に来た税務署員にも真正面から言葉を尽くして説明しました。最後の砦であり、金庫番でもある経理部がきちんとしていたからこそ、文藝春秋には税務調査でのゴタゴタがほとんどなかった。

経理局には不動産事業の担当部署が含まれていて、文藝春秋ビルの管理ばかりでなく、テナントさんの窓口にもなっている。文藝春秋には、不動産投資には手を出さないという不文律が長くありましたが、もうそんなことを言っていられる時代ではなくなっていた。文藝春秋は財務的には非常に健全で、それなりの額の内部留保もあるから、この超低金利時代にそれを運用しない手はない。私は新しいマンションの購入を役員会で提案した。確実にリターンを得られる物件に慎重に投資しようということ。反対する役員はいませんでしたね」（中部嘉人）

二〇一八年、松井清人社長は、次期社長を中部嘉人にまかせ、自らは会長に退こうと考えた。

「君に社長をやってほしい、と松井さんから聞いた時は驚きました。紙の雑誌の凋落に歯止めがかからない大変な時代だ。思い切ったデジタルシフトと新しいビジネスの開拓が急務だ。君には文藝春秋の構造改革を頼みたい、と言われたんです。文藝春秋は雑誌を中心軸に回ってきた会社。でも、これからは根幹の部分を変えざるを得ない。デジタルを中心とする会社へと転換していかなくては存続できません。いまは大きな転換点。紙の雑誌がなくなることはないけれど、部数はさらに厳しくなるでしょう。ただ、雑誌づくりで培われた編集のノウハウはデジタルでも必ず生きる。人が好奇心を持って読みたくなるコンテンツは、雑誌でもデジタルでも同じですから」（中部嘉人）

松井清人の後継者は木俣正剛常務だろう、とは社内の誰もが思っていたことだ。だが、松井社長が思い描く文藝春秋の近未来像は新谷学のプランに近く、その分、木俣からは遠かった。

春画事件による三カ月の編集長休養処分の時に臨時編集長として乗り込んできた木俣正剛と編集部員たちの関係も、必ずしも良好なものではなかった。

二〇一六年の週刊文春の躍進についても木俣は否定的だった。

《文春砲という言葉が近頃使われます。褒めていただいているのかもしれませんが、私は好きになれません。私たちはペンであり剣ではありません。最初から人を倒すために存在するのではなく、読者に判断してもらうために存在していると思っているからです。》(『東京新聞』二〇一九年一〇月三日付夕刊・木俣正剛〈文春の流儀〉)

もし、木俣正剛を社長にすればどうなるか? 新谷学が推進しようとしているデジタルへの挑戦が難しくなることは火を見るよりも明らかだった。

株式会社文藝春秋が出版社というよりも雑誌社であることは、これまでも何度か触れた。だが、文藝春秋が今後も雑誌社であり続けることは不可能であり、いまこそ大きな変化が必要だ。そう考えた松井清人は、長年の盟友であり、文春ジャーナリズムの栄光をともに支えた木俣正剛ではなく、編集経験を持たない中部嘉人、そして新谷学に文藝春秋の未来を託そうとした。

業界誌『出版人・広告人』の編集兼発行人で、出版界に精通する今井照容は「結局のところ、松井さんは真面目な社長だったということ」と分析している。

「二〇一七年の数字があまりにも悪かったから、少しでも業績を上げて、明るい材料を作っておいてから中部さんに渡したい、という思いが強かった。編集経験のない中部さんを、自分が会長になって支えようと考えたんでしょう」

二〇一八年四月下旬、松井清人社長は中部新社長と自らの会長就任を含む人事案を役員会に提出した。文藝春秋の内規では社長の定年は六七歳、会長の定年は六九歳だ。すでに松井清人は六七歳になっていた。

次期社長の選任は現社長の専権事項であったから、反対の声は出なかった。だが、松井清人の会長就任には西川清史副社長、木俣正剛常務ら三人の役員が反対した。

文藝春秋は三五〇人の小さな会社だ。松井さんは中部さんを社長に据えて自分は会長となって院政を敷くらしい、という噂はたちまち社内の隅々まで流れて反発の声が上がった。

五月上旬、松井社長は会長就任の撤回を役員に伝えたが、引き続き七月以降の人事は自らが決めると宣言。すでに人事案を総務局に提出したという噂が流れたから、文春社内は再び燃え上がった。

五月一六日には部長たち六人が「部署長有志の会」を結成、社内に数十人いる管理職宛にメールを一斉送信した。

松井社長の会社運営には大きな問題があります。自分のやり方に反対する者を厳しく叱責し、すべての人事を自分ひとりで決めています。私たちは松井社長の役員人事案の撤回を求める要望書を提出するつもりです――。

五月二四日には、管理職一一名が役員全員に要望書を提出した。文藝春秋の内紛は朝日新聞の知るところとなり、いくつかの小さな記事になった。結局、松井社長の人事案は撤回されないまま、六月には松井清人社長、西川清史副社長、木俣正剛常務がすべて文藝春秋を去った。

社内報七月号に掲載された西川清史の文章が胸に沁みる。

《そろそろ家に帰る時が自分にもやってきたのか、と思う。心理的には四一年ぶりの帰宅である。いったいどの面下げて家に帰ればいいのか、これもよくわからない。六月の午後五時はほぼ白昼だが、すぐに薄暮の時間が訪れることも知っている。森の奥深くで静かに降る雨のように、しみじみとした寂しさが降りかかる。夜の冥暗が訪れるまで、もうすこし、もうすこしだけ、遊ばせてほしいとはな垂れ小僧のように思う。》

花田週刊の栄光を知る者たちが去り、文藝春秋は新たなる時代を迎えようとしていた。

最終章　文春オンライン

花田紀凱が紀尾井町の文藝春秋を訪れたのは、二〇一八年一一月三日のことだった。『週刊文春』連載の人気コミック「タンマ君」（東海林さだお）の連載五〇年を記念するムックを年明けに出す。長年の読者に小誌の歴史を改めて知っていただくために対談をお願いしたい、という新谷学の依頼を了承したのだ。

新谷学は、中部社長誕生と同じタイミングで『週刊文春』編集長を退任、新設された週刊文春編集局長に就任していた。「雑誌を作っている時が一番楽しかった。現場を離れるのはつらい」とは文藝春秋OBの誰もが口にすることだ。花田紀凱は「低迷する本誌（月刊『文藝春秋』）を立て直すためには、新谷を編集長にするしかない」と言い続けてきた。

だが結局、新谷学が月刊『文藝春秋』編集長に就任することはなく、雑誌づくりの現場を離れることになった。

「俺には自分がやりたいこと以上に、やらなくてはならないことがあった。それが紙の『週刊文春』を中心に、多角的にコンテンツビジネスを展開するという週刊文春編集局の構想でした。

週刊文春局を作るべきだ、とは、自分が編集長になってからずっと言い続けてきたこと。編集部の現場はがんばっているけど、『週刊文春』の部数が下がり続けているのは事実。ではどうすればいいのか？　規模を縮小しろ、人件費も取材費も減らせ、編集部もコンパクトにしろ。そういうことじゃないだろうと思った」（新谷学）

記事をコンテンツと捉え、多様な形で有効活用してマネタイズする。デジタルへのチャレンジはもちろん、週刊文春出版部を作って出版機能を内製化する。これが新谷の局構想だ。

「具体的にいうと、たとえば『週刊文春』で医療問題やジャニーズや北朝鮮といった短期集中連載をやりますよね。これまでは、連載が終わってしばらくすると、外の部署（出版局）から『これをムックにしたい』という話がきて調整するという流れだった。非効率だし時間もかかる。でも、週刊文春編集局内に出版機能があれば、企画を立ち上げる段階から、書籍化のアウトプットまで考えられる。二〇一八年に出したムック『老けない最強食』はその好例です。

俺がこれまでおもしろおかしく仕事をしてこられたのも、文藝春秋という風通しが良く、自由を容認してくれる会社があったからこそ。だったらこれからは恩返しだろうと思った。自分に続く世代、特に二十代、三十代の若い連中に、自分が味わったおもしろさや楽しさを味わってほしい。編集者や記者ってこんなに楽しいんだぞ、と。出版冬の時代とか、言い訳を並べ立ててもしかたがない。現実として稼がなければ俺たちは飯が食えなくなるし、好きな雑誌や本も作れない。メディアの人間にはお金のことを露骨に言うのはかっこ悪いという風潮があるけど、殿様商売で成り立った時代はとっくに終わった。ここで稼ぐ仕組みを作っておかなければ、文藝春秋は存続できない。俺は稼ぐことから逃げるつもりはありません。二〇一六年に『週刊文春』はブランドになった。スクープといえば『週刊文春』というイメージが〝文春砲〟という言葉でブランディングされた。その賞味期限が残っているうちに『週刊文春』を使った新たなるビジネスモデルを構築する。スクープを武器に、デジタルという戦場で稼ぐことに本気で取り組む。それこそが俺が今やるべき仕事だと思ったんです」（新谷学）

対談の中で、花田紀凱と新谷学は自らの挫折を率直に語っている。

《花田　あれは三年前かな、新谷君がある日突然、「花田さん、至急会いたい」って電話をかけてきたでしょう。「もしかして何か握られたかな。ついに文春砲がこっちに向いたか」と思って恐る恐る会いに行ったのよ。考えてみれば、別にやましいことはないのに（笑）。そうしたら全然違って、グラビアに春画を載せた件で編集長を休養させられる話だったから、ほっとした（笑）。

新谷　そうそう。なんか身構えてましたね（笑）。

花田　本気でビクついてた。何もないんだよ。思い当たることはないんだけどね。

新谷　当時の社長から三か月の休養を言い渡されたあと、最初に電話したのが花田さんなんです。私は人に悩みを打ち明けたり相談するのが好きじゃないんですけど、「なんだかよくわからないこの状況を花田さんには聞いてほしい。花田さんならわかってくれるだろうし、元気が出る一言をもらえるだろう」と直感的に思ったんです。お会いして「やっぱり出る杭は打たれるんですかね」とこぼしたら、「何言ってるんだ、新谷。出過ぎた杭は打てないぞ」と言われて、さすがだな、と。

花田　ぼくは文春に入ったのが昭和四一年だから、もう五十二年くらい編集者をやってる。その間、一度だけ泣いたことがあってね。『週刊文春』の次に編集長をやった『マルコポーロ』が、平成七年に廃刊になったときです。『マルコ』は創刊以来売れなくて、ぼくがリニューアルを任されて、短期間で実売が五倍になったんですよ。そう田中健五社長に報告したら「バカ野郎、経費も五倍になってるぞ」って怒られた(笑)。で、「これは創刊費用だと思ってくださいよ」と。

新谷　私は同じ編集部にいましたけど、一緒にやっていて楽しかったですよ。

花田　それが急にああいうことになって。僕は仕事のことはそれまであんまり家でしゃべらなかったんだけど、あのときただ一度、かみさんの前で泣いたね。すごく悔しかったんですよ。それ以外は楽しくやってきました。あのあと一年間は『週刊文春』編集長時代と同じように経費を使って遊んでいました。申し訳ございません。

新谷　実は私も休養中、一回だけ泣いたんです。ある編集部員から長文の手紙が来て、私がいなくなった編集部がどういう状況にあるかがつらつら書いてあって、彼が落ち込んだときにいつも聴くCDと観る映画のDVDが同封されていたんです。「現場で一生懸命やっている人間に、そんな辛い思いをさせてるのか」と思って、私もかみさんが目の前にいましたけど号泣しました。本当に悔しくて、ビックリするぐらい涙が出ました。あの頃は部数的にも苦労していて、仕込んでいた元少年Aや甘利さんの取材に手応えが出てきたところで「よし、これで巻き返すぞ」と意気込んだ矢先だったので。

花田　だけど三か月休んで戻った直後からスクープ連発だったじゃない？

新谷　いろいろマグマが溜まってた、というのもありました。

花田　編集長がいない間に部員たちがマグマをずっと溜めてたというのは、やっぱり新谷君の統率力がすごいんだな、とぼくは思ったね。編集長は自分の好き勝手をやっていいんだけど、部下や一緒に働く人を大事にしないと駄目ですよ。編集者の財産は唯一、人間関係しかないからね。》（『週刊文春　タンマ君連載50周年！　丸ごと1冊特盛スペシャル』）

西館六階の談話室で行われた対談の収録が終わると、花田は新谷に「ちょっと二階を覗いていいか？」と言った。『週刊文春』編集部は本館二階にある。

「もちろん。来て下さいよ」

土曜日の午後、社内が閑散とする中、花田は『週刊文春』編集部に足を踏み入れた。退職以来、二二年ぶりのことだ。編集長席までまっすぐ歩いたが、椅子に座ることはなく、立ったままで編集部全体をしばらく見渡していた。感慨に耽る花田の姿を見て、新谷も胸に迫るものがあった。

二階のエレベーターホールには『週刊文春』の中吊り広告や完売御礼のポスターが何枚も貼ってある。それを見た花田が「新谷、ここで記念写真を撮ろうよ」と言った。

「俺にとって文藝春秋といえば『週刊文春』で、『週刊文春』といえば花田さん。俺が入社した頃の花田さんは本当に光り輝いていた。『この人のためにやりたい。この人に喜んでもらいたい』と思わせるのが究極のリーダーだけど、花田さんはまさしくそんな編集長。一緒に完売御礼のポスターの前で写真を撮り、握手まで求められたのは、俺にとって感動的な瞬間でした」（新谷学）

勝谷誠彦が肝不全で亡くなったのは、花田紀凱が『週刊文春』編集部を訪れてからまもない一一月二八日未明。まだ五七歳だった。

私が知ったのは昼頃だったが、すでに何通ものメールが入っていた。通夜は今晩、実家のある兵庫県尼崎市で行われる。告別式は明日の午後。「週刊文春グラビア班有志一同」として花を出す、云々。

夕方六時前、勝谷の一期下で文藝春秋ウェブ事業部長をつとめる柏原光太郎から電話が入った。『文春オンライン』に追悼文を書いてほしいという。承諾すると、まもなく竹田直弘編集長から、改めて原稿依頼のメールが届いた。

二〇〇三年夏に文藝春秋を退社した私は、ほかにできることもないのでノンフィクションライターになり、処女作『1976年のアントニオ猪木』を含む数冊を文藝春秋から出してもらった。古巣の『スポーツ・グラフィック　ナンバー』で一年間の連載を二度持てたことは望外の幸せだった。

『小説宝石』で連載中だった「2016年の週刊文春」では文藝春秋の多くの関係者にインタビューを行い、『Emma』と『週刊文春』で机を並べた勝谷誠彦にもご登場願ったから、最近の勝谷を知る人間として私に白羽の矢が立ったのだろう。

ウェブメディアで著者インタビューを受けた経験は何度かあるが、原稿を書くのはこの時が初めて。私は一時間半ほどかけて、次のような原稿を書いた。

《初めて会ったのは1985年の春、場所は創刊直前の『Emma』編集部だった。

勝谷誠彦は早稲田大学おとめちっくクラブ出身。私が大学時代にまんが専門誌『ぱふ』に関わっていたと聞くと、竹宮恵子ファンクラブ『さんるーむ』会員番号№1の会員証を見せてくれた。私は目を丸くして驚いたが、そんな反応をするのは、当時の文春社内でも私くらいだったろう。

勝谷も私も、文藝春秋ではあまりにも異質な存在だった。定年までつとめ上げるのは最初から無理な相談だった、と今は思う。（中略）

花田紀凱さんが『マルコポーロ』事件の余波で退社してからまもなく、勝谷は「こんなクソみたいな会社」と吐き捨てて文春を辞めてフリーになった。「あいつには週刊の編集長をやらせたかった」と花田さんは嘆いたが、以後の大活躍は私が書くまでもないだろう。特に関西での人気は凄まじかった。

私が現在『小説宝石』で連載している『２０１６年の週刊文春』のために、インタビューを頼んだのは今年の６月。約束の昼12時に千代田区二番町のマンションにある仕事部屋に行くと、いきなりワインが出てきたから驚いた。

私に直接言うことはなかったが、連載担当から、勝谷さんが『２０１６年の週刊文春』を褒めてくれました、と聞いてうれしかった。

９月に入ると、肝炎で緊急入院して集中治療室に入ったというニュースがネットで流れて仰天した。数日後、一般病棟に移ったという報道が出たからメールしてみると、短い返事が戻ってきた。

「まだICUです。いつ出られるかは不明」

9月28日には、こんなメールが届いた。

「一滴も酒はこれから飲まないので（しかも、黙ってそうする）、何かうまいものでも食べに行きましょう。最初は今日明日で、と別れた妻や海外に出発する直前の娘まで枕頭に呼ばれたのに、なぜか生き延びました」

これからは一滴も飲まない、という自らの言葉をなぜ裏切ったのか、と責めるつもりは毛頭ない。

勝谷誠彦は精いっぱい生きたのだ。

さようなら、勝谷誠彦。

君は天才だった。》（『文春オンライン』二〇一八年一一月二八日）

メールの履歴を確認すると、私が右の原稿を送ったのが一九時三一分。原稿と写真をレイアウトしたプレビューページ（校正ゲラのようなもの）が竹田編集長から届いたのが二〇時四四分。私が訂正を入れて返信したのが二〇時五六分。三分後には竹田編集長から「二点修正しました。いまから一〇分以内に『文春オンライン』にアップします。ありがとうございました」と最後のメールが届いた。

入稿から九〇分以内に、すべての作業が完了したということだ。雑誌で育った人間にとっては驚天動地のスピードだった。

短い原稿であっても、泣きながら書けば疲労困憊するから、追悼文は二度と引き受けまいと心に決めたが、花田さんからの依頼であれば断るわけにはいかない。一二月二〇日に発売された『月刊Ｈａｎａｄａ』二〇一九年二月号には「追悼・勝谷誠彦」として、花田紀凱、西川清史、柳澤健の原稿が三本並んだ。光栄だった。

花田さんは勝谷について次のように書いている。

《一一月二九日、勝谷誠彦の葬儀を了えたあと、尼崎の駅のコーヒーショップで、ぼく、西川清史（前文藝春秋副社長）、柳澤健（ノンフィクション作家）の三人で、しばらくしんみりと話をした。

三人とも口数は少なく、無性に寂しかった。あの勝谷誠彦が、死んでしまったなんて……。

一九八五年、文藝春秋が隔週刊の写真誌、ピープルマガジン『Ｅｍｍａ』を創刊した。が、時は『フォーカス』『フライデー』全盛時代、両誌に引っ張られ、過激な内容になって二年で廃刊。文藝春秋にとっては鬼っ子的存在で、今や社員からも忘れられている。

ぼくが特集班のデスクで、その下に石山伊佐夫（のち桐蔭大学教授）、勝谷。西川が表紙などビジュアル担当で、その下に柳澤。当たり前だが、皆、若かった。（中略）

あの年は、ことのほか事件の多い年だった。日航ジャンボ機御巣鷹山で墜落、疑惑の銃弾の三浦和義逮捕、女優夏目雅子死去、阪神タイガース二一年ぶりに優勝、そして翌年四月、岡田有希子飛び降り自殺……。

その度に『Ｅｍｍａ』は過激な写真を掲載、社内外で物議をかもし、ヒンシュクを買った。隔週誌だから過激にしなければ『フォーカス』や『フライデー』に対抗できなかった。

社内では冷たい目で見られていたかもしれないが、しかし編集部は活気に溢れ、エネルギーに満ち満ちていた（ぼくの思い込みかもしれない）。

あの激動の日々から、もう三十年以上の月日が過ぎたとはとても信じられない。

その後、紆余曲折あって、ぼくと勝谷、柳澤は社を辞め、それぞれの道を歩んだ。西川だけは社に残り、順調に出世し、副社長まで務めて二〇一八年に退社した。

それぞれが忙しい身で、しょっちゅう会うというわけにはいかなかったけれど、それでも何となくお互いの動静を気にはしていた。

勝谷にはぼくが編集していた『WiLL』、そして今の『Hanada』に十数年にわたって朝日新聞批判のコラム「築地をどり」を連載してもらった。文体に凝りに凝り、勝谷以外、誰も書けない名コラムだった。

いろいろ悩みも多かったのであろう、二年ほど前、勝谷は鬱状態になり、一時期コラムを休んだ。

その後復活したが、往年の冴えはみられなかった。けれど、ぼくは勝谷にそれを指摘するのが忍びなく、そのまま掲載し続けた。あの勝谷のことだから、いつかまた、鋭さを取り戻すだろうと信じていた。（中略）

棺の中の勝谷の顔は薄化粧をほどこし、穏やかであった。

あのイタズラッ子のような勝谷の笑顔にもう会えないと思うと限りなく寂しい。

このところ蒲団に入って、枕元の電気を消すと、勝谷のことを考えてしまう。楽しかった思い出、バカなことをやっていた日々ばかり思い出す。

バカヤロー、勝谷、早過ぎるよ！》

勝谷誠彦が亡くなった二〇一八年一一月には、『文春オンライン』を週刊文春編集局に入れようという話が出ていた。

松井清人元社長の肝煎りで新たなるニュースサイトが計画されたのは二年半前の二

〇一六年春。当時四三歳の竹田直弘編集長が、収益が得られるニュースサイトを目指すと宣言したことはすでに触れた。

「読者も若くしたかった。月刊『文藝春秋』の中心読者層は六〇代、『週刊文春』が四〇代から五〇代と年々高齢化している。若い読者を獲得しなければ『文春オンライン』に未来はない。三〇代中心、時には二〇代もきてくれるメディアにしようと思ったんです」（竹田直弘）

そもそもニュースサイトは、どのようにして収益を上げるのだろうか？

大きく分けて三つの方法がある。

ひとつは、読者（ユーザー）に直接支払ってもらうことだ。

たとえば『週刊文春デジタル』は月額八八〇円で『週刊文春』一年分二四〇〇本の記事とオリジナル記事を読むことができる。さらにスクープ動画のおまけつきだ。このような定額課金制サービスをサブスクリプションと呼ぶ。記事を一本ずつ買うことも可能だ。『ＬＩＮＥ ＮＥＷＳ』や『ヤフーニュース』では『週刊文春』のスクープ記事を一本一〇〇円から三〇〇円で買える。

ふたつめは、プラットフォーマーと契約を結び、記事提供料を得ることだ。世界的なプラットフォーマーのＧＡＦＡ（グーグル、アマゾン、フェイスブック、アップル）

はあまりにも有名だが、日本のニュースサイトではヤフーニュースが断然強い。ヤフーニュースは基本的には無料サイトである。億単位のPV（ページビュー＝閲覧数）を稼ぎ、ユーザーのビッグデータを収集して、それぞれの好みに合った広告展開を行うことで莫大な収益を稼ぎ出す。その分、テレビ、新聞、雑誌などのマスメディアへの広告出稿は下がったのだが、気がつけば多くの新聞や雑誌が大切な記事をヤフーニュースを通じて配信していた。『週刊文春』もまた例外ではない。

三つめは自分たちで無料のニュースサイトを作ることだ。ヤフーのように広告収入で運営する。

さて、新たなるニュースサイト『文春オンライン』は、どの道を進めばいいのか？

竹田直弘編集長が調べてみると、有料課金サイトで成功を収めているニュースメディアは日経電子版と『ニューズピックス』のふたつだけであることが判明した。いずれもビジネスパーソン向けのサイトだ。ビジネスパーソンは、自分の仕事に直接役立つ情報には対価を払う。だが、文藝春秋は経済紙やビジネス誌のようなディープな経済ネタは持っていない。ならば一般読者向けに作る以外にはない。『文春オンライン』が広告収入で成り立つ無料サイトを目指したのは必然だった。

広告収入を得るためにはPVを増やさなくてはならないが、そのためにはどうすればいいのか？

竹田直弘は『東洋経済オンライン』『ニューズピックス』『スマートニュース』『現代ビジネス』『バズフィード』『ハフィントンポスト』など、思いつく限りのニュースサイトの編集長や責任者に片っ端から会いに出かけて、率直に質問した。

返ってくる答えはひとつだった。

「いま、『週刊文春』は毎週毎週、すごいスクープを出しているじゃないですか。文春砲をうまく使えば、きっとうまくいきますよ」

松井清人社長とウェブ事業部長の柏原光太郎からは「オリジナル記事が七割、雑誌からの転載が三割を目指してほしい」と言われたが、たった三人の編集部でできることは少ない。

竹田直弘は当時の新谷学編集長に「『週刊文春』のスクープ記事をもっと『文春オンライン』に載せて下さい」と頼んだが、「この記事はダメだな。雑誌の目玉だから」とあっさりと断られてしまった。

無理もない、と竹田は思う。記事が無料でインターネットにアップされていれば、わざわざカネを出して週刊誌を買う理由はどこにもないからだ。

二〇一七年一月にローンチ（開設）された『文春オンライン』は、紙の『週刊文春』や月刊『文藝春秋』の売り上げを損なわない程度の記事で構成せざるを得なかったが、それでも編集部の努力の甲斐あって、PVは開設半年で月間二〇〇〇万に届いた。

「最初の頃は、とにかく社内調整が大変でした。『文春オンライン』のロゴの書体をゴチックにすると『竹田、文春というのは明朝なんだぞ、知ってるか?』と言われたり(笑)。文藝春秋は他の会社と比べて編集部の独立が保たれている。他の部署の人間には口を出させない文化があるんです。でも、ウェブはそれではやっていけない。雑誌とも新書とも単行本とも、どこの部署ともいい関係を保って、ウェブでウケる記事をどれだけもらえるかが勝負なんです。PVを上げるためには、記事の本数はもちろん、サイト内に長く留まってもらうことも重要になる。回遊率というのですが、サイト内にある他の記事を読んでもらう割合を上げなくてはいけない。そのためには記事の中身だけでなく、読者に気持ちよく読んでもらうための技術、テクノロジーの部分が不可欠です」(竹田直弘)

すっきりとして見やすいデザイン。パソコンでもスマホでも画面内にきちんと収まり、クリックすればサクサク動く快適さ。記事や広告表示のスピード感。ウェブサイトは記事が半分、技術が半分だと竹田は言う。

「立ち上げた時のウェブディレクターは山根良太さんですが、二〇一七年秋からはもうひとり、浪越あらたさんにも加わってもらいました。ディレクターが二人になって以来、飛躍的にPVが上がったから驚きました。その後、エンジニアやデザイナーにも入ってもらい、徐々に体制を整えていったんです。文藝春秋は古い体質の会社ですから、社内で認められるためには数字を出すしかない。雑誌や単行本を作っている人たちにとって、PVは部数と同じでわかりやすい。だからPVを上げることを最大の目標にしました」（竹田直弘）

『文春オンライン』編集部では週に一度、三〇分のPV会議が開かれる。どの記事がPVを稼いでいるのか、PVを上げるためにはどんな記事を載せればいいのか。数字だけを考える会議だ。

「数字を出すのは大前提。でも、それだけではみんなが疲れてしまう。『数字を狙う記事』と『やりたい記事』のバランスをとらないといけないんです」

二〇一七年末、『文春オンライン』のPVは五〇〇〇万に達し、翌年も同程度の数字で推移した。決して悪くない数字だが、収益を上げるまでには至っていなかった。

当時、出版社系サイトのトップは『東洋経済オンライン』の約二億PV。それに続くのが『NEWSポストセブン』（小学館）や『アエラドット』（朝日新聞出版）の一億PV弱。『文春オンライン』は第三グループに位置していた。

ここを抜け出さなければ儲からない。竹田直弘はそう感じた。

『文春オンライン』の記事の割合は、『週刊文春』と月刊『文藝春秋』と書籍からの転載が半分、オリジナル記事が半分というところ。

データを見ると、『週刊文春』のスクープ速報がPV獲得のエンジンとなっていることは明らかだった。特集記事の短い予告編である。一方で、オリジナル記事はユーザーが回遊する中で読まれることが多く、客寄せにはなりにくいことも判明した。

PVをここからさらに上げていくためには『週刊文春』との連携の強化が不可欠だ、と竹田直弘は考えた。

一方、『週刊文春デジタル』を担当する渡邉庸三デスクは、有料課金モデルの大きな壁にぶち当たっていた。当時の『週刊文春デジタル』は加入者七〇〇〇人程で頭打ち状態。月額八八〇円をニコニコチャンネルに支払い、スマホやパソコンで『週刊文春』の記事や直撃動画を読んだり見たりする人間の数は、期待したほどには増えなかった。

気がつけば『週刊文春デジタル』は、コアなアイドルファン向けにディープな情報を提供するマニアックなサイトになっていた。作っている人間が少数であり、テレビ局に直撃動画も売っていたから赤字ではなかったが、『週刊文春』の記事をスマホで読んでもらおうという当初の目標とは違う方向に進んでいた。二〇一四年春に新谷学が始めたデジタルへのチャレンジは、四年を経てなお、紙の落ち込みを補うには程遠い状況だったのだ。

だがいま、『文春オンライン』は強力なコンテンツを切実に求めていた。そして『週刊文春』もまた、自らのスクープ力を存分に活用できるプラットフォームを必要としていたのだ。

『週刊文春』に掲載されるのはほかのどこにも出ていない独自ネタばかり。ベッキーもショーンKもネット上で大爆発した。コンテンツとしては最強だ。

『週刊文春』と『文春オンライン』の連携をもっと深めるためにはどうすればいいのか？　渡邉庸三は竹田直弘と議論を重ねた。

「そもそも『文春オンライン』は、文藝春秋という会社全体のプラットフォームとして、宣伝プロモーション局の中に立ち上げられたという経緯があり、社内では書籍や雑誌の宣伝的役割をもっと果たすべきだという意見が強かった。しかし、そういう自社広告記事ではPVを稼げないのが実状でした。かたや『週刊文春デジタル』も現状のままでは大きな収益を上げるブレークスルーはできそうになかった。二〇一八年の秋頃から竹田（直弘）と何度も話し合う中で意見が一致したのは、有料の課金モデルと無料のPVモデルは、別々にオペレーションするのではなく、ひとつの大きな枠組みの中で考えるべきだという方針でした。有料は無料の延長線上にあり、無料の〝裾野〟を広大にしなければ、ピラミッドの頂上である有料会員の数も増えない。『文春オンライン』が大量のPVを獲得するためには『週刊文春』のスクープ力が必要不可欠、というのが我々の共通認識でした。

だったら、一緒にやるのがてっとり早い。まずは『文春オンライン』をニュースメディアとして勢いをつけてしまおうと。『文春オンライン』が『週刊文春』と同じフロア、同じ局内にあれば、連携はスムーズになるし、スクープ対応もしやすい。『文春オンライン』が週刊文春編集局に入ることは、一見遠まわりに見えても、じつは名実ともに会社全体のプラットフォームになるための一番の近道だというのが、竹田と私が出した結論だったんです」（渡邉庸三）

『文春オンライン』を週刊文春編集局の中に入れようとするふたりのプランは、しかし社内から猛反発を受けた。「そもそも『文春オンライン』は本誌、週刊、出版局を横断する全社的なプラットフォームであったはずだ。週刊文春編集局の中に入るのは筋が違う」というものだ。

デジタルの最前線で戦うふたりの判断を理想論を掲げて邪魔するべきではなかろう、と社外の私は思うが、この期に及んでもなお、ビジネスの論理とは異なる考えで動く人間も社内には多く、デジタルへの生理的な嫌悪と拒絶も存在した。

週刊文春編集局長の新谷学はもちろん、渡邉庸三と竹田直弘の合併構想の最大の推進役となった。

「このプランは俺も成長戦略の一丁目一番地として、かねてから上層部に伝えていたこと。現場で数字を背負うふたりが『一緒にやるしかありません』と言ってきたから、俺は改めて上層部に話をした。半ば強引に話を進めざるを得ないところもありました。反対はものすごかった。オール文春のつもりで作った『文春オンライン』がどうして週刊文春編集局に入るんだ、週刊の軍門に降るのか、と。感情論としては理解できますが、リアルなビジネスを考えた場合、『文春オンライン』と最も親和性の高いメディアが『週刊文春』であることは明らかです。

これまでの『文春オンライン』は『週刊文春』にとっては同じ社内であっても遠い存在だった。お互いに気を遣いながら『この記事を出してもらえませんか？』『いや、それは紙の雑誌が食われるから困ります』と、いわば半身の状態でのやりとりを続けてきた。

でも、そんなことでは話にならない。俺たちは本気でデジタルシフトして、デジタルの世界で勝たなければいけない。勝つためには武器を磨くしかない。週刊文春編集局の中に『文春オンライン』を入れれば、同じ部署だからスクープ速報の本数も増やせるし、これがほしい、というネタを最高のタイミングで出せる。スクープという武器をとことん使って、全体を引き上げるイメージです。一見、『文春オンライン』が『週刊文春』に飲み込まれたように見えるかもしれないけど、全社的なバランスを取るのは後からでもできるわけですよ」（新谷学）

役員のほぼ全員に反対されたから、「向かうところ敵だらけだな」と新谷が苦笑することもあった。

「オンラインとデジタルの現場で戦っているのは竹田と渡邉です。ふたりが出した結論を社内の事情で潰すなんて論外でしょう。俺自身は、みんなが稼げてハッピーになれる仕組みを作りたいだけ。『文春オンライン』を週刊文春編集局に移して、もしうまくいかなければ、俺のことをおもしろく思わない人たちからボコボコに叩かれるに決まってる。リスクだらけですよ。でも、誰かが決断しなければ何も進まないから『俺が責任をとります』と押し切るしかなかった」（新谷学）

『文春オンライン』編集部が九階の宣伝プロモーション部から二階の週刊文春編集局

に移ってきたのは二〇一九年四月のこと。俺が責任をとると啖呵を切った以上、新谷学には『文春オンライン』の数字を上げる以外に道は残されていなかった。背水の陣である。

だが、成果は意外なほど早く出た。当初の目標であった年内の一億PVを一カ月も経たないうちにクリア。その後も右肩上がりを続け、半年後の一〇月には二億PVを超えた。

二億PVは、出版社系サイトでは『東洋経済オンライン』だけが達成している数字だったから、渡邉庸三のデジタル部、文春オンライン編集部、デジタル・デザイン部（文春オンライン担当）にはそれぞれ社長賞が贈られた。

「『週刊文春』からもらえる記事の数も以前より遥かに多くなったし、渡邉庸三さんのデジタル部とガッチリ連携できたことも大きい。紙の雑誌で扱わないようなマニアックなアイドルのネタでも、『文春オンライン』に載せればドンとPVが伸びる。これまでデジタル部は課金サイトの『週刊文春デジタル』と『週刊文春』の芸能記事を主に担当してきたんですけど、次第に『文春オンライン』でPVを稼げる記事を作る専門部隊になっていった」（竹田直弘）

『文春オンライン』の躍進を支えたのが、紙の『週刊文春』のスクープ力であることは繰り返すまでもなかろう。二〇一八年七月に新谷学から編集長を引き継いだのは加藤晃彦だった。

「青天の霹靂でしたね。ウチの奥さんとはずっと話をしていたんです。僕は『週刊文春』にもう六年もいるから、七月の人事異動では絶対に出るはずだ。『週刊文春』のデスクよりも忙しい仕事は社内にはない。これからは楽になるから安心してほしいって。人事部のアンケートにも、希望の部署は『ナンバー』もしくは経理部と書きました。そもそも僕は『ナンバー』をやりたくて文春に入ったわけだし、営業にも広告にもいたことがあるから、経理に行けば会社のことが大体わかるかなと思って。

そうしたら三月末くらいだったかな。新谷さんに呼ばれていきなり『七月から編集長』と言われた。一瞬、何の編集長かなって。新谷さんとは一〇歳違うから、さすがに『週刊文春』編集長はないだろうと思っていたんです。文春は基本的に年功序列の会社だし。新谷さんが次に本誌に行くのなら、もしかしたら僕も一緒に行くかもしれないな、とぼんやり考えていたくらいで。

『週刊の編集長をやることになった』と奥さんに言ったら『えーっ、それはおめでとうって言った方がいいんだよね？』と、複雑な心境を隠さなかった。『週刊文春』のデスク以上に忙しい仕事はないと思っていたけど、じつはひとつだけあった。編集長

です（笑）」（加藤晃彦）

だが、新編集長となった加藤は大いに苦しんだ。部数の減少が止まらないのだ。

文春砲が炸裂した二〇一六年下半期の平均実売部数は約四三万部。だが二〇一七年は三六万部、二〇一八年は三二万部と大きく減り、二〇一九年上半期はついに三〇万部を下回って二八万七二四一部まで落ち込んだ（ＡＢＣ考査レポート）。

『週刊文春』の取材力が落ちたわけでは決してない。農協を通じて配布される『家の光』という唯一の特殊な例外を除いて、『週刊文春』の部数はあらゆる雑誌の中でトップをキープし続けていた。雑誌全体の落ち込みが激しかったのだ。

総合週刊誌二位の『週刊現代』は約二〇万八〇〇〇部。「飲んではいけない薬」シリーズが七〇歳に近づいた団塊の世代の心をつかみ、月三回刊にして合併号を増やすことで部数を維持したものの、スクープからは完全に手を引いた。『週刊新潮』『週刊ポスト』に至っては二〇万部を切り、気息奄々（えんえん）たる状態に陥っていた。

部数が落ちた『週刊文春』を大幅にリニューアルすることは不可能だった。

二〇一七年七月には『週刊文春』の表紙イラストを長く担当した和田誠が病床に臥した。当時の新谷学編集長は新たなるイラストレーターを起用せず、過去のイラストの再使用を決めた。和田誠が二〇一九年一〇月七日に亡くなった後も、加藤晃彦編集長はアンコール企画を継続させた。
伊集院静、林真理子、阿川佐和子ら連載陣は固定読者をつかんでいる。雑誌に新陳代謝は必要だが、変えすぎてしまえばこれまでの読者を失う。ジレンマだった。
「紙の『週刊文春』が大きな転換点にあるのは事実です。このまま部数が下がれば、どこかで損益分岐点を下回ってしまう。かといって固定費はそうそう下げられない。原稿料を来週から一〇パーセントカットします、記者も減らします、取材費も削りますとなれば、クオリティが下がって読者離れが進む。そこをどうやって守るか。『文春オンライン』が二〇一九年四月に週刊文春編集局に入った時、局長の新谷さんは『PVを上げるために記事をオンラインに提供してほしい』と言ってきましたが、僕は抵抗せざるをえない状況でした。もちろん、デジタルの重要性については理解しているつもりです。それでも、オンラインに記事をタダで出すことは、紙の雑誌だけを考えればマイナスにしかならないから苦しかった」（加藤晃彦）
加藤編集長は紙の雑誌で収益を上げる責任を負う。『週刊文春』の記事が『文春オンライン』でいくらPVを稼いだところで、紙の数字が下がれば、人員や経費の削減要求が上層部から出かねない。たとえ同じ局内であろうと、記者たちが苦労してとってきたネタを『文春オンライン』にタダで出すわけにはいかないのだ。

加藤は一計を案じて新谷に持ちかけた。『文春オンライン』は広告モデルであり、PV数が上がれば広告収入が増える仕組みだ。仮に『週刊文春』由来の記事が全体の三分の一のPVを稼いでいるのであれば、広告収入の三分の一を『週刊文春』編集部の実績にしてほしい、と要請したのだ。

「新谷さんが『わかった、やる』と言ってくれたのは二〇一九年の秋頃。この判断はめちゃくちゃ大きかった。そんな時に、沢尻エリカが逮捕されたんです」(加藤晃彦)

女優の沢尻エリカが麻薬取締法違反で逮捕されたのは一一月一六日。驚くべきことに、逮捕当夜の『文春オンライン』には、家宅捜索のわずか三時間前にクラブで踊り明かす沢尻エリカの映像がアップされた。

「沢尻が逮捕されたのは土曜日。ちょうど僕たちがデスク会議をやっていた夕方に第一報が入った。ウチは金曜深夜に沢尻がクラブで踊っている動画を撮っていたから、僕は『オンラインにすぐに出そう』と言いました。新谷さんの発案で、二〇一二年に『週刊文春』がスクープしたときの記事と写真を一緒に出したら、異常な数のPVを稼ぎ出したんです」(加藤晃彦)

「フジロックフェスティバル」でドラッグをキメて踊りまくる沢尻エリカ。スペインで一緒に大麻やエクスタシー(合成麻薬)を服用した外国人ドラッグディーラーの写真。元夫である高城剛の証言。大麻使用の陽性反応が出たために専属契約を解除するというスターダストの通知書――。

映像でも写真でも記事内容でも『文春オンライン』は他の追随を許さなかった。沢尻エリカの逮捕は『週刊文春』の恐るべき取材力と、エイベックスに忖度してこれまで何も報じてこなかった他のメディアの弱腰ぶりを再び世に知らしめたのだ。

無料サイトである『文春オンライン』は、数十万部規模の週刊誌とは比較にならない数の人々に読まれる。沢尻エリカ関連だけで一億PVを稼ぎ出したこともあって『文春オンライン』はなんと月間三億PVを達成、瞬間風速ながら『日経電子版』や『朝日新聞デジタル』を超え、日本のすべてのニュースメディアで一位を記録した。

「ストックがビジネスになるということを、僕たちは沢尻逮捕の時に学んだような気がします。紙の雑誌は一週間ですべてが決まる。二〇一二年の沢尻の薬物疑惑スクープも、決して悪い数字ではなかったけれど、完売には至らなかった。ところが、七年前の記事や写真、動画を再構成して『文春オンライン』にアップしたら、ドカンと稼げるコンテンツに変身したんです。

沢尻逮捕と同じ頃に、嵐の二宮和也の結婚話の記事が出た。ウチは前年八月にふたりが海外旅行から帰国した直後に直撃していたから、その時の写真を『文春オンライン』にアップしたら、すごいPV数を稼ぎ出した。スクープはずっとあとになってから収益を上げることがある。ウチしか読めないオリジナルはやっぱり強いんです。二〇二〇年一月に嵐の櫻井翔が彼女と一緒にベトナムとハワイに行ったとき、ウチはかなりの費用をかけてスクープしたんですけど、紙の雑誌の初速はよくなかった。発売日の数字を見て、これはオンラインで稼いだ方がいいと判断して五回に分けて連日のように記事を出したところ、六〇〇〇万PVを稼いでくれました」（加藤晃彦）

金額に直せば約二〇〇〇万円。紙の雑誌が七万部売れたのと同じ実入りになる。〈東出昌大独占告白「すべてを失いました」〉（二〇二〇年二月二七日号）の時はLINEで一本三〇〇円の記事が一万本売れた。九割が週刊文春に入るから、一本売れれば二七〇円。じつは紙の雑誌を一冊売っても、取次や書店の取り分を差し引くと、『週刊文春』に入るのは同じ二七〇円である。LINEで一万本の記事が売れれば、紙の『週刊文春』を一万部余計に売ったのと同じ計算になるのだ。

「確実にデバイスチェンジ（媒体の変化）が起こっている。紙の読者はもちろんいるし、紙の雑誌の収益は当然大きい。でもその一方で、紙の雑誌なんて世の中に存在しない、くらいに思っている人たちも大勢いる。ウチのコンテンツは他のどこにも出ていないスクープだから、適切なデバイスに載せてあげれば絶対に読まれることがわかってきた。

『文春オンライン』の登場で『週刊文春』は三つの壁を越えた、と僕は最近現場によく言うんです。

ひとつは時間の壁。『週刊文春』は毎週木曜日発売ですけど、ほかのメディアに追いつかれそうなら『文春オンライン』にもっと早く出すこともできる。

ふたつめは量の壁。紙の雑誌は、いくら刷ってもせいぜい五〇万部から六〇万部。回し読みされても一〇〇万人にしか届かない。でも『文春オンライン』なら、時には何千万人が読むわけです。

三つめは世代の壁。いまの若い世代は、そもそも紙の雑誌を手に取らない人も多い。でも、スマホで『文春オンライン』にアクセスしてくれればその壁を越えられる。

だったらデジタルファーストで、紙の雑誌をやめた方がいいのか？　そうじゃない。自分が編集長になってみてわかったんですけど、紙という制約があることで記事のクオリティは間違いなく上がります。〆切と字数制限があり、校正も二回通る。一度刷ったら直せないから、裏取りの緊張感も半端ない。『週刊文春』がウェブオリジナル記事を出すこともありますが、やっぱり緊張感が違う。その上、ウェブでは長いストーリーはなかなか読んでもらえない。本物のスクープは、やっぱり紙で出すべきな

んです」（加藤晃彦）

加藤晃彦にとって、二〇二〇年三月二六日号は一生忘れられない号になった。編集長となって初めての完売を達成したからだ。

一二ページに及ぶ〈妻は佐川元理財局長と国を提訴へ　森友自殺財務省職員遺書全文公開「すべて佐川局長の指示です」（大阪日日新聞記者　相澤冬樹）〉は、まさに一〇年に一度の超弩級のスクープだった。リードは次の通りだ。

《2年前の3月7日、近畿財務局職員・赤木俊夫氏（54）が自ら命を絶った。安倍昭恵夫人が関与する小学校への国有地格安払い下げが国会で問題となる中、起きた決裁文書の改ざん事件。真面目な公務員は、なぜ公文書を改ざんし、そして死を選ばなければならなかったのか。「財務省が真実に反する虚偽の答弁を貫いている」「最後は下部がしっぽを切られる」。Ａ４で7枚の痛切な「手記」やメモには、その経緯が克明に綴られていた。「隠蔽の安倍政権」の真実がついに明らかに――。》

二〇一六年六月、近畿財務局は大阪府豊中市の国有地を、小学校の建設予定地として学校法人森友学園に売却した。

だが翌年二月八日、豊中市の木村真市議が情報公開を求める訴訟記者会見を開いた。近畿財務局は他の国有地の売却額をすべてインターネット上で開示しているのに、この土地の売却額だけが非開示なのはおかしい。建設中の小学校の名誉校長には安倍晋三首相夫人の安倍昭恵が就任している。背景に何かがあると疑われてもしかたがないのではないか？

朝日新聞が九日の朝刊でこの件を大きく報道し、翌一〇日に民進党議員が財務省を追及すると、財務省はわずか二日前の情報公開請求の際には出さなかった国有地の売却額をあっさりと出した。鑑定額は九億五六〇〇万円。だが、地中のごみの撤去費として八億一九〇〇万円を値引きして、鑑定額の七分の一以下の一億三四〇〇万円で売却したという。タダ同然と言っていい。

国有地が相場を遥かに下回る格安の価格で売却されたのであれば、財務省および近畿財務局の背任行為の疑いがある。しかも小学校の名誉校長は首相夫人だ。国会もメディアも大騒ぎになった。

二月一七日には安倍晋三首相が「私や妻が関係しているということになれば、間違いなく総理大臣も国会議員も辞めるということは、はっきり申し上げておきたい。まったく関係ない」と言い切った。

二月二四日、国会に呼ばれて証人喚問を受けた財務省の佐川宣寿（のぶひさ）理財局長は「売買契約の締結をもって事案は終了。交渉文書は速やかに廃棄した」と答弁した。しかし、実際には国有地取引の経緯を記した公文書が残されており、そこには「安倍昭恵首相夫人」の名が繰り返し記されていた。

佐川理財局長は近畿財務局に、森友学園に厚遇したと取られる疑いのある箇所はすべて修正するようにとの指示を出した。森友学園への不動産売買には一切関わっていなかったにもかかわらず、上司に命じられて交渉文書の修正を担当した赤木俊夫氏は大きな心労を抱えた。会計検査院の特別検査や大阪地検特捜部の来庁を受けるたびに精神状態が悪化して、鬱病と診断された。検察から電話で事実上の事情聴取を受けると「僕は犯罪者や！」と叫んだ。三月二日に朝日新聞が財務省の公文書改ざんを報じるとひどく落ち込み、「死ぬ、死ぬ」とつぶやくようになった。五日後に自宅で首つり自殺をする直前、最後の力を振り絞って書かれた手記は次のように結ばれている。

《この事実を知り、抵抗したとはいえ関わった者としての責任をどう取るか、ずっと考えてきました。

事実を、公的な場所でしっかりと説明することができません。

今の健康状態と体力ではこの方法をとるしかありませんでした。（55歳の春を迎えることができない儚(はかな)さと怖さ）

家族（もっとも大切な家内）を泣かせ、彼女の人生を破壊させたのは、本省理財局です。

私の好きな義母さん、謝っても、気が狂うほどの怖さと、辛さこんな人生って何？

兄、甥っ子、そして実父、みんなに迷惑をおかけしました。

さようなら》

公文書改竄の事情を詳細に綴った赤木氏の手記が、人々に真実を知ってもらいたいという痛切な願いから書かれたことは一読すればわかる。だが、ひとり残された妻の雅子さんは長く公表をためらった。財務省理財局および近畿財務局の人々に配慮したからだ。

雅子さんが切実に求めたのは「優しく、自分の仕事に誇りを持っていた夫が、なぜ自殺を選ばなくてはならなかったのか？」という疑問への答えだった。

だが、その疑問に答えてくれる人物は、ひとりもいなかった。

国税庁長官に栄転していた佐川宣寿は赤木氏の自死の直後に辞任したが、雅子さんが何度連絡をとっても返答はなかった。財務省は「決裁文書の改ざん等に関する調査報告書」を発表したが、内容はごく曖昧なもので、夫が自死に追い込まれた経緯や原因を知ることはできなかった。

思いあまった赤木雅子さんは大阪日日新聞の相澤冬樹記者に連絡をとった。相澤の連載コラムのプロフィール欄には森友事件を取材するためにNHKを辞めたとあり、電話番号とメールアドレスまで記されていたからだ。

相澤冬樹はラ・サール高校新聞部で活躍、東大法学部卒業後はNHKに記者職で入局して東京報道局社会部記者となり、大阪放送局の大阪府警キャップをつとめた。報道の世界ではスーパーエリートである。

四〇代半ばで現場を離れてBSニュースの制作担当になったが、二〇一一年の東日本大震災をきっかけに、志願して一介の記者に戻った。すでに四九歳。エリートのすることではない。相澤は役職ではなく、記者という仕事自体を愛していたのだ。

二〇一六年七月に大阪司法担当キャップとなり、そこで森友事件に出会った。

相澤は朝日新聞のスクープよりも先に森友事件を原稿にまとめていたが、なぜかデスクは相澤の原稿を書き換え、森友学園に総理夫人が関与しているというニュアンスを弱めたばかりでなく、原稿を東京に送らなかった。当然、全国放送はされず、関西ローカルのニュース番組だけで報じられた。

以後もNHKは国有地の値引き問題、すなわち近畿財務局の背任という森友事件の本質から目を背け続けた。総務省が所管する特殊法人NHKの予算は国会の承認が必要であり、会長人事は政治と密接にからむから、何らかの忖度があったと見るのが自然だろう。

国有地を売却する以前に、近畿財務局は森友学園に「いくらなら出せるのか？」と尋ね、実際にその金額以下で売ったというスクープをつかんだ相澤は、ついに「ニュース7」に記事を出した。二〇一七年七月二六日のことだ。だが、激怒した報道局長は、翌年夏の異動で相澤を記者から外してしまう。

森友事件の取材を続けたかった相澤冬樹はNHKを退職して、大阪日日新聞というローカル新聞に移った。腕に覚えのある相澤は、オーナーの吉岡利固（としかた）にこう言った。

「給料はいくらでも構いませんが、取材費は使わせて下さい。雑誌やインターネットで記事を書くことも認めて下さい。ほかの媒体に記事を書く時は、もちろん大阪日日新聞でも同時に記事を出します。大阪日日新聞の知名度を上げて部数増に貢献します」

九〇歳のオーナーは人物で「あんたはウチで面倒を見る。自由に取材して真実をどんどん書いてもらいたい」と言ってくれた。

新聞やテレビの記者は、社には内緒で週刊誌に原稿を書くことがよくある。だが、NHK時代の相澤は、アルバイト原稿を書いたことが一度もなかった。雑誌に書きたいが、出版社への伝手もコネもない。

相澤はノンフィクション作家の西岡研介に相談した。二十数年前、相澤はＮＨＫの兵庫県警キャップであり、西岡は神戸新聞の兵庫県警担当だった。いわばライバルであり同志でもある。その後の西岡研介が『噂の眞相』を経て『週刊文春』、さらに『週刊現代』の特派記者になったことはすでに触れた。

西岡が相澤に紹介したのが、新谷学だった。

新谷は相澤と東京で会う約束をとりつけ、相澤が文藝春秋にやってきた時には、週刊文春出版部長の小田慶郎を同席させた。のちに李栄薫（イヨンフン）『反日種族主義』を担当し、四〇万部のベストセラーに導いて社長賞を獲得した優秀な編集者である。

「初めて新谷さんと会った時には、第一声で『相澤さん、本を書きましょう』と言われましたよ」

と相澤冬樹は笑う。

「すぐに小田さんを含めて具体的な話が始まり、結局二〇一八年の暮れに本を出すことになるんですけど、やっぱり文春は勢いがあるな、と思った。大ＮＨＫを辞めて『大阪日日新聞』という小さなローカル新聞に移った自分が生き残っていくためには、大きな媒体、全国に伝えられる媒体にきちんと記事を載せないといけない。その意味で、私にとって『週刊文春』はとても大事な存在です。何度か書かせてもらいましたが、編集部の人たちからは『一発当ててやるぞ！』という強い気持ちを感じました。テレビや新聞が書けないことを書くのが週刊誌。いわゆる早刷りがバーッと政界に出回って、我々記者のところにも届いて『おっ、明日こんなのが出るぞ！』と慌てて動いたことはこれまでにも何度かありましたが、いま、そういう力を残しているのは『週刊文春』くらい。いま一番勝負している週刊誌だと思います」

週刊文春出版部から刊行された相澤冬樹の第一作『安倍官邸vs.ＮＨＫ』は、森友事件の全貌と財務省およびＮＨＫの忖度ぶりを詳細に描いて一〇万部のベストセラーとなった。

自殺した赤木俊夫氏の妻・雅子さんが相澤に連絡してきたのは発売直前の一一月二七日。相澤が指定された梅田の喫茶店に行くと、雅子さんは「これ、見たいですよね」と、夫が書いたＡ４七枚の手記を取り出した。

相澤は興奮を抑えられなかった。手記の存在自体は噂されていたが、実際に目にした記者はひとりもいなかったからだ。だが、雅子さんはこう言った。

「これは記事にしないでくださいね。相澤さんに裏切られたら私は死にます」

相澤は待つことにした。

「この人の思いは、僕らが説得したり、お願いしたくらいで簡単に覆るものではない。

そんなことをすればむしろ逆効果だと思いました。ずっとおつきあいしていく中で、彼女の気持ちが変わるのを待つしかない、と。

手記を読ませてもらってすぐにわかりました。赤木俊夫さんは単なる遺書として残したんじゃない。明らかに世間に公表されることを望んでいる。だから、雅子さんの中にも、自分は夫の遺志を尊重して手記を公表しなければならないという気持ちがあった。でも一方では、実名入りの手記を公表した場合のマスコミの騒ぎと近畿財務局、財務省の反応が怖かった。

雅子さんはずっと葛藤していたけど、裁判を起こすつもりは毛頭なかった。佐川さんや近畿財務局の人たちから真相を聞ければ、それでよかったんです。でも、財務省や近畿財務局の人たちは、もう関わりたくなかった。雅子さんに送られてくる手紙ややりとりを聞けばすべては明らかでした。

結局、彼らは人間をなめたんでしょう。夫を亡くした雅子さんは何もできずに泣き寝入りするしかない。赤木さんの自殺は公務災害認定されてカネも渡した。もうこれで文句はないだろう、と」

そのまま一年が過ぎた二〇一九年の暮れ、相澤の携帯電話が早朝に鳴った。電話の主は泣いていた。

「まだ朝の七時前でした。近畿財務局の人から『もう会えません』というメールが届きました、完全に縁を切られちゃった。もうダメ、財務局の中で会える人がいなくなってしまった、と雅子さんは電話口で一時間くらいずっと嘆き悲しんでおられました。

おそらく、雅子さんはあの時に決めたんでしょう。裁判を起こすしかないって。財務局に話す気がないのであれば、こちらから聞き出すしかない。そのために裁判を起こそう。裁判所には赤木さんの手記を証拠として提出する。だったら世間にも手記を公表しよう。こうして裁判と手記の公表がセットになって動き始めた。

そこからの雅子さんは凄かったですよ。全然迷いがなかった。僕が、実名で行きましょう、赤木さんの写真も出した方がいいと言うと、雅子さんは全部了承してくれました」

二〇二〇年に入ってまもなく、赤木雅子は、国と佐川宣寿元国税庁長官を被告とする民事訴訟を提起することを決めた。総額一億一〇〇〇万円の賠償を請求したが、目的はカネではなく、公文書改竄を命じた佐川宣寿・元理財局長を法廷に呼び出し、謝罪させ、真相を語ってもらうことにあった。

提訴と同時進行で、相澤冬樹は日本中を揺るがすスクープを世に出すべく動き始めた。

「僕が記事を書いてもいいということになって初めて、僕は雅子さんに『新聞もいいけど、週刊誌もいいですよ、週刊誌のいいところは電車の中吊り広告です。少なくとも東京と大阪では、もの凄い数の人が見てくれます。週刊誌に記事を出せば、そういう効果がありますよ』と言いました。そうしたら彼女がいきなり、それは『週刊文春』のことですねって（笑）。僕は文藝春秋から本を出しているし、『週刊文春WOMAN』で連載していることも知っていましたから」

『週刊文春』編集長の加藤晃彦は、相澤冬樹の記事と故・赤木俊夫氏の手記の全文を同時掲載することを即座に決めた。

「（担当の竹田聖デスクから）夜中に自宅に届いた原稿をメールで読んで震えました。これを雑誌に載せるために、俺はこの仕事をしてきたんだ、もういつ編集長を辞めてもいいと思いました」（加藤晃彦編集長）

週刊誌で一二ページという長さは異例中の異例だ。

「いざ書いてみるとすごく長くなってしまった。これは絶対カットしてほしいと言われるだろうと思っていたら、このまま行きます、むしろ書き足してほしいと言われた（笑）。それが発売五日前、金曜日の夜のことです。そこで一二ページを取る判断

をして、翌週水曜日の発売に間に合わせた。意思決定が本当に速い」（相澤冬樹）

当該号発売日の三月一八日は、提訴と同日だった。

「相澤さんが赤木さんの奥様と相談しながらうまく差配してくれたんだと思います。発売日の午後に弁護士が提訴の記者会見を開いたから、すべての新聞、テレビ、雑誌、ウェブサイトが後追いできる状況が整って一大ムーブメントになった。国会でも野党議員がガンガン質問したから、『何か凄いことが起きているぞ！』という雰囲気に日本中がなっていった。実際に記事を読むと、信じられないほどかわいそうな話だった。そうやって、いろんな輪が広がっていったんだと思います。相澤さんの筆の力もあるし、奥様がとても豊かな言葉をお持ちだったことも大きかった。

『週刊文春』の某女性記者は、発売日に編集部に出てきた途端に、（編集長の）加藤さんや僕の前でボロボロ泣いたんですよ。『赤木さんと奥様の気持ちを思うと涙が止まりませんでした。相澤さんやこの記事に関わった方々、そして赤木さんご夫妻に、本当にありがとうございますと伝えたいです。人としても記者としても、とても励まされました』と。他社の女性記者からもメールが届きました。泣きました。こんなことがあっていいんでしょうかって。いつもクールで、バリバリ取材して、いろんな修羅場も経験した記者からですよ。こんな反響は初めてでした」（担当デスクの竹田聖）

ツイッターには、高校生がこんなツイートを上げてくれた。
《文春読んだ。初めて週刊誌読んだ。正直、政策とかよくわかんないけど、人として何が良くないかは有権者の高校生にもわかる。まじめな人が守られる世の中であってほしい。ほんとびっくりしたこんなのないよ、まじで、こんなの、ない》
発行部数五三万部がたちまち完売。読みたくても読めなかった人たちのために、三月二五日の『文春オンライン』は同記事を〈「すべて佐川局長の指示です」――森友問題で自殺した財務省職員が遺した改ざんの経緯〉として全文無料公開した。
『週刊文春』のこの判断も、各方面から高く評価された。
「紙の雑誌だけでは届かなかったものが、いろいろなデバイスがあることで日本中の人に届く。相澤さんの記事のように熱のこもったもの、魂をこめたものは絶対に届くんです。
僕たちはビジネスのことはわからないけど、自分たちが本当におもしろいと思うものを作れば何とかなるんじゃないか。この半年でそう思えるようになりました。別にめちゃめちゃ稼がなくてもいい。『週刊文春』のちょっといい加減で、でも、おもろいことをみんなでやろうぜ、という環境を何とか残したいだけなんです」(加藤晃彦)
新型コロナウイルスが世界中で猛威を振るういま、出版の未来は明るいと語る人間はどこにもいないはずだ。

特に雑誌と文庫の落ち込みは激しい。

だが、二〇二〇年の『週刊文春』は例外的に、不思議なほどに明るい。四月には渡邉庸三のデジタル部と竹田直弘の『文春オンライン』が合併した。渡邉が部長、竹田が編集長だが、役職がどうであれ、ふたりを中心に『文春オンライン』はこれからネット社会の荒海に乗り出していく。

「ようやくスタート地点に辿り着いたところ。大げさに言えば、文藝春秋という会社がデジタルを攘夷しようとしたけど結局できなくて、しかたなく開国したという状況です（笑）。ここからが正念場。インターネットのビジネス環境を整えられるかどうか」（渡邉庸三）

「やっぱり文春は凄いな、と僕はこの会社にいながら思っています。みんな優秀だし、丹念に取材する。コンテンツのパワーはあるわけだから、あとはウェブをどう使って収益を上げていくか。きちんと投資をして、やるべきことをやっていけば、成果は必ず出ると思っています」（竹田直弘）

長い間、株式会社文藝春秋を牽引してきたのは月刊『文藝春秋』だったが、ここ数年は『週刊文春』が中心的な役割を担ってきた。では、未来はどうなるのだろうか？

「将来的には、『文春オンライン』が株式会社文藝春秋のプラットフォームになるだろうと思っています」と語るのは新谷学だ。

「もちろん、『週刊文春』をはじめとするオフラインの紙媒体はブランディングメディアとして欠かせません。この五月は新型コロナウイルス関係のニュースもよく読まれ、四億二〇〇〇万PVを優に超えました。過去最高です。紙の『週刊文春』が『文春オンライン』のブランドとクレディビリティを担保してくれている。季刊化した『週刊文春WOMAN』や新型コロナムックなど、『週刊文春』を冠する出版物への信頼も増している。新型コロナの影響で、思うように取材に動けない一方、『文春リークス』には以前にも増して告発が集まるようになった。ブランドがあるから情報が集まる。情報が集まるから良いコンテンツが生まれるという好循環です。『週刊文春』のスクープ力を生かしたデジタルシフトが、なんとかギリギリ間に合ったような気がします。

今後は、本誌（月刊『文藝春秋』）も『ナンバー』も『CREA』も文芸もノンフィクションも、『文春オンライン』をさらに有効活用して収益を上げていくのが理想的な展開でしょう。『週刊文春』がその先陣を切ったわけです。読売新聞や時事通信、フジテレビ、プレジデントといった他社メディアとも積極的に組み、バラエティに富んだコンテンツを掲載することで、名実ともに国民的ニュースサイトを目指しています。当面の目標は五億ＰＶ。本誌が国民雑誌と呼ばれたように、『文春オンライン』を読者に愛され信頼される存在にしていきたい。同時に、新たな課金モデル『週刊文春電子版』の構築も急ピッチで進めています（注・二〇二一年三月にローンチされた）。新型コロナウイルス禍によってデジタルシフトが加速度的に進んでいくことは明らかで、さらなるスピード感が求められている。俺たちは一刻も早く『週刊文春』のすべての記事、少なくとも特集記事をデジタルで全部読める課金モデルを作らないといけない。

いま、いろいろなところから『文春さんと組みたい、一緒に仕事がしたい』という話がきている。単にビジネスになるだけでなく、日本には、文春のように書くべきことを書き続けるメディアが必要なんだ、と文春ブランドを評価していただいている。コンテンツメーカーである我々とプラットフォーマーとの契約も、以前よりも遥かに好条件で結べるようになりました。

俺は自由で伸びやかでおおらかな文藝春秋が大好きなんです。その美風を変えないためにも、しっかり稼がなければならない。従来のビジネスモデルを大胆に変えていく必要がある。まさに第二の創業のような重大な局面だと感じています」

文藝春秋は不思議な会社だ。

社を去ってもなお、文藝春秋を愛し続ける。

花田紀凱はもちろん、「こんなクソみたいな会社」と吐き捨てて退職した勝谷誠彦さえ、古巣への郷愁を私に隠さなかった。

立花隆は後輩たちを見守り、励まし続けた。桐島洋子も「文春にいた頃が一番楽しかった」と花田紀凱に回想している。

田中健五も半藤一利も岡崎満義も斎藤禎も松井清人も西川清史も木俣正剛も同じだ。そして、おそらくは菊池寛も佐佐木茂索も池島信平も白石勝も設楽敦生もそうだったのだろう。

「文藝春秋は左傾でも右傾でもない。もっと自由な知識階級的な立場をいつまでも続けていくつもりである」とは菊池寛の言葉だ。

月刊『文藝春秋』が創刊されてから、およそ一世紀の時が流れた。本書の取材を進めるうちに、私は文藝春秋がいまなお、菊池寛の言葉通りの会社であり続けていることを改めて知った。

だが、その一方で、文藝春秋が転換期を迎えていることも確かだ。

雑誌社から、オンラインと書籍出版社へ。

その歩みが本格的に始まったのが「二〇一六年の週刊文春」であった、と言っていいのではないか。

新谷学は、花田紀凱とはまったく異なる戦いを戦っている。

文藝春秋に、次の一〇〇年があらんことを。

あとがきにかえて――二〇二〇年の『週刊文春』

二〇二〇年上半期の『週刊文春』の実売部数は、前年同期比一〇四・四％を達成した。

紙の出版物全体の売り上げが一五年も下がり続け、多くの書店が潰れている中、ひとり前年を上回ったことは素晴らしい。

最も多く売り上げたのは〈佐々木希、逆上　渡部建（アンジャッシュ）「テイクアウト不倫」〉の六月一八日号で四一万九二六五万部、二位が〈森友自殺財務省職員遺書全文公開「すべて佐川局長の指示です」〉の三月二六日号で四〇万八二四九部、三位が〈黒川弘務検事長は接待賭けマージャン常習犯〉の五月二八日号で三五万九五六〇部だった。

あれほど世を騒がせた赤木俊夫さんの遺書よりも、芸能人のスキャンダルの方が売れたということだ。

渡部建の記事は、バラ売りも伸びた。一本三〇〇円の記事がトータル四万本。一二〇〇万円を売り上げた。『文春オンライン』で出したスクープ速報（記事のダイジェスト）は九〇〇〇万PV。広告収入約二四〇〇万円を稼ぎ出したことになる。さらに、地上波テレビ局もワイドショーなどの番組で連日のように取り上げげた。正確な数字は不明だが、かなりの金額の記事使用料が支払われたことは間違いない。

注目すべきは、このご時世に雑誌の年間購読が急増していることだ。一万二〇〇〇件に迫る勢いだというから、二億数千万円の売り上げが前払いで入金されたことになる。

『文春オンライン』は恐るべき勢いでPVを伸ばし続けている。二〇二〇年五月は約四億三〇〇〇万PVに達した。新谷が目指す月間五億PVの目標は、年内に達成できるかもしれない。

『週刊文春』の存在感はいま、かつてなく高まっている。

スキャンダルの主となった渡部建も東出昌大も、『週刊文春』に登場して反省の弁を述べた。恋愛リアリティ番組『テラスハウス』（フジテレビ）で「性格の悪い女」「イヤな女」を演じさせられた女子プロレスラー木村花は、現実と演出の区別をつけられない視聴者からSNS上で無数の罵詈雑言を浴びせられて自殺に追い込まれたが、母親の木村響子さんがフジテレビを告発するために選んだメディアも『週刊文春』だった。

新型コロナウイルスの感染拡大を防ぐために〝ステイホーム〟が叫ばれる中、黒川弘務東京高検検事長が産経新聞の記者や朝日新聞の元検察担当記者とともに賭けマージャンを行ったという『週刊文春』のスクープは、日本の新聞記者のダメさ加減を白日の下にさらした。最悪だったのは、産経も朝日も現場に記者がいたにもかかわらず、当夜の様子を一行も書かなかったことだ。点棒のやりとりまで実名ですべて書けば、さぞかし興味深い記事になっただろうに。

「黒川検事長は鬼のように強い。さすがは東大法学部です。全員がハコテンにされました」でも「じつは死ぬほど弱いけど、記者たちが談合して振り込んでます」でも何でもいい。腕の見せどころではないか。私なら阿佐田哲也の文体で書いたに違いない。

「朝日も産経も『親しき仲にもスキャンダル』ができなかった」

と評するのは新谷学だ。

「朝日も産経も、なぜ当事者である記者に手記を書かせなかったのか。新型コロナウイルスによる緊急事態宣言の最中であることは批判を受けるかもしれませんが、取材対象に食い込んで、たとえ麻雀であっても行動をともにすること自体は悪いことじゃない。それだけ優秀な記者だということです。黒川氏が何を語っていたのか、現場で何が起こっていたのかを一面トップで記事にするべきだった。もし産経の記者がクビになったらウチの特派で採ろうか、という話もしていたんですよ（笑）。プライベートに食い込むこと自体が悪い、と認識されるのは危険な風潮です。記者会見や囲み取材やオフィシャルな場でリアルな情報がとれるはずがない。人間の奥深くに入り込まなければ本当の話は絶対に聞けません。

いまのメディアはコンプライアンスという言葉で自縄自縛（じじょうじばく）している。現場の記者は『うちはコンプラがうるさいから』と言い訳してリスクをとらなくなり、ロクに取材もしないまま、大本営発表のネタだけを書き続けている。どこのニュースを見ても横並びで非常に危うい状況です。『週刊文春』のことだけを考えれば、チャンス到来ですけどね（笑）。ウチは思いっきり食い込んで、その上で書きますから。書いたことで怒られて切られても、もう一回食い込めばいい。それが『週刊文春』なんです。

俺はずっと同じことを言い続けてきた。スクープをとれ。うちの強みはスクープだ。スクープをとりまくって、出しまくれば風景は変わる。活路は開けるぞ、と。経済合理性だけを考えれば、『死ぬまでセックス』とか『食べてはいけない国産食品』といった企画の方が、手間もヒマもカネもかからず、手っ取り早く部数を稼げたのかもしれない。でも『週刊文春』は常にスクープを優先順位の一番上に置いて愚直に戦い続けた。

二〇一六年の『週刊文春』は、神風が吹いたかのようにスクープを連発できて、スクープといえば文春、というブランディングが一気に進んだ。社内的にも話が通しやすくなって、デジタルシフトを加速させることもできました。

二〇一八年に俺が局長になってからは、スクープをとることからスクープで稼ぐことに自分の仕事を切り換えました。スクープを使って収益を上げることに全力を投入できるようになり、週刊文春編集局の管轄になった『文春オンライン』が推進力になってくれました。

もし二〇一六年の『週刊文春』がなければ、いま俺たちが見ている風景はまるで違うものだったはず。青息吐息で、将来の展望は開けなかったと思います。

戦後の混乱期は左翼がもてはやされて、偽物の左翼がいっぱい出てきた時代だった。そんな中、文藝春秋は『戦争で頑張った人もいるし、左翼にもいかがわしいヤツがいるぜ』と書いて部数を伸ばした。

二〇二〇年のいまも同じく混乱期。価値観が倒錯し、玉石混淆の時代だからこそ、

インチキなヤツや裸の王様がたくさん出てきている。いまこそ文藝春秋の出番だと俺は思っているんです」（新谷学）

新谷はいつも前向きで明るい。その明るさが人を呼び、おもしろい話や興味深い話を引き寄せる。部下は大変だが、楽しいに決まっている。花田紀凱の部下だった私には、そのことがよくわかる。

＊

数多くの新書を世に送り出してきた光文社の樋口健氏が、『週刊文春』編集長だった新谷学に「ウチで本を出しませんか？」とオファーしたのは、文春砲華やかなりし二〇一六年夏のことだった。

新谷は断った。すでにいくつかの出版社から執筆依頼が舞い込んでいたからだ。

だが、樋口氏と会って話をするうちに、優秀な書籍編集者でもある新谷は思い直した。自分が新書を書くつもりはないが、『二〇一六年の週刊文春』をノンフィクションとして出版することには意味があるのではないか。書き手として出てきたのが私の名前だった。「柳澤さんは時代を書けるから」というのが新谷の説明だ。

吉祥寺の喫茶店まで来てくれた樋口氏と話すうちに、私はふたりの編集長を主人公、あるいは狂言回しにすることを思いついた。花田紀凱と新谷学である。

二〇歳以上年の離れたふたりを主人公に、文藝春秋一〇〇年の歴史と『週刊文春』六〇年の歴史を一望する。この国と密接に関わり、社会現象をいくつも作り出してきた稀有な出版社の盛衰を、人物と時代背景を同時に動かしつつ描く。雑誌編集者という仕事について何ひとつ知らない読者に向けて、ときに笑えるエピソードも含めて紹介する。

幸いにも私は元文春社員で、花田さんとも新谷とも同じ編集部で働いた経験を持っている。社内には知り合いも多い。うまくいけば、おもしろい読み物になるかもしれない。

私は半ば冗談、半ば本気で樋口氏に言った。

「樋口くん、最初に言っておくけど、この本には手間もヒマもカネもかかる。その割にはたいして売れないだろうから、光文社はたぶん儲からない。でも、楽しい仕事になることは保証するし、すごい人たちにたくさん会えるから、樋口くんの編集者人生にも必ず役に立つよ。新書で儲けた分をこの本で吐き出そう。私利私欲で本を作ろうよ。私もそうするから」

『小説宝石』の連載は一六回で終了する予定だったが、結局二六回まで延びて、その分、本も厚くなってしまった。ずっと並走してくれた樋口健氏には心から感謝している。楽しい二人旅だった。

インタビューに応じていただいたのは、以下の方々だ。すべての方の発言を引用したわけではないが、これらの方々の知見は、文藝春秋と『週刊文春』を理解するために重要な示唆を与えてくれた。深く感謝したい。

新谷学、花田紀凱、内田博人、渡邉庸三、松井清人、内田武樹、半藤一利、岡崎満義、大石静、高橋呉郎、斎藤禎、田中健五、西川清史、今井照容、藤野健一、木俣正剛、中村彰彦、残間里江子、安部光雄、勝谷誠彦、鈴木眞紀子、岡村洪治、江川紹子、清水ちなみ、臼井良子、宮嶋茂樹、斎藤由香、菊地光一郎、佐山一郎、石崎健太郎、関口聖司、鈴木洋嗣、加藤政代、児玉藍、中村竜太郎、中村毅、加藤晃彦、中村雄亮、西岡研介、竹田聖、吉永龍太、小田慶郎、甚野博則、大澤勇太、中部嘉人、竹田直弘、瀬尾友子、三保谷浩輝、相澤冬樹。

また、次の方々にもさまざまな形でご協力いただいた。

島津久典、柏原光太郎、堤堯、浅見雅男、小島宣明、石山伊佐夫、河野一郎、阿形竜平、川村容子、向坊健、宇賀康之、高橋結子、松井一晃、川島龍太、矢内浩祐、立

林昭彦、大畑峰幸、遠藤洋、三宅貴久、田中省吾、目崎敬三、高橋隆一、Gryphon、urbansea。（敬称略、順不同）

参考文献は別掲するが、当時の新聞や雑誌記事、ウェブサイトなども大いに参考にさせていただいた。ただし事実の解釈については、すべて筆者に責任があることは言うまでもない。

最後に両親と家族、そしてわが師・橋本治に感謝したい。

二〇二〇年一一月一五日　吉祥寺の自宅にて

柳澤　健

文庫版のためのあとがき

文藝春秋の中途採用募集広告を見つけたのは一九八四年五月のこと。空調機メーカーのボンクラ若手社員は、昼休みに立ち寄った書店で『ナンバー』の阪神タイガース特集号を立ち読みしていた。

二五歳以下の大卒若干名を採用予定。希望者は履歴書と作文を郵送すること。作文のテーマは「月刊『文藝春秋』六月号を読んで」。原稿用紙二枚以内で書けとある。提出期限が翌日だったから、手帖に文藝春秋の住所をメモした。『ナンバー』も、月刊『文藝春秋』も買わなかった。近くの文房具店で履歴書を購入して、三分間写真を撮り、その晩に作文を書いて、翌日に紀尾井町まで持参した。月刊『文藝春秋』六月号を読まずに書いた二四歳の私の作文がなぜか残っているから紹介しよう。

《大体、現在において文藝春秋を毎月熱心に読んでいる二十五歳以下の人間など、不気味としかいいようがない。私のこの意見が偏見でない証拠は、コミック雑誌のケタ外れの売れ行きをあげればよいだろう。単行本もしかりである。シリーズとして一千万部以上売れてしまう作品など、まんがの世界では決してめずらしいことではないのだ。

それに対して、活字雑誌の衰退ぶりは目を覆わんばかりである。普通の感性を持つ人間にとって、毎号読む気を起こさせる雑誌は、かろうじて『広告批評』があるばかりなのだ。『広告批評』の成功は〝軽薄短小の時代〟や、糸井重里を筆頭とするコピーライター達の活躍によるところももちろんあるが、最大の要因は〝知的なもの〟を一つのジャンルとして扱ったことにある。知性は、もちろん世界をおおいつくすものではあるが、当然のことながら、知性の存在が問題とされない現場もあるのだ。たとえば家庭においては、それを円滑に運営することのみが重要なのであって、家庭というものそれ自体を問う知性はむしろ邪魔なのである。

しかし、家庭のありようが、その中で育つ子供ののびやかな成長を阻害する時、当然の了解事項とされてきたものは、新たに問い直されなければならない。それは単なる破壊によって始められるかもしれないが、目指すものは、新しい秩序でしかない。知性とは、混乱とその後の調和とを、ワンセットで志向するものなのである。

芥川賞によって代表される大メジャーであるはずの文藝春秋が、ひとつのジャンルでしかないマイナーなコミック雑誌の部数にはるかにおよばないことは残念ながら事実であり、もはや知性の絶対性、ジャーナリズムの絶対性は完全に崩れている。求められるべきは、新たな調和のためのヴィジョンと、そこに至る混乱に自らを叩き込む勇気である。誰もが明日のことはわからない。ならば自らの混乱を信じるしかないのではなかろうか。》

よくわからないところもある文章だが、無事に書類選考を通過して面接に呼ばれた。

席上、私は思ったことを率直に述べた。

「サロンで創業者の胸像を見かけた。誰だか知らないが、古めかしい感じがする」

「芥川、直木賞など誰も興味を持たない」「こども文藝春秋を作ればいい」

菊池寛のことなどまるで知らず、月刊『文藝春秋』も『週刊文春』も手にとったことがなく、芥川賞や直木賞の受賞作品さえほとんど読んでいない私は、なぜか数十倍の倍率を突破して文藝春秋に入社して、足かけ二十年もお世話になった。

写真週刊誌『Ｅｍｍａ』と『週刊文春』では花田紀凱編集長と西川清史デスクの下で最高に楽しかった。

『ナンバー』でも出版部でも自分の好きなことばかりを選んでやった。

女性誌の『ＣＲＥＡ』では、よく働く女性編集部員たちに刺激されて人生で一番働いた。『ＣＲＥＡ Ｔｒａｖｅｌｌｅｒ』では海外リゾートの高級ホテルで贅沢な時間を過ごした。

再び配属された『ナンバー』ではパキスタンに取材に出かけた。アントニオ猪木の記事を書くためだ。同時多発テロの直後だったから、外務省からは渡航自粛勧告が出ていた。その上、パキスタン大使館はジャーナリスト・ビザを出してくれなかったから、しかたなく週刊文春の戦争特派員という肩書きで入国した。

ずっと遊んでばかりだった私が文藝春秋を退社したのは二〇〇三年七月。理由は自分でもよくわからない。将来のビジョンは何ひとつなかった。当時出版部にいた後輩の下山進くんから「どうせ何か書くんでしょう。何か企画はないんですか？」と聞かれて「『１９７６年のアントニオ猪木』なら書けると思うよ」と答えた。数日後には企画会議を通ってしまい「俺は文春から本を出すのか！」と驚いた。

半年もあれば書けるだろうという私の見込みは死ぬほど甘く、結局刊行までには四年もかかったから、下山くんはさぞかし呆れたはずだ。

二〇〇七年七月に処女作が出て間もなく、西川清史さんから電話をもらった。

「松井（清人）さんと俺と木俣（正剛）でお祝いしようよ」

赤坂の中華料理店でご馳走になり、ビールと紹興酒をしこたま飲んで調子に乗った私は大先輩方に向かって言い放った。

「気合いの入った本を十冊書いてから死にます！」

「おお、十冊も書けたら立派なものだ」

私の大言壮語を、三人は笑って聞いてくれた。

『2016年の週刊文春』は、私にとって十冊目の著作にあたる（共著を除く）。色物であり、異物であった人間が古巣の歴史を書き、雑誌ジャーナリズムと日本のメディアの構造まで論じてしまう図々しさには我ながら呆れてしまう。文藝春秋はなんと大らかな会社なのだろう。

在籍中には直接つながりのなかった雲の上の方々へのインタビューは緊張した。田中健五さんには吉祥寺の高級老人ホームでお話を伺った。花田さんが同行してくれて心強かった。半藤一利さんにはご自宅のある池ノ上駅近くの喫茶店でお目にかかり、連載時には図々しくもゲラのチェックまでお願いしてしまった。

おふたりとも、すでにこの世の人ではない。私はギリギリ間に合ったのだ。

二〇二一年八月に松井清人さんの訃報を聞いた時には大きなショックを受けた。享年七〇はいかにも若い。四階の社長室で取材した時の松井さんは少々元気がなかったが、「俺、お前の文章が好きなんだよ」と言っていただいてうれしかった。

二〇二三年現在、集英社、講談社、小学館の大手三社はコミックの莫大なる売り上げによって我が世の春を謳歌している。電子書籍市場におけるコミックの割合は八五パーセントを占めている。

一方、ウクライナでの戦争以後、紙代印刷費が増大したこともあって、紙の雑誌は瀕死状態だ。出版界全体の状況は加速度的に悪化している。

『週刊朝日』は休刊を発表した。『AERA』はもはや三万部程度のミニコミであり、『サンデー毎日』は二万部少々。続いていることが不思議なほどだ。

『週刊新潮』の部数が一五万部を切り、単行本も文庫も不調が続いた新潮社は、一時は身売りの噂まで囁かれた。最近になって好転したのは、コミックのお蔭である。

文藝春秋の経営状況も決していいとは言えず、遅ればせながら、コミック市場に本腰を入れて参入しようとしている。オンラインで連載し、単行本と電子書籍で売る。

月刊『文藝春秋』は創刊一〇〇周年を迎えるにあたって新谷学を編集長に迎え入れた。二〇二一年七月のことだ。編集局長が編集長に逆戻りするのは異例中の異例。平均部数は微増に留まるが、二〇万部を維持して広告費を大きく伸ばしたのはさすがだ。

加藤晃彦編集長体制の『週刊文春』が二〇万部を維持しているのも、惨憺たる周囲を見回せばむしろ健闘といえるだろう。

二〇二一年八月に『文春オンライン』の月間PVは六億を突破したものの、広告費の伸びはPV数に正比例しなかった。

『現代ビジネス』（講談社）や『NEWSポストセブン』（小学館）は文春オンラインのやり方を真似するようになり、集英社に至っては『文春オンライン』のデザインまでそっくり真似して『集英社オンライン』を作った。

二〇二三年初頭の段階では文春オンラインのPV数は三億少々まで落ちている。文春オンラインがニュースサイトを独走した時代は終わったのだ。

無料広告モデルに大きく依存することはできないと、『週刊文春』と月刊『文藝春秋』は新たなる課金サイトを立ちあげた。『週刊文春電子版』と『文藝春秋電子版』である。特に『文藝春秋電子版』は好調で、二〇二二年暮れのローンチからわずか一カ月で会員数を五〇〇〇人に増やし、二月には八〇〇〇人に届いたと聞く。

新谷学の戦いは続いている。

二〇二三年三月三日　鶴澤寛也さんが亡くなった夜に

柳澤健

主要参考文献

書籍

桐島洋子『淋しいアメリカ人』文春文庫　一九七五年
池波正太郎『食べ物日記　鬼平誕生のころ』文春文庫　二〇一〇年
猪瀬直樹『こころの王国　菊池寛と文藝春秋の誕生』文藝春秋　二〇〇四年
塩澤実信『雑誌記者　池島信平』文春文庫　一九九三年
池島信平『雑誌記者』中公文庫　一九七七年
梶山季之『トップ屋戦士の記録』徳間文庫　一九九一年
日本文化会議編『日本は国家か』読売新聞社　一九六八年
『別冊週刊新潮　創刊号完全復刻版』新潮社　二〇一六年
佐々木崇夫『三流週刊誌編集部』バジリコ　二〇〇六年
塩田潮『田中角栄失脚』文春新書　二〇〇二年
立花隆『田中角栄研究　全記録』〈上・下〉講談社文庫　一九八二年

立花隆『日本共産党の研究』〈一〜三〉講談社文庫　一九八三年
和田誠『特別飛行便』文藝春秋　一九八二年
江原順『日本美術界腐敗の構造　パリからの報告』サイマル出版会　一九七八年
週刊文春特別取材班『総集編・疑惑の銃弾　三浦和義逮捕の原点になった歴史的ドキュメント』文春ネスコ　一九八五年
『文藝春秋の八十五年』文藝春秋　二〇〇六年
『文藝春秋七十年史』文藝春秋　一九九一年
新谷学『「週刊文春」編集長の仕事術』ダイヤモンド社　二〇一七年
文藝春秋編『十五万人の読者投票による　月刊文藝春秋ベストセレクション』文藝春秋　二〇一六年
六角弘『怪文書』光文社新書　二〇〇一年
吾妻博勝『新宿歌舞伎町　マフィアの棲む街』文藝春秋　一九九四年
中村竜太郎『スクープ！　週刊文春エース記者の取材メモ』文藝春秋　二〇一六年
西岡研介『「噂の眞相」トップ屋稼業　スキャンダルを追え！』講談社　二〇〇一年
立花隆『「言論の自由」vs.「●●●」』文藝春秋　二〇〇四年
西岡研介『マングローブ　テロリストに乗っ取られたJR東日本の真実』講談社　二〇〇七年
西岡研介『トラジャ　JR「革マル」三〇年の呪縛、労組の終焉』東洋経済新報社　二〇一九年
牧久『昭和解体　国鉄分割・民営化30年目の真実』講談社　二〇一七年

牧久『暴君　新左翼・松崎明に支配されたJR秘史』小学館　二〇一九年
森健『「つなみ」の子どもたち　作文に書かれなかった物語』文藝春秋　二〇一一年
下山進『2050年のメディア』文藝春秋　二〇一九年
菊池寛『話の屑籠と半自叙伝』文藝春秋　一九八八年
元少年A『絶歌』太田出版　二〇一五年
西崎伸彦『巨人軍「闇」の深層』文春新書　二〇一六年
鈴木竜太『週刊文春記者が見た「SMAP解散」の瞬間』文春ムック　二〇一六年
週刊文春編集部『文春砲　スクープはいかにして生まれるのか？』角川新書　二〇一六年
相澤冬樹『安倍官邸vs.NHK　森友事件をスクープした私が辞めた理由』文藝春秋　二〇一七年
赤城雅子＋相澤冬樹『私は真実が知りたい　夫が遺書で告発「森友」改ざんはなぜ？』文藝春秋　二〇二〇年

雑誌、新聞、ウェブサイト（順不同、引用記事の発行日付・月号は本文中に明記した）
『週刊文春』、『文藝春秋』、『オール讀物』、『文學界』、『文藝春秋社内報』、『スポーツ・グラフィックナンバー』、『Emma』、『マルコポーロ』、『Title』、『週刊文春WOMAN』、『諸君！』、『編集会議』、『銀座百点』、『リベラルタイム』、『噂』、『週刊新潮』、『日本の編集長』、『週刊現代』、『週刊読売』、『本の雑誌』、『潮』、『AERA』、『新聞研究』、『創』、『噂の眞相』、『月刊Hanada』、『WiL

L』、読売新聞、朝日新聞、東京新聞、毎日新聞、ヤフーニュース特集

初出　『小説宝石』二〇一八年一月号〜二〇二〇年五月号
　＊単行本化、文庫化に際し加筆修正

解説

古賀史健（ライター）

実際のところ、二〇一六年の週刊文春とは何だったのだろうか？

「ひとことでいえばブランディングです」と新谷学は言う。


本書の終盤、著者の問いに対して新谷学氏が答える場面である。

雑誌はオワコン。誰もがそう言う。簡単にそう言う。実際雑誌の販売部数は下降の一途をたどるばかりで、廃刊休刊の報も毎月のように届く。本稿執筆中の二〇二三年二月にも『週刊朝日』が休刊になるとの報せが届いた。創刊一〇〇年を超える老舗総合週刊誌の、実質的な廃刊だ。

では雑誌以外の出版物はどうか。残念ながら先行きが明るいとは言えない。一部コミックや児童書に堅調な動きはあるものの、文芸、実用、ビジネス、新書、文庫等の凋落は誰の目にも明らかだ。いったいなぜ、本や雑誌は読まれなくなったのか。

若者の活字離れ。――わかりやすい答えを探そうとする者は、まずその言葉に飛びつく。以前と比べ、若者たちが本や雑誌を読まなくなった。活字に触れなくなった。自動車産業から音楽産業まで、「若者の○○離れ」はそれ以上の思考を停止させる非常に便利な言葉として定着している。

しかし、である。電車に乗ってみるといい。雑誌全盛のバブル期にはこぞってヘッドフォンステレオを聴いていたはずの若者たちはいま、熱心に読んでいる。なにを？スマートフォンを。そう、若者たちはただ活字から離れていったのではなく、紙媒体からスマートフォンへと乗り換えていったのだ。若者の活字離れとは端的に、「若者のスマホ依存」なのである。

では、「紙の時代」が終わり、これからは「電子書籍の時代」に移っていくのか？これまでどおりに本や雑誌をつくっていれば、それがスマートフォンやタブレット端末で読まれるようになっていくのか？

話はそう単純ではない。

たとえば本書『２０１６年の週刊文春』が書店に並んでいるとしよう。書店内でのライバルは他の書籍であり、本書の場合はもっぱら、他のノンフィクションがその中心となるはずだ。他のノンフィクションより「おもしろそう」であれば、手に取ってもらえる。それが書店というパドックの習わしだ。

一方、スマートフォンというパドックにおいて、この理屈は通用しない。スマートフォンの画面内にはツイッターやインスタグラムなどのSNSアプリがあり、ニュース配信アプリがあり、ユーチューブがあり、無料で楽しめるゲームまである。これらインタラクティブ性の高い娯楽がすべて、横一線のライバルなのである。本や雑誌が、「類書」や「競合誌」と競っていればよかった時代は終わったのだ。

では、なにが必要なのか。どうすれば本は、また雑誌は、スマートフォンを手にした現代人に選ばれ、読んでもらうことができるのか。

——その明確な答えこそが冒頭の言葉、すなわち「ブランディング」である。新谷氏の発言から引用を続けよう。

「『週刊文春』からはとっておきのスクープがじゃんじゃん出てくる、お金を払う価値があるメディアだよね、というイメージが雑誌読者ばかりでなく、日本全国津々浦々まで浸透した。それが二〇一六年だったと思います」

ブランドとは、ジャンルを超越して固有名詞化した存在のことを指す。たとえば大谷翔平選手は、プロ野球選手やメジャーリーガーというジャンルを超越した世界的スターであり、もはや「大谷翔平」という固有のブランドを確立した人物だ。ヘッドフォンステレオではなく、ウォークマン。三段バーガーではなく、ビッグマック。シャワー付きトイレではなく、ウォシュレット。それがブランドだ。

同様に、雑誌ではなく、総合週刊誌でもなく、『週刊文春』。いまさら雑誌を読もうとは思わないけれど、まして週刊誌を買おうとは思わないけれど、『週刊文春』だけは読みたい。刺激に満ちた文春砲に触れたいし、次なる文春砲を知りたい。そんなブランディングに成功してこそ、雑誌不況と出版不況を乗り越えることができる。これが新谷学氏の狙いであり、まさに二〇一六年、『週刊文春』は自らのブランドを確立させることに成功した。

では、本書がタイトルの如くに「2016年の週刊文春」だけに焦点を定めた本かというと、それは違う。菊池寛以来の文藝春秋の歴史を紐解きつつ、特に『週刊文春』黄金時代を築き上げた「雑誌づくりの天才」花田紀凱氏と、二〇一六年になってブランディングを成功させた新谷学氏のふたりを主人公として物語が進行する。

さらに話をおもしろく（またややこしく）しているのが、著者の柳澤健氏が文藝春秋の出身であり、花田紀凱・新谷学の両氏と共に雑誌編集の現場を過ごした経験がある点だ。その出自ゆえ、物語序盤は完全に「取材者」として筆を執っていた著者が、中盤以降は「当事者」としても顔を出すようになる。しかも、当事者たる柳澤氏にとっての文藝春秋は、単に古巣であるだけでなく、貴重な取引先でもある会社だ。花田氏は絶対的な天才編集長であり、新谷氏は自慢の後輩でもあろう。余計なことを書いて波風を立てるメリットはどこにもない。——こうした著者の特殊な立ち位置を勘案するに、どこまで客観性を担保できるのか、ただ身内を誉めたたえる本にならないか、心配する向きもあるかもしれない。

しかし、その心配は無用である。著者の淡々とした筆致は、情と都合に流されることなく克明に事実を描く。しかも本書は、取材者と当事者の両側面を持つ柳澤氏のスタンスゆえに、逆説的な客観性を担保している。

というのも、もしも文春関係者に対して——たとえば僕のような——完全なる部外者が「あのころの文藝春秋」を取材していったとしよう。おそらく多くの人は「いろいろあったけど、すばらしい時代でしたよ。すばらしい会社ですよ。すばらしい仲間たちですよ」と振り返って終わるだけだろう。肝心な「いろいろ」の詳細をごまかしたまま、よき思い出として穏便にすませようとするだろう。

しかし、かつて社に籍を置き、顔も固有名詞も実績も評判も知り尽くしている著者に対し、表面的な嘘をつき通すことはむずかしい。本書の中では幾度となく文藝春秋という会社の明るさ、楽しさ、家庭的な雰囲気の心地よさが語られている。一方、それと同じくらいに（一部の）経営陣批判、嫉妬や謀略の実際が、ギリギリの筆で語られている。このバランスはまったく見事だし、著者の筆力はもちろん、著者として柳澤健を指名した新谷学氏のキャスティング能力、編集能力があってこそのものだろう。

じつは二〇一六年当時、全国各地で語られていたであろうひとつの問いが、僕の周りでも盛んに交わされていた。すなわち「なぜ文春はあれほどスクープを連発できるのか？」だ。出版業界の片隅に身を置く僕の耳に届いた「文春砲の真実」は、およそ次のようなものだった。

「『週刊文春』では去年（二〇一五年）、編集長の懲罰的な交代人事が言い渡された。これに不満を抱いた編集部一同は、サボタージュを決め込んだ。いかなる特ダネも新編集長には渡さず、前編集長の復帰を訴えた。そして事態を重く見た経営陣が前編集長の復帰を認めた途端、あの文春砲だ。これまでたっぷりため込んでいた選りすぐりの大砲を、順番に撃っていく。彼らは週刊文春の赤穂浪士なのだ――」

本書を読み終えた読者からすると、伝聞というものがいかにおもしろおかしく姿を変えていくかを示す、恰好のエピソードだろう。そして僕にこの話を教えてくれた某氏は、こう付け加えた。

「もうそろそろ、去年のうちにため込んだ弾も尽きてくる」

もしかするとこれは、半分事実だったのかもしれない。さすがに二〇一六年レベルの文春砲が、毎週のように撃てるわけがない。いくらスクープ至上主義を掲げたところで、時間にも人員にも限りがある。

しかし——しつこいようだが——だからこそのブランディングなのである。再び、新谷学氏の言葉を引こう。

「この不正は許せない、どこかに告発したいと誰かが考えた時に、真っ先に思い浮かぶメディアが『週刊文春』にならないといけない。俺はずっとそう思っていました。『週刊文春』なら腕は確かだし、リスクを取ってでも、どんな強い相手であっても戦ってくれると告発者に思ってもらえれば、情報提供の量は間違いなく増える」

たしかに現在、なんらかの不正やスキャンダルについて、「週刊誌に持ち込もう」

は「文春に持ち込もう」とイコールになっている。スクープ至上主義による文春ブランドの確立は、『週刊文春』の血脈とも言えるクレディビリティ（信頼性）を生み、結果として持続可能なスクープ生成の土壌をも生み出しているのだ。本書が二〇一六年に至るまでの長い歴史を描く構成をとったのは、この「文春ブランド（クレディビリティ）確立の歴史」を解き明かすためだったといっても過言ではなかろう。著者の細部にわたる取材力、大胆な構成力、そしてジグソーパズルのピースを埋めていくような仮説検証能力には感嘆するほかない。

続いて、西暦シリーズとしての本書の性格を考えていきたい。

著者の柳澤健氏といえば、『1976年のアントニオ猪木』を皮切りに、『1993年の女子プロレス』『1985年のクラッシュ・ギャルズ』『1964年のジャイアント馬場』『1984年のUWF』など多くの西暦シリーズで、主にプロレスラーを対象に時代を描いてきた人物だ。その作品群に通底するテーマは「二級市民の哀しみ」である。スポーツ、また格闘技というフレームの中で、プロレスが立っているポジション。そして立たざるを得ないポジション。それはジャーナリズムというフレームの中で週刊誌が立たされているポジションと酷似している。いずれも大衆向けの扇情的な娯楽として、低俗なポルノグラフィとして、絶対に市民権を与えられることのない二級市民として、場合によっては「公的には存在しないもの」として、扱われている。

だからこそ、西暦シリーズの系譜に本書を並べてみたとき、気づくのだ。結局のところ『週刊文春』とは、アントニオ猪木だったのではないか——と。「キング・オブ・スポーツ」を標榜して、数多の異種格闘技戦に臨んだアントニオ猪木。プロボクシングの世界ヘビー級チャンピオン、モハメド・アリを引っぱり出し、格闘技史に残るリアルファイトを敢行したアントニオ猪木。一部メディアの言を借りて、自らのプロレスを「ストロングスタイル」と呼び、他のプロレスと一線を画そうとしたアントニオ猪木。それはまさに、猪木本人がしばしば口にしていた「市民権」獲得に向けた戦いだった。つまり、自らのプロレスにクレディビリティを持ち込もうとしていた——。それがプロレスファンの信じるアントニオ猪木像であり、ストロングスタイルにまつわるストーリーだった。

しかし、『1976年のアントニオ猪木』において柳澤健氏は喝破する。異種格闘技戦もストロングスタイルの標榜もすべて、「生涯の敵、ジャイアント馬場に勝つため」だったのだと。ジャイアント馬場への嫉妬と対抗心が、猪木をあそこまで衝き動かしたのだと。

本書を読めばよくわかる。じつは『週刊文春』の歴史もまったく同じだったのだ。田中健五編集長による「第二の創刊」以来、一貫してクレディビリティを希求した『週刊文春』。もちろんそこには米国の『ＴＩＭＥ』や『ニューズウィーク』のような、クレディビリティあふれる誌面づくりの意気込みもあっただろう。しかしながら大本の動機としてあったのは、俗物主義を隠そうとせず、圧倒的な取材力と誌面づくりの妙で週刊誌市場を独走していた『週刊新潮』への嫉妬と対抗心だった。本書の中で何度となくくり返される『週刊新潮』への嫉妬、羨望、恐怖のさまは、文春砲以後の『週刊文春』しか知らない若い読者に新鮮な驚きをもたらすだろう。

もちろんこれは（一九八四年以降の）ＵＷＦ勢が新日本プロレスに抱いていた嫉妬と対抗心とも重なる。前田日明（あきら）もまた、師匠・アントニオ猪木とは違ったかたちでクレディビリティの確立を模索したプロレスラーだ。アントニオ猪木が唱えた「格闘技世界一」「ストロングスタイル」というブランディング。前田日明による「ＵＷＦ」というブランディング。西暦シリーズの系譜に本書を置いて読むことは、決して間違いではないだろう。

最後に、本書の指し示す未来について私見を述べて終わりたい。

序章からはじまる本作は、第一章から第七章までとは別に、最終章が設けられている。最終章で描かれるのは、局長となった新谷学氏を中心とする「文春オンライン」の挑戦だ。もしもこの最終章がなければ、本作は総合週刊誌の黄金時代を描いたノンフィクションとして、また総合週刊誌最後（？）の大花火を描いたノンフィクションとして、穏当に完結していったはずだ。しかしこの最終章では、文春オンラインの挑戦にかなりの筆が（マネタイズに関する詳細な数字を交えて）費やされている。ここまで掘り下げていったのはきっと、現役の書き手である柳澤氏の切実な好奇心があったからだろう。

雑誌はこれからどうなるのか。本はこれからどうなっていくのか。出版不況に終わりはくるのか。出版社は、雑誌編集部は、コンテンツ提供事業者として巨大プラットフォーマーに飲み込まれていくのか。

残念ながらその答えは、誰も知らない。雑誌づくりの天才・花田紀凱氏も、人脈と知略の鬼・新谷学氏も知らない。もちろん僕など、わかるはずもない。

ただし、ひとつ確実に言えるのは、スクープの価値は揺らがない、ということだ。

スクープとは「ここでしか読めない何か」である。そこにスクープがある限り、人々は読みにくる。そこにスクープがある限り、お金を払うことも厭わない。そこにスクープがある限り、貴重な時間を費やしてそれを読む。

その意味において本書は、日本における出版の歴史、さらにジャーナリズムの歴史を文藝春秋というフィルター越しに描いた、貴重なスクープの書である。

二〇一六年の新谷学氏は、自分が「スクープされる側」の人間として生きていることをどれだけ自覚していただろうか。そして二〇一六年の柳澤健氏は、やがて自分が「スクープする側」の人間として花田氏や新谷氏に迫っていくことになると、どれだけ予期できていただろうか。——おそらくどちらにも、その実感はなかっただろう。

だとすれば、こんなふうに言えるのかもしれない。

これを読んでいるあなたもまた、『20XX年の〇〇〇』の渦中を生きているのかもしれない。いつか誰かに、とびきりのスクープとして描かれる日々を生きているのかもしれない。それは、とても痛快な妄想ではないだろうか。

すべての出版関係者、メディア関係者に本書の熱を浴びてほしい。ほんとうの「ここでしか読めない何か」を生み出す現場は、かくも熱く、スリリングで、えげつないほどおもしろいのである。

光文社未来ライブラリーは、
海外・国内で評価の高いノンフィクション・学術書籍を
厳選して文庫化する新しい文庫シリーズです。
最良の未来を創り出すために必要な「知」を集めました。

本書は2020年12月に光文社より単行本として刊行した作品を
加筆修正して文庫化したものです。

光文社未来ライブラリー

2016年(ねん)の週刊文春(しゅうかんぶんしゅん)

著者 柳澤健(やなぎさわたけし)

2023年4月20日　初版第1刷発行

カバー表1デザイン　水戸部功
本文・装幀フォーマット　bookwall
発行者　三宅貴久
印　刷　萩原印刷
製　本　ナショナル製本
発行所　株式会社光文社
〒112-8011東京都文京区音羽1-16-6
連絡先　mirai_library@gr.kobunsha.com（編集部）
03(5395)8116（書籍販売部）
03(5395)8125（業務部）
www.kobunsha.com
落丁本・乱丁本は業務部へご連絡くだされば、お取り替えいたします。

ISBN978-4-334-77069-3　Printed in Japan

光文社未来ライブラリー　好評既刊

第1感
「最初の2秒」の「なんとなく」が正しい
マルコム・グラッドウェル
沢田博
阿部尚美 訳
一瞬のうちに「これだ！」と思ったり、説明できない違和感を感じたり。この「ひらめき」がどれほど人の判断を支配しているのか、多くの取材や実験から、驚きの真実を明かす。

ヒルビリー・エレジー
アメリカの繁栄から取り残された白人たち
J・D・ヴァンス
関根光宏
山田文 訳
白人労働者階層の独特の文化、悲惨な日常を描き、トランプ現象を読み解く一冊として世界中で話題に。ロン・ハワード監督によって映画化もされた歴史的名著が、文庫で登場！

子どもは40000回質問する
あなたの人生を創る「好奇心」の驚くべき力
イアン・レズリー
須川綾子 訳
「好奇心格差」が「経済格差」に！　知ることへの意欲＝好奇心は成功や健康にまで大きな影響を及ぼす。好奇心はなぜ人間に必要なのか、どのように育まれるかを解明する快著。

世界は宗教で動いてる
橋爪大三郎
ユダヤ教、キリスト教、イスラム教、ヒンドゥー教、儒教、仏教は何が同じで何が違う？世界の主要な文明ごとに、社会と宗教の深いつながりをやさしく解説。山口周氏推薦！

誰もが嘘をついている
ビッグデータ分析が暴く人間のヤバい本性
セス・スティーヴンズ＝ダヴィドウィッツ
酒井泰介 訳
検索は口ほどに物を言う！　グーグルやポルノサイトの膨大な検索履歴から、人々の秘められた欲望、社会の実相をあぶり出した全米ベストセラー。（序文・スティーブン・ピンカー）

光文社未来ライブラリー　好評既刊

アマゾンの倉庫で絶望し、ウーバーの車で発狂した
潜入・最低賃金労働の現場
ジェームズ・ブラッドワース　濱野大道 訳
アマゾンの倉庫、訪問介護、コールセンター、ウーバーのタクシー──英国の〝最底辺〟労働に著者自らが就き、その体験を赤裸々に報告。横田増生氏推薦の傑作ルポ。

趙紫陽 極秘回想録（上・下）
天安門事件「大弾圧」の舞台裏
趙紫陽ほか　河野純治 訳
中国経済の発展に貢献しつつも、権力闘争に敗れ追放された元総書記。16年もの軟禁生活のなか秘かに遺された多くの録音テープが明かす歴史の真実とは？（解説・日暮高則）

ソビエト帝国の崩壊
瀕死のクマが世界であがく
小室直樹
今でも色あせない学問的価値を持つ、小室直樹氏のデビュー作を復刊。なぜ彼だけにこのような分析が可能だったのか？ 伝説の「小室ゼミ」出身である橋爪大三郎氏推薦・解説。

ありえない138億年史
宇宙誕生と私たちを結ぶビッグヒストリー
ウォルター・アルバレス　山田美明 訳
今の世界を理解するには、宇宙誕生から現在までの通史──「ビッグヒストリー」の考え方が必要だ。恐竜絶滅の謎を解明した地球科学者による科学エッセイ。鎌田浩毅氏推薦・解説。

DOPESICK
アメリカを蝕むオピオイド危機
ベス・メイシー　神保哲生 訳
タイガー・ウッズ、プリンスらが嵌（はま）った「鎮痛薬の罠」。年間死亡者、数万人。麻薬密売人と医師、そして製薬会社によるアメリカ史上最悪の薬物汚染の驚くべき実態を暴く。

光文社未来ライブラリー　好評既刊

サッカーマティクス 数学が解明する強豪チーム「勝利の方程式」

デイヴィッド・サンプター　千葉 敏生 訳

勝ち点はなぜ3なのか？　スター選手は数学的に何が凄いのか？　サッカーのさまざまな「数学的パターン」を発見・分析し、プレイと観戦に新たな視点を与える話題作。

希望難民 ピースボートと「承認の共同体」幻想

古市 憲寿

現代に必要なのは〝あきらめ〟か!?　「世界平和」や「夢」を掲げたクルーズ船・ピースボートに乗り込んだ東大院生による社会学的調査・分析の報告。古市憲寿の鮮烈のデビュー作。

女性が人生を変えるとき

メリンダ・ゲイツ　久保 陽子 訳

「全ての壁は、扉なのだ」――世界最大の慈善団体「ビル&メリンダ・ゲイツ財団」の共同議長が語る、人生を変え、文化を変えていく女性たちの物語と未来のつくり方。

ネットリンチで人生を破壊された人たち

ジョン・ロンソン　夏目 大 訳

〝大炎上〟が原因で社会的地位や職を失った人たちを徹底取材。加害者・被害者双方の心理、炎上のメカニズムなどを分析し、ダメージを受けない方法、被害を防ぐ方法を探る。

ネットワーク科学が解明した成功者の法則

アルバート＝ラズロ・バラバシ　江口 泰子 訳

世界が注目する理論物理学者が、ノーベル賞、現代アート、ヒットチャート、資金調達などあらゆる分野の膨大なデータを最先端の手法で分析、成功者に共通する5つの法則を明かす。